高等职业教育轨道交通新形态一体化系列教材

内燃机车柴油机

主　编　李　嘉　郑小磊　高　瑞
副主编　王　宇　刘　畅　冯　准
主　审　张君平

课程思政

课件

教学大纲

校企合作

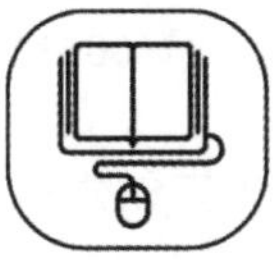
新形态一体化教材

习题库

西南交通大学出版社
·成　都·

图书在版编目（CIP）数据

内燃机车柴油机 / 李嘉，郑小磊，高瑞主编. —成都：西南交通大学出版社，2022.8（2025.1 重印）
ISBN 978-7-5643-8834-8

Ⅰ. ①内… Ⅱ. ①李… ②郑… ③高… Ⅲ. ①内燃机车－机车柴油机 Ⅳ. ①U262.11

中国版本图书馆 CIP 数据核字（2022）第 144520 号

Neiran Jiche Chaiyouji
内燃机车柴油机

主　编 / 李　嘉　郑小磊　高　瑞
责任编辑 / 李　伟
封面设计 / 何东琳设计工作室

西南交通大学出版社出版发行
（四川省成都市金牛区二环路北一段 111 号西南交通大学创新大厦 21 楼　610031）
发行部电话：028-87600564　028-87600533
网址：http://www.xnjdcbs.com
印刷：四川煤田地质制图印务有限责任公司

成品尺寸　185 mm × 260 mm
印张　18.75　　字数　492 千
版次　2022 年 8 月第 1 版　　印次　2025 年 1 月第 2 次

书号　ISBN 978-7-5643-8834-8
定价　49.00 元

课件咨询电话：028-81435775

前 言

本教材基于机车乘务员、机车检查保养员的国家职业标准编写，在对机车乘务员、机车检查保养员工作领域内容深度分析之后，合理构建了机车柴油机知识内容，并结合岗位典型工作任务，确定了学习任务。

本教材的编写思路是以项目为单位，将每个项目分解成具体的学习型或工作型任务，并使用任务描述、任务目标、任务学习、任务检查及任务训练等模块组织教材内容。

编者经过调研，选择我国目前广泛使用的、具有代表性的 DF_{8B} 型内燃机车 16V280ZJ 型柴油机、HXN3 型内燃机车 16V265H 型柴油机为主机型，阐述了柴油机各系统及辅助装置的构造、工作原理、日常运用保养知识及常见故障分析与处理方法，为学生从事内燃机车运用及检查工作提供必要的知识储备和技能储备。

本教材采用校企合作开发的模式，由辽宁铁道职业技术学院教师与沈阳局集团有限公司苏家屯机务段工程师合作编写。其中，辽宁铁道职业技术学院李嘉、郑小磊、高瑞担任主编，辽宁铁道职业技术学院王宇、刘畅、冯准担任副主编，沈阳局集团有限公司苏家屯机务段张君平担任主审。具体编写分工为：李嘉编写任务 2-4 进排气系统认知、任务 2-5 燃油系统认知、任务 2-6 调控系统认知以及思政课堂的内容；郑小磊编写任务 2-1 固定件认知、任务 2-2 运动件认知；高瑞编写任务 2-3 配气机构认知、任务 2-7 机油系统认知、任务 2-8 冷却水及预热系统认知；王宇编写任务 1-1 柴油机基本常识认知、任务 1-2 内燃机车柴油机基本结构认知；刘畅编写任务 4-2 16V280ZJ 型柴油机常见故障判断及处理知识认知、任务 4-3 16V265H 型柴油机常见故障判断及处理知识认知；冯准编写任务 3-1 柴油机日常运用知识认知、任务 3-2 柴油机日常检查保养知识认知、任务 4-1 柴油机故障常识认知。

本教材的特色是在专业内容中融入了思政元素。通过对本教材的学习，学生在达到知识目标、能力目标的同时，可塑造正确的价值观念，有助于正确树立社会主义核心价值观，强化专业认同感和使命感。

在本教材编写过程中，编者得到了铁路现场工作人员的大力支持，在此表示衷心的感谢；同时对引用的有关工厂的技术资料、参考书目的相关作者在此一并致谢。

本教材经过编写人员多次讨论、修改，但由于编者水平所限，书中难免会有疏漏和不足之处，衷心希望各位同行、读者批评指正。

编 者

2022 年 5 月

目　录

项目 1　内燃机车柴油机基本知识认知

任务 1-1　柴油机基本常识认知

【任务描述】

掌握柴油机的工作原理是后续学习的基础，配气相位图是柴油机工作原理的核心。学生应熟悉柴油机的基本术语、四冲程柴油机的工作过程，并能结合 16V280ZJ 型柴油机配气相位图，说明其基本工作过程；同时，掌握柴油机的分类方法及型号含义，完成曲轴转向和气缸编号规定的认知，并能说明柴油机经济性指标的含义。

【任务目标】

- 能掌握柴油机的一些常用术语；
- 能说明四冲程柴油机一个工作循环包括哪四个冲程，活塞、气门的运动特征是什么；
- 能说明四冲程柴油机的实际工作循环有哪些特点；
- 能说明四冲程柴油机的活塞与曲轴有什么样的运动关系；
- 能画出 16V280ZJ 型柴油机的配气相位图；
- 能说明柴油机曲轴转向、型号及经济性指标的含义；
- 能画出 16V280ZJ 型、16V265H 型柴油机气缸编号示意图。

【任务学习】

子任务 1-1-1　柴油机工作原理认知

一、柴油机的主要特点

发动机是一种能将其他形式的能转化为机械能的重要机械。按照能量转变的不同形式，发动机可分为热力、风力、水力、太阳能及原子核裂变等动力装置。热力发动机是将燃料的化学能通过燃烧释放出热能，再通过机器本身将热能转变为机械能输出的机器(简称为热机)。热机又分为外燃机和内燃机两大类。燃料在发动机做功场所（如气缸）外部燃烧的热机称为外燃机，如蒸汽机和蒸汽轮机等；燃料在发动机做功场所内部燃烧释放工质的内能，由工质的内能直接转变为机械能的热机称为内燃机。其中，内燃机又以所用燃料的不同分为汽油机、煤气机及柴油机等。

柴油机是用柴油作为燃料的内燃机。柴油机属于压燃式发动机，由德国工程师鲁道夫·狄塞尔发明。至今，柴油机已经历多次重大的变革，在技术上已达到相当完善的程度，并得到广泛应用。我国铁路所使用的内燃机车绝大多数以柴油机作为动力源。

柴油机与其他形式的热机相比有以下主要特点：

（1）工作时热效率高，具有显著的节能效果。

（2）功率和转速范围宽广，能适应各种不同用途。

（3）结构紧凑、轻巧，适合作水、陆交通工具的动力装置。

（4）启动迅速，操纵简便。

（5）燃料、机油和冷却水的消耗量少。

（6）使用可靠，有较长的工作寿命。

（7）对燃料的要求较蒸汽机、蒸汽轮机及燃气轮机高，所排出的废气和传播的噪声对环境有污染作用。

（8）结构复杂，对零部件的加工、装配、运用及维修保养等技术要求较高。

图 1-1-1 为单缸柴油机的结构原理图。

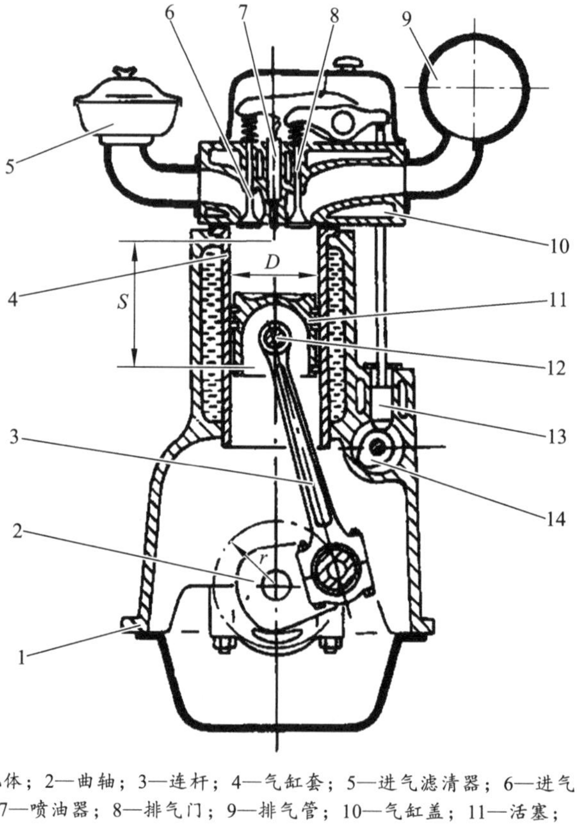

1—机体；2—曲轴；3—连杆；4—气缸套；5—进气滤清器；6—进气门；
7—喷油器；8—排气门；9—排气管；10—气缸盖；11—活塞；
12—活塞销；13—挺柱；14—凸轮轴。

图 1-1-1　单缸柴油机

二、柴油机的基本术语

（一）气缸直径

气缸是柴油机燃油燃烧做功的工作场所，通常设有气缸套。为使其冷却，气缸套外壁常套装有水套。气缸套为一薄壁圆形筒体，它的内圆孔直径称为缸径，以符号 D 表示，单位为毫米（mm）。

缸径也是活塞的公称直径，它决定了活塞顶的承压面积，而且在一定程度上决定了柴油机零部件的大小和质量，在其他条件相同的情况下，也决定了柴油机输出功率的大小。

（二）止　点

活塞在气缸内运动的极端位置称为止点，也称为死点。活塞在气缸内有两个极端位置：活塞距曲轴中心线最远时的位置称为上止点；活塞距曲轴中心线最近时的位置称为下止点。活塞在上、下止点时运动速度等于零，并即将改变运动方向。

（三）活塞行程

活塞行程又称为活塞冲程，它是指上止点和下止点之间的距离，用符号 S 表示，单位为毫米（mm）。活塞移动一个行程时曲轴相应旋转 180°，行程值为曲柄半径 r 的一倍，即 $S = 2r$。

（四）气缸容积

活塞位于上止点时，活塞顶、气缸套及气缸盖之间所包围的空间，称为气缸最小容积或压缩室容积，以符号 $V_{\min}$ 或 V_C 表示，单位为升（L）。

活塞从一个止点运动到另一个止点时所扫过的气缸容积，称为气缸工作容积，以符号 V_h 表示。V_h 由下式求得：

$$V_h = \frac{\pi D^2}{4} S \times 10^6 \text{（L）}$$

活塞位于下止点时，活塞顶面以上的气缸容积称为气缸总容积或气缸最大容积，以符号 V_A 或 $V_{\max}$ 表示，单位为升（L）。

$$V_A = V_h + V_C \text{（L）}$$

或

$$V_{\max} = V_h + V_{\min} \text{（L）}$$

V_h 代表单个活塞工作一次后的理论排气量，故又称为活塞排量。如柴油机有 i 个气缸，则全部气缸工作容积之和称为活塞总排量 V_H。

$$V_H = iV_h \text{（L）}$$

V_H 值越大，柴油机的做功潜力通常也越大，因此 V_h 及 i 皆为柴油机的重要结构参数。

（五）工　质

工质是在气缸内的工作介质，即参与燃烧、吸热并推动活塞膨胀做功的气体。它的物理状态和化学成分随工作进程而有所变化。

（六）压缩比

气缸总容积与压缩室容积之比值，称为几何压缩比或名义压缩比，以符号ε表示。

$$\varepsilon=\frac{V_A}{V_C}=\frac{V_C+V_h}{V_C}=1+\frac{V_h}{V_C}$$

几何压缩比表示工质在气缸内被压缩的程度，它也是柴油机的重要结构和工作参数，对机器的运转可靠性和经济性有较大的影响。柴油机的几何压缩比一般为 12 ~ 22，机车用增压柴油机的几何压缩比为 12 ~ 16.8。

（七）工作循环

柴油机要维持正常而持续地工作，即曲轴连续地驱使从动机械运转，则在各气缸内必须顺次反复地完成进气、压缩、喷油-燃烧膨胀及排出废气等几个过程，这样才能使燃油的化学能在气缸内连续不断地转为机械功。所以，完成这一整套不同状态的工作过程，即完成了一次能量转换过程，就称完成了一个工作循环。柴油机的连续运转，就是工作循环反复连续进行的过程。

（八）四冲程柴油机和二冲程柴油机

根据气缸内完成工作循环的工作方式不同，柴油机可分为四冲程和二冲程两种形式。如果完成一个工作循环时，活塞的运动需要往返 4 个冲程（或曲轴相应转两转），则称为四冲程柴油机；如果活塞往返只需两个冲程（或曲轴相应转一转）就完成一个工作循环的柴油机，就称为二冲程柴油机。

三、柴油机的工作原理

柴油机的工作循环包括进气、压缩、燃烧膨胀及排气等几个过程，这些过程相互衔接，前后交错。

图 1-1-2（a）为四冲程柴油机的实际工作过程示意图，图中表示出各个过程中活塞、连杆、曲轴及气门的相对位置。图 1-1-2（b）所示的 *P-V* 坐标图表示气缸内工质的气压与气缸容积之间的变化关系。

1. 进气过程

柴油机气缸内的燃烧就是燃油氧化的放热过程，因此首先要使新鲜空气充入（吸入）气缸，这是工作循环必需的第一步。

当活塞由上止点附近逐渐转向下止点方向运动时，进气门也逐渐由小开到大开，由于气缸容积的不断扩大而造成缸内低压状态，外界的新鲜空气源源不断地经进气门吸入缸内，此进气过程一直要延续到活塞过下止点之后进气门全闭而结束。

在进气过程中，新鲜空气以较高的速度流经管道及气门处而产生阻力，因此充入缸内的气压总是低于缸外供气源的气压值。

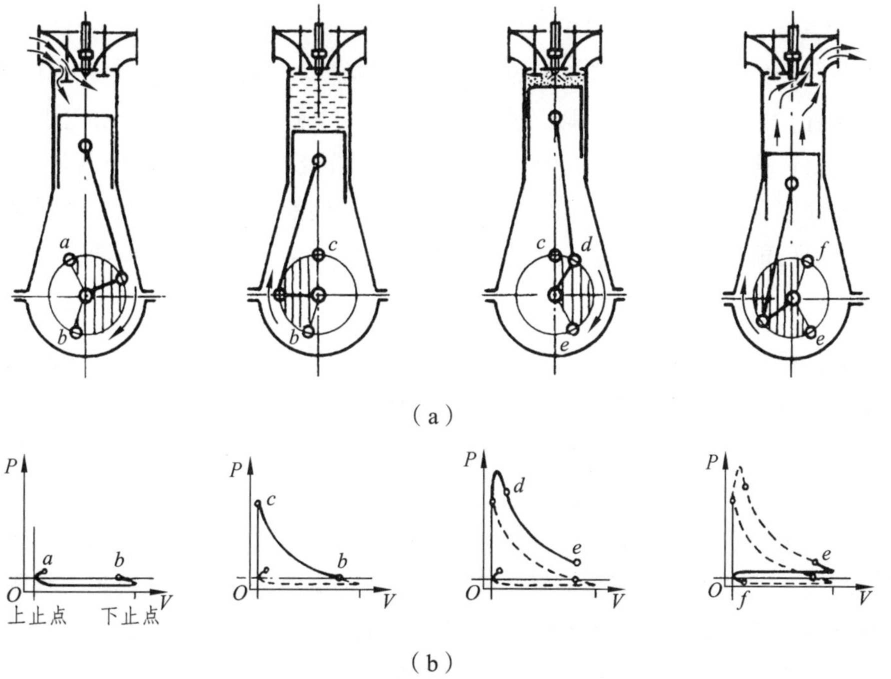

图 1-1-2　四冲程柴油机的工作过程

气门的启闭从开始到全开或全闭有一个时间过程。为使气缸内尽可能多地充气，使一开始充气时能减少活塞运动的阻力，在活塞开始下行时减少气流进入气缸的阻力，进气门的开启始点应提前于活塞上止点前某一角度。从进气门开启始点到活塞运动到达上止点时的曲轴转角称为进气提前角 θ_{i}。为利用进气流动惯性继续增加充气量，减少活塞在下止点前的运动阻力，进气门延迟到活塞下止点后某一角度时才完全关闭。从下止点到进气门全关时的曲轴转角称为进气的滞后角 θ_{i}'。进气过程相位及气压状态由图 1-1-2 中 *a*-*b* 线所示。

2. 压缩过程

进气过程结束时活塞已上行，此时进、排气门都处于关闭状态，气缸内工质的容积由于活塞上行而不断缩小，工质的压力和温度随之升高，这就是压缩。压缩过程在活塞到达上止点时结束，这时气缸的容积 V_{C} 仅为压缩初的十几分之一，在柴油机最低工作转速下，压缩终点工质的压力通常达到 2 500 ~ 3 500 kPa，压缩终点工质的温度达到 780 ~ 1 000 K。压缩过程（图 1-1-2 中 *b*-*c* 线）燃油迅速着火，为提高热效率及增加柴油机输出功率创造条件。

3. 燃烧-膨胀过程

在压缩过程后期活塞到达上止点前，喷油器开始向气缸内喷入雾状燃油，不久油气混合物就开始着火燃烧，这时气缸内工质的气压和气温急剧上升。在活塞过上止点后不久燃油停止喷射（图 1-1-2 中 *d* 点），以控制燃烧过程适时结束。由于燃烧初期气缸容积较小及活塞继续上行，使活塞在上止点稍后处达到工质气压最高值。在标定工况下，机车柴油机的最高气压通常可达 10 000 ~ 14 000 kPa，这个气压值称为最高爆发压力（最高燃烧压力）P_z。气缸内工质的最高燃烧温度可达 1 700 ~ 2 100 K。

燃油进行燃烧的同时，高温和高压的工质作用于活塞、气缸套及气缸盖上，由于此时进、排气门都密闭着，工质推动活塞下移，使气缸容积扩大，缸内工质的气压和气温相应下降，在这期间动力通过连杆传到曲轴，其中一部分动力由旋转着的曲轴输出，驱使从动机械工作，这就是工质的膨胀做功。这样，燃烧时燃油将其化学能转变成工质的热能，然后又通过活塞的运动转换为机械能，部分机械能通过曲轴对外输出，即柴油机对外界做功。

4. 排气过程

为了使柴油机连续做功，必须使膨胀后的工质排出气缸。打开排气门，为新的工质进入气缸创造条件。这些排出气缸的燃气，习惯上称为废气。

为了彻底清除废气，降低排气负功，排气门必须提前开启，即活塞下行到下止点前某一角度时排气门开始打开（图 1-1-2 中 e 点），使尚有一定压力和温度的燃气迅速冲出气缸。从排气始点到活塞下止点为止的曲轴转角称为排气提前角 θ_e。此后，活塞由下止点转向上行，气缸内的燃气由于与外界存在压差而继续外流，同时也借助于活塞上行的推力被驱赶出来。排气门在活塞过上止点后某一角度时完全关闭，排气过程结束（图 1-1-2 中 f 点）。从活塞上止点到排气终点为止的曲轴转角称为排气滞后角 θ_e'。

由此可见，四冲程柴油机的实际工作循环存在以下特点：

（1）进气过程和排气过程的持续时间皆超过一个冲程的时间；进气门和排气门的启闭皆有早开迟关的规律，其开启提前角和关闭滞后角的大小随机型不同而不同。在活塞上止点附近，由于进气门的早开和排气门的迟关而出现了同一气缸的进、排气门同时开启的情况，这段时间用曲轴转角 θ_m 来度量，称为进、排气重叠角或气门重叠角。

进、排气门重叠开启使部分新鲜空气吹扫燃烧室，驱赶死角处的残余废气，降低排气温度，同时使气缸内部受热机件冷却，减少充入气缸的新鲜空气与热机件间的热交换量，因而对柴油机的工作有良好的影响。

（2）四冲程柴油机的工作循环正好是在四个活塞冲程的距离或当量时间（曲轴转两转）内完成的。其中，进气、压缩及排气过程都是消耗能量的必要辅助过程，燃烧-膨胀是做功的过程，前者都为做功做准备，后者是在前者的基础上释放、转化和输出能量的动力过程。曲轴所输出的能量只是从气缸内所释放出来的总能量中的一部分，另一部分还要克服零部件的运动阻力、提供辅助过程消耗、带动本身附件工作及热损失等能量消耗。

（3）既然辅助过程及本身附件的工作要消耗能量，所以柴油机一开始不能自身动作，而必须借助于外力来启动，例如借助人力转摇手柄，或借助电动机来驱动曲轴，或利用高压空气充入气缸推活塞运动等方法来启动柴油机。一旦柴油机曲轴运转达到发火转速时，气缸内工质的膨胀做功就可提供曲轴自身连续运转的动力。

（4）在柴油机一个工作循环中，进气门和排气门各启闭一次，向气缸内喷油一次，故控制进、排气门及喷油泵工作的凸轮轴的转速在四冲程柴油机上仅为曲轴转速的一半。

四、曲轴转角和配气相位图

连杆的传动使活塞的往复运动与曲轴的转动相对应，气缸中一定的活塞位置与曲柄圆上一定的曲轴圆周位置（相位）对应。通常将曲轴转一圈等分成 360°，它的 0°和 360°皆与活塞上止点位置相对应。四冲程柴油机在一个工作循环中每一缸活塞有两个上止点：一个是压缩上止点，又称发火上止点，曲轴转角通常为 0°；另一个是换气上止点，曲轴转角通常为 360°。

配气相位图用以了解气缸内工质的工作过程。在直角坐标图上，活塞的上、下止点分别位于纵坐标的上方和下方，坐标的中心代表曲轴转动中心，按曲轴的转动方向标出进气门和排气门启闭位置的图形称为配气相位图。通常该图上还标出理论上向气缸提前供应燃油的相位——供油提前角 θ。

不同结构、不同转速范围、不同增压方式和增压度的柴油机有着不同的配气相位，合适的配气相位是由多次实机试验后优选而来的。16V280ZJ 型柴油机配气相位图如图 1-1-3 所示。几种机车用四冲程柴油机的配气相位如表 1-1-1 所示。

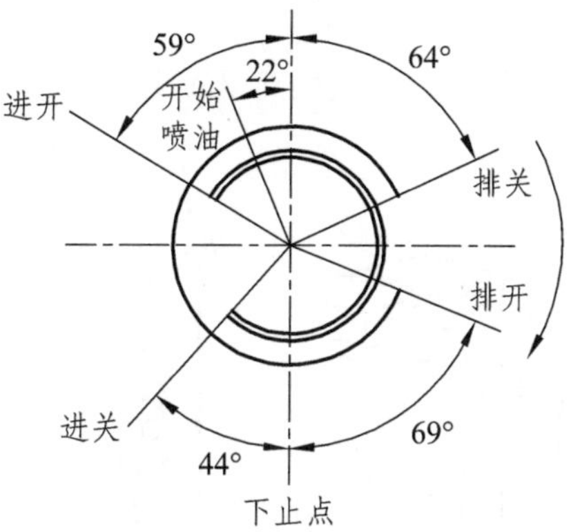

图 1-1-3　16V280ZJ 型柴油机配气相位图

表 1-1-1　四冲程柴油机的配气相位

机　型	相　位						
	进　气		排　气		气门重叠角 $\theta_i+\theta_e'$	换气总时间 $360°+\theta_i'+\theta_e$	供油提前角 θ
	θ_i	θ_i'	θ_e	θ_e'			
16V280ZJ	59°	44°	69°	64°	123°	473°	22°
16V240ZJB	42°20′	42°20′	42°20′	42°20′	84°40′	444°40′	21°
12V240ZJ	60°	50°	50°	60°	120°	460°	22 ~ 24°
12V180ZJ	63°	42°	60°	43°	106°	462°	28° ± 0.5°
7FDL-16	65°	45°	55°	61°	126°	460°	26°
12 LDA28	76.2°	36.2°	67.6°	37.6°	113.8°	463.8°	13°30′

子任务 1-1-2　柴油机常识认知

一、柴油机的分类

柴油机具有广泛的用途，因此也具有不同的结构形式和工作特点，以内燃机车柴油机为例，可大致分类如下：

（一）按气缸布置的形式来分

（1）立式柴油机：单列直立式气缸，气缸中心线与地面垂直，如图 1-1-4（a）所示。

（2）U 形柴油机：双列直立，两列气缸平行，每列有一根曲轴，两根曲轴的功率通过齿轮系合并集中输出，如图 1-1-4（b）所示。

（3）对动活塞式柴油机：单列直立，上下两曲轴平行且同步运转，每根曲轴驱动上下各一方的活塞连杆组，上下活塞对向运动，两轴功率由同步装置合并后集中于下轴输出，如图 1-1-4（c）所示。

（4）V 形柴油机：左右两列气缸中心线相交呈 V 形，在 V 形角中心处由一根曲轴用以输出功率，如图 1-1-4（d）所示。

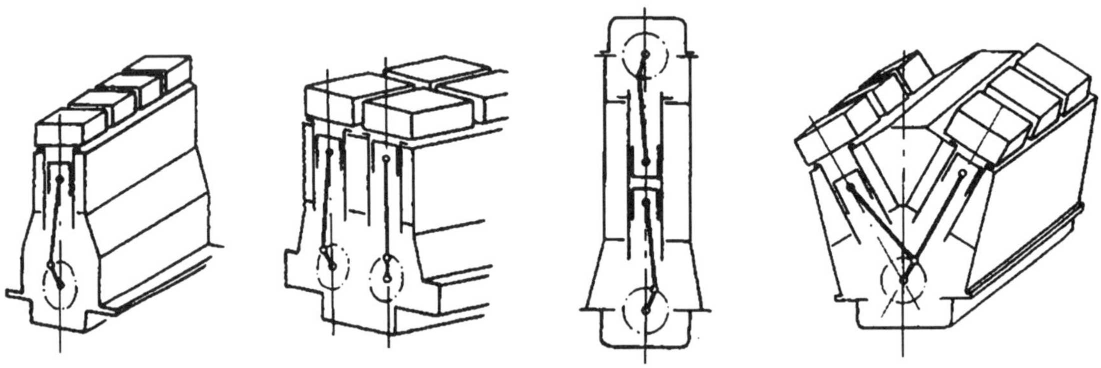

（a）立式　　（b）U 形　　（c）对动活塞式　　（d）V 形

图 1-1-4　气缸的布置形式

此外，国外机车柴油机还有三角形、正方形、W 形及 X 形等气缸布置形式。通常 V 形柴油机为内燃机车所广泛采用。因为它的结构紧凑，长度缩短，高度降低，空间利用性好，所以在质量及功率强化指标方面有一定优势。

（二）按完成工作循环所需的冲程数分

柴油机分为四冲程柴油机和二冲程柴油机。

（1）四冲程柴油机：每个工作循环需要完成进气、压缩、燃烧、排气四个冲程。

（2）二冲程柴油机：每个工作循环需要完成动力、压缩两个冲程。

（三）按曲轴转速及活塞平均速度分

按曲轴转速 n 大致可分为低转速柴油机、中转速柴油机、高转速柴油机。

（1）低转速柴油机：n<300 r/min。

（2）中转速柴油机：300 r/min<n<1 000 r/min。

（3）高转速柴油机：n>1 000 r/min。

（四）按进气状态分

1. 按空气进入气缸的状态分

（1）非增压柴油机。

新鲜空气未经压缩被直接吸入气缸，或二冲程柴油机为驱走废气而设扫气泵使低压空气进入气缸，这些皆属于非增压柴油机类型。

（2）增压柴油机。

用专门的设备将新鲜空气压缩后送入气缸的柴油机为增压柴油机，它又分为带空气中间冷却器及不带中间冷却器两种。压缩后的新鲜空气温度升高，在它进入气缸前的中间通道上用专门的设备对压缩的空气进行冷却，这种中间空气冷却设备简称为中冷器。

2. 按压气机的驱动方式分

（1）机械增压柴油机。

通过柴油机自身曲轴的转动来驱动压气机，实现进气增压的柴油机。

（2）废气涡轮增压柴油机。

通过柴油机自身排出的尾气来驱动涡轮机-压气机，实现进气增压的柴油机。

3. 按空气被增压的程度分

（1）低增压柴油机。

进气空气压力 $P \leqslant 166.6$ kPa 的柴油机。

（2）中增压柴油机。

进气空气压力 $P = 166.6 \sim 245$ kPa 的柴油机。

（3）高增压柴油机。

进气空气压力 $P = 245 \sim 343$ kPa 的柴油机。

（4）超高增压柴油机。

进气空气压力 $P \geqslant 343$ kPa 的柴油机。

（五）按燃烧室的结构特征分

1. 直接喷射燃烧室式柴油机

这种燃烧室由气缸盖底平面和活塞顶部的凹坑构成。直接喷射到凹坑内的燃油，主要靠雾化后的燃油和空气均匀地接触形成可燃混合气体。

2. 分隔燃烧室式柴油机

这种燃烧室由主燃室和副燃室组成，气缸盖底平面和活塞顶部构成主燃室，副燃室位于气缸盖内，两个燃烧室之间由孔道相连接。燃油先在副燃室内燃烧，之后连同未燃烧的燃油一起进入主燃室进行充分燃烧。

二、柴油机的型号、气缸编号及曲轴转向

GB/T 725—2008 规定：柴油机的型号由阿拉伯数字、汉语拼音字母或国际通用的英文缩略字母组成。

柴油机的型号包括四部分：第一部分，由制造厂商代号或产品序列号组成；第二部分，由气缸数、气缸布置形式符号、柴油机冲程符号、气缸直径组成，气缸直径以 mm 单位数字表示，必要时可用 *D*/*S* 数表示；第三部分，由结构特征符号、用途特征符号构成；第四部分，产品区分符号，可由制造商自选符号，可根据具体情况标出或不标出。

国产柴油机型号编排规则如图 1-1-5 所示。

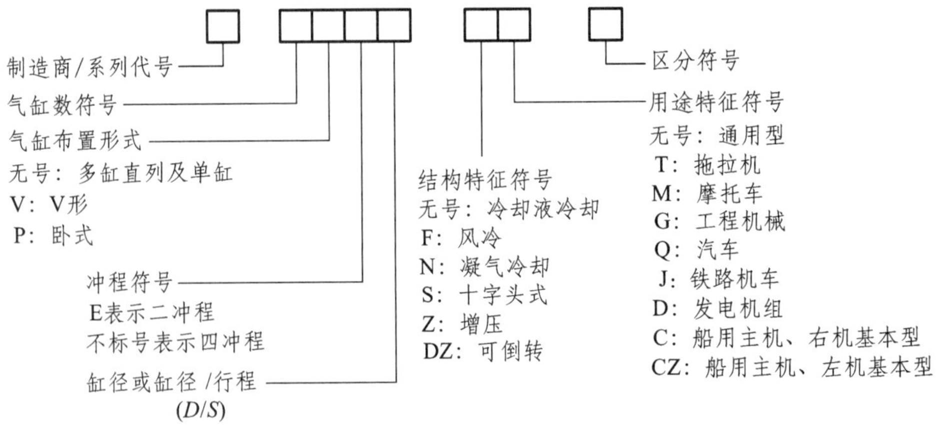

图 1-1-5　国产柴油机型号编排规则

示例如下：

16V280ZJA：16 缸、V 形、四冲程、缸径 280 mm、增压及机车用柴油机，变型代号 A。

16V265H：16 缸、V 形、四冲程、缸径 265 mm、机车用柴油机。

10E207J：10 缸、二冲程、缸径 207 mm、水冷式机车用柴油机。

6250GZC：6 缸、四冲程、缸径 250 mm、高增压船用柴油机。

对于国外引进的柴油机，其产品型号编制不按本规定，可保留原产品型号或在原型号上进行扩展。经国产化的产品需按本标准的规定进行编制。

GB/T 726—94 对柴油机曲轴转向的规定：相对于功率输出端的另一端为柴油机自由端。站在柴油机功率输出端向自由端看，凡输出端曲轴顺时针的旋转称为“右转”，逆时针的旋转称为“左转”。多轴式柴油机的转向以主输出轴的转向为准。

V 形柴油机右边自由端的气缸为第 1 缸，以后顺次为 2，3，…，n；左边自由端开始为 $n+1$，$n+2$，…，$2n$。图 1-1-6 为 16V280ZJ 型柴油机的气缸编号。

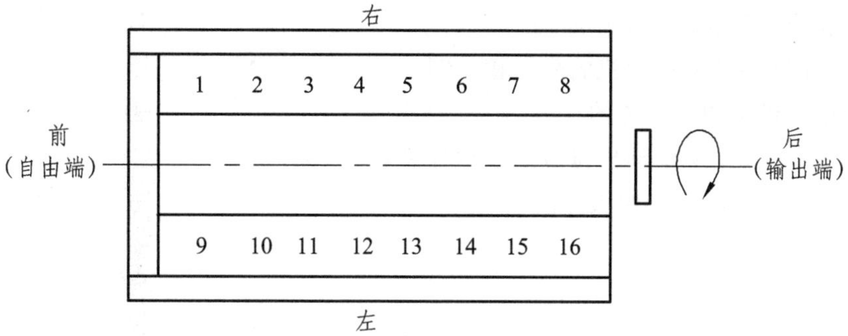

图 1-1-6　16V280ZJ 型柴油机的气缸编号

三、柴油机经济性指标

内燃机车柴油机在运用中的燃油消耗费用约占全部运用费用的一半，故燃油消耗代表了柴油机的经济性。

在柴油机工作过程中，燃油消耗存在两个指标：

（1）燃油消耗量：柴油机工作时，每小时的燃油消耗量，以符号 G_f，单位符号为 kg/h。

（2）燃油消耗率：柴油机以 1 kW 的功率工作 1 h 所消耗的燃油，以符号 g_i 表示，单位符号为 g/（kW · h）。

柴油机的燃油消耗率可分为指示燃油消耗率与有效燃油消耗率。其中，指示燃油消耗率是指单位指示功的耗油量，通常用单位千瓦时指示功率的耗油量克数来表示。有效燃油消耗率是指单位有效功的耗油量，通常用单位千瓦时有效功所消耗的燃料克数来表示。

【任务检查】

表 1-1-2　柴油机工作原理——任务检查单

任务编号	1-1	任务名称	柴油机工作原理认知		
序号	检查内容			是	否
1	能正确绘制 16V280ZJ 型柴油机的配气相位图，包含进气、压缩、做功、排气、供油提前共 5 个要点				
2	能结合 16V280ZJ 型柴油机的配气相位图说明 16V280 柴油机的工作过程，进气、压缩、做功、排气四个冲程以及供油提前共 5 个要点				
3	能说明 16V280ZJ 型、16V265H 型柴油机的型号含义，说明柴油机曲轴转向的含义				
4	能说明每小时燃油消耗量 G_f 、每千瓦小时燃油消耗量 g_i 的含义				
5	能画出 16V280ZJ 型、16V265H 型柴油机气缸编号示意图				

【任务训练】

1. 解释柴油机的基本术语。

2. 说明四冲程柴油机的工作原理。
3. 画出 16V280ZJ 型柴油机的配气相位图。
4. 说明柴油机是如何分类的。
5. 说明 16V280ZJ 型柴油机符号的表示含义。
6. 说明柴油机气缸是如何编号的。

任务 1-2　内燃机车柴油机基本结构认知

【任务描述】

掌握 16V280ZJ 型、16V265H 型柴油机的基本组成结构及柴油机的总体布置情况；熟悉 16V280ZJ 型、16V265H 型柴油机的主要技术参数；掌握 16V280ZJ 型、16V265H 型柴油机自由端、输出端的功率输出情况；掌握动力室与冷却室的工作关系以及冷却室的组成结构。

【任务目标】

- 能掌握 16V280ZJ 型、16V265H 型柴油机的基本组成结构；
- 能说明 16V280ZJ 型、16V265H 型柴油机的总体布置情况；
- 能说明 16V280ZJ 型、16V265H 型柴油机的主要技术参数；
- 能说明 16V280ZJ 型、16V265H 型柴油机自由端、输出端的功率输出情况；
- 能掌握动力室与冷却室的工作关系以及冷却室的组成结构。

【任务学习】

子任务 1-2-1　16V280ZJ 型柴油机

一、16V280ZJ 型柴油机的基本组成结构

16V280ZJ 型柴油机主要由固定件、运动件、配气机构、进排气系统、燃油系统、调控系统、冷却水系统以及机油系统组成。

1. 固定件

固定件是柴油机的构成骨架，为其他部件的支撑和安装提供了基础，并为柴油机的运行提供了空间。它主要由机体、连接箱、气缸、气缸盖、油底壳及安装支承座等组成。

2. 运动件

运动件主要是指柴油机中做功、传递和输出功率的曲柄连杆机构，是完成柴油机工作循

环和实现能量转换的重要部件。它主要由活塞组、连杆组和曲轴组等部件组成。

3. 配气机构

配气机构能够正时地开闭气门，达到排除废气和充入新鲜空气的目的，为柴油机循环工作提供条件。它主要由凸轮轴、挺柱、推杆、摇臂、气门及气门弹簧等机件组成。

4. 进排气系统

进排气系统的功用是排出气缸内燃烧产生的废气，并向气缸内尽可能多地充入新鲜气体，为实现热工转换提供物质基础。进气系统由空气滤清器、增压器压气机、中冷器、稳压箱以及进气管道等组成；排气系统由废气总管、增压器涡轮机以及消音器等组成。

5. 燃油系统

燃油系统是根据柴油机的运转工况，保证在适当的时机向燃烧室内喷入一定量的雾化燃油。燃油系统由燃油箱、燃油泵、燃油粗滤器、燃油精滤器、喷油泵、喷油器、高压油管、调压阀以及进回油管路等组成。

6. 调控系统

调控系统是根据机车运行的需求，通过调速器对柴油机进行调速及控制输出功率，并能防止柴油机发生过载及飞车等意外情况。调控系统主要由调速器或调节器、控制拉杆系统、超速保护装置及紧急停车装置等机件组成。

7. 机油系统

柴油机的机油系统使相对运动零件的摩擦表面得到润滑和冷却，从而保证柴油机正常、可靠地工作。机油系统主要由启动机油泵、主机油泵、机油滤清器、增压器滤清器、安全阀、调压阀、机油热交换器以及机油管道等部分组成。

8. 冷却水系统

冷却水系统是对柴油机进行强制冷却，将各受热零件的温度控制在允许的范围内，又可保持适当的冷却水温度。冷却水系统由膨胀水箱，高、低温冷却水泵，中冷器，机车散热器以及管路等部分组成。

二、16V280ZJ 型柴油机的总体布置情况

16V280ZJ 型柴油机的外形如图 1-2-1 所示，其纵、横剖面如图 1-2-2（a）和图 1-2-2（b）所示。

16V280ZJ 型柴油机的外形尺寸为：长 4 971 mm，宽 1 725 mm，高 2 895 mm。柴油机 16 个气缸分为左、右两列，两列气缸的中间呈 V 形 50°夹角。为了尽可能减小柴油机的宽度，采取如下一些措施：将进气管路、增压器和中冷器布置在 V 形夹角内；气门推杆对气缸中心线倾斜 7°；在保证凸轮轴孔可加工的前提下，压缩凸轮轴孔与气缸孔之间的距离等。

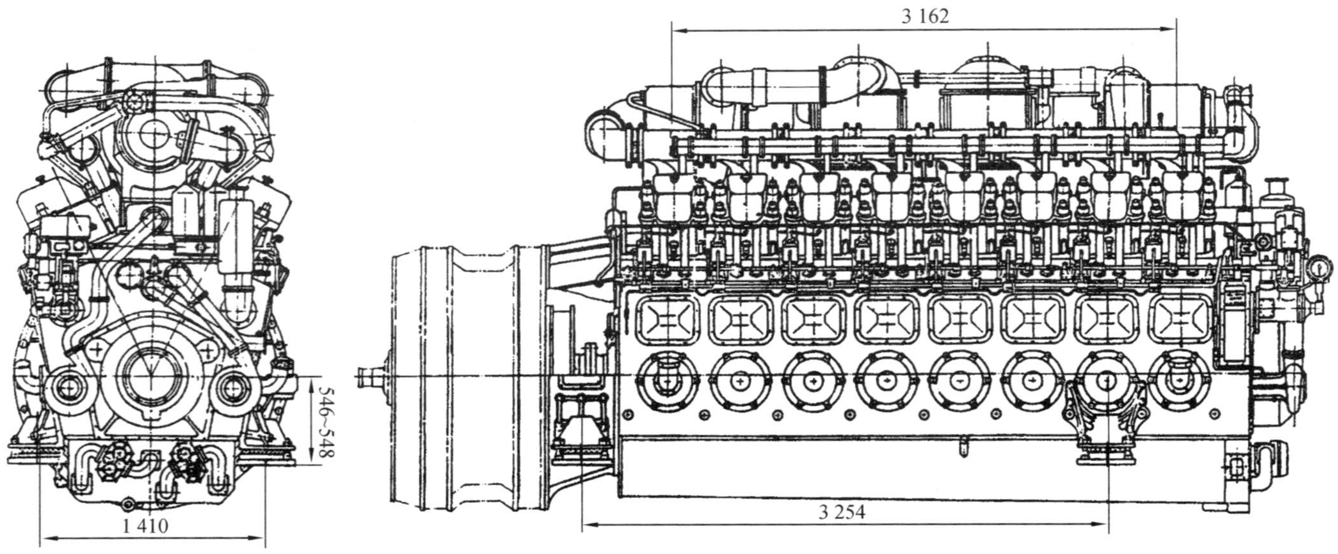

图 1-2-1 16V280ZJA 柴油机外形图

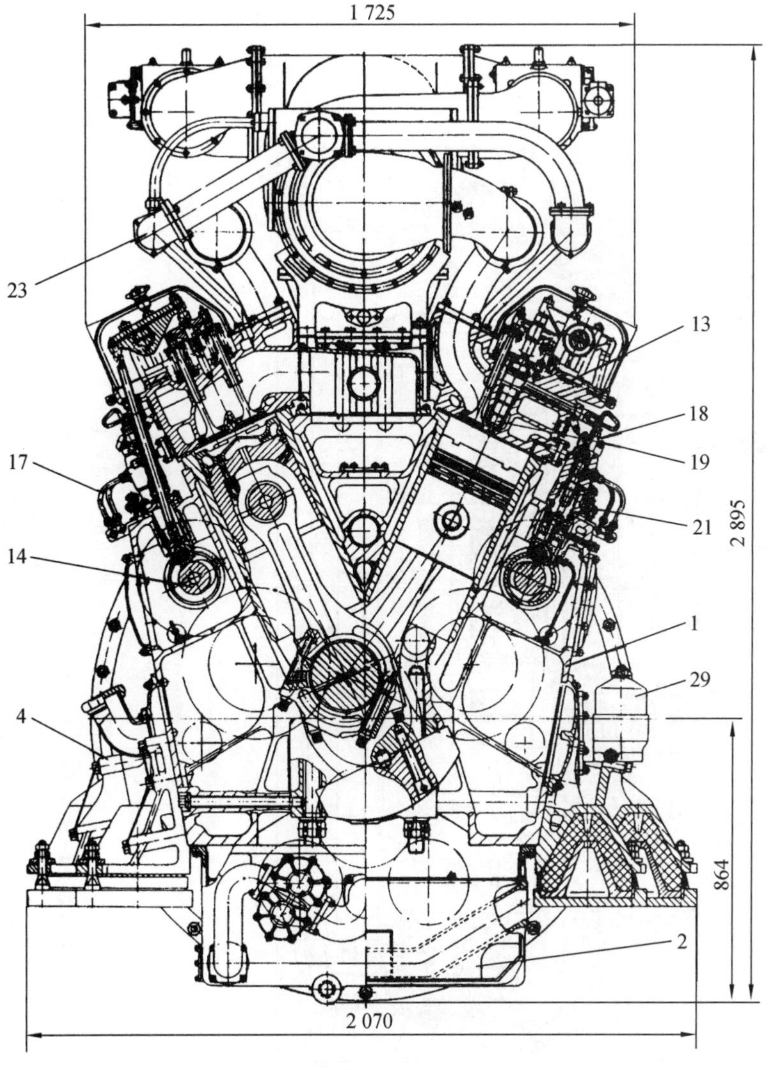

（a）16V280ZJA 柴油机横剖面图

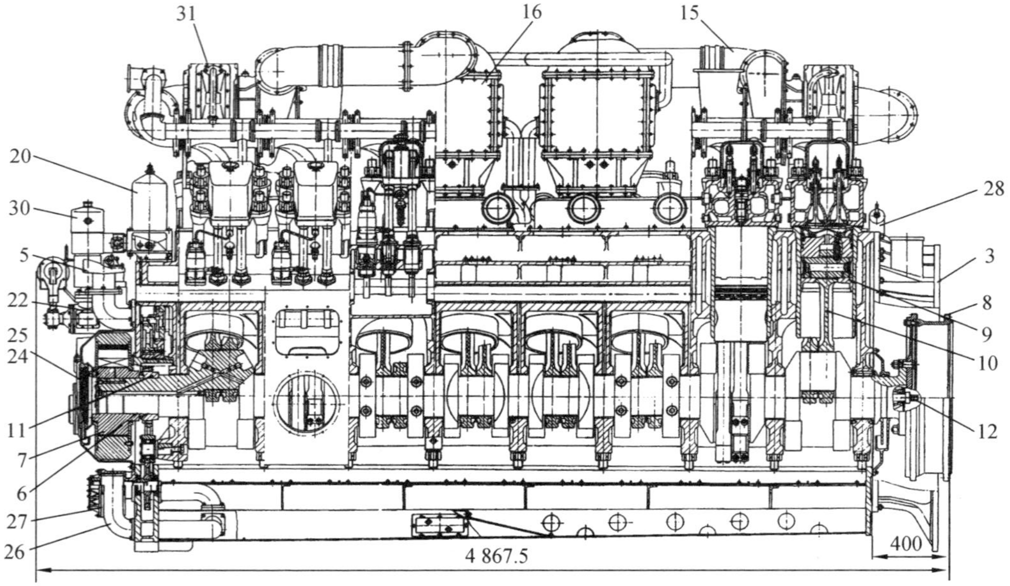

（b）16V280ZJA 柴油机纵剖面图

1—机体总成；2—油底壳组装；3—连接箱装配；4—机体支承；5—油气分离器；6—曲轴总成；7—卷簧减振器；8—联轴节；9—活塞总成；10—连杆总成；11—齿轮传动装置；12—盘车机构；13—气缸盖总成；14—凸轮轴总成；15—进、排气管路；16—中冷器；17—燃油管路；18—喷油泵；19—喷油器；20—燃油精滤器；21—控制拉杆装置；22—调控传动总成；23—冷却水管路；24—高温水泵；25—中冷水泵；26—机油管路；27—机油泵；28—增压器机油滤清器；29—机油离心式滤清器；30—PGMV 调速器；31—涡轮增压器。

图 1-2-2　16V280ZJA 柴油机剖面图

柴油机机体V形夹角空间布置主油道、高温水总进水道和相当于进气总管的空气腔。凸轮轴、挺柱、推杆、喷油泵和喷油器布置在机体两侧，以便于对以上部件的日常检查与维修。在V形夹角内和气缸盖上部，布置分段连接的气缸盖的高温出水总管和每缸一节并且中间加膨胀节的排气管，方便日常检修。

齿轮传动装置集中布置在机体前端齿轮箱内，驱动左、右凸轮轴，同时带动布置在柴油机自由端的调控传动总成、C型联合调节器、高温水泵和中冷水泵及两个主机油泵。

在曲轴自由端，曲轴齿轮和卷簧减振器以锥度配合方式与曲轴连接，曲轴齿轮是齿轮传动装置的主动齿轮。在曲轴输出端，曲轴法兰与弹性联轴节用螺栓连接，联轴节再带动同步主发电机转子轴。同步主发电机的外壳则通过连接箱与柴油机机体连成一体，连接箱侧面装有盘车机构。

16V280ZJ型柴油机采用湿式油底壳，安装在机体底面下。

柴油机上布置有多种保护装置。一种是可切断燃油供应的，它装在调控传动总成上；另一种是可切断柴油机进气的，它安装在增压器与中冷器之间的进气通道上。停机和卸载油压继电器布置在柴油机主油道进口（DF_8-0110号之前的机车使用）或布置在增压器进油管路上（DF_8-0110号和之后的机车和DF_{11}机车使用）。同时，还设有盘车机构联锁、防止曲轴箱压力过高的差示压力计和装在机体两侧曲轴观察孔盖上的防爆阀等。

柴油机通过4个装于机体两侧和连接箱两侧的橡胶弹性支承座安装在机车上。

三、16V280ZJ型柴油机的主要技术参数

16V280ZJ型柴油机的主要技术参数见表1-2-1。

表1-2-1　16V280ZJ型柴油机主要技术参数

型　号		16V280ZJ	16V280ZJA
一、基本结构参数			
形式		四冲程、直接喷射燃烧室、废气涡轮增压、增压空气中间冷却的机车用柴油机	
气缸直径/mm		280	
活塞行程/mm		285	
缸数及排列		16缸，V形，夹角50°	
单缸排量/L		17.55	
几何压缩比		12.5	
二、主要工作参数			
（一）转速	标定转速/（r/min）	1 000	
	最大转速/（r/min）	1 100	
	最低空载稳定转速/（r/min）	400	
	超速自动停车转速/（r/min）	1 120 ~ 1 140	
	启动着火转速（+5 °C时）/（r/min）	110	
	活塞平均速度/（m/s）	9.5	

续表

型号			16V280ZJ	16V280ZJA
(二)功率	标定功率/kW		3 675	3 860
	最大功率/kW		4 045	4 246
(三)扭矩	标定功率时扭矩/N·m		35 115	36 866
	启动扭矩/N·m		4 413	
(四)压力	标定功率时平均有效压力/kPa		1 572	1 650
	最大功率时平均有效压力/kPa		1 760	1 814
	最高爆发压力/MPa		13.24	13.72
	400 r/min 空载时压缩压力/MPa		2.65～2.95	
	曲轴箱正压力/kPa		≤0.6	
(五)燃油	牌号		GB 252—2015 优级品或一级品轻柴油	
	标定功率燃油消耗率/[g/(kW·h)]		208～215	
	400 r/min 空载燃油消耗量/(kg/h)		16	
	喷油器喷射压力/MPa		25.5	
(六)冷却水	高温水系统	水质	去离子水中加缓蚀剂	
		流量/(L/min)	2 250	
		压力/MPa	0.392	
		柴油机出口处水温/°C	正常 70～80，最高 88	
	中冷水系统	水质	去离子水中加缓蚀剂	
		流量/(L/min)	1 667	
		压力/MPa	0.343	
		中冷器进水温度/°C	50	
(七)机油	牌号		柴油机用“内燃机车三代柴油机油”、调速器用“内燃机车调速器油”	
	流量/(L/min)		1 667	
	机油消耗率/[g/(kW·h)]		2.04	
	柴油机主油道进口压力/MPa		≥0.48	
	柴油机出口油温/°C		正常 65～75，最高 88	
(八)空气与燃气	标定功率时增压器出口空气压力/kPa		265	282
	标定功率空气流量/(L/min)		2×3.6	2×3.88
	增压器吸气真空度/kPa		≤2.45	
	气缸盖出口排气温度/°C		≤540	
	涡轮进口燃气温度/°C		≤630	
	增压器排气背压/kPa		≤2.94	

续表

型　号		16V280ZJ	16V280ZJA
（九）曲轴旋转方向		面对功率输出端顺时针方向旋转	
（十）配气相位及供油提前角	配气相位	进气门开：上止点前 59°；进气门关：下止点后 44°	
		排气门开：下止点前 69°；排气门关：上止点后 64°	
	供油提前角	上止点前 22°	
（十一）启动方式		电机启动	
（十二）其他参数	柴油机外形尺寸/mm	长 4 971×宽 1 725×高 2 895	
	柴油机质量/kg	24 500	

四、DF_{8B} 型机车辅助系统

（一）机车进排气系统

机车进排气系统：新鲜空气通过二级过滤进入前、后增压器增压，即机车柴油机室车体旋风除尘器、内走廊动力室两侧空滤器；增压后的空气温度较高，进入安装在柴油机的中冷器进行冷却，冷却后的气体进入中冷器下部的稳压箱，由稳压箱进入各气缸燃烧，燃烧后的废气通过废气支管汇入排气总管，进而进入增压器，通过消音器排向大气。

（二）机车燃油系统

机车上的燃油管路与柴油机的燃油系统共同组成完整的燃油系统，燃油管路用黄色油漆标识。在规定的时间内，燃油系统向气缸供给一定数量（随负荷而定）、一定质量的柴油，与缸内新鲜空气混合进行燃烧。柴油机燃油系统由进/回油管路、燃油泵电机组、调压阀、燃油粗滤器、燃油精滤器及其放气管、喷油泵、喷油器和高压油管等组成，如图 1-2-3 所示。燃油系统的循环回路如图 1-2-4 所示。

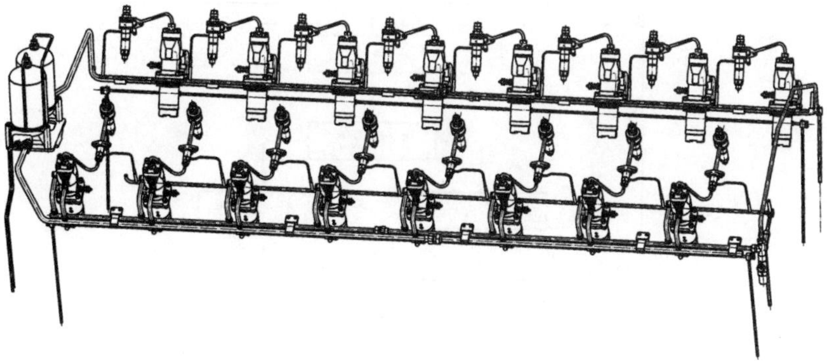

图 1-2-3　柴油机燃油系统

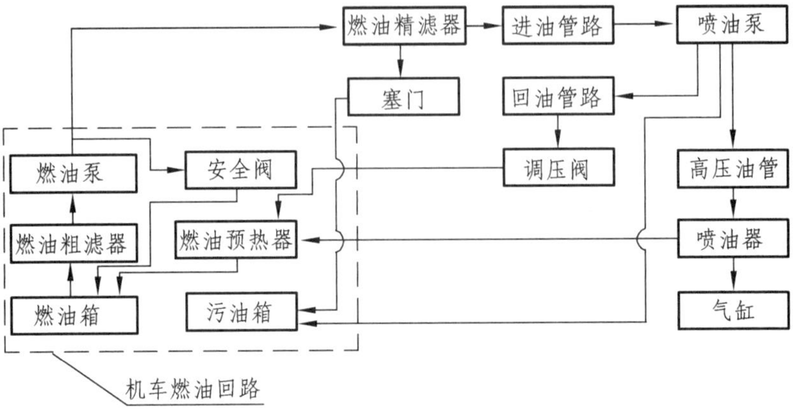

图 1-2-4　燃油系统循环回路

（三）机车冷却水系统

冷却水系统的功能：一方面对柴油机进行强制冷却，将各受热零件的温度控制在允许的范围内；另一方面又要保持适当的冷却水温度，以获得较好的柴油机经济性。柴油机冷却水系统主要由高温冷却水系统和中冷水系统组成。

高温水系统走向：柴油机气缸盖出水支管汇总到出水总管的高温水，进入机车散热器冷却后由装在柴油机上的高温水泵吸入，通过进水总管将冷却水泵入机体 V 形夹角内的水腔，再流入机体两侧，对各个气缸套进行强制冷却。然后，通过机体顶板上的 4 个出水孔经导管流入气缸盖进行冷却。高温水由气缸盖出水孔通过支管汇集到气缸盖上方的两根出水总管，汇总后送到机车高温冷却单节进行散热冷却。在柴油机的前后端还有两条支管，分别将冷却水接到前、后增压器进行冷却。通过增压器的冷却水也分别汇入两侧的气缸盖出水总管，如图 1-2-5 所示。在增压器出水管的最高部位，安装一根放气管，供柴油机上水时排气（个别机务段已将该放气管与膨胀水箱接通）。另外，在机体的后端板（即输出端）位于两侧气缸水腔的最低位各设有放水孔，由管子接到连接箱两侧，装上塞门，以便在冬季停用时放水用。

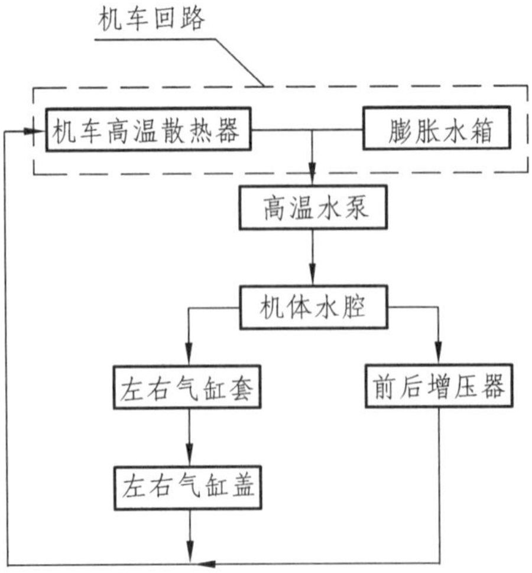

图 1-2-5　高温冷却水系统框图

中冷水系统的走向：从两只中冷器出来的热水汇总后进入机车的机油热交换器，再进入散热器冷却单节，冷却后由中冷水泵吸入，通过中冷水泵出水管，泵入设置在前稳压箱内的水道中，通过一个分路接管，分别进入前、后中冷器，从两个中冷器出来的热水汇集于一根出水总管。其布置路线如图 1-2-6 所示。

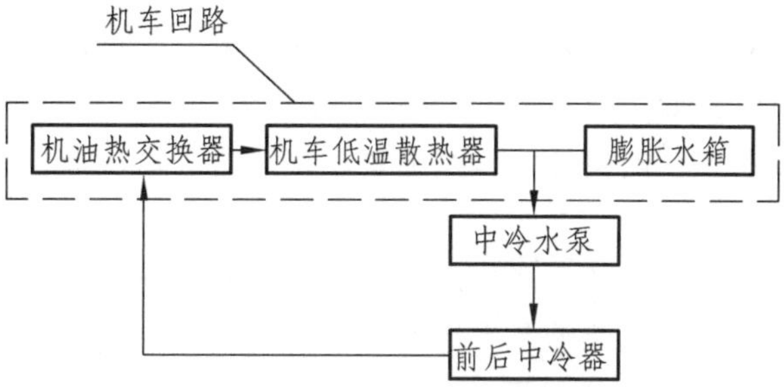

图 1-2-6　中冷水系统框图

（四）机车机油系统

机油系统在柴油机运转过程中起到润滑、导热、清洗、密封和缓冲的作用。它由油底壳、主机油泵、机油离心式滤清器、机油滤清器、增压器机油滤清器、安全阀、调压阀和机油管路等组成，详见图 1-2-7。

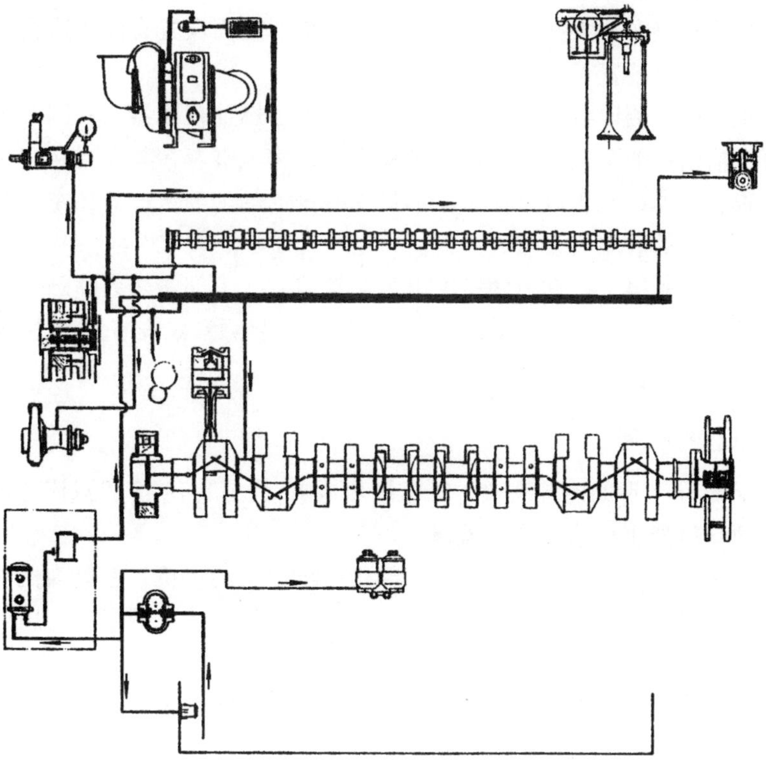

图 1-2-7　机油系统示意图

机车启动时由启动滑油泵将油底壳里的油抽出（启机完成后由两只主机油泵抽油），泵入装在机车上的机油热交换器、机油滤清器，然后通过进油管路进入柴油机主油道润滑和冷却各运动部件。其主要路径如下：机油从主油道经机体各挡立板上的钻孔进入曲轴主轴承，由曲轴油道进入卷簧减振器和连杆大端轴承，再由连杆杆身上的油孔进入连杆小端轴承，经活塞销进入活塞冷却。

主油道前端分四路机油：一路进前增压器润滑冷却轴承；两路经左、右气缸盖进油总管；另一路进齿轮箱润滑齿轮齿面。

从主油道后端盖板引出三路机油：一路通过连接箱进后增压器，另两路分别经左、右气缸盖进油总管。

在机体后端立板上，通过铸造方式接通主油道和左右凸轮轴承孔的油路，一方面润滑凸轮轴轴承，同时接管路润滑左右喷油泵下体滚轮与滚轮轴。

从左右第一凸轮轴承孔处外接管路引机油润滑左右配气惰轮轴。

从主油道进油管上接管路至调控传动、高低温水泵润滑。

五、DF_{8B}型内燃机车动力室与冷却室的组成结构

（一）动力室的布置

动力室内设置有柴油发电机组、前变速箱、励磁机、启动发电机、测速发电机等。

柴油发电机组布置在动力室的中间，在主发电机的前面设置有前变速箱、励磁机、启动发电机、测速发电机等装置

柴油发电机组的左侧设有两组燃油输送泵电机组、燃油粗滤器，右侧有燃油预热器、预热锅炉燃油泵、辅助机油泵电机组和空气制动系统工作风缸。在其左右两侧壁上均设有柴油机空气滤清装置、车体通风机以及便于柴油机加装机油的加油窗口，在左侧空气滤清器的前端和右侧空气滤清器的后端均设有灭火器。

前间壁上部为横跨电气、动力两室的电阻制动装置，下部左侧为励磁整流柜。

后间壁上部为膨胀水箱，下部设置仪表箱（箱内安装测量仪表装置），用来显示柴油机各油水管路的压力、温度值。

（二）冷却室的布置

冷却室的上部为 V 形的冷却装置（机车散热器），其上装有 48 组双流道铜散热器，散热器内部布置了两套静液压马达和冷却风扇。

动力室下部中间设有后变速箱及后转向架牵引电动机通风机，左侧为机油热交换器和空气压缩机组，右侧为启动机油泵、机油滤清器和空气压缩机组（两套空气压缩机组贴紧冷却室后墙布置）。

冷却室前间壁冷却装置下部的左右两侧装有静液压系统油箱，在 V 形冷却装置的底部安装两组静液压系统油-空散热器。

冷却室后间壁右侧设有信号旗、火炬、响墩箱，左侧设有更衣箱。

图 1-2-8 为 DF_{8B} 型机车总体布置图。

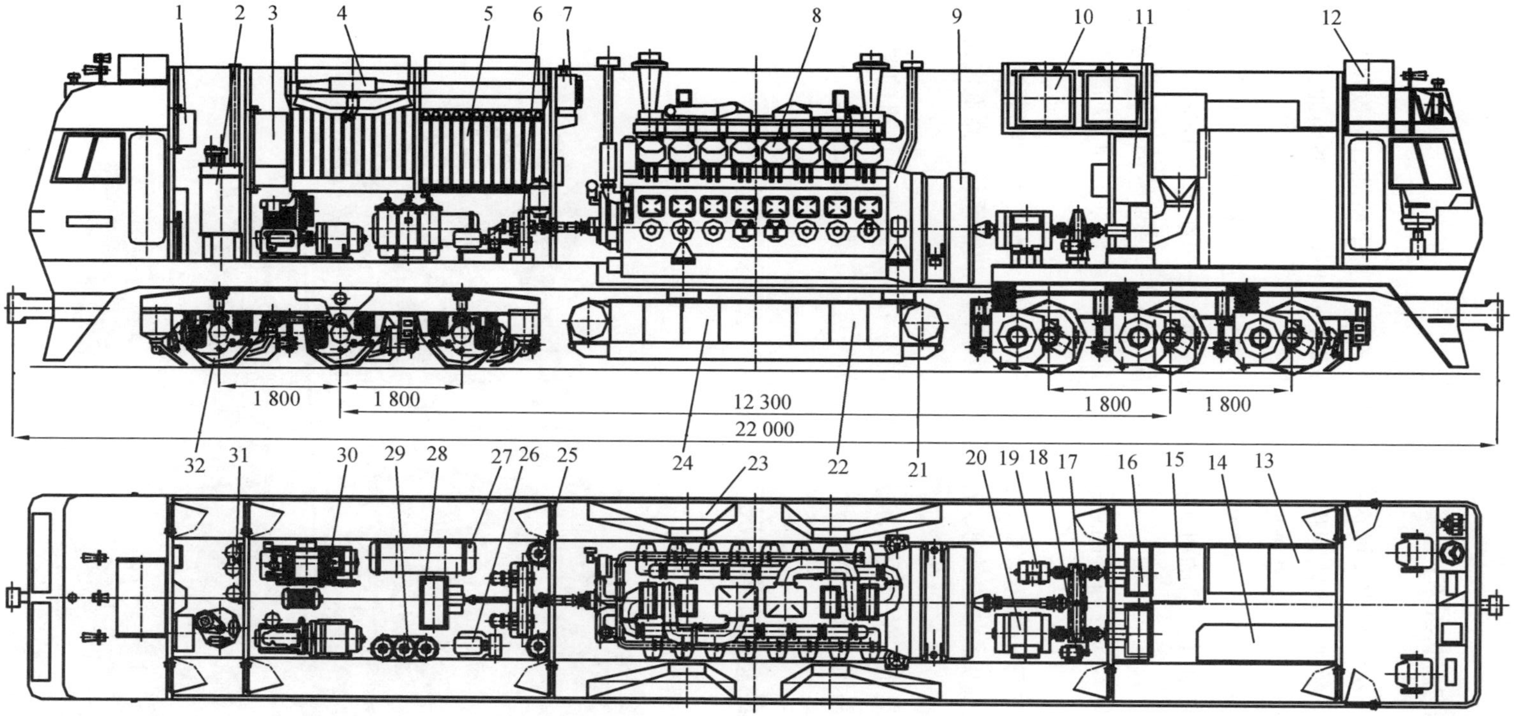

1—预热锅炉控制箱；2—预热锅炉；3—更衣箱；4—冷却风扇；5—散热器；6—后变速箱；7—膨胀水箱；8—柴油机；9—主发电机；10—电阻制动柜；11—微机柜；12—空调机；13—高压柜；14—组合电气柜；15—主硅整流柜；16—主整流柜与主发电机通风机；17—前变速箱；18—测速发电机；19—励磁机；20—启动发电机；21—总风缸；22—蓄电池箱；23—空气滤清装置；24—燃油箱；25—静液压系统油箱；26—启动机油泵；27—机油热交换器；28—后转向架牵引电动机通风机；29—机油滤清器；30—空气压缩机组；31—空气干燥器；32—转向架。

图 1-2-8　DF_{8B} 机车总体布置图

子任务 1-2-2　16V265H 型柴油机

一、16V265H 型柴油机的总体结构

16V265H 型柴油机是 EMD 公司集多年的内燃机车制造经验，携手欧洲著名发动机技术咨询公司——Ricardo，精心打造的机车用四冲程中速柴油发动机。16V265H 型柴油机具有功率大、强化度高、设计理念先进、结构紧凑等特点。

16V265H 型柴油机采用了电子控制燃油喷射技术、高性能的增压器以及高效率的中冷器等技术，使柴油机能够适应未来更加严格的机车排放限制；EMD 公司在设计 16V265H 型柴油机时，对大部分零部件采用了公制（米制）单位。但仍有一部分与其他柴油机通用的零部件采用了英制单位，尤其是部分紧固件和管路连接件采用了美制螺纹标准，如 NPT、NPTF、UNC、UNF 等。

16V265H 型柴油机主要部件有：机体装配、油底壳装配、曲轴装配、凸轮轴装配、动力组、传动机构（配气齿轮）、配气机构、泵支承箱装配、增压系统、机油系统、高低温冷却水系统、燃油系统、监测控制系统、空气启动系统等。

为满足中国铁路 300 台货运机车的合同要求，EMD 公司对 16V265H 型柴油机的增压器、配气机构、联轴节、电子监控系统、冷却水和机油系统等部件进行了优化改进。

二、16V265H 型柴油机的总体布置情况

16V265H 型柴油机的外形如图 1-2-9 所示。

图 1-2-9　16V265H 型柴油机外形

16V265H 型柴油机第 1 ~ 8 缸动力组侧分别布置有摇臂箱盖罩、燃油总管、中冷器、气缸减压阀、进气支管、曲轴箱盖、油底壳油位尺、增压器、启动马达等部件，如图 1-2-10 所示。

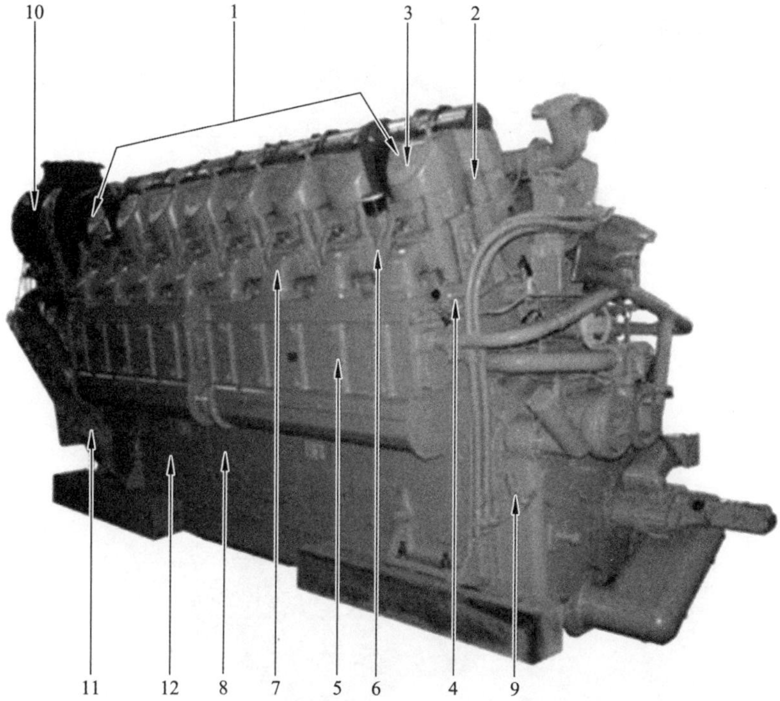

1—动力组；2—动力组紧固螺母；3—摇臂箱盖罩；4—燃油总管；5—中冷器；6—气缸减压阀；7—进气支管；8—曲轴箱盖；9—油底壳油位尺；10—增压器；11—启动马达；12—横拉螺栓。

图 1-2-10　柴油机 1 ~ 8 缸侧布置图

16V265H 型柴油机第 9 ~ 16 缸动力组侧分别布置摇臂箱盖罩、燃油总管、中冷器、气缸减压阀、进气支管、曲轴箱盖、机油减压阀、增压器、启动马达、油气分离器、燃油输送泵等部件，如图 1-2-11 所示。

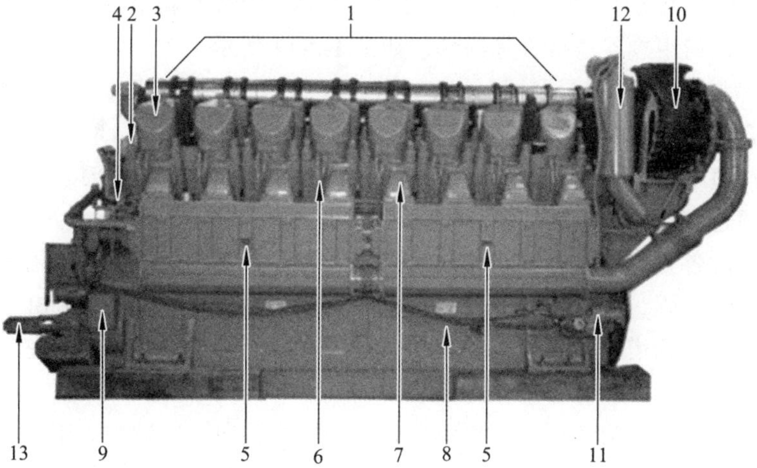

1—动力组；2—动力组紧固螺母；3—摇臂箱盖罩；4—燃油总管；5—中冷器；6—气缸减压阀；7—进气支管；8—曲轴箱盖；9—机油减压阀；10—增压器；11—启动马达；12—油气分离器；13—燃油输送泵。

图 1-2-11　柴油机 9 ~ 16 缸侧布置图

16V265H 型柴油机自由端分别布置有排气总管、右排动力组、高温冷却水出水总管、左排动力组、燃油分配器（块）、高温冷却水分配器（三通）、机油加油口、高温水泵、中冷器水泵、主机油泵、燃油输送泵、机油泵前粗滤器等部件，如图 1-2-12 所示。

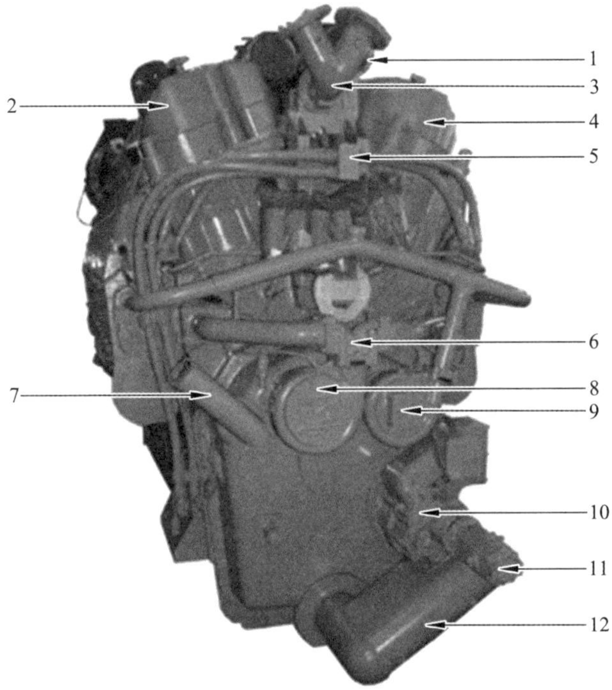

1—排气总管；2—右排动力组；3—高温冷却水出水总管；4—左排动力组；5—燃油分配器；
6—高温冷却水分配器；7—机油加油口；8—高温水泵；9—中冷器水泵；
10—主机油泵；11—燃油输送泵；12—机油泵前粗滤器。

图 1-2-12　柴油机自由端布置图

16V265H 型柴油机输出端分别布置有左侧压气机与中冷器连接管、凸轮轴齿轮盖罩、增压器支座（机体的一部分）、盘车指针、空气启动马达、单片联轴节、增压器回油管、后齿轮箱盖、右侧压气机与中冷器连接管等部件，如图 1-2-13 所示。

16V265H 型柴油机机体采用球墨铸铁整体浇铸，并采用动力组（也称动力单元）结构。

曲轴采用合金钢锻造、平衡块焊接、轴颈和圆角感应淬火工艺。单根凸轮轴布置在 V 形夹角中间主机油道上方，同时控制左右两排气缸的进、排气和供油定时。进、排气推杆和供油推杆的动作通过随动摇臂机构控制，取代了常见的挺柱结构。

左、右列气缸各自拥有相对独立的进、排气系统；空气冷却器（中冷器）分别布置在柴油机两侧，冷却能力强，增压空气先稳压后冷却；双排气管——左、右气缸各自拥有独立的排气管；两个废气涡轮增压器，分别被左、右排气缸废气驱动，并分别为左、右气缸提供压缩空气。

曲轴箱在工作状态下为负压；采用单片式联轴节，轴向刚度较小。柴油机和主发电机分别刚性地紧固在机车底架上；机体与主发电机的定子无连接。柴油机利用两个空气马达进行启动。

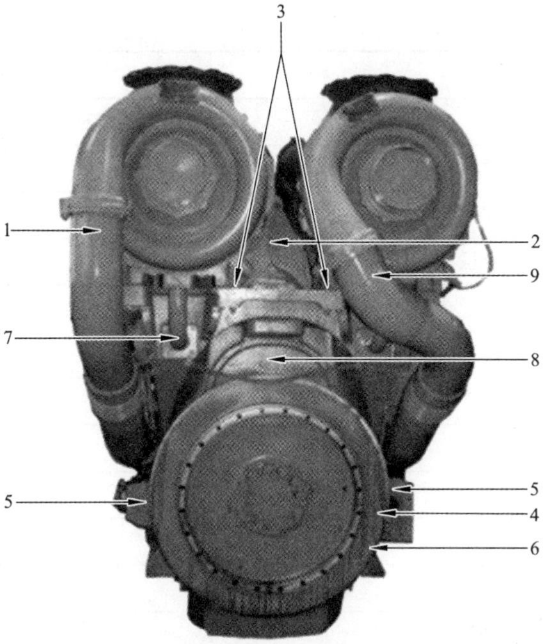

1—左侧压气机与中冷器连接管；2—凸轮轴齿轮盖罩；3—增压器支座；4—盘车指针；5—空气启动马达；6—单片联轴节；7—增压器回油管；8—后齿轮箱盖；9—右侧压气机与中冷器连接管。

图 1-2-13　柴油机输出端布置图

三、16V265H 型柴油机的主要技术参数

16V265H 型柴油机的主要技术参数见表 1-2-2。

表 1-2-2　16V265H 型柴油机主要技术参数

型　号		16V265H
一、基本结构参数		
形式		四冲程、直接喷射燃烧室、废气涡轮增压、增压空气中间冷却的机车用柴油机
气缸直径/mm		265
活塞行程/mm		300
缸数及排列		16 缸，V 形，夹角 45°
单缸排量/L		16.55
几何压缩比		15.4
二、主要工作参数		
（一）转速	额定工作转速/（r/min）	1 000
	极限转速/（r/min）	1 120
	最低空转转速/（r/min）	325
	最低工作转速/（r/min）	400
	启动着火转速/（r/min）	60
	活塞平均速度/（m/s）	10

续表

型号			16V265H
（二）功率	额定功率/kW		4 660（6 250 英制马力，6 330 公制马力）
（三）扭矩	额定工况输出扭矩/N·m		44 504
（四）压力	额定工况下平均有效压力/MPa		2.1
	最低工作转速下的压缩压力/MPa		3.47
	最低工作转速下的最大爆发压力/MPa		3.6
	额定工况下的最大爆发压力/MPa		16.5
（五）燃油	额定功率油耗/[g/（kW·h）]	EPA Tier 0 排放	199.5×（1±3%）
		EPA Tier 2 排放	209.0×（1±3%）
	400 r/min 空载燃油消耗量/（kg/h）		14.3×（1±5%）
	喷油器启喷压力/MPa		34.6
（六）冷却水	高温水系统	额定流量/（m^3/h）	272.55
		正常温度/°C	72～86
		最高允许温度/°C	96（一级保护，开始降载）
	中冷水系统	额定流量/（m^3/h）	68.14
		正常温度（环境温度 25 °C）/°C	59
		最高温度（环境温度 46 °C）/°C	77
（七）机油	额定转速时机油泵流量/（m^3/h）		120
	润滑油消耗率		小于燃油消耗率的 0.3%
	额定工况下柴油机出口处机油温度/°C		96～101，最高 107 （三级保护，降到 6 手柄位）
（八）空气与燃气	额定工况下增压器出口空气压力/MPa		0.19～0.26
	额定工况标准大气条件下进气量/（kg/s）		7.6～9.2
	额定工况下废气支管排气温度/ °C		452～512，最高 610
	额定工况下废气总管排气温度/°C		525～595，最高 675
（九）配气相位及供油提前角	配气相位		进气门开：上止点前 47.00°；进气门关：下止点后 39.30°
			排气门开：下止点前 55.60°；排气门关：上止点后 60.70°
	供油提前角		静态——上止点前 14°； 动态——上止点前 7°
（十）启动方式			空气马达启动
（十一）其他参数	柴油机外形尺寸/mm		长 5 890×宽 1 780×高 2 760
	柴油机质量/kg		25 200

四、HXN3 型机车辅助系统

（一）机车进排气系统

柴油机运行时，外界空气经过惯性过滤器、柴油机空气过滤器过滤后，被涡轮增压器吸入并进行加压，增压再送入稳压箱稳压，最后经过中冷器冷却后，由进气支管送入气缸。

电气柜通风机也可通过惯性过滤器吸入室外空气。所有其他通风机使用未经过滤的空气执行冷却或加压功能。通风系统进气通路如图 1-2-14 所示。

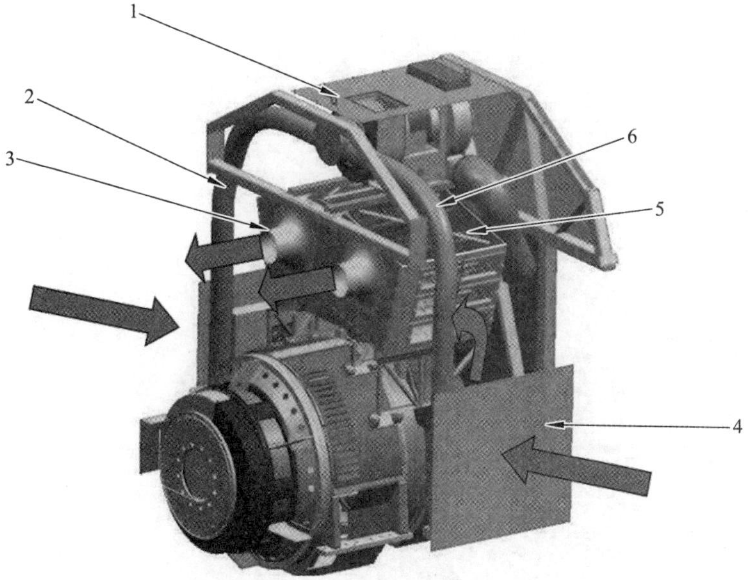

1—除尘风机；2，6—惯性滤清器除尘管路；3—增压器进气口；
4—惯性滤清器；5—二级空滤。

图 1-2-14　通风系统进气图

（二）机车燃油系统

燃油系统的作用是储存燃油和供给柴油机所需的具有一定压力、温度和数量的清洁度较高的燃油，此外还具有润滑、冷却喷油泵的作用。

燃油系统有两个燃油输送泵：一个是电驱动，用于在柴油机启动前为燃油管路注满燃油，而使柴油机能启动起来；另一个是机械驱动，用于当柴油机正常工作时提供燃油。柴油机启动前，电驱动的启动燃油泵从燃油箱吸油，燃油经过粗滤器、精滤器、燃油分配器和管路送入气缸。柴油机启动后，启动燃油泵关闭，机械驱动的主燃油泵开始工作，从燃油箱吸油，燃油同样经过粗滤器、精滤器，最后进入各缸。

16V265H 型柴油机是电喷柴油机，使用两个电子控制模块（ECM）来控制柴油机喷射系统，控制模块都安装在电气柜里。ECM 模块与所有传感器连接在一起，并通过串行连接向 EM2000 微机传送所有的性能数据、燃油喷射数据和故障数据。

（三）机车机油系统

柴油机的机油系统主要是为了实现对运动部件的冷却和润滑而设置的，从而延长柴油机及各零部件的使用寿命。机车机油系统主要由主机油泵、电子机油泵、热交换器和机油滤清装置组成，其中有些部件安装在柴油机上，有些安装在冷却间里。

机油系统分为预润滑系统、主润滑系统、增压器后润滑系统。柴油机启动前，启动机油泵从油底壳抽取机油，机油经过粗滤器、精滤器进入柴油机。柴油机启动后，启动机油泵关闭，主机油泵从油底壳抽取机油，机油经过热交换器、精滤器进入柴油机。柴油机停机后，启动机油泵工作并逆向旋转，从油底壳抽取机油，机油经过粗滤器、增压器过滤器，进入增压器。机油在柴油机内部循环通路如图 1-2-15 所示。

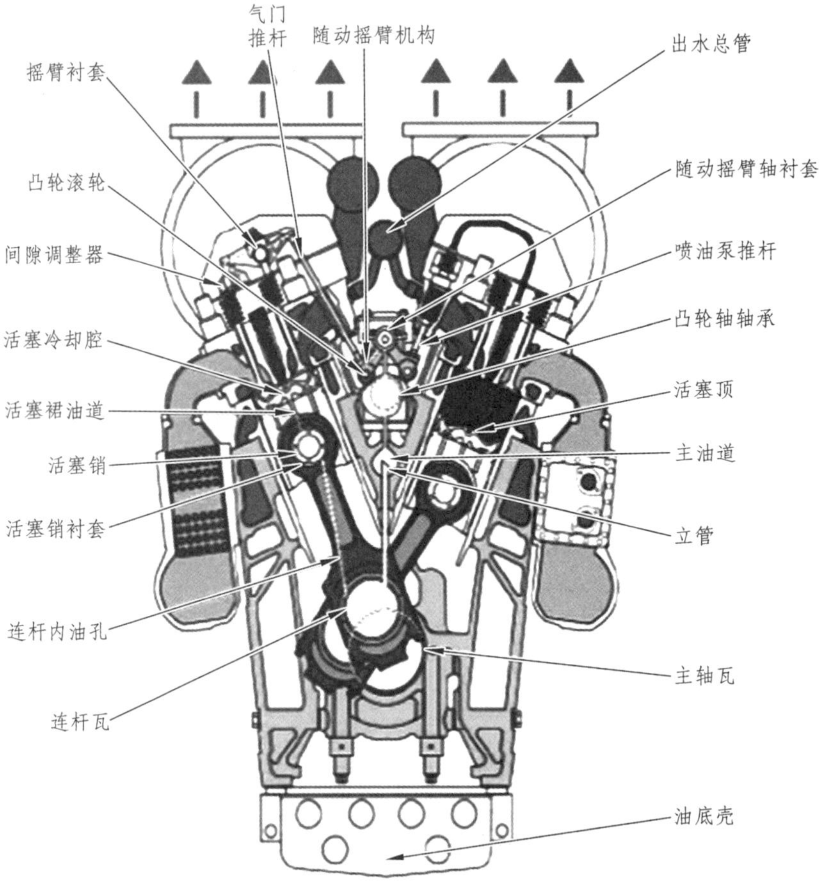

图 1-2-15　柴油机内部机油循环通路

（四）冷却水系统

柴油机工作过程中的摩擦和燃烧会使气缸产生热量。冷却系统的作用是对柴油机在高温条件工作的零部件、机油和增压后的空气进行适当的冷却，使这些零部件在允许和最佳的温度下工作，保持机油正常的工作黏度和性能。在正常温度参数下并且未超过推荐的功率时，所有柴油机零部件将处于预定运行温度内正常运转。

冷却水系统分为高温冷却水系统和低温冷却水系统。高温冷却水系统：高温水从柴油机流出，经过高温散热器、机油热交换器，流回高温水泵，进入柴油机。其中，散热器多余的水流入膨胀水箱。低温冷却水系统：低温水从柴油机流出，经过低温散热器和辅助机油热交换器，流回低温水泵，进入柴油机。其中，散热器多余的水流入膨胀水箱。冷却水系统主要管路布置如图 1-2-16 所示。

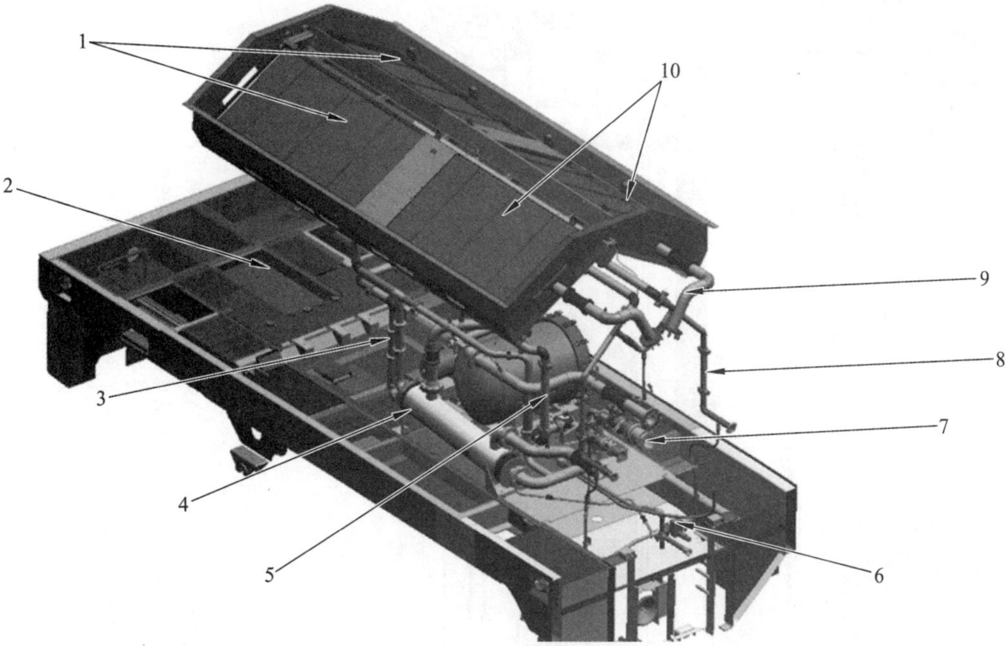

1—中冷水散热器；2—车体底架；3—热交换器进水；4—油冷器；5—中冷散热器出水；6—自动排水阀；7—高温水泵进水；8—中冷器出水；9—柴油机出水；10—高温水散热器。

图 1-2-16　冷却水系统管路

五、HXN3 型内燃机车动力室与冷却室的组成结构

（一）动力室布置

动力室在机车的中部，16V265H 型柴油机和 TA20/CA9 主发电机都安装在动力室。在柴油机前端的墙壁上安装有膨胀水箱，右侧墙壁下方有柴油机自动放水抑制阀，柴油机后端左右两侧分别有两个用于柴油机启动的启动马达、连接箱，两侧底板上有连接到启动风缸的管路和过滤器。柴油机前端地板上有各系统的管路、自动排水阀、柴油机放水阀，动力室门上方有机械间的卸压阀。

（二）冷却室布置

冷却室与Ⅱ端司机室和动力室相邻,在与动力室相连的墙壁上安装有两个动力室通风机。冷却间的上部为马鞍形的两片散热单节，冷却单节的下方是两个电动的冷却风扇。冷却间的地板上安装有两台螺杆式空压机、启动风泵和 2 号牵引通风机、燃油粗滤器、精滤器、燃油预热器、电子燃油泵、机油精滤器、增压器滤清器、热交换器、电子机油泵，以及各路的油、水、风管路。两侧墙壁上装有自动控制的百叶窗。图 1-2-17 为 HXN3 型机车总体布置。

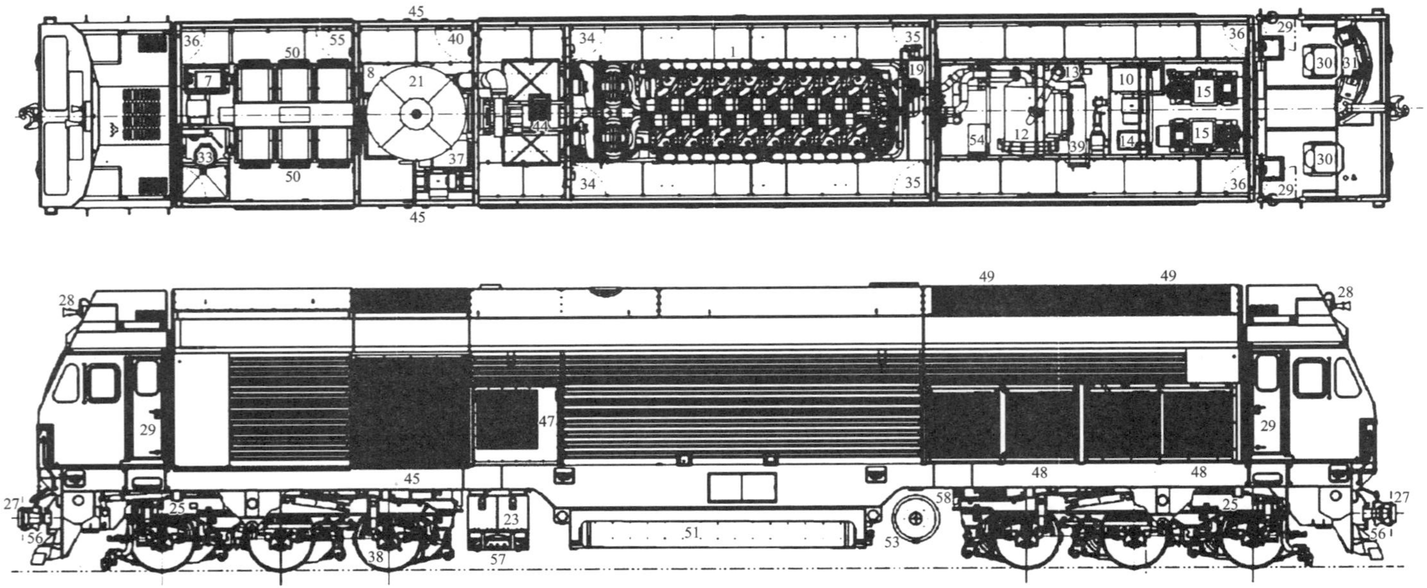

1—16V265H 型柴油机；7—微机搁置架；8—空气制动机安装架；10—2 号牵引电动机通风机；12—柴油机机油滤清器；13—柴油机机油冷却器；14—辅助空气压缩机；15—空气压缩机（螺杆式）；19—散热器水箱；21—制动电阻带；23—蓄电池箱；25—转向架；27—车钩缓冲装置；28—喇叭；29—司机室入口门；30—座椅；31—司机操纵台；33—卫生间；34—动力室门；35—冷却室门；36—司机室内门；37—主发电机通风机；38—车轮；39—燃油滤清器；40—滤清空气室门；44—电子装置/集尘箱风机；45—电阻制动进气百叶窗；47—柴油机空气滤清器进气口；48—散热器进气口；49—散热器出气口；50—逆变器进气口；51—1 号风缸；53—3 号风缸；54—工具箱；55—电气室门；56—调车员踏板；57—复轨器存放架；58—车外插座。

图 1-2-17　HXN3 机车总体布置

【任务检查】

表 1-2-3　内燃机车柴油机基本结构——任务检查单

任务编号	1-2	任务名称	内燃机车柴油机基本结构认知	
序号	检查内容		是	否
1	能说明 16V280ZJ 型、16V265H 型柴油机的基本组成结构			
2	能说明 16V280ZJ 型、16V265H 型柴油机的总体布置情况			
3	能说明 16V280ZJ 型、16V265H 型柴油机的主要技术参数			
4	能说明 16V280ZJ 型、16V265H 型柴油机自由端、输出端的功率输出情况			
5	能说明动力室与冷却室的工作关系以及冷却室的组成结构			

【任务训练】

1. 简述 16V280ZJ 型柴油机的基本组成结构。
2. 说明 16V280ZJ 型柴油机的总体布置情况。
3. 说明 16V280ZJ 型柴油机的主要技术参数。
4. 说明 16V280ZJ 型柴油机自由端、输出端的布置情况。
5. 说明 16V265H 型柴油机的总体布置情况。
6. 说明 16V265H 型柴油机的主要技术参数。

思政小课堂——我国内燃机车回顾与展望

我国的内燃机车有 60 多年的发展历程，经历了早期试制、定型生产、自主研发、引进先进技术开发新型内燃机车等阶段，累计生产 200 多种型号的内燃机车。在发展的过程中，内燃机车采用的技术也在不断更新，先后生产出东方红系列、东风系列、和谐系列、复兴系列等多种型号的内燃机车以适应时代的发展需求。

1958 年，大连机车车辆厂试制成功中国第一台电传动内燃机车——巨龙型内燃机车。后期经过长期试验和多次改进，定型为东风型机车，并于 1963 年投入批量生产。

1959 年，四方机车车辆厂试制成功中国第一台液力传动内燃机车，当时命名为“卫星”号。后期经过长期试验和多次改进，定型为东方红型机车，并于 1966 年投入批量生产。

DF_4 型内燃机车是中国首次设计研制的交-直流电传动内燃机车，采用双司机室内走廊结构，装载大连机车车辆厂研制生产的 16V240ZJA 型柴油机。该型机车具有良好的通用性、互换性，且具有牵引性能、适用性强等特点，满足我国铁路干线的需求。DF_4 型内燃机车批量生产后，得到了广泛的应用。随后又相继研制了 DF_{4B} 型、DF_{4C} 型、DF_{4D} 型等内燃机车，并广泛应用在我国干线铁路。

DF_8型内燃机车是由戚墅堰机车车辆厂设计制造的货运机车，也是中国首次采用 16V280 系列柴油机的大功率机车，共计生产 140 余台。在 DF_8 型内燃机车的基础上，戚墅堰机车车辆厂研制生产了 DF_{8B} 型内燃机车，装载 16V280ZJA 型柴油机，以满足我国铁路干线货运重载的需求。

DF_{11} 型内燃机车是由戚墅堰机车车辆厂设计制造的客运机车，是我国铁路准高速客运内燃机车。该型机车装载了 16V280ZJA 型柴油机，采用轮对空心轴式牵引电动机全悬挂装置、微机控制系统等新技术。该型机车曾荣获国家科技进步一等奖、国家“八五”重大科技攻关成果奖和铁道部科技成果特等奖。为满足中国铁路第五次大提速所需的长交路连续运行并能向客车供电的需要，戚墅堰机车车辆厂在 DF_{11} 型内燃机车的基础上研制生产了满足大提速要求的双机重联客运机车——DF_{11G} 型内燃机车。

HXN3 型内燃机车是由大连机车车辆厂与美国 EMD 公司结合我国机车运用经验联合设计研制的。该型机车采用双司机室内走廊结构，装载了 16V265H 型大功率电喷柴油机，采用了 32 位微机网络控制等先进技术。2014 年，为满足我国青藏铁路对大功率货运内燃机车的需求，在 HXN3 型内燃机车的基础上又生产了 HXN3 高原型内燃机车。

HXN5 型内燃机车是由戚墅堰机车车辆厂与美国通用电气公司合作研制的干线货运大功率交流电传动内燃机车，机车采用单司机室外走廊底架承载式结构，装载 GEVO-16 型柴油机，满足“高速重载”的发展方向。

60 多年来，我国的内燃机车经历了从开始仿制到独立设计生产，再到整车出口这一曲折而辉煌的过程。几十年来，广大的中国科技工作者和工人付出了艰辛的努力，使我国的内燃机车设计、制造技术接近国际先进水平，个别方面达到了国际领先水平，为国民经济发展做出了巨大贡献。同时我们也应该看到，同国外最先进的内燃机车设计、制造技术相比，我们还有一定差距，比如在机车柴油机的材料、工艺、使用寿命、经济性等方面还存在一定的差距。

作为新时代的铁路人，我们有理由为伟大的中华民族骄傲，因前辈的自强不息、勇于探索、奉献担当的科学精神而备受鼓舞。同时，我们也不能盲目乐观，要客观面对现实，敢于承认差距，从我做起、从现在做起，努力学习，敢于创新，立志科技报国。

项目 2　内燃机车柴油机结构认知

任务 2-1　固定件认知

【任务描述】

假如你是机车乘务员或者是机车检修人员，对柴油机固定件结构的认知是最基础的要求；要全面了解固定件的名称、结构、作用、装配关系、工作特点、检修主要技术要求等。

【任务目标】

- 能掌握柴油机固定件的基本结构和作用；
- 能掌握柴油机固定件与主要关联件的基本装配关系；
- 能掌握柴油机固定件的工作特点；
- 能说明柴油机固定件检修的主要技术要求。

【任务学习】

子任务 2-1-1　16V280ZJ 型柴油机固定件

子任务 2-1-1-1　机　体

机体总成主要由机体、气缸套、主轴承盖、主轴承、气缸盖螺柱、前油封、后油封、凸轮轴承和各种盖板等组成（见图 2-1-1）。

一、机体的作用与工作条件

机体总成中的主要部件是机体，它是柴油机的骨架，是其他零部件的安装基础。柴油机在工作时，机体部件承受气体燃烧时的爆发压力、活塞运动时的侧向力、曲柄连杆机构运转时的倾覆力矩和曲轴轴系的不平衡力矩等。因此，机体部件的可靠性是柴油机可靠工作的根本保证。

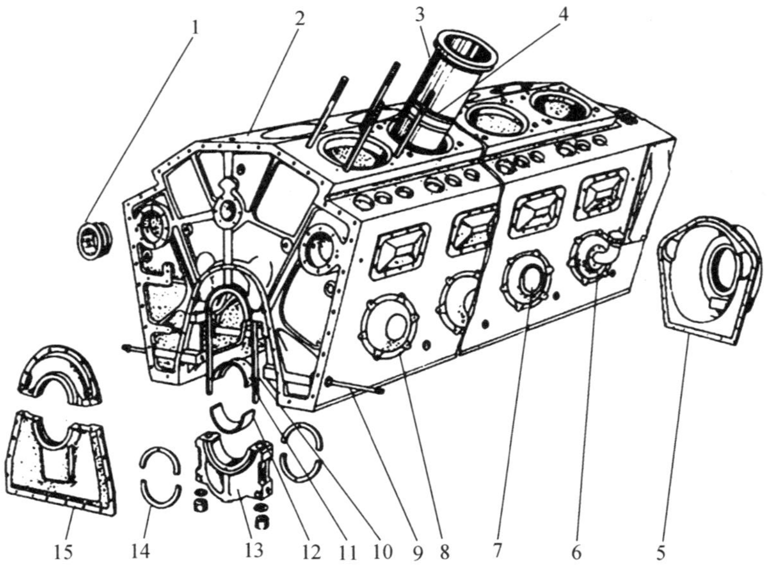

1—轴承；2—机体；3—气缸套；4—密封圈；5—前油封罩壳；6—机油加油器；7—防爆阀；8—曲轴箱观察孔盖；9—水平螺柱；10—垂直螺柱；11—主轴瓦上瓦；12—主轴瓦下瓦；13—主轴承盖；14—止推挡圈；15—后油封。

图 2-1-1　机体总成

二、机体的结构及附件

16V280ZJ 型柴油机机体长 3 960 mm、宽 1 478 mm、高 1 317 mm。

机体由球墨铸铁整体铸造，左右各 8 个气缸呈 V 形 50°夹角布置，每列相邻两缸的缸心距为 455 mm，左右列对应气缸的错缸距为 86 mm。V 形夹角中部自下而上布置主油道、水腔和空气腔。每个主轴承孔均有钻孔与主油道相通，机油从此孔和主轴承孔的油槽经主轴瓦油孔进入主轴承的摩擦面，再流入柴油机的其他零部件中。近似于六边形的机体横截面有足够大的横向刚度。方形气缸水腔与顶板、侧板铸成一体，并与槽形结构的机体下底板一起，使机体具有良好的纵向刚度。

机体共有九挡主轴承，第一挡在前端，第九挡在输出端（后端），为止推轴承挡。每挡主轴承盖用两个 M48 × 3 的垂直螺柱和两个 M30 × 2 的水平螺栓紧固在机体上，组成类似隧道式结构，保证曲轴和轴瓦可靠工作。主轴瓦的下瓦背面开有定位销孔，与主轴承盖用定位销定位。上瓦内圆面开有油槽和 5 个进油孔。

两排凸轮轴孔分别布置在左右列气缸孔的外侧，在凸轮轴的顶面安装进、排气推杆和喷油泵，有利于配气机构和燃油系统的检修。凸轮轴轴承以过盈方式安装在凸轮轴座孔内，其中，止推轴承设在机体后端。机体前端是齿轮箱，前油封装在前端面上。机体后端面安装后油封和连接箱。在机体的两侧面装有 4 个防爆阀盖、两个加油口盖和其他密封盖板。

三、检修主要技术要求

（1）机体各部公差及限度，如表 2-1-1 所示。

（2）机体的气缸套座平面有碰伤或不平整，允许铲刮，最大允许比原始深度增加 0.5 mm。

（3）机体主轴承螺孔及气缸螺孔最大允许扩至 M52 × 3。

（4）机体主轴承座与气缸体间的加强筋，主轴承座周围与主轴承盖相结合的水平、垂直配合平面及上述两平面相交的圆角处，以及主轴承盖等，经磁力探伤，不得有裂纹。

（5）主轴承盖和气缸盖的紧固螺柱，主轴承盖的水平螺栓，须经磁力探伤，不得有裂纹。水平螺栓须镀铜，镀层厚为 0.01 ~ 0.03 mm。

（6）各种螺栓、螺柱的螺纹不得碰伤和断牙。检修时，机体的各种螺柱尽量不拆出整修。

（7）止推主轴承孔的止推面允许铲刮整修，并按曲轴轴向间隙的要求选配止推挡圈的厚度。

（8）若凸轮轴轴承轻度拉伤，允许修整。

（9）零部件与机体装配用定位销定位。当需要重新校准其位置时，在安装零部件结构强度许可下，允许按国标规定的定位销等级逐级扩大。

（10）检修时，各种垫片、橡胶圈应更换。

表 2-1-1　机体各部公差及限度

名　称	原形/mm	限度/mm	
		中修	禁用
主轴承孔同轴度（全长）	$\phi 0.10$	$\phi 0.16$	
主轴承孔同轴度（相邻）	$\phi 0.05$	$\phi 0.10$	
主轴承孔孔径	$\phi 245^{+0.046}_{0}$		
主轴承孔圆柱度	0.01	0.04	
凸轮轴孔同轴度（全长）	$\phi 0.12$	$\phi 0.40$	
凸轮轴孔同轴度（相邻）	$\phi 0.06$	$\phi 0.12$	
凸轮轴孔孔径	$\phi 160^{+0.02}_{-0.02}$		
凸轮轴孔圆柱度	0.008		
止推挡座宽度	$98^{-0.072}_{-0.126}$		
主轴承孔止推面垂直度	0.05	0.05	
气缸套（在机体内）内径	$\phi 280^{+0.052}_{0}$	$\phi 280^{+0.30}_{0}$	$\phi 280^{+0.40}_{0}$
气缸套（在机体内）圆柱度	0.05	0.10	

子任务 2-1-1-2　主轴瓦及连杆瓦

一、主轴瓦及连杆瓦的作用

机车柴油机的主轴承广泛采用滑动轴承。为了装拆、检查及更换的方便，把轴承制成两半剖分的薄壁结构，对向安装并撑紧在轴承座孔中，这种形式称为轴瓦。主轴承孔中的轴瓦叫主轴瓦，连杆大头孔中的轴瓦叫连杆瓦。

二、主轴瓦及连杆瓦的工作条件

主轴瓦和连杆瓦与曲轴主轴颈和连杆颈的间隙中充满一定压力的机油，轴瓦受到周期变化的力的作用，而且连杆瓦的角速度还随时间变化，故主轴承和连杆轴承均属非稳定轴承。在运用中，必须保证轴瓦与轴颈处于液体摩擦状态，即两者间有一层足够厚的油膜，以减少摩擦面的磨损，避免产生轴瓦合金层剥离和烧瓦等故障。通过轴心轨迹计算，可算得轴承的最小油膜厚度和柴油机工作循环中油膜厚度的变化情况，并通过优化计算了解柴油机的发火顺序、发火间隔角、曲轴平衡重的大小和方位、轴承间隙、轴承宽径比和滑油工作黏度等因素对轴心轨迹的影响，为合理选择上述参数提供依据。该计算还提供了主轴承上工作条件最严重的挡位、轴瓦和轴颈上油孔和孔槽的合理布置位置、最低许可运用转速等方面的数据。

轴瓦还处于下述的工作条件：机油（尤其是老化的机油）对轴瓦有腐蚀作用；机油中的硬质微粒挤入会损伤轴瓦的合金层；轴颈和轴瓦表面粗糙度过大会加速磨损，甚至产生损伤；机体主轴承孔及曲轴主轴颈的同轴度误差过大，会大大增加轴瓦的局部压力，造成偏磨甚至产生碾瓦等。

为保证轴瓦可靠工作，在轴瓦的设计上要选择合适的轴瓦材料和合理的结构（见图2-1-2）。

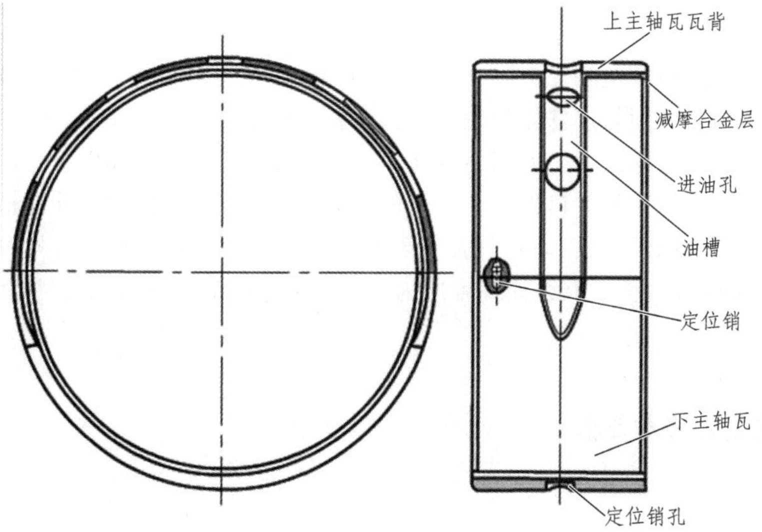

图 2-1-2　主轴瓦

三、主轴瓦及连杆瓦的结构及装配要求

（一）主轴瓦

主轴瓦为双金属板结构的薄壁轴瓦，厚 7.34 ~ 7.38 mm，宽 98 mm，理论外径ϕ245 mm。下瓦背面开有定位销孔，与主轴承盖用定位销定位。上瓦内圆面开有油槽，并钻有 5 个进油孔。下瓦为受力瓦，不开油槽。上、下瓦的对口面以下一段范围有一定的减薄量，以消除轴瓦在座孔内由压紧力所产生的内胀量。上、下瓦的对口处均开有垃圾槽，便于机油沿轴向分布。为减少穴蚀和油流的冲蚀作用。在下瓦对口处的中部开有缓冲油槽，其截面在圆周上呈缓慢连续变化。

为了使主轴瓦在工作中有良好的导热和承载能力，保证轴瓦内孔呈正圆形，这就要求瓦背与座孔表面良好地贴合。为此，在安装主轴瓦前，每块轴瓦必须留有一定的压装紧余量。紧余量的测定应使用专用量具进行测量，将主轴瓦置于ϕ245.00 mm 半圆孔标准量具内，施加 44 130 N 的力，余面高度为 0.18 ~ 0.22 mm（单边加载）或 0.17 ~ 0.21 mm（双边加载）。如紧余量过小，将使轴瓦与轴承座孔的接触面积减小，贴紧程度不足，造成导热不良及承载能力降低；由于轴瓦体温上升而导致油膜厚度下降；轴瓦过热可能造成轴瓦烧损；由于轴瓦的松动可能切断定位销，瓦背受冲击而发黑或粘连。如紧余量过大，易使座孔变形，瓦口产生严重的内缩变形，出现较大的椭圆度和锥度，造成轴颈拉伤，轴瓦偏磨和局部过热，同时紧固螺栓将承受不必要的高应力。

测量轴瓦的弹胀量，即轴瓦在自由状态和安装状态时两轴瓦口距离的差值。

柴油机在工作时，为了使主轴瓦与主轴颈之间形成油膜和防止瓦口向内凸起而造成轴颈擦伤，所以在距离瓦口附近铣有弧形凹面。从瓦口以下，轴瓦的厚度逐渐减薄，在瓦口下 15 mm 处检查其壁厚 B，B 与轴瓦中部壁厚 A 的差值称为削薄量。

（二）连杆瓦

连杆瓦为双金属板薄壁轴瓦，厚 4.875 ~ 4.90 mm，宽 84 mm，理论外径 ϕ220 mm。上、下连杆瓦均由定位唇分别与连杆体和盖定位。下连杆瓦内圆面开有油槽，并钻有 9 个进油孔。上连杆瓦为受力瓦，不开油槽。如同主轴瓦，上、下连杆瓦的对口面以下一段范围内有一定的减薄量；上、下连杆瓦的对口处均开有垃圾槽和防止穴蚀及冲蚀的缓冲油槽。

连杆瓦紧余量的测量方法：将连杆瓦置于 ϕ220.00 mm 的半圆孔检查量具内时，一端固定，另一端施加 27 459 N 的力，其余面高度应为 0.14 ~ 0.18 mm。连杆瓦弹胀量和削薄量测量方法与主轴瓦类似。

四、检修主要技术要求

（一）主轴瓦

（1）用汽油清洗主轴瓦。

（2）外观检查。

① 内圆面不允许有剥离、龟裂、脱壳、烧损、严重腐蚀和拉伤。

② 瓦背应光洁，接触良好，不应有严重发黑或局部严重发黑。

（3）自由状态应有胀量，安装在轴承座孔时，不应自由脱落。

（4）测量轴瓦中部前后两个测点的厚度，并将厚度值写在非工作区。

（5）轴瓦瓦口面须平行，全长平行度为 0.04 mm。

（6）主轴瓦置于 ϕ245.00 mm 半圆孔标准量具内，施加 44 130 N 的力，余面高度为 0.18 ~ 0.22 mm（单边加载）或 0.17 ~ 0.21 mm（双边加载）。旧瓦允许比新瓦的下限值少 0.02 mm。

（7）在使用旧瓦时，须与原轴颈、原机体配对使用。

（8）须使用相应轴颈等级的轴瓦。

（二）连杆瓦

（1）连杆瓦须有胀量，不许剥离、龟裂、严重腐蚀和拉伤。

（2）检查连杆瓦的余面高度：连杆瓦置于 ϕ220.00 mm 的半圆孔标准检查量具内，双边加载测量，每边同时施加 27 459 N 的压力，余面高度为 0.26 ~ 0.30 mm。

（3）轴瓦的合口面须平行，在瓦口全长内平行度为 0.04 mm。

（4）连杆瓦厚度为 4.895 ~ 4.920 mm。

子任务 2-1-1-3 气　缸

一、气缸的作用与工作条件

气缸套与气缸盖、活塞一起构成柴油机的燃烧室，是燃料燃烧的场所，如图 2-1-3 所示。

气缸套在工作时，内壁受到高温、高压的燃气冲刷，工作条件十分恶劣，尤其是活塞在上止点第一道活塞环的位置，由于润滑条件极差，磨损更加严重。气缸套在爆发压力、活塞侧压力的周期作用下，再加上气体温度的变化、内外壁的温差等原因，气缸套受到的机械应力和热应力都很高。同时，气缸套外壁因受到冷却水的电化作用和空穴作用而引起腐蚀，从而使气缸套成为柴油机的主要易损件，因此其使用寿命是决定柴油机修程的主要因素之一。

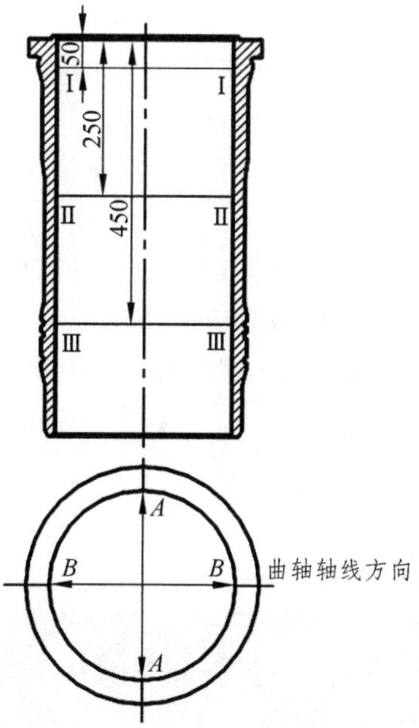

图 2-1-3　气缸套

二、气缸的结构

机体总成中的另一重要部件是气缸套。采用合金硼铸铁铸造的柴油机湿式气缸套，经软氮化处理进一步提高孔壁的耐磨性。气缸套上部法兰的下平面加工成 0°35′的斜面，与机体座面接触密封冷却水。气缸套下部装三道橡胶密封圈封水，其中上面两道为黑色的三元乙丙橡胶圈，下面一道是红色的氟硅橡胶水封圈。

气缸套顶部凸缘的下平面贴靠机体的气缸孔顶平面作为轴向定位，以缸套外圆柱面的上、下定位带分别与机体气缸孔的上、下孔相配，作为径向定位。气缸套凸缘与气缸盖之间装有镀铜的钢质垫圈，用以密封燃烧室气体。气缸套凸缘、钢质垫圈、气缸盖和机体四者间的贴合面处于同一个环带上，使凸缘只受挤压而无附加弯矩，从而避免缸套凸缘根部产生裂纹。

气缸套内壁珩磨出具有一定规格的网纹，使摩擦面的润滑有良好的效果。

因为柴油机工作中存在很大振动并且气缸套外壁冷却水具有穴蚀作用，为了减少气缸振动和提高其抗穴蚀能力，需采取如下措施：

（1）气缸套有较大的壁厚，上厚下薄，且从下部的 19 mm 增加到上部的 23 mm；

（2）计算确定气缸套与机体气缸孔间的最小配合间隙；

（3）在设计机体的结构时，尽量缩短气缸套上、下定位面的跨距；

（4）气缸套外壁镀乳白铬等。

三、检修主要技术要求

（1）用碱水冲洗气缸套内外壁面，然后用刮刀轻轻去掉缸套上部的积炭、污物及外表面的水垢等。

（2）用干净纱布擦干缸套内壁，仔细观察内壁有无拉伤、点蚀、凹坑等缺陷，不允许有严重拉伤。采用整体盐浴软氮化处理，提高表面硬度，并配镀铬活塞环。

（3）仔细检查缸套法兰底面应光洁，没有拉伤、掉块或凸起的异物，外壁穴蚀深度小于 6 mm。

（4）对于内孔有轻微拉毛或不均磨损的气缸套，允许对缸套进行珩磨，但珩磨后的孔径尺寸不允许超差（指中修限度），珩磨网纹须符合图纸要求。

（5）用量缸表（量程 ϕ250 ~ ϕ450 mm）或内径千分尺（量程 ϕ275 ~ ϕ300 mm）精确测量气缸套内孔的下列尺寸，见图 2-1-4。

① 距离缸套顶面 50 mm 处。

② 距离缸套顶面 250 mm 处。

③ 距离缸套顶面 450 mm 处。

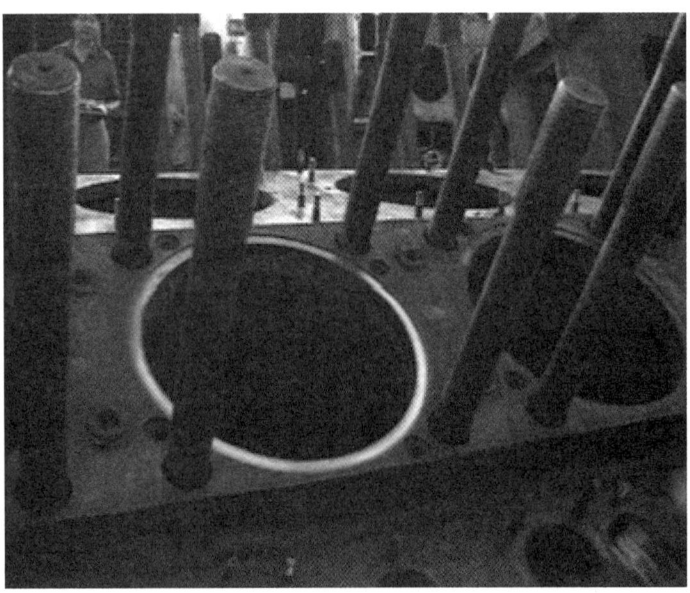

图 2-1-4　机体气缸套安装座面

每个部位测量垂直于曲轴方向和平行于曲轴方向的两组数据（气缸套顶面应有垂直于曲轴方向的刻线标记）。对于 *A*—*A* 尺寸的方向（即垂直于曲轴轴线的方向）附近，应多测量几点，以确定该气缸套是否可以继续使用。

（6）对于在第一道活塞环部位（距缸套顶面 48 ~ 53 mm 处）有台阶的缸套，或其垂直方向与水平方向尺寸相差较大的气缸套，可以经过修磨修复，但修复后的尺寸不得大于中修允许的范围，如图 2-1-5 所示。

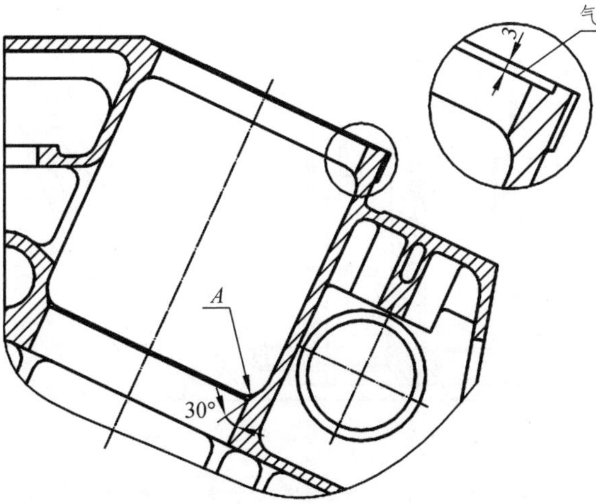

图 2-1-5　气缸孔 30°倒角及缸套座面位置图

（7）对检查合格或修复合格的气缸套进行水压试验，全长范围内压力 1.5 MPa，5 min 不得渗漏。距缸套顶部 160 mm 范围内进行水压 18 MPa 的试验。

（8）对于内径超过段修规程，或缺陷可以修复的缸套，原则上应更换新制缸套。如要继续使用，可以通过珩磨磨去有关缺陷至修复工艺（例如镀铬）所需要的尺寸，然后进行镀铬修复。此时需要配用铸铁活塞环或喷钼活塞环。

（9）更新全部气缸套水封圈。

子任务 2-1-1-4　气缸盖

一、气缸盖的作用及工作条件

气缸盖是柴油机的一个重要部件，用 4 个螺柱紧固在机体上，它的底面盖住气缸，起着密封气缸的作用，并与活塞顶面和气缸套形成燃烧室。气缸盖内部装有喷油器和 4 个气门，并布置有串联式的进、排气道以及水腔，顶面装有气门驱动机构，侧面装有示功阀（见图 2-1-6）。

在柴油机工作时，气缸盖承受较大的周期性交变的机械应力和热应力。气缸盖接触燃气的底面（又称火力面），直接承受周期性变化的燃气压力和温度，火力面上的薄弱部位经常出现疲劳裂纹。由于气缸盖各处的冷却情况不同，局部地区存在较大的热应力和热变形。气缸盖上还作用有较大的螺栓预紧力、气门关闭时的高频冲击力、气门座与气门间的磨损，导致缸盖孔座向内凹陷。

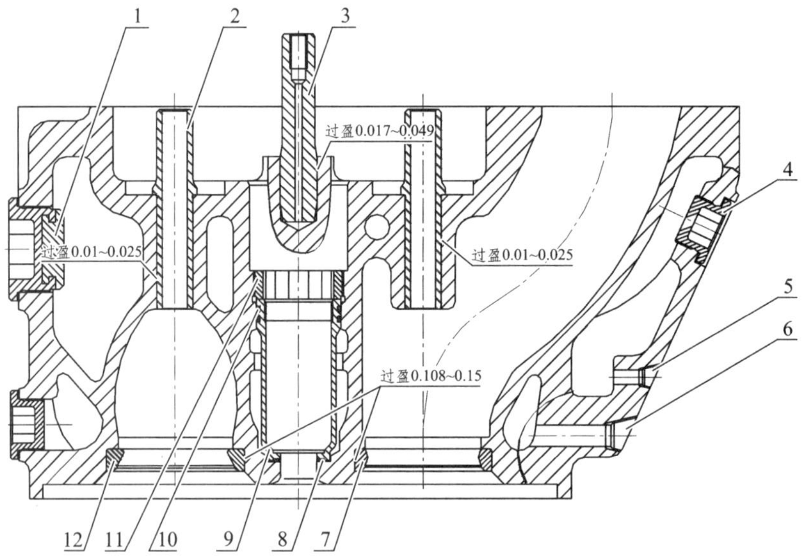

1—锌堵组成；2—气门导管；3—横臂导杆；4，5，6—螺堵；7—排气门座；8—垫片；9—喷油器套管；10—O 形橡胶密封圈；11—锁紧螺母；12—进气门座。

图 2-1-6 气缸盖

二、气缸盖的结构

为了使气缸盖具有较高的强度和刚度，气缸盖采用双层箱形结构。位于柴油机内侧的侧壁上布置有进气口和排气口，面向柴油机侧面看，右侧为进气口，左侧为排气口。气缸盖内部分别设有进、排气道，气缸盖中间布置一个喷油器安装孔。

在喷油器安装孔周围有 4 个气门导管孔。同名气门导管孔之间，各有一个气门横臂导杆安装孔。气缸盖上部顶板上，靠柴油机内侧有两个孔：其中一个孔是气缸盖冷却水腔的出水孔；另一个孔则用螺堵堵住。水孔法兰与出水支管用 3 个螺栓紧固。水孔处于气缸盖冷却水腔的最高位置，可减少流动阻力，利于冷却水循环。

从气缸盖顶面到底面在其外边缘部位有 4 个直径为ϕ52 mm 的贯通孔，用来安装气缸盖螺栓。采用 4 个螺柱紧固方式可使气缸盖结构紧凑，且使加工量减少，同时又减少了螺柱的数量。

在喷油器安装孔底部周围，有 4 个气门座孔，用于嵌入气门座。为使气缸盖与气缸套安装时配合定位，在气缸盖底面设有圆形凹肩。在气缸盖底面外缘四周，有 4 个进水孔，通过水封圈导管与机体水腔出水孔相连，使从机体流出的水进入气缸盖冷却水腔，从而使气缸盖得到冷却。

气缸盖外侧面上还有安装示功阀的孔，用来检测气缸内工作时的压力。

气缸盖由蠕虫状石墨铸铁浇铸而成，它具有较高的抗拉强度和热疲劳性能，有利于提高气缸盖的使用寿命，同时还具有良好的铸造流动性和加工性，使气缸盖加工质量得到保证，提高了成品率。

三、气缸盖附件

（一）示功阀

在气缸盖侧面的示功阀孔内安装有示功阀（见图 2-1-7）。示功阀通过一个专门的通道与气缸盖底面相通，从而与气缸相通。示功阀的作用如下：

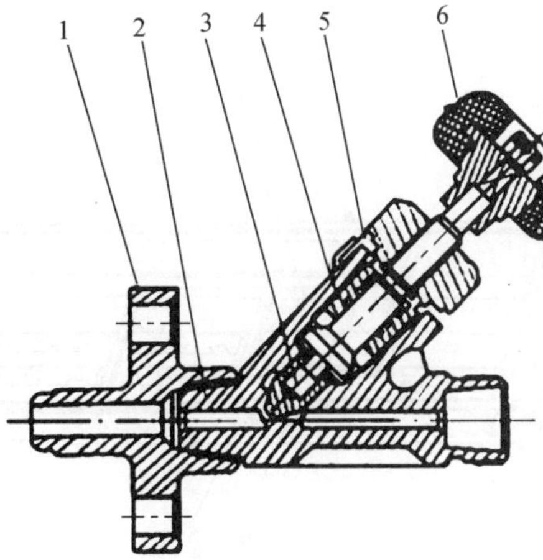

1—支承座；2—阀体；3—心轴组装；4—接头；5—调节垫片；6—手轮。

图 2-1-7　示功阀

（1）在示功阀上接上一个压力表，可以检测缸内压缩压力或爆发压力的数值。如再接上一个传感器，再配上示功阀测试仪，可以测得缸内燃烧过程的示功图，以了解缸内燃烧的情况。

（2）柴油机长时间未用，在启机前，应先打开示功阀进行甩车，以排除气缸内积存的油和水，防止事故的发生，同时可根据排出物的情况来分析判断是否存在隐患，以保证柴油机正常工作。

示功阀由示功阀本体和支承座组成，支承座紧固在气缸盖外侧的座面上。

（二）气缸盖罩

在气缸盖的上部装有气缸盖罩，用手轮拧在气缸盖罩上的长螺栓来紧固。它由铸铝浇铸而成，十分轻巧。为了加强其强度和刚度，在其内部侧壁设有加强筋。在它的底面一周，铣有凹槽，用来装入橡胶密封带，以防止气缸盖上部滑油的泄漏。另外，它还起到保持气门驱动机构工作安全性和防尘的作用。

子任务 2-1-1-5　机座、油底壳、连接箱及机体支承

一、机　座

16V280ZJ 型柴油机的机体坐落在机座上，通过机座和机体支承将柴油机安装到车架上。

机座为一刚性或半刚性的构件，用以支承机体，承受及传递柴油机的垂直载荷、弯曲力矩及由输出扭矩产生的倾覆力矩等。柴油机要求机座质量小、刚度大，并设有强固的支承座，所以机座常做成薄壳承载式焊接箱体。机座通常还兼作油底壳。

二、油底壳

（一）结　构

16V280ZJ 型柴油机采用湿式油底壳，用螺栓紧固于机体底面，如图 2-1-8 所示。

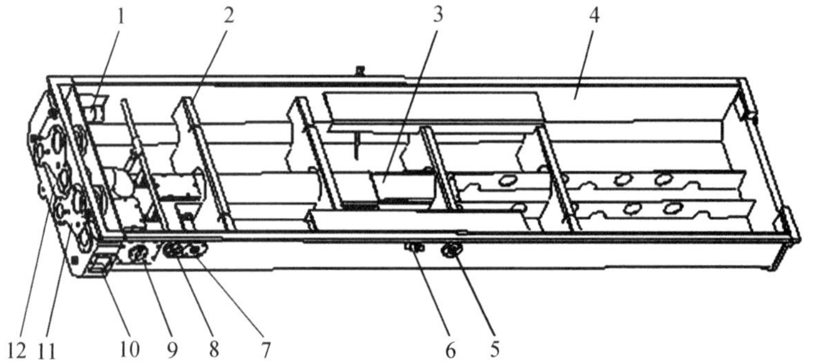

1—安全阀；2—中间滤网架；3—吸油口滤网；4—油底壳；5—辅助油泵吸油管垫；6—油尺；7—启动油泵吸油管垫；8—进离心式滤器垫；9—回油孔垫片；10—出油总管垫片；11—机油泵垫片；12—放油螺堵。

图 2-1-8　油底壳

油底壳用于接受柴油机各润滑部位的回油并储存机油。其滤网以下的总容积为 1 200 L。油底壳由铸钢的自由端板、输出端板和由钢板压制成形的壳体及油道、横隔板、侧板等组焊而成。为防止杂质混入机油和消除泡沫，上层铺设滤网。左侧设有辅助油泵和启动油泵吸油管。油底壳中间两侧各设有油标尺，用于检查机油油位。

自由端板上设有机油泵安装孔。机油泵将机油注入铸在自由端板下部的储油腔内，通过柴油机右侧的出油口输出。自由端板内侧设有一个孔，用于安装安全阀，可打开油底壳侧面的盖板调整其压力，使机油泵最大出口压力为（0.8 ± 0.05）MPa。自由端板最低部位设有放油口，供清洗油底壳时放油使用。油底壳上装有机油压力安全阀。

（二）检　修

（1）拆下所有滤网、油尺，检查应平整完好，并清洗干净。

（2）用 DIF-3 清洗液清洗油底壳及前端的油腔，然后用压缩空气吹干净。

（3）外观检查油底壳各部不得有裂纹。允许进行焊修，焊修后须进行盛油试验，20 min 不得泄漏。

（4）自由端板上的机油泵安装孔和安装平面不得有碰伤等痕迹。前油封安装面应光洁平整。油底壳后油封安装平面应光洁平整。

（5）由于油底壳上的机油泵传动齿轮孔与机体一起加工，所以油底壳必须与原机体配对使用。

（6）检查与机体连接的平面应光洁平整，与机体组装时，前端面应平齐，后端面不平齐度允差为 0.10 mm。

（7）检查安全阀是否有泄漏，弹簧应完好，动作值应为（0.8 ± 0.05）MPa。

（三）组　装

（1）用干净不起毛的布擦净油底壳、油道和自由端板内的油腔。

（2）安装吸油口的滤网和油底壳上部的滤网。

（3）安装机油安全阀。

（4）安装机油泵传动齿轮。

三、连接箱

（一）结　构

连接箱连接柴油机和同步主发电机，成为柴油机-发电机组。它承受同步主发电机的质量和反扭矩，需要有足够的强度和刚度。连接箱为箱形结构，采用铸钢整体铸造（见图 2-1-9）。它的一端与机体相连，另一端以凸缘定位方式与同步主发电机连接。该定位止口的轴线对机体主轴承孔轴线的同轴度要求为 0.18 mm，以保证同步主发电机转子与曲轴的同轴度。

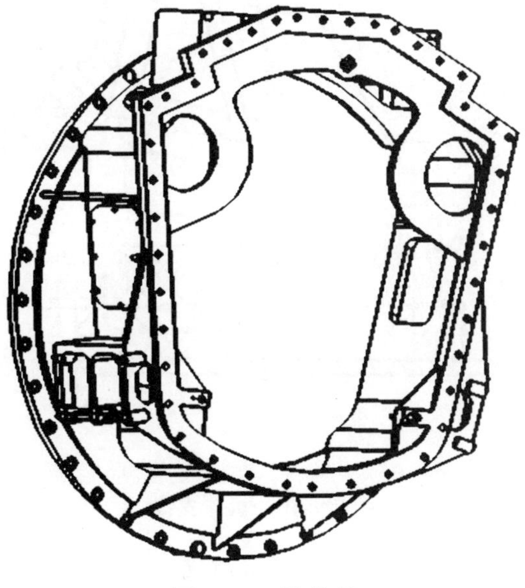

图 2-1-9　连接箱

连接箱上面的两个方孔，用于连接同步主发电机的排风道，连接箱两侧下部设有支承安装座；两侧中部开有观察孔，可在左侧观察孔处操作柴油机的盘车机构。

原型柴油机与 A 型柴油机的连接箱结构相似。两种连接箱与机体及同步主发电机的连接尺寸完全相同。由于原型柴油机采用盖斯林格弹性联轴节，A 型柴油机采用大圆薄板联轴节，而这两种联轴节的厚度是不同的，这就使得两种型号的柴油机与同步主发电机之间的轴向距离也不相同，因此两种连接箱的厚度就有差异，其中原型机的连接箱厚度为 455 mm，A 型机的连接箱厚度为 350 mm。

（二）检　修

（1）连接箱在检修中须清洗干净，无油垢，各部不许有裂纹，如有裂纹，允许清除修复。焊修或更换连接箱后，应按第一节预装连接箱进行操作和检查。连接箱两安装面的平面度在全长内不许大于 0.12 mm。

（2）连接箱须与机体配对使用，与机体及同步主发电机的结合面有碰伤、毛刺等缺陷时，须整修平面凸起部分。

四、机体支承

机体支承结构见图 2-1-10。柴油机-发电机组通过 4 个支承及橡胶减振器安装于机车上，用于承受柴油机-发电机组的质量和减少柴油机振动对车架的影响。每个支承承受的垂直载荷，16 缸机为 76 685 N。在该载荷下，4 个支承的橡胶减振器挠度差值不得大于 1 mm。

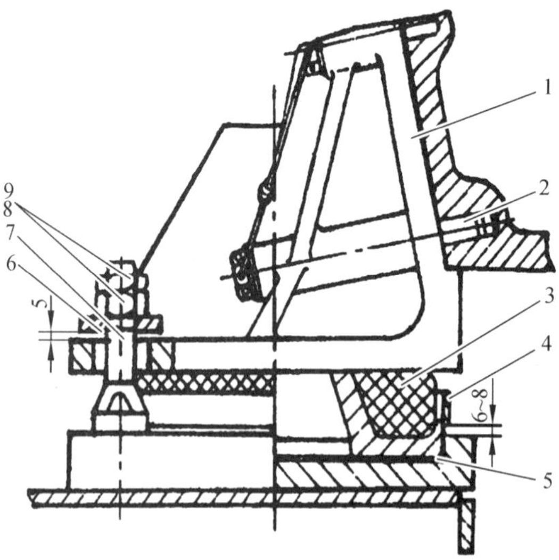

1—支承；2—螺钉；3—减振器；4—挡圈；5—垫片；6—垫圈；7—螺柱；8，9—调整螺母。

图 2-1-10　机体支撑

机体支承主要由支承、螺钉、橡胶减振器等组成。支承通过螺钉与机体、连接箱连接。

柴油机装上连接箱并装好同步主发电机后，用两个前端支承和两个后端支承，分别安装于机体第 2 曲轴箱观察孔位和连接箱侧面，以支承柴油机-发电机组。支承与机体、连接箱的支承面不应有间隙。

为确保柴油机-发电机组的安装高度和水平要求，用调整垫片来补偿橡胶减振器压缩量的变化。为保证机体支承的隔振效果，应使两个锁紧螺母下的垫圈与支承的间隙为 5 mm，该值可通过调整螺母实现。

减振器（见图 2-1-11）由特种橡胶制成。在负载为 8 000 kg 时，其静挠度Δh为 8 ~ 11 mm。减振器应分组装车，每组 4 个，其静挠度差值应不大于 1 mm。减振器的工作温度应为 – 40 ~ 80 °C。

在检修时，应将支承清洗干净，检查并消除裂纹。支承螺钉不允许有断扣、裂纹、毛刺及碰伤，并须重新镀铜。减振器须全部更新。

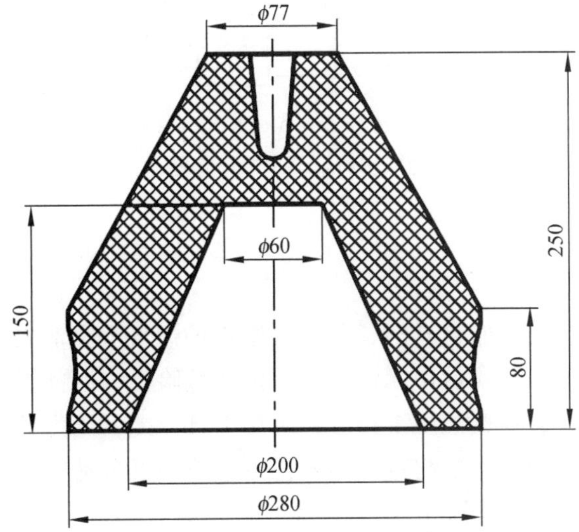

图 2-1-11 减振器

子任务 2-1-1-6 曲轴箱防爆装置

一、油气分离器

油气分离器（见图 2-1-12）装在机体自由端左侧的呼吸管上。该油气分离器借鉴德国石化、纺织行业先进高效油气净化技术，采用鱼鳞网、油分子吸附网、分离网使柴油机曲轴箱排出的油气得到彻底净化，净化率能达到 95%以上，初始流阻不大于 8 mmHg（1 mmHg = 133.28 Pa）。

柴油机曲轴箱排出的油气沿着一定切入角进入鱼鳞网式外芯 3 时，油气产生离心旋转。由于离心力的作用，一部分油粒被甩下；油气经过内芯 4 外层的吸附网时，残余油粒被吸附在吸附网的表面，并沿着吸附网的表面下沉；油气经过内芯 4 内层的分离网时，油气被彻底分离，如此净化率达到 95%以上的废气被排入大气。

鱼鳞网式外芯可反复清洗，永久使用。吸附分离网的内芯属于低成本一次性滤芯，在正常使用情况下，8 万 ~ 10 万千米更换内芯（小修）。

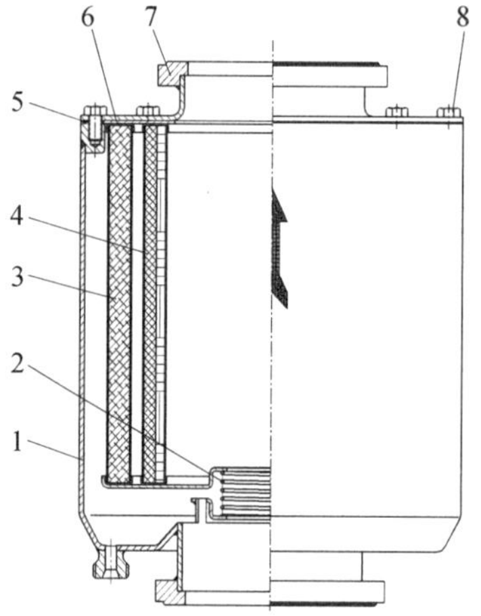

1—壳体；2—弹簧；3—外芯；4—内芯；5—O形圈；6—压板；7—出气法兰；8—螺栓。

图 2-1-12　油气分离器

二、差示压力计

在 16V280ZJ 型柴油机正常运转时，如果气缸中的燃气大量泄入曲轴箱，会导致曲轴箱压力超过一定范围继续上升，这就说明潜在有一定的危险性，必须提前自动采取措施，以防曲轴箱爆炸事故的发生，故在柴油机上设置差示压力计。差示压力计以一定的曲轴箱内气压与外界气压的差值作为控制动作的起点和信号，迫使柴油机自动停机。

差示压力计是用有机玻璃制成的压力计体，体内具有 U 形通道，通道内注入带颜色的导电液。通道一端通过管子与在自由端和第 9 缸之间气缸顶面上的一个清砂孔接头相连接，与曲轴箱相通；另一端插入 2 根金属针并有通大气的接头与大气相通。金属针端位于玻璃管内一定高度位置，其上端与机车有关控制电路连接。差示压力计中的刻度可表明液面的高度读数。

U 形通道两侧液柱高度差，反映出大气压力与曲轴箱内气压差。当曲轴箱内窜入燃气时，差示压力计一侧通道的液面降低，另一侧液面上升。当曲轴箱内气体压力大于 0.6 kPa 时，差示压力计一侧通道的液面降低，另一侧液面上升，液面与金属针接触，导电液接通电路，差示压力计作用，通过电路中的中间继电器切断联合调节器的电磁联锁（DLS）电源，使 C 型联合调节器通过控制拉杆将喷油泵齿条拉至停油位，迫使柴油机迅速停机。

三、防爆安全阀

曲轴箱两侧观察孔盖上各装有两个防爆阀，其设计开启压力为 11.67 kPa。当活塞损坏，大量燃气窜出或曲轴箱内油气着火等异常事故发生，造成曲轴箱内压力骤增并达到此压力时，防爆阀便会在压力作用下迅速开启，排放掉高压气体，避免发生严重的机械人身事故。

在铸铝的检查孔盖上铸出防爆安全阀的阀座，在座与阀之间有橡胶圈密封，阀杆拧紧在安全阀盖中，装在阀杆弹簧座与箱盖座间的弹簧将安全阀撑紧在阀座上。弹簧座与阀杆尾部以螺纹相配，由开口销使两者定位。弹簧被压缩的高度决定了预紧力的大小，即控制了安全阀开启的气压值。如果曲轴箱内气压作用到安全阀盖上的总力超过弹簧预紧力时，则安全阀盖顶开，使曲轴箱内压力迅速降低，降到小于弹簧预紧力时，安全阀盖自动关闭。

子任务 2-1-2　16V265H 型柴油机固定件

固定件是柴油机安装和支承各零部件的基础，为柴油机的燃烧提供做功场所。16V265H 型柴油机的固定件主要由机体总成、柴油机支承、主轴瓦和主轴承盖等组成。

一、机　体

图 2-1-13 所示为满足最大强度和刚度的整体铸造机体。作为柴油机的一个主要结构件，机体用来安装曲轴、动力组和其他安置在柴油机上的附属部件。该铸件还附带了支承座。其内部通道作为主机油道和冷却液通道。

1—气缸孔；2—增压器支座；3—定时齿轮腔；4—曲轴箱；5—横拉螺栓孔；6—中冷器安装面；7—油气分离器安装孔；8—柴油机支撑座。

图 2-1-13　柴油机机体

16V265H 型柴油机机体为龙门式箱型结构，采用高强度球墨铸铁整体铸造，横截面为六边形，在结构上可满足强度和刚度的最大要求。主轴承座位于机体的下部中间位置，9 个主轴承盖各自由两个垂直方向的主轴承螺栓和两侧的横拉螺栓紧固在机体上。止推轴承的止推环安装在第 8 位主轴承（自由端起）两端，其与曲轴止推面间两侧各装有半圆环形的片状止推轴承。

主机油道位于机体中部，纵向贯穿整个机体（机油由前端进入）。主机油道上部为凸轮轴承座的安装平面。机体左右两侧设有高温水通道，高温水由前端进入通道，经机体两侧顶面通孔进入各气缸套及气缸盖，最后汇入高温出水总管。机体两侧面上方为 4 个中冷器安装面，下方为曲轴箱检查窗口。通过机体上的检查孔盖，可进行油底壳检查和动力组维修。机体前端铸造面用于安装泵支承箱，后端顶部铸有增压器安装支架，下部铸有定时齿轮腔，用于安装配气齿轮系，提供曲轴至凸轮轴的传动。在 1、8 位曲轴箱盖下方铸出 4 个机座支承，用于将柴油机固定安装在车体底架上。

虽然柴油机动力组延伸至机体内部，但却是从外部紧固的。除了冷却液通道和滑油通道外，所有管路都在柴油机外部。通过机体上的检查孔盖可以进入油底壳，便于检查和维修动力组的下部零件。

二、油底壳

柴油机底部有如图 2-1-14 所示的油底壳密封；油底壳为钢结构装配，主要用于盛装机油。其横截面为 U 形，采用一组 M12 螺栓紧固悬挂在机体底部。油底壳内有主机油泵的吸油管，从油底壳的前端板延伸至由挡板隔开的油底壳中部，油底壳与机体安装在一起时，在油底壳顶面的加工槽内装有硅橡胶密封条。为防止机车在运行中发生主机油泵“吸空”现象，吸油口内侧的吸油管一直延伸至油底壳的中部，且开孔向下接近油底壳底部。油底壳的内部还焊有 4 个隔板，在每个隔板上开设通孔，隔板有利于提高油底壳的结构强度，通孔有利于减少机油因振荡而产生的泡沫，且保证各隔板机油液面高度一致。

在柴油机内部进行操作之后或柴油机发生损害之后，需要对机体进行清洁，以去除异物；可以使用喷枪和溶剂对机体进行清洁。保护柴油机附近的设备不受喷雾影响，顶板喷雾之后，用浸有溶剂的毛巾（只能使用不起毛的包边毛巾）擦拭，对所有角落和凹处的溶剂进行擦拭。

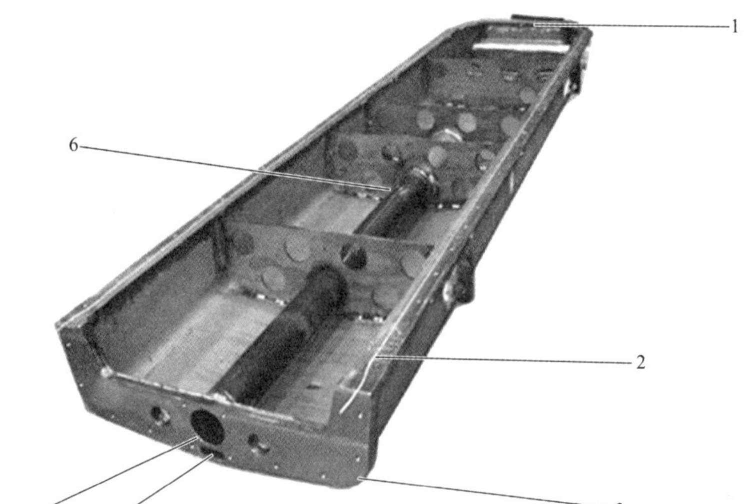

1—输出端；2—密封条；3—自由端；4—放油口；5—主机油泵吸油口；6—吸油管。

图 2-1-14　油底壳

对机体进行清洁时，应该对油道、轴承表面和齿轮进行保护，以避免留下硬粒特质。如果曲轴在其位置，也应该对其采取同样的保护措施，以避免污染其油道和轴承表面。

如果机油滤清器被排空，机油油位会高过检查孔底部，需使用油位尺检查油位。如果油位在油位尺孔下，那么可以安全打开检查孔盖。否则，在打开曲轴箱检查孔盖之前要从油底壳放油。

当更换机油和柴油机故障时，必须彻底清洁油底壳，并注意确保排油管内部没有异物堆积；擦拭油底壳角落和凹坑内的堆积物；检查滑油吸油管和吸油区是否有裂缝和破损，若有，会导致吸空。

三、主轴瓦

主轴瓦（见图 2-1-15）采用三层金属设计，钢背上黏接有一层青铜。在青铜和最外层的白金属层之间是一层很薄的镍，镍层增加了轴瓦的强度，有利于阻止轴承材料的剥离。主轴瓦的上瓦和下瓦成对匹配，在轴承孔中过盈配合，轴瓦上的定位舌可以保证轴瓦对齐，并防止轴瓦在轴承孔内转动。

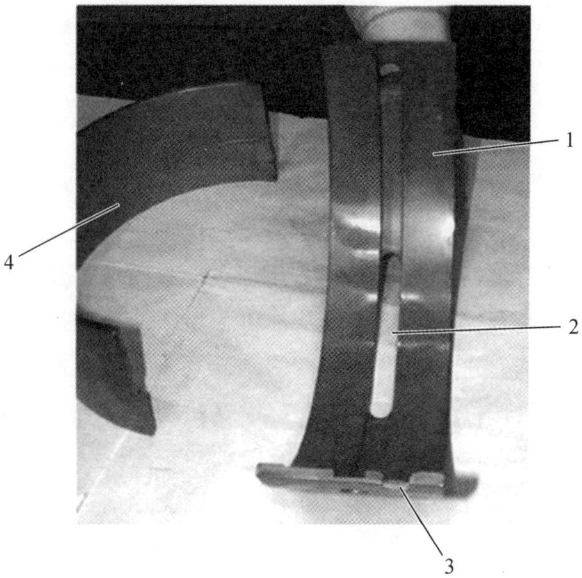

1—上瓦；2—油槽；3—定位舌；4—下瓦。

图 2-1-15　主轴瓦

如图 2-1-16 所示，第 8 位主轴承座两侧各安装一个半环状的止推轴承；安装时，有凹状储油穴的一面背对机体轴承座，曲轴的轴向推力是由青铜止推环承受的，它安装在从后端起第二位主轴承座的两侧。止推环由主轴承盖固定，由主轴瓦泄漏的机油润滑。

曲轴由主轴承盖紧固在机体下部，每个主轴承盖由两个垂直的带有圆形螺母的主轴承螺柱以及每侧一个横拉螺栓紧固在机体上。这种布置将主轴承盖紧固，同时又增加了机体的刚度。主轴承盖的紧固采用液力拉伸的方式。

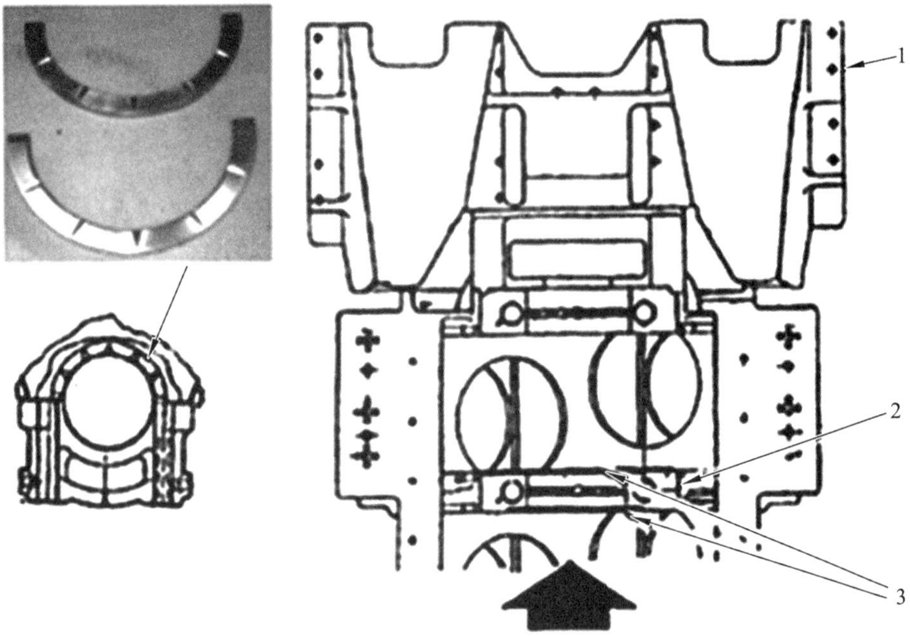

1—机体输出端；2—第 8 位主轴承座；3—止推瓦安装凹槽（轴承座两侧）。

图 2-1-16　曲轴止推环

四、气缸盖

气缸盖如图 2-1-17 所示，是动力组装配中最复杂的部件，包含进气道、排气道、冷却水腔、喷油器护套孔和机油回流通道。气缸盖用 6 个螺栓紧固在缸套上。二者之间使用硅橡胶 O 形圈和气缸盖垫片进行密封。有别于其他柴油机，该柴油机进排气道分别布置在气缸盖前后两端，采用并联气道结构，进气口在前端右侧，排气口在后端左侧，同时进、排气门还设置了气门旋转机构和自动气门间隙调整器。气门横臂两端孔内各安装 1 个气门液压间隙调整器，间隙调整器与气门端部接触。气缸盖中央有喷油器护铜套，内侧有喷油泵安装孔，喷油器从顶部进油，高压油管、喷油泵进回油管均在摇臂箱盖罩内。这种设置对工作人员能起到很好的安全保护作用。

气缸盖上装有两个进气阀和两个排气阀以及压装的氮化气阀导管。气阀由推杆、摇臂挺柱及装在机体中央的一根凸轮轴驱动。

当凸轮轴转动时，随着凸轮的旋转运动，摇臂挺柱及其滚轮向上移动，随动机构将这一运动转换成推杆在垂直方向的抬升，推杆抬起摇臂的后端，迫使摇臂的前端压下横臂装配，横臂下压气门，使气门开启。

横臂的功能：在一个摇臂驱动下同时打开两个气阀，并利用横臂中的液力调整器控制气阀间隙，一个横臂控制进气，另一个横臂控制排气，进、排气阀都装有旋转机构，使气阀和阀座寿命延长，并改善气阀的密封。

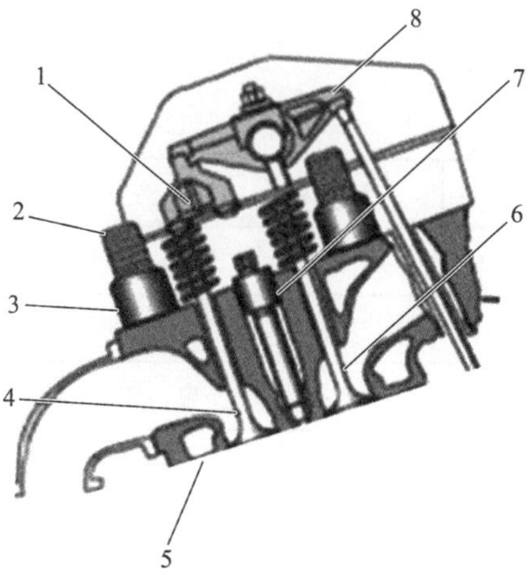

1—横臂；2—动力组安装螺栓；3—动力组安装螺母；4—进气门；
5—冷却水通道；6—排气门；7—喷油器；8—摇臂。

图 2-1-17　气缸盖结构

五、气缸套

气缸套是整体铸铁结构，安装在机体装配上，缸套通过较大的顶部法兰部位下垂到机体，如图 2-1-18 所示。

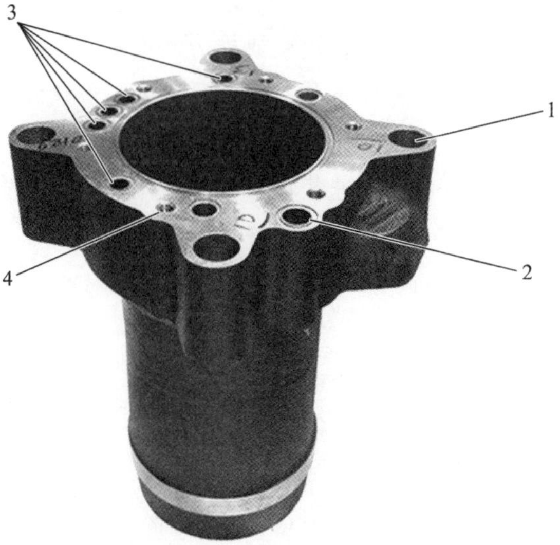

1—动力组螺栓安装孔；2—回油孔；3—冷却水出水孔；4—气缸盖螺栓安装孔。

图 2-1-18　气缸套结构

气缸套取消了早期设计的下部水套，取而代之的是在气缸套上铸有内部水道。冷却液从机体传上来后，仅经过气缸套上部的水腔，向上进入气缸盖。

气缸套上表面布置有与气缸盖连接的螺栓孔、冷却水孔和机油回油孔等。气缸套下部承载面和机体之间装有一个冲压成型的钢质垫片。这样就为冷却液和机油回油通道提供了密封，同时也可作为一个可更换的磨损表面。气缸盖和气缸套之间采用定位销来对正。

【任务检查】

表 2-1-2　固定件——任务检查单

任务编号	2-1	任务名称	固定件认知	
序号	检查内容		是	否
1	说明机体的结构、作用、工作特点、检修主要技术要求			
2	说明主轴瓦、连杆瓦的结构、作用、工作特点、装配要求、检修主要技术要求			
3	说明气缸的结构、作用、工作条件、检修主要技术要求			
4	说明气缸盖的结构、作用、工作条件、检修主要技术要求			
5	说明机座、油底壳、连接箱、机体支承的结构及作用			
6	说明曲轴箱防爆装置的基本结构和工作机理			

【任务训练】

一、填空题

1. 当曲轴箱内气体压力大于 0.6 kPa（60 mm 水柱）时，（　　）作用，联合调节器通过控制拉杆装置，将喷油泵齿条拉至停油位，迫使柴油机停机。

2. 气缸套与气缸盖、（　　）一起构成柴油机的燃烧室。

3. 16V280ZJ 型柴油机的 V 形夹角分上、中、下三层，上层为（　　）的一部分，中间为（　　），下层为（　　）。

4. 柴油机的主轴承用来支承曲轴，并使曲轴得到（　　）和（　　）定位。

5. 主轴承均采用（　　），其中前 8 挡为（　　）主轴承，第 9 挡为（　　）主轴承。

二、选择题

1. 16V280ZJ 型柴油机有（　　）个主轴承。

A. 7　　B. 8　　C. 9　　D. 10

2. 以下哪个不是曲轴箱防爆装置？（　　）

A. 呼吸器　　B. 差式压力机　　C. 防爆安全阀　　D. 卸载油压继电器

3. 16V280ZJ 型柴油机机体的 V 形夹角为（　　）。

A. 45°　　B. 50°　　C. 55°　　D. 60°

4. 16V280ZJ 型柴油机采用湿式油底壳，其滤网下的总容积为（　　）。

A. 1 100 L　　B. 1 200 L　　C. 1 300 L　　D. 1 400 L

5. 柴油机油底壳内安装滤网，下列哪项不是滤网的作用？（　　）

A. 消除泡沫　　B. 防止杂质进入机油

C. 增强油底壳的强度

三、判断题

1. 柴油机的连接箱一端与机体相连，另一端以凸缘方式与同步主发电机连接。(　　)

2. 气缸套内壁研磨出具有一定规格的网纹，湿摩擦面的润滑具有良好效果。(　　)

3. 柴油机机体上横拉螺栓仅对主轴承盖起到横向限制的作用。(　　)

4. 16V280ZJ 型柴油机的连杆瓦上瓦为受力瓦，开有油槽。(　　)

5. 柴油机曲轴与主轴瓦之间的润滑属于滑动润滑。(　　)

四、简答题

1. 简述 16V280ZJ 型柴油机机体的作用和工作特点。

2. 简述 16V280ZJ 型柴油机机体的结构。

3. 16V280ZJ 型柴油机机体检修的主要技术要求有哪些?

4. 16V280ZJ 型柴油机主轴瓦和连杆瓦的作用和工作特点是什么?

5. 16V280ZJ 型柴油机主轴瓦的装配要求有哪些?

6. 16V280ZJ 型柴油机主轴瓦和连杆瓦的检修主要技术要求有哪些?

7. 简述 16V280ZJ 型柴油机气缸的作用和结构。

8. 说明 16V280ZJ 型柴油机气缸检修主要技术要求。

9. 说明 16V280ZJ 型柴油机气缸盖的作用和结构。

10. 说明机座、油底壳、连接箱、机体支承的作用。

11. 说明 16V280ZJ 型柴油机差示压力计的工作机理。

12. 简述 16V265H 型柴油机机体结构的特点。

13. 试叙述 16V265H 型柴油机前端盖组件中中冷器安装箱的特点。

14. 试叙述 16V265H 型柴油机冷却水对气缸套冷却的过程。

任务 2-2　运动件认知

【任务描述】

假如你是机车乘务员或者是机车检修人员，对柴油机结构的认知是最基础的要求；要全面了解运动件的名称、结构、作用、装配关系、工作特点、检修主要技术要求等。

【任务目标】

- 能掌握柴油机运动件的基本结构和作用；
- 能掌握柴油机运动件与主要关联件的基本装配关系；
- 能掌握柴油机运动件的工作特点；
- 能说明柴油机运动件检修的主要技术要求。

【任务学习】

子任务 2-2-1　16V280ZJ 型柴油机运动件

子任务 2-2-1-1　活塞组

活塞组由活塞、活塞销和活塞环等组成，如图 2-2-1 所示。

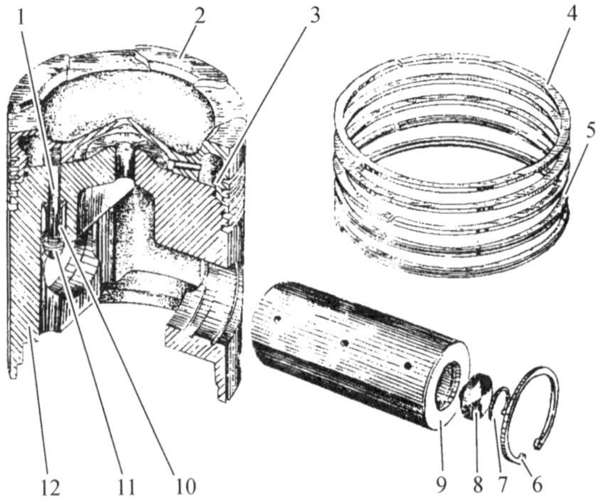

1—螺柱；2—活塞头；3—O 形密封圈；4—气环；5—油环；6，7—挡圈；8—油堵；9—活塞销；10—弹性套；11—螺母；12—活塞体。

图 2-2-1　活塞组

一、活塞组的作用和工作特点

（一）作　用

（1）活塞组与柴油机其他部件一起构成了内部燃烧做功的、可变容积的工作场所，活塞顶面的凹穴造型及容积对燃烧的经济性有较大影响。

（2）活塞组密封气缸的下部，使燃烧室与曲轴箱隔开。

（3）活塞组承受燃气压力，并传递给曲轴，使往复运动转换成旋转运动，将气缸内的热能转变成机械能。

（二）工作特点

活塞组在柴油机中所处的位置和承担的任务决定了它有如下工作特点：

1. 在严重的热负荷下工作

活塞顶面接触高温气体，有很多热量通过活塞顶传入体内，其中一部分经活塞环及裙部散逸给气缸，另一部分通过活塞体内油道传给冷却油，其余的热量使活塞温度升高。当受热升温到一定程度时，活塞材质的机械强度明显下降，同时由于活塞各部存在较大的温度梯度，所以又形成温差应力（热应力）。温差应力过大，会在活塞顶部形成热裂纹。

第一道活塞环槽的温度状态是表征活塞热负荷的另一重要部位，如果此环槽的温度较高，则槽内机油就易结胶，使环失去活动性，导致燃气下窜，冲刷缸壁上的油膜。这些除使柴油机功率下降，出现拉缸故障外，还会使曲轴箱升温升压，甚至爆炸。

活塞的温度通常以顶面中央和燃烧室边缘外表面为最高，铝合金活塞可达 300 ~ 500 °C，铸铁活塞可达 400 ~ 450 °C，第一道活塞环槽表面可达 180 °C 以上，顶与背最大温差可达 100 ~ 130 °C。

2. 承受较大的机械负荷

随着缸径的加大和高增压技术的应用，气缸内最高爆发压力已达很高，运动零件的尺寸和质量相应增加，使得活塞承受巨大的气体力和往复惯性力的合力。

气体力和往复惯性力的合力为周期性瞬变作用力，具有冲击和交变性质，使活塞组的一些薄弱部位可能出现疲劳裂纹。活塞环对环槽的高频交变冲击，可能使活塞环与环岸折断。

3. 剧烈的摩擦与磨损

机车柴油机活塞组沿气缸壁高速滑动，平均速度为 9 ~ 11.5 m/s，最大瞬时速度达 14 ~ 18.5 m/s，使柴油机消耗很多摩擦功率。

特别是第一、二道气环接触高温、高压燃气，缸壁上的油膜受燃气和燃油的冲刷而局部破裂，气缸壁面有进气带入的尘埃及机油中的机械杂质等磨粒，因此在上止点附近的壁面高温少油，加上活塞环转换运动方向等情况，使气缸壁面、活塞环及环槽的磨损加速。在摩擦发热及缺油的情况下，活塞环和气缸壁面很容易产生表面熔黏磨损（即拉缸）现象。

二、活塞的结构

早期曾用过上穿式的钢顶铝裙活塞，即活塞头和活塞体由 8 个从活塞头拧入活塞体的螺栓连接。由于这种连接的可靠性较差，后来改用下穿式活塞。以下只介绍下穿式活塞。

如图 2-2-1 所示，钢顶铝裙组合活塞的锻钢活塞头 2 和铝活塞体 12 由 4 个螺柱 1 连接。螺柱的一头栽入活塞头 3，另一头穿过活塞体和弹性套 10 并用螺母 11 拧紧，使活塞头与活塞体紧固连接。螺母通过弹簧卡销防松。

（一）活塞头

活塞顶为浅ω形状，作为直接喷射的燃烧室，其形状是由计算和试验确定的，以便与喷油器的多孔喷嘴所喷射的油束相配合，使气缸内的空气与燃油充分接触和燃烧。为了避免活塞在排气冲程上止点附近与开启着的进、排气门相碰，在活塞顶对应气门位置铣出 4 个避阀坑。

活塞顶内腔的外周是一个环形冷却油腔，用压力油去冷却活塞顶和活塞环槽区。活塞顶内腔中央与活塞体顶面形成一个较大冷却油腔和冷却表面，用进入此油腔的冷却油去冷却活塞顶中部。上述两个冷却油腔的出油孔流通截面均比进油孔大，由此，机油在冷却腔形成了具有较好冷却效果的振荡冷却。环形冷却油腔与中部油腔之间形成一个环形凸台，凸台的下平面与活塞体贴靠，在此凸台平面上设有螺孔，用以安装螺柱。

活塞头下部是一个圆柱体，为活塞环槽区，有 3 道环槽，安装 3 道气环。活塞头上部为火力岸，是一个圆锥体。

活塞头采用合金钢材料，允许的最高工作温度为 500 °C，能够满足活塞顶的工作条件。由于钢与作为气缸套材料的铸铁的热膨胀系数较接近，可以使活塞头与气缸套的间隙设计得比较小，以减少传入活塞的热量。较小的间隙还可以减小活塞运动时产生的冲击和振动。另外，钢的耐磨性能也比铝好，故能减少环槽的磨损，提高使用寿命。钢具有比铝材高得多的机械强度，因此可使活塞头各部分的壁厚做得比较薄，以减少钢顶活塞头的质量，使得钢顶铝裙活塞的质量接近于铝活塞的质量。活塞顶较薄的壁厚，有利于提高油的冷却效果，降低迎热壁面的温度。第一道气环的环槽，其冷却面壁厚也仅为 7.5 mm，传热条件很好，可以有效地降低第一道活塞环和环槽的工作温度，从而减小活塞环及环槽的磨损，避免活塞环弹性松弛和黏结等故障的产生。

（二）活塞体

活塞体由裙部、环槽部和顶部组成。

裙部外形是一个中凸椭圆体。若裙部横截面为一个圆形，在侧压力和热膨胀的共同作用下，会使该截面成为椭圆形，其长轴在活塞销座轴线方向。为使裙部截面在工作时保持圆形，以利于与气缸套内孔的配合，把椭圆的短轴设计在活塞销座轴线方向，使该方向的活塞直径比长轴方向小。裙部设计成母线为中部凸起的鼓形，可以在裙部与气缸套之间形成一个活塞上下运动时的双向楔形油膜，改善两者间的润滑条件和减少活塞换向运动时对气缸套的撞击。裙部外圆面喷涂二硫化钼，用以改善初期磨合性能和提高耐磨性。

裙部设有活塞销座，活塞销座孔直径为 ϕ110 mm。活塞销座内侧间的跨距为上部小（为 80 mm）、下部大（为 116 mm）。上部支撑活塞顶的跨距较小，可减小活塞销座与顶部连接处的应力；下部跨距较大，便于加大连杆小头轴承承压面的宽度，且与连杆小头两侧成间隙配合，作为连杆在柴油机上的纵向定位。另外，在柴油机的一个工作循环中，活塞销座孔上部承受的比压较下部大得多，故上述上宽下窄的活塞销座，有利于减小活塞销座的比压。活塞销座侧在两边设有沿活塞轴向由三段孔径组成的阶梯孔，便于安装螺柱、弹性套和螺母。在活塞销座孔的外侧开有 3.2 mm 的环形槽，槽里安装挡圈，用于限制活塞销的轴向窜动。

裙部的上方是一个圆柱体，开有 2 道环槽，用于安装油环。在环槽下平面开有 16 个回油孔，用作油环刮油的回路。

活塞体顶部与活塞头下部构成活塞的冷却油腔。在活塞体头部的外圆周面上开有一道环形槽，槽内安装 O 形橡胶密封圈，用于密封油腔的冷却油。活塞体顶平面与活塞头下部环形平面，虽然由于螺柱的紧固而密贴配合，但燃气压力会引起二者间的相对滑动，导致支承面的微振磨损。另外，在热负荷作用下，环形接触面内侧会翘曲脱开而产生楔形缝隙。为使支承面在工作中保持良好的贴合，将活塞体顶部平面做成从里往外向下倾斜的碟形面。由变形计算确定活塞环岸顶平面与活塞头外圆支承面间的间隙，以保证活塞头的顶部和油腔内壁在热负荷和燃气压力作用下不产生过大的应力。

活塞体的毛坯为锻铝棒料，内腔用挤压成形，免去了机加工量。硅铝合金的热膨胀系数小，耐磨性好。锻铝的强度和韧性高，金相组织细密，避免了铸造缺陷，以适应活塞体的受力条件。

三、活塞销

活塞销外圆直径较大，为ϕ110 mm，以便将支承活塞销的活塞销座孔和连杆小头衬套孔的比压控制在许可的范围。活塞销ϕ40 mm 的中空油道可减少质量和活塞组的往复惯性力。在活塞销相应于连杆的小头孔和两个活塞销座孔的部位上，各开有 3 个周向均布的横向油孔。活塞销中空油道两端用铝制油堵密封机油，油堵与内孔采用过盈配合。活塞销中空油道两端设有 2.2 mm 的环形槽，槽内安装挡圈，用以防止油堵松出。

活塞销采用合金钢制造，其外圈和内孔经渗碳淬火，可以获得高的疲劳强度和足够的刚度和耐磨性，能够承受作用在活塞销上的交变弯曲载荷和剪切力，降低由上述负荷引起的内孔变形。活塞销外圆经精磨以减少磨损。横向油孔孔口的抛光、中空油道孔的磨削，都可以提高疲劳强度。

四、活塞环

（一）气　环

3 道气环安装在活塞头上。第一、二道气环为合金铸铁单体铸造的矩形截面环，直切口。环的环高、径向厚度和自由开口尺寸，由气环的切向弹力和强度计算来确定。活塞环外圆面喷涂钼合金，以提高气环的耐磨性。钼合金层具有熔着磨损延迟发生和储油性好等良好特性。另外，在活塞环外表面镀锡，可以改善初期磨合性能并可防锈。第三道气环为锥面环，在环的外圆面上加工出一个 1°30′的斜角，锐角朝向活塞的下部，以提高接触压力，有利于磨合和气密性，同时还起到刮油作用。环的外圆面设有钼合金层。第三道气环与第一、二道气环的区别仅为上述两项。

（二）油　环

两道油环安装在活塞体上。油环为弹簧胀圈油环，在环体内圆凹槽内，装设螺旋弹簧胀圈，以钢丝制成的闩销插入螺旋弹簧接口的内径里。油环依靠弹簧加强弹力，即使油环外圆面磨损，其弹力也不会下降太多。而且，这种形式的油环压力比较均匀，因此具有刮油能力强和工作耐久的特点。

油环环体采用合金铸铁单体铸造，截面成双刮油舌结构。两刮油舌之间在圆周上布置 12 个高 2 mm 的泄油槽。活塞下行时，刮油舌从气缸内壁刮下的机油，由泄油槽经活塞体环槽下平面的 16 个回油孔流入油底壳。油环高度、最大径向厚度和自由开口尺寸由环体的强度、切向弹力和贴合性计算确定。影响刮油能力的两个重要因素是单位压力和贴合性。单位压力主要取决于弹簧力，而贴合性则主要取决于环体的刚性。设计时，在满足结构和强度要求下，尽可能减小环体的刚性，以提高油环的贴合性。环体表面镀锡，以提高初期磨合性并可防锈。

五、活塞油路

机油从连杆小头衬套的油槽经活塞销中部的 3 个油孔进入中空油道，由活塞销两端各 3

个油孔流入活塞销座孔起润滑作用。销座孔里对应于活塞销两端油孔位置开有油槽，活塞体顶面 2 个油孔与此槽钻通，机油从活塞销油孔经此槽和活塞顶油孔进入活塞顶的环形冷却油腔，再经 6 个油孔进入活塞顶中央冷却油腔，并由油腔下部中央的出油孔流回油底壳。

六、检修主要技术要求

（1）同一台柴油机上，16 个活塞组质量差不大于 0.25 kg。

（2）活塞组主要公差及限度如表 2-2-1 所示。

（3）活塞环槽不允许有凸肩或严重的喇叭形。

（4）活塞外圆面、活塞体顶平面和活塞销座孔等处的非密集性轻微拉伤，可经打磨后继续使用。

（5）活塞裙部喷涂二硫化钼，涂层厚度为 0.02 ~ 0.04 mm。

（6）活塞头与活塞体、螺柱和活塞销经探伤不得有裂纹。

（7）活塞头底面与活塞体第一环岸上顶面的间隙为 0.032 ~ 0.08 mm。

（8）气环的自由开口尺寸为（35 ± 2）mm。在工作间隙为 $1.3^{+0.2}_{0}$ mm 时，切向弹力为 74 ~ 82 N。

（9）油环在工作间隙为 $1^{+0.2}_{0}$ mm 时，切向弹力为 167 ~ 196 N。

（10）油环环体的自由开口尺寸为（36 ± 2）mm。在工作间隙为 $1^{+0.2}_{0}$ mm 时，切向弹力为 13 ~ 18 N。

表 2-2-1　活塞组主要公差及限度

名　称		原形/mm	限度/mm	
			中修	禁用
活塞头环槽区直径		$\phi 279.3^{0}_{-0.052}$		
裙部直径（距底面 82 ~ 130 mm，销座孔的垂直方向）		$\phi 279.64^{+0.05}_{-0.05}$		
活塞销座孔直径		$\phi 110^{+0.022}_{0}$		
活塞销座孔圆柱度		0.006	0.03	0.04
活塞第一道环槽高度		$6^{+0.135}_{+0.105}$		
活塞第二、三道环槽高度		$6^{+0.115}_{+0.085}$		
油环环槽高度		$9^{+0.115}_{+0.085}$		
第一道环槽与气环侧向间隙		0.105 ~ 0.145	0.25	0.30
第二、三道环槽与气环侧向间隙		0.085 ~ 0.125	0.20	0.30
油环与环槽侧向间隙		0.085 ~ 0.125	0.20	0.25
活塞环自由开口间隙	镀铬环	34 ± 2	35 ± 2	
	喷钼环	35 ± 2	35 ± 2	
	锥面环	35 ± 2	35 ± 2	
	油环	36 ± 2	35 ± 2	

续表

名称		原形/mm	限度/mm	
			中修	禁用
在 $\phi280^{+0.032}_{0}$ mm 环规中活塞环闭口间隙	气环	$1.3^{+0.20}_{0}$	$1.3^{+0.20}_{0}$	
	油环	$1.0^{+0.20}_{0}$	$1.0^{+0.20}_{0}$	
活塞在气缸套内径向间隙	头部	0.70 ~ 0.804	1.05	1.15
	中部最大外圆处	0.310 ~ 0.462	0.70	0.88
活塞销直径		$\phi110^{+0.006}_{-0.009}$		
活塞销圆柱度		0.004	0.015	0.02
活塞销铝堵配合过盈量		0.052 ~ 0.100	0.052 ~ 0.100	

子任务 2-2-1-2　连杆组

连杆组由连杆体、连杆盖、连杆衬套、连杆螺栓等组成，如图 2-2-2 所示。

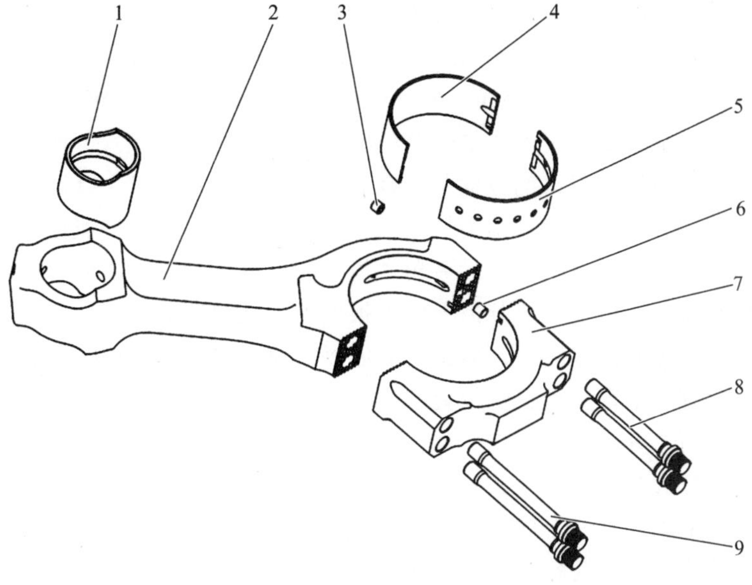

1—连杆衬套；2—连杆体销；3—螺堵；4—连杆上瓦；5—连杆下瓦；6—油孔销套；7—连杆盖；8—连杆螺栓（二）；9—连杆螺栓（一）。

图 2-2-2　连杆总成

一、连杆组的作用与工作条件

连杆将活塞和曲轴连接起来，将作用在活塞上的燃烧气体压力传给曲轴，输出扭矩。连杆受到气体压力和活塞、连杆往复惯性力的共同作用。在柴油机工作循环内，连杆大部分时间受到压缩，由于柴油机的爆发压力高达 13.7 MPa，故连杆受到很大的压缩载荷。由于排气上止点附近作用在连杆上的惯性力大于气体压力，故此时使连杆受到拉伸。由于活塞、连杆都较重，产生的惯性力也大，故连杆受到较大的拉伸负荷。连杆小头与活塞一起做往复运动，连杆大头与曲轴一起做旋转运动，因此连杆自身做摆动。连杆在摆动平面受到摆动的惯性力矩的作用，使连杆杆身受到附加弯矩。连杆上的压缩和拉伸负荷会使连杆大、小头孔产生变形，将影响轴承的正常润滑，增加连杆螺栓等连接件的附加载荷。由于上述各种力都是交变载荷，在连杆上产生交变应力，会使连杆螺栓和连杆的主要受力部位产生疲劳破坏。连杆的损坏会打坏曲轴、机体等零部件，甚至导致人身安全事故的发生，可见后果是非常严重的，所以对连杆的强度要特别重视。

连杆组设计时，采用了经验设计、试验和有限元计算方法来确定连杆各部分的结构和尺寸，选用合适的材料，使连杆有足够的强度和刚度并有尽量小的质量。

二、连杆的结构

连杆可分成连杆大头、杆身和连杆小头三部分。

（一）连杆大头

连杆大头包括连杆体的大头部分、连杆盖、连杆瓦和连杆螺栓等。16V280ZJ 型柴油机采用过的三种连杆，其区别均在连杆大头上。早期的连杆体大头部分与盖的接合面（即连杆大头剖分接合面）上，采用 60°齿形夹角、6 mm 齿距。后来采用的两种连杆都是 90°齿形夹角、8 mm 齿距，但油孔位置不同，一种是油孔设在连杆体大头短臂上，另一种是油孔设在长臂上。

连杆大头剖分面为斜切口，剖分面与连杆中心线的夹角为 40°，以便于从气缸中抽出活塞连杆组。切口（剖分接合面）采用齿形定位，并依靠齿面承受往复惯性力在切口方向的分力，避免连杆螺栓承受剪切负荷。齿形夹角和齿距的选取及切口上齿形总啮合面积、连杆大头的刚度，都直接影响切口上各部分齿形的齿根应力及其幅值的大小。两种改型连杆都是着眼于提高齿形强度，降低齿根应力，力图消除齿形裂纹，以提高连杆的可靠性和使用寿命。

在剖分面上设有一个定位套，定位套的内孔作为连杆体与盖间的机油通道。

连杆体在剖分面上有 4 个 M27 × 2 螺孔，孔底 ϕ7 mm 的通孔，用于测量连杆螺栓伸长量时插入测量棒。连杆大头孔直径为 ϕ220 mm。

在连杆体与盖上均开有一个唇形定位槽，大头孔的连杆盖上开有环形油槽，而连杆体上安装连杆上瓦的部位，因负荷较高则不开槽，以减小比压。

连杆大头与杆身采用较大的过渡圆弧，尽量缩短连杆螺钉之间的跨距，连杆大头有足够的厚度和宽度，以保证连杆大头有足够的刚度。在燃气压力、惯性力和装配力的作用下，连杆大头刚度不足，会产生大头孔变形，将影响连杆瓦和连杆螺钉的可靠性。

连杆体与盖由 4 个连杆螺栓紧固。螺栓采用合金钢制造。油孔设在连杆体短臂上时，4 根连杆螺栓长度均相同；油孔设在长臂上时，连杆螺栓的长度不同，在长臂上的螺栓短，在短臂上的螺栓长。连杆螺栓镀铜，以防松和防锈。连杆螺栓承受由活塞连杆组的往复惯性力和离心惯性力所形成的交变负荷，杆身较为细长，可以降低螺栓在运用中的应力幅，以提高其疲劳强度。

连杆盖下部截面成“工”字形，以保证足够的刚度和强度并有较小的质量。在连杆盖内圆面，开有环形油槽，并由斜油孔与在剖分面上钻出的油孔连通。对于连杆体大头油孔分别设在短臂和长臂上的两种连杆，其连杆盖除了油槽和油孔的尺寸有所区别外，其余部分的尺寸和结构大体相同。

（二）连杆杆身

连杆杆身为“工”字形截面，其长轴处于连杆摆动平面，使杆身截面具有较大的高度，加上适当宽度，使连杆在摆动平面方向有较大的刚度，以减小连杆的弯曲，避免由此产生活塞与气缸套及连杆瓦与曲轴连杆颈的偏磨。该种截面的杆身有利于承受由压缩力和拉伸力所引起的纵弯曲和由连杆力矩所引起的附加弯曲。另外，这种杆身有较小的质量，因此可减小连杆的惯性力。在杆身“工”字形的一边设有通长油孔，与连杆小头和连杆大头油孔相通。

（三）连杆小头

由于燃气压力和往复惯性力的作用，活塞销对连杆小头孔的不同部位有大小不同的比压，孔的下部比上部的比压大，因此将连杆小头孔做成上部窄而下部宽的结构。连杆小头孔的上窄下宽正符合连杆小头孔内压力合理分布的要求。

连杆小头孔衬套的材料采用铸造锡青铜，可满足连杆小头轴承承载能力的要求。衬套与连杆小头孔过盈配合，并在端面上设骑缝销，以防衬套松转。

连杆小头在连杆摆动平面内有较大的宽度，与杆身的过渡圆角半径也较大，以保证连杆小头的强度和刚度。在连杆小头部分，连杆小头与杆身过渡处的应力及其变化幅度最大，采用较大的过渡圆角半径，对提高连杆小头的强度尤为重要。

三、连杆材料

连杆体与盖采用合金钢整体模锻，并经调质热处理，使连杆有较高的综合机械性能。机加工时，沿斜切口剖分面将连杆体与盖切开。为减少应力集中和提高连杆的疲劳强度，连杆外形面全部经机械加工并抛光。齿形为成形磨削，以提高齿形的配合精度，使切口上各齿面的受力分布较为均匀，保证连杆大头孔的圆度和改善齿形的应力。

四、连杆油路

机油从曲轴连杆颈的横向油孔流进连杆大头孔的轴承，一部分进入轴承油隙；另一部分进入连杆下瓦内孔上的油槽，经 9 个穿过瓦壁的油孔流入连杆盖内孔的环形槽及与该槽相通的油孔，再经设在连杆体与盖的剖分面上的定位套内孔进入连杆体大头的油孔。对于油孔在短臂的连杆，机油由此直接进入杆身油孔；而对于油孔在长臂的连杆，机油先流进连杆体大头孔的油槽，再由长臂内一对相交油孔进入杆身油孔。机油从杆身油孔进入连杆小头孔，由连杆小头孔衬套上一个穿透壁厚的油槽流入连杆衬套内孔的环形油槽。一部分机油从油槽进入连杆小头轴承油隙，另一部分机油由该油槽进入活塞销中部 3 个径向油孔，再经由活塞销中空油道流向活塞。

五、检修主要技术要求及损伤的分析和处理

（1）同一台柴油机的连杆组质量允差为 400 g，大头质量允差为 250 g，小头质量允差为 150 g。去重位置在连杆小头上部平面和连杆盖下部平面。去重面的极限尺寸，连杆小头为上平面至小头孔中心距离 90 mm，连杆盖下平面至大头孔中心距离 172 mm。

（2）连杆瓦与连杆大头孔的接触面积应大于 70%。

（3）连杆大、小头孔中心距为（580 ± 0.087）mm，连杆大小头孔轴线平行度为 0.04 mm。

（4）连杆体和盖的齿形接触面积的最低限度应不小于 70%。

（5）连杆主要公差及限度见表 2-2-2。

（6）连杆盖的螺栓支承面拉伤，应修理平整。该平面对连杆螺栓孔轴线的垂直度应小于 0.07 mm，并按规定伸长量拧紧螺栓和重打拧紧刻线标记。

（7）连杆体、盖和螺栓经探伤不得有裂纹。对于上述裂纹产生的原因做如下分析：连杆大头齿形裂纹均出现于短臂上断续齿的齿根上，一是由于短臂刚度大，故工作时所受的力也较大；二是短臂上的齿形被螺栓孔和油孔分割成几段，使齿的受力加大，齿根部成了高应力区；三是齿形的微动磨损使齿根产生应力集中等。由上述原因，使裂纹首先出现于该处的齿根上。另外，由于制造的原因，使齿形贴合面过小，造成受力不均匀，也容易产生齿形裂纹。裂纹的发展会使上述部位的金属从连杆体上脱落，并导致连杆螺栓断裂的严重后果。因此，经探伤发现齿形裂纹的连杆必须更换。

表 2-2-2　连杆主要尺寸及限度

名称		原形	限度	
			中修	禁用
大头孔直径/mm		$\phi220^{+0.029}_{0}$		
大头孔圆柱度/mm		0.007	0.04	0.06
小头衬套孔直径/mm		$\phi110^{+0.155}_{+0.120}$	$\phi110^{+0.230}_{+0.120}$	
小头衬套孔圆柱度/mm		0.006	0.04	0.06
小头衬套与连杆小头孔配合过盈/mm		0.06 ~ 0.130	0.06 ~ 0.13	
大头孔轴线对小头孔轴线的平行度/mm	不带衬套	0.04		
	带衬套	0.04	0.05	
小头衬套与活塞销径向间隙/mm		0.114 ~ 0.164	0.25	0.30
连杆瓦余面高度/mm		0.26 ~ 0.30	0.22 ~ 0.30	
连杆瓦厚度/mm		4.895 ~ 4.920	4.880 ~ 4.920	
同台柴油机	活塞组质量差/kg	≤250	≤250	
	连杆组质量差/kg	≤400	≤400	
	活塞连杆组质量差/kg	≤400	≤400	

对于连杆螺栓断裂，可按不同断口形式来分析。断口有缩颈的，是由于抱缸，或是由于制造、拆装损伤所引起的连杆盖上的螺栓头支承平面与连杆体上的螺栓孔轴线不垂直，导致螺栓负荷增大，超过材质拉伸断裂强度而断裂所造成的。因螺栓为合金钢韧性材质，故断口呈缩颈状。断口平整的，是由于螺栓预紧力不够，或是由于上述齿形裂纹导致齿形部位的金属剥离使螺栓承受较大的剪切力，引起剪切疲劳断裂所造成的，故断口平整。为避免上述所列举平面与螺栓孔轴线不垂直情况的产生，一方面应保证制造的精度，另一方面在修整由拆装所引起的螺栓支承面的损伤时，一定要按照要求，保证该平面与螺栓孔轴线的垂直度。

子任务 2-2-1-3　曲轴组

一、曲轴组的作用和工作特点

曲轴组是柴油机的主要部件之一，活塞的往复运动经连杆转换为曲轴的旋转运动，输出柴油机的全部功率并驱动柴油机辅助系统。

曲轴的受力复杂，对强度、刚度、耐磨性以及加工精度和轴颈的表面粗糙度要求都很高。曲轴的价格昂贵，其成品费约占柴油机总费用的 20%。为使曲轴可靠工作，需要进行精心设计和计算，并在制作和检修中严格控制质量，以保证曲轴成品符合设计图纸和有关技术条件的要求，同时还要在运用中及早发现和处理可能危及曲轴的故障，以避免其受到损坏。

曲轴承受活塞和连杆所传递的气体压力、活塞和连杆的往复惯性力及回转惯性力。由于16V280ZJ 型柴油机的缸径大、气体爆发压力高，这些力在曲轴上产生很大的弯矩和扭矩。而且，这些力和力矩的大小是周期性变化的，因而所产生的弯矩和扭矩是一种交变负荷。交变的弯矩使曲轴产生轴向振动，交变的扭矩使曲轴产生扭转振动。交变负荷及其在曲轴上所产生的振动，在曲轴上形成很高的交变弯曲应力和扭转应力。

曲轴上设有润滑油道和油孔，以润滑曲轴主轴承和连杆轴承，并作为润滑油通往柴油机其他部位的通道。油道和油孔的存在，不同程度地削弱了曲轴的强度和增加了曲轴的应力集中。

曲轴主轴颈轴线及机体主轴孔轴线的同轴度误差、轴颈和轴承孔的偏磨以及机体主轴承孔座的刚度不足等因素，均会增加曲轴的弯曲应力。

曲柄臂与主轴颈和连杆颈连接处的过渡圆角以及轴颈上的油孔周围是应力集中区域，是曲轴的高应力区。曲轴上由交变应力所引起的疲劳裂纹，往往首先出现在这些区域。

综上所述，曲轴承受高且复杂的负荷，但其尺寸又受到柴油机总体尺寸及质量的限制。为此，需要精心设计确定曲轴各部分的尺寸和结构，选用合适的材料，采取提高曲轴疲劳强度的必要措施和经济合理的形位公差，以满足对曲轴的强度要求。

曲轴的主轴颈和连杆颈表面处于高压比和变转速的摩擦副之中，需要采取提高轴颈表面耐磨性的措施，以便提高曲轴的使用寿命。

二、曲轴组的构成

曲轴组由曲轴、平衡块、平衡块螺钉、定位销和油封等组成（见图 2-2-3）。曲轴组总重 2 520 kg，曲轴全长 4 314 mm。

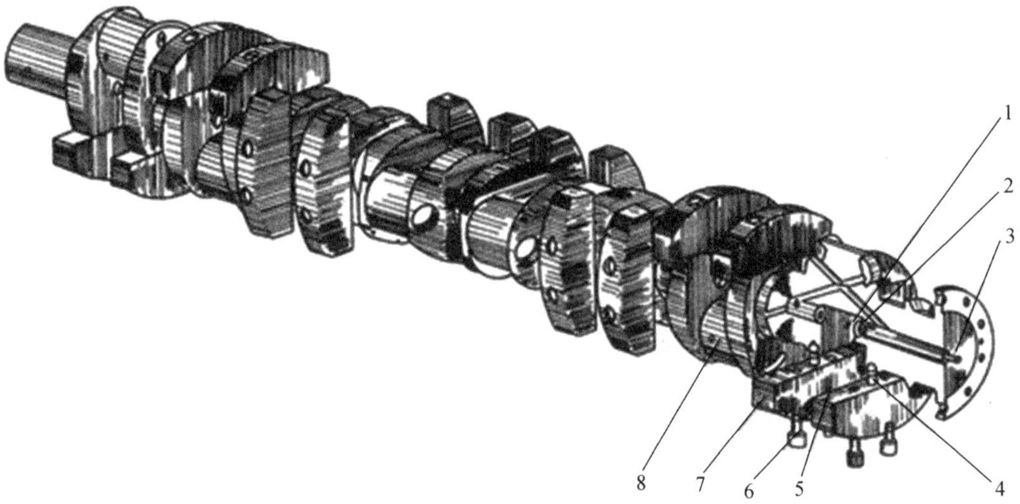

1—螺母；2—主轴颈油封；3—拉紧螺栓；4—定位销；5—弹性圆柱销；
6—平衡块螺钉；7—平衡块；8—曲轴。

图 2-2-3　曲轴组

曲轴由 8 个曲柄、自由端轴段和输出端轴段组成，采用全支承形式。曲轴以 9 个主轴颈支承于机体的主轴承内。每个连杆颈与 V 形机体里左右两个气缸的活塞连杆组连接。曲轴自由端的轴颈上装有曲轴齿轮和卷簧减振器。曲轴经曲轴齿轮驱动齿轮传动装置的各个齿轮，从而带动配气机构、喷油泵、调控传动装置、C 型联合调节器、水泵和机油泵等部件工作。曲轴输出端的法兰与联轴节连接，输出柴油机的功率。

16 个由碳钢制成的平衡块安装于曲轴的 16 个曲柄臂上，与曲柄臂用 2 根平衡块螺钉紧固，并由穿过平衡块和平衡块螺钉头部的弹性销防松，用 2 个定位销定位。中部的一个定位销 4 除作定位外，还用于承受柴油机变速时平衡块的切向惯性力；另一个定位销 5 为弹性销，作定位用。

头部为圆柱内六角的平衡块螺钉由合金钢制造，表面镀铜，起防松和防锈作用。

具有锥面的钢质油封用来密封曲轴各挡主轴颈内孔的两端，并用一根穿过油封的螺栓将油封与曲轴紧固。螺栓头部及螺母与油封的贴合面间用铜垫圈密封。螺栓与螺母用开口销防松。但是，曲轴输出端轴头上的油封相对于两种联轴节有不同的结构：当采用大圆薄板联轴节时，此处油封与其他油封的结构一样，油封起密封作用；当采用弹性联轴节时，该钢质油封的锥面上开有 3 条油沟，机油从主轴颈内孔经此 3 条油沟进入弹性联轴节。

三、曲柄排列和发火顺序

曲轴的 8 个曲柄在轴向成镜面对称，从曲轴自由端观看，曲柄排列如图 2-2-4 所示。在平衡块质量相同情况下，与其他曲柄排列方式相比，这种曲柄排列使柴油机具有最小的内力矩和轴承负荷。

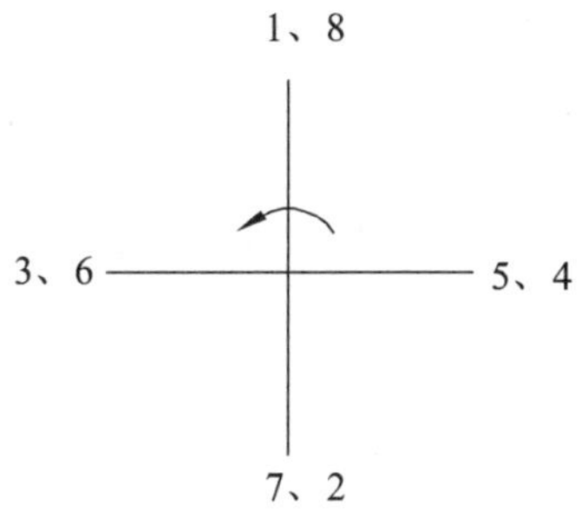

图 2-2-4　曲柄端图

一种曲柄排列方式，对于一列气缸可以有 8 种发火顺序。兼顾轴承负荷、增压系统配套和柴油机轴系扭转振动等的要求，选用 1—5—7—3—8—4—2—6 的发火顺序。综合考虑对轴承负荷、轴承油膜厚度和扭转振动的影响，V 形两列气缸采用交错发火方式，故柴油机的发火顺序如图 2-2-5 所示。

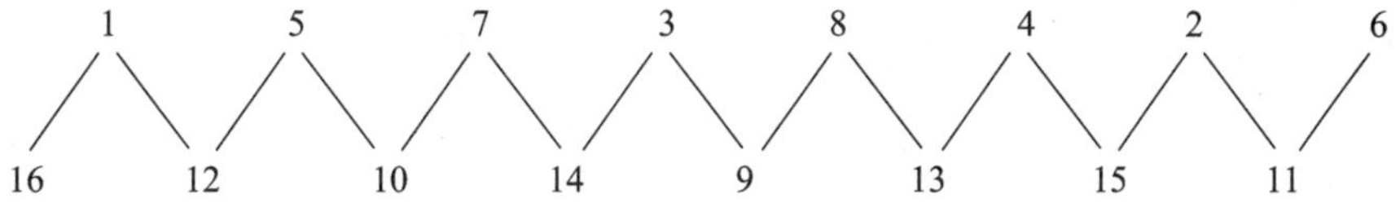

图 2-2-5　柴油机的发火顺序

四、曲轴各部结构

（一）曲　柄

曲柄由主轴颈、连杆颈和曲柄臂构成。主轴颈直径 D_1 为 ϕ230 mm，连杆颈直径 D_2 为 ϕ210 mm，主轴颈中心与连杆颈中心的距离称为曲柄回转半径 R，为 142.5 mm，重叠度 S 为 77.5 mm。柴油机曲轴以较大的轴颈和重叠度及合适的轴颈长度，获得必要的弯曲刚度、扭转刚度、足够的强度和承压面积以及良好的润滑。连杆颈与曲柄臂的连接处采用外圆角，便于加工并获得较小的粗糙度，以增加曲轴的疲劳强度。内圆角沉入主轴颈并凹入曲柄臂，可以在主轴颈限定长度下增加轴颈的配合长度，降低主轴承压比，以增加主轴瓦的承载能力。曲柄臂为椭圆形，能充分利用材料，也有利于曲轴的挤压加工。曲柄臂的厚度，除靠输出端的一个曲柄臂外，其余曲柄臂都是一样的。曲柄臂在连杆颈一端有一个削角，并开有一个减重孔，以减小质量和离心惯性力；曲柄臂在主轴颈一端是一个平行于曲轴轴线的平面，用于安装平衡块，该平面设有 2 个定位销孔和 2 个安装平衡块螺钉的螺孔。

（二）曲轴两端轴段

曲轴自由端轴段设有一段锥面，用于安装曲轴齿轮和卷簧减振器。曲轴输出端轴段上有一整体法兰。法兰外圆上相对于第一缸上止点位置刻有一条纵向刻线，安装联轴节时，使联轴节刻度盘上的通长刻线与此刻线相对。法兰外端有定位凸肩，用于与联轴节的配合。输出法兰由 10 个合金钢螺栓与联轴节连接。曲轴的止推面设在靠输出端的主轴颈两侧。在止推轴颈与输出法兰之间有一段 ϕ230 mm 的轴颈，该轴颈中部设有一个小凸缘，这段轴颈与机体后油封相配合，用于密封从输出端主轴颈流出的机油。

（三）曲轴润滑油道

主轴颈设有中心内孔。孔的两端加工出锥面，与钢质油封的锥面配合，以实现密封。主轴颈上设有 2 个对开的油孔与内孔相通，该对开直油孔与包含主轴颈轴线和连杆颈轴线的曲柄平面垂直，孔口处于轴承低负荷区。机油从机体主油道经主轴瓦上瓦油槽进入主轴承间隙和主轴颈的对开油孔，并由此进入主轴颈内孔。

每一曲柄有 2 个斜油孔，它们在连杆颈内相交。每个孔的一端开在曲柄臂的减重孔底部，并用螺堵密封。孔的另一端与主轴颈内孔连通。在连杆颈内，2 个斜油孔分别与连杆颈上的 2 个对开油孔相通。机油从主轴颈油道经曲柄臂上的斜油孔和连杆颈上的对开油孔，进入连杆轴承间隙，并经连杆下瓦的油槽及孔进入连杆油路，去润滑和冷却活塞。连杆颈上的对开直油孔垂直于曲柄平面，处于连杆颈弯曲的中性层，因此不削弱连杆颈的弯曲强度。而且，油孔的孔口处于轴承低负荷区域，避免油孔对轴承负荷的不利影响。

在自由端轴颈锥面上有一个油孔与主轴颈油道相通，把机油引入卷簧减振器。

五、曲轴材料与热处理

曲轴采用合金钢材料，有高的综合机械性能。曲轴钢材经锻打成棒料，将棒料加工出作为主轴颈和连杆颈的毛坯轴段及相当于曲柄臂体积的轴段。经超声波探伤剔除不合格品后，进行全纤维挤压。全纤维挤压的曲轴具有比一般锻造曲轴高的疲劳强度。曲轴毛坯经粗加工后进行调质处理，以获得所要求的机械性能。轴颈精磨后进行气体氮化处理。合金钢具有良好的氮化性能，故经氮化的曲轴，其轴颈的氮化层厚且表面硬度高。运用表明，经过一个大修期的曲轴，其主轴颈和连杆颈的磨损量很小，不必磨修仍可继续使用。氮化曲轴，不仅轴颈耐磨，而且经氮化的轴颈圆角表面形成压应力，大大提高了曲轴的疲劳强度。

六、检修的主要技术要求及损伤的分析与处理

（1）曲轴各部位尺寸公差及限度如表 2-2-3 所示。

表 2-2-3　曲轴各部位尺寸公差及限度

名　称	原形/mm	限度/mm	
		中修	禁用
主轴颈直径	$\phi230_{-0.029}^{0}$	$\phi230_{-0.08}^{0}$	
主轴颈圆柱度	0.007	0.04	0.06
连杆颈直径	$\phi210_{-0.029}^{0}$	$\phi210_{-0.08}^{0}$	

续表

名称		原形/mm	限度/mm	
			中修	禁用
连杆颈圆柱度		0.007	0.04	0.06
各轴颈相对公共轴线径向跳动	全长	0.08	0.18	
	相邻	0.03	0.05	
曲轴主轴径轴承径向间隙		选配间隙 0.24～0.32	0.35	0.35
曲轴连杆径轴承径向间隙		选配间隙 0.20～0.28	0.31	0.31
曲轴轴向间隙		0.22～0.38	0.45	0.50

（2）曲轴经探伤不得有裂纹。轴颈及其过渡圆角表面、止推面不许有烧伤和拉伤。轻微拉伤可打磨消除。

对于曲轴的损伤做如下分析：

轴颈的拉伤主要是由残存于油道的型砂、铁屑或其他杂质被机油带入轴承间隙，破坏了摩擦面的油膜所引起的。

轴颈的裂纹通常产生于圆角处，而且是在连杆颈圆角上处于连杆颈圆角与主轴颈圆角之间距离最近的部位，该处是曲轴的最高应力区域。该裂纹大都属于疲劳裂纹，其产生的原因有：个别主轴瓦的过度磨损或烧瓦形成相邻轴瓦过大的阶梯度；曲轴主轴颈同轴度偏差过大；各主轴瓦的轴承间隙大小差别太大等。上述因素使曲轴的受力极大恶化，造成其薄弱部位裂纹的产生。有时裂纹是由水锤引起的，而且往往会造成断轴。此时，由于曲轴受到急剧增加的过大负荷的作用，因此材料来不及变形便形成了脆性断裂，断口都在上述薄弱部位。

自由端轴段锥面的拉伤是由于曲轴齿轮和卷簧减振器装配或拆卸时操作不当所致的。若拉伤的沟痕深而宽，并且在轴向超出了与曲轴齿轮或卷簧减振器主动圈的配合位置，会由于压装时工作油从该拉伤沟痕中泄漏，无法达到所需的压装油压，从而造成压装失败。在这种情况下，须磨修该段曲轴锥面并单配上述两个部件。若非上述拉伤状态，可将拉伤处打磨光整即可。

输出端对应于机体后油封处的轴颈拉伤是由于后油封的配合间隙不符合规定造成的。若拉痕深而宽，影响密封，须经磨修并单配后油封。除上述情况外的拉痕，须打磨光整方可使用。

（3）主轴颈跳动的测量方法按如下规定：将 1、5、9 主轴颈置于 V 形支承上，前后两个支承固定，中间支承浮动，水平方向测量主轴颈的跳动。

（4）曲轴组须进行动平衡，允许的不平衡量为 2 400 g · cm。

（5）平衡块螺钉，须经探伤，不得有裂纹，表面镀铜，镀层厚 0. 005～0. 008 mm。

任务 2-2-1-4　卷簧减振器与联轴节

一、卷簧减振器

（一）减振器的作用

柴油机轴系扭转振动会在曲轴和传动轴上产生扭振附加应力。若该应力过大，将使曲轴和传动轴断裂。柴油机传动齿轮处过大的扭振振幅，会产生齿轮敲击、齿面剥离和断齿等现象，还会使由齿轮传动的联合调节器游动、凸轮轴的配气和供油定时产生偏差，造成柴油机转速不稳定和工作恶化。在柴油机-发电机组中，电机转子的扭振振幅超过一定的电角度值时，会使电机工作不稳定。由此可见，柴油机轴系的扭转振动对柴油机的正常运用有着重要的影响。对于缸径较大、强化程度高的 16V280ZJ 型柴油机，在柴油机曲轴扭转振幅最大的自由端安装扭转减振器是很必要的。

卷簧减振器属于阻尼弹性减振器，通过调整减振器的转动惯量和刚度来改变轴系的自振频率，以求减弱简谐力矩对轴系的作用，与减振器的阻尼一道起着降低扭振振幅和应力的作用。与其他形式的减振器相比，在同样的刚度下，卷簧减振器外径较小，结构比较紧凑。

（二）卷簧减振器的结构

卷簧减振器装在曲轴自由端的曲轴齿轮外侧，主要由主动圈、被动圈、簧片组、限制块、盖板和甩油盘等组成，如图 2-2-6 所示。

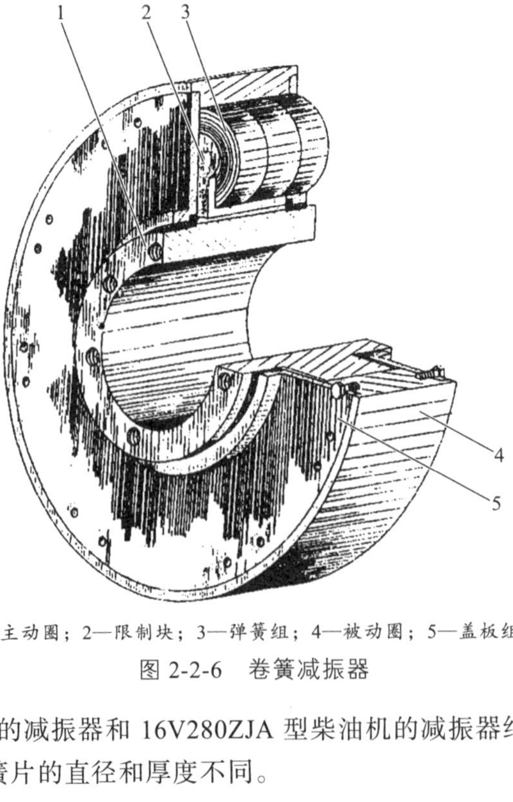

1—主动圈；2—限制块；3—弹簧组；4—被动圈；5—盖板组。

图 2-2-6　卷簧减振器

16V280ZJ 型柴油机的减振器和 16V280ZJA 型柴油机的减振器结构相似，只是减振器的大小、簧片组的数量、簧片的直径和厚度不同。

如图 2-2-6 所示，主动圈 1 中部外圈柱以动配合装入被动圈 4 内孔，沿主动圈和被动圈配合的圆周上均布 8 个孔，并在各孔的主动圈上加工出安装限制块的直槽。每个孔装一个限制块 2，并沿轴向叠放 3 个簧片组 3 同主动圈与被动圈配合圆柱的两端齐平，并用盖板 5 密封。主动圈中部配合圆柱两旁的圆柱面作为盖板内孔的支承。盖板的内孔镶有铜套，铜套内孔与主动圈侧面的轴颈作动配合。盖板的外圆以被动圈上的止口定位，并用 16 个螺钉将其紧固在被动圈的侧面。在主动圈与曲轴相配的安装孔的一端头加工出一段直孔，作为在机车上安装橡胶弹性联轴节主动件之用。在该侧还加工出一个小凸肩，作为甩油盘内孔的定位。在此侧的端面上有 8 个螺孔，用螺栓分别连接甩油盘和机车上的橡胶弹性联轴节。主动圈内孔以 1∶50 的锥度与曲轴自由端安装轴颈过盈配合，内孔中部设有环形槽，其轴向位置与曲轴上的油孔相对应。机油由此经主动圈上的钻孔去润滑各簧片组，再流入主动圈和被动圈两侧与盖板的间隙中，最后由盖板内孔与主动圈两侧轴颈之间的间隙流出减振器。机油充满簧片组各簧片之间的间隙及主动圈和被动圈两侧的间隙，产生阻尼。

（三）检修主要技术要求

（1）簧片须经探伤，不得有裂纹。

（2）盖板铜套内孔为 $\phi\ 275^{+0.052}_{0}$，主动圈轴颈为 $\phi\ 275^{-0.110}_{-0.191}$。

（3）主动圈与被动圈成组配套，不得单个更换。

（4）每一簧片组的内簧片开口处写有簧片组的弹力，每个簧片均写有制造年份和组号，同一编号的簧片组成一个簧片组，不可混装。

（5）减振器组装时，对簧片组的弹力要求：同一台减振器的所有簧片组弹力允差为 196 N，相对的两孔内各个簧片组弹力允差为 98 N。

二、联轴节

联轴节用于连接柴油机曲轴和同步主发电机转子轴，因此它必须满足如下要求：能传递柴油机的最大输出扭矩，并能在最高转速下可靠工作；能补偿两轴的不同轴度；用于机车柴油机-发电机组的联轴节，其尺寸有严格的限制，故其直径和轴向尺寸应在规定范围之内；对于弹性联轴节，还应具有减小轴系扭转振动的特性等。16V280 型柴油机采用两种形式的联轴节，其中 16V280ZJ 型柴油机装用盖斯林格弹性联轴节，而 16V280ZJA 型柴油机装用大圆薄板联轴节。

（一）盖斯林格弹性联轴节

BC72/10/85 盖斯林格弹性联轴节是四川齿轮箱厂为 16V280ZJ 型柴油机配制的，能传递该机的最大输出扭矩，并满足柴油机-发电机组扭振性能的要求。

1. 联轴节的结构

联轴节主要由花键轴、簧片组、中间块、中间圈、紧固圈、侧板、法兰板、轴承、盖板、密封圈座、螺栓和 O 形橡胶圈等组成，如图 2-2-7 所示。

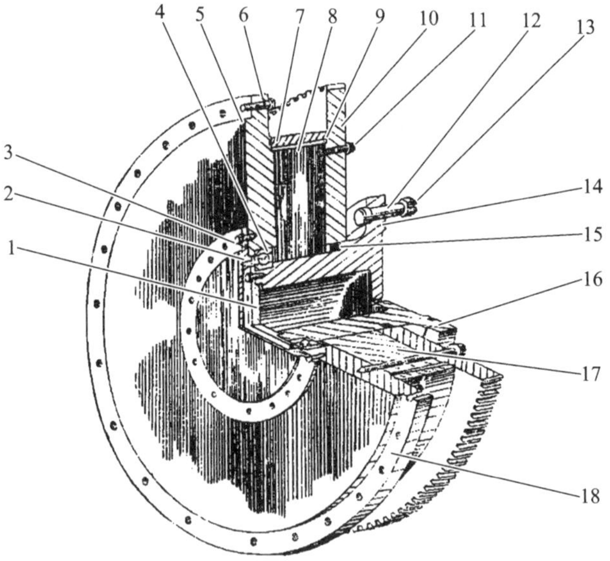

1—密封圈座；2—盖板；3，9，14，15—O 形橡胶圈；4—滚动轴承；5—簧片组；
6，12—螺栓；7—紧固圈；8—中间圈；10—侧板；11—放气螺堵；
13—螺母；16—花键轴；17—中间块；18—法兰。

图 2-2-7 BC72/10/85 盖斯林格弹性联轴节

花键轴 16 为联轴节传动的主动部分，其余零件组成圆盘为被动部分。花键轴法兰与曲轴法兰用 10 个螺栓 12 和螺母 13 紧固。圆盘的法兰 18 与同步主发电机转子轴端面用 24 个螺栓 6 紧固。上述连接面均设有凸缘定位，花键轴与圆盘之间由花键槽和簧片传动。

柴油机工作时，机油从曲轴油封的油槽经花键轴法兰端油孔进入花键轴内孔，再经花键轴上的 6 个钻孔流向各组簧片 5 的间隙。当曲轴中机油压力下降或停机时，联轴节的部分机油会流向曲轴的中空油道。

花键轴法兰端面的环形槽装有 O 形橡胶圈 14，用于与曲轴法兰端面间的密封，以防止机油由此泄漏。花键轴法兰外圆面上刻有表示曲轴转角的刻线和角度值。其轴上的环形槽装有 O 形橡胶圈 15，与圆盘的侧板 10 内孔相配，防止圆盘内的机油沿轴面各处泄漏。它的尾端装有密封圈座 1，用于封闭花键轴内孔并作为轴承 4 的轴向止挡。

圆盘芯部装有 12 个簧片组 5 和 12 个中间块 17，外圆用中间圈 8 和紧固圈 7 箍紧，芯部两侧装有侧板 10 和法兰板 18，用 12 个螺栓将上述两板与圆盘芯部紧固。侧板和法兰板与紧固圈端面用 O 形橡胶圈 9 密封，以防止机油从芯部侧面泄漏。圆盘的法兰板内孔经滚动轴承 4 支承在花键轴的尾部，以承受联轴节和同步主发电机转子的部分质量。法兰内孔端面装有盖板 2，并以 O 形橡胶圈 3 密封，防止机油从圆盘后端泄漏。侧板外圆加工出齿轮，作为柴油机盘车之用。侧板端面上还设有联轴节充油时的放气堵 11。

2. 检修主要技术要求

（1）许用传动扭矩为 48.4 kN · m。

（2）使用一个中修期后的联轴节，应拆出花键轴，更换图 2-2-7 中所示的三种 O 形橡胶圈。

（3）与曲轴及牵引发电机连接的紧固螺栓须经探伤，不得有裂纹。螺栓的材料和机械性能有明确要求，故不得随意代换。与曲轴连接处，螺母拧紧力矩为 1 569 N · m，与牵引发电机轴连接处螺栓拧紧力矩为 314 N · m。

（4）主簧片的磨损量不得大于 1.9 mm，花键槽侧面磨损量不得大于 0.5 m。

（5）组装时，碟形垫圈的上下两面及与其贴合的螺栓端面应涂以厌氧性密封胶。

（6）组装后进行油压试验，油压 0.78 MPa，历时 30 min 不允许泄漏。之后应拧开侧板上的放气堵，排除联轴节内的试验用油。

（二）大圆薄板联轴节

在 DF_8 型机车用柴油机上大量装用盖斯林格联轴节的同时，还设计装用了一种“大圆薄板”联轴节。这种大圆薄板联轴节属于刚性联轴节，具有结构简单、质量小、制造成本低、维修方便的特点。它能传递 16V280 型柴油机的最大输出功率。与弹性联轴节相比，它不能改善柴油机的扭振性能，故须设计与之相匹配的卷簧减振器，使轴系扭振性能参数仍在许可范围之内。另外，它对两个连接轴的同轴度要求比弹性联轴节要高。

大圆薄板联轴节的应用，除了其结构和强度满足运用条件外，还应考虑它对轴系扭振性能的影响，可通过扭振计算和设计新的卷簧减振器来解决。装用该联轴节和新设计的卷簧减振器的柴油机-发电机组经台架扭振测量，轴系的扭振性能在 16V280 型柴油机各种运用工况下都能符合要求。这种装用大圆薄板联轴节的柴油机-发电机组经过在 DF_8 型机车上的运用试验表明，柴油机工作稳定，没有出现由此产生零件损坏等不良后果，联轴节本身经探伤无裂纹。在上述运用经验的基础上，大圆薄板联轴节便开始用于运用功率更高的 16V280ZJA 型柴油机，分别装于 DF_9 和 DF_{11} 机车上。

大圆薄板联轴节由大圆薄板、过渡盘和螺栓等组成，如图 2-2-8 所示。

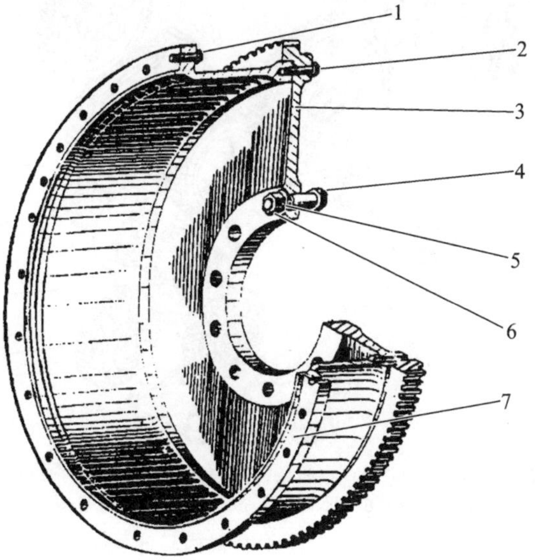

1，2—螺栓；3—大圆薄板；4—曲轴连接螺栓；5—垫圈；6—螺母；7—过渡盘。

图 2-2-8　大圆薄板联轴节

大圆薄板 3 的法兰平面与曲轴输出法兰以 10 个螺栓 4 和螺母 6 紧固，拧紧力矩为

1 569 N·m。大圆薄板的外圆平面与过渡盘 7 的一端以 24 个螺栓 2 紧固，过渡盘的另一端法兰与同步主发电机转子轴端面以 24 个螺栓 1 紧固。这 48 个螺栓是同一个品种，而且螺栓的拧紧力矩均为 314 N·m。上述各个连接面均设有凸缘定位。大圆薄板的外圆面上打印有表示曲轴转角的刻线和角度值，并在其外缘加工出轮齿，作为柴油机盘车之用。大圆薄板由合金钢制造，具有较高的韧性，整个圆板都做得比较薄，而且其厚度从内圆向外圆逐渐减少，故轴向弹性较好。

大圆薄板、过渡盘和螺栓均须探伤，不得有裂纹。联轴节上的螺栓、螺母和垫圈在材料和机械性能方面均有明确的要求，不得随意代换。

子任务 2-2-1-5　齿轮传动装置与盘车机构

一、齿轮传动装置

（一）齿轮传动装置的布置和功用

齿轮传动装置的齿轮布置见图 2-2-9，均为直齿轮，模数 7。曲轴的旋转通过装在曲轴上的曲轴齿轮经左、右侧的配气大、小惰轮分别传动两个凸轮轴齿轮，经配气大惰轮传动水泵齿轮，经机油泵惰轮带动机油泵传动齿轮。两个水泵齿轮分别装在高温水泵和中冷水泵上。齿轮传动装置的各部分结构见图 2-2-10 ~ 图 2-2-17。

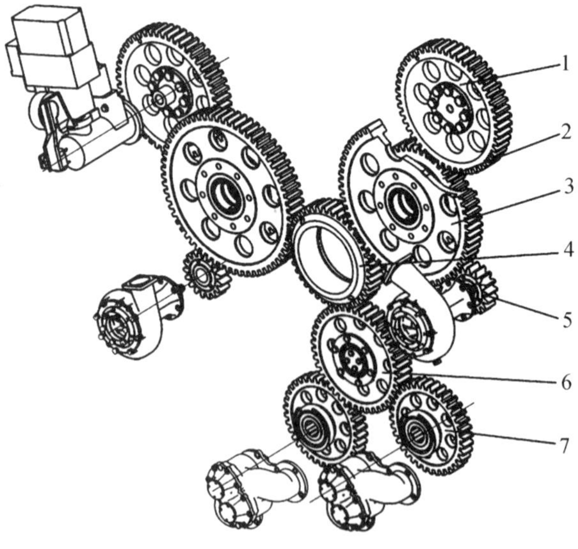

1—凸轮轴齿轮；2—配气小惰轮；3—配气大惰轮；4—曲轴齿轮；
5—水泵齿轮；6—机油泵惰轮；7—机油泵传动齿轮。

图 2-2-9　传动装置齿轮布置

（二）齿轮传动装置的各部结构

全部齿轮采用直齿，以避免由此产生的轴向力，便于简化轴承结构。所有齿轮均有同样的模数、齿形角和齿轮精度等级，均采用合金钢制造，齿面经氮化处理。

1. 曲轴齿轮

曲轴齿轮的结构如图 2-2-10 所示。

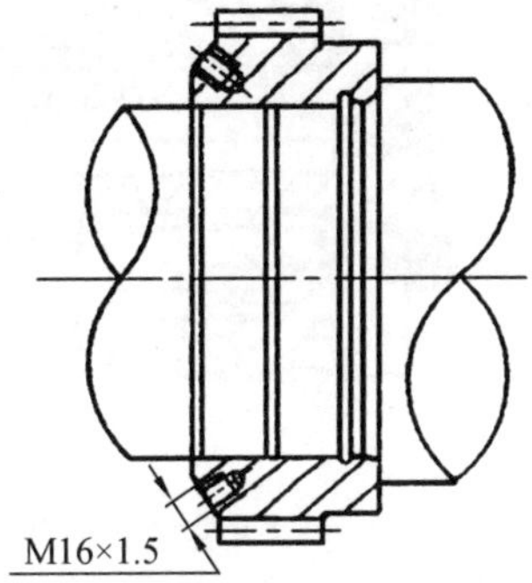

图 2-2-10　曲轴齿轮

曲轴齿轮的内孔以 1∶50 锥度与曲轴自由端轴段上的安装颈过盈配合。轮毂上设斜油孔和 M16×1.5 的螺孔，内孔的环形槽与斜孔相接。装、拆齿轮时，高压油经斜油孔和环形槽进入齿轮内孔与曲轴之间的间隙扩张内孔，使齿轮压入或退出曲轴时不损伤配合面。内孔的内侧铣出一段轴向直槽，其与曲轴上的定位销相配，用于确定曲轴齿轮与凸轮轴齿轮的装配关系。

2. 凸轮轴齿轮的装配结构

凸轮轴齿轮与花键套的组成结构如图 2-2-11 所示。

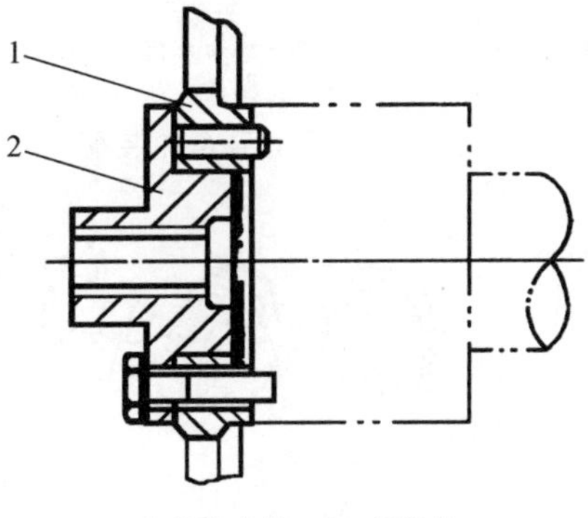

1—凸轮轴齿轮；2—花键套。

图 2-2-11　凸轮轴齿轮与花键套的组成

凸轮轴齿轮的内孔分别与凸轮轴端面的凸肩和内孔上设有花键槽的花键套相配合。此花键槽与调控传动总成的传动轴花键相连接，用以传动调速器、超速停车装置和柴油机转速表。用 8 个螺栓将花键套和齿轮与凸轮轴端面相连接，并以 2 个定位销与凸轮轴定位，用于确定凸轮轴齿轮与曲轴齿轮间的装配关系。齿轮轮毂端面沿圆周均布 8 个腰形孔，它使紧固螺栓与孔之间有较多的回转间隙，以便于调整凸轮轴与凸轮轴齿轮的相对位置，满足凸轮相位的要求。

3. 配气惰轮的装配结构

配气惰轮与配气惰轮轴及两者间的轴承组成结构如图 2-2-12 ~ 图 2-2-14 所示。

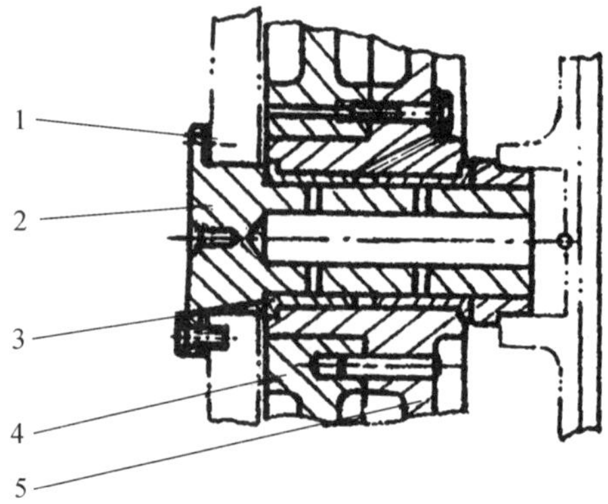

1—调整垫片；2—配气惰轮轴；3—轴承；4—配气大惰轮； 5—配气小惰轮。

图 2-2-12 配气惰轮装配

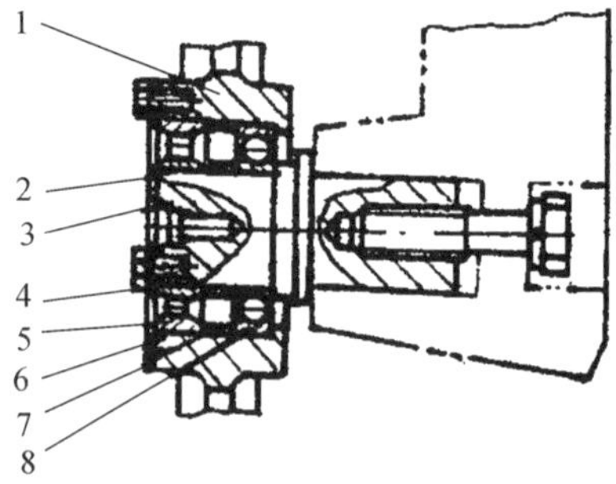

1—机油泵惰轮；2—内隔圈；3—机油泵惰轮轴；4—内压板；
5，8—滚动轴承；6—外压板；7—外隔圈。

图 2-2-13 机油泵惰轮装配

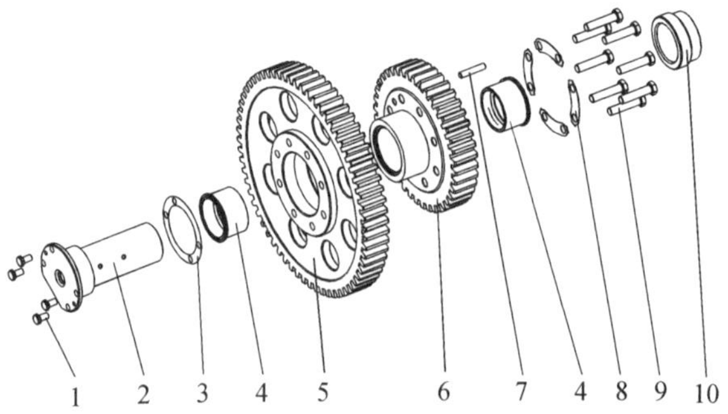

1，9—螺栓；2—配气惰轮轴；3—调整垫片；4—轴承；5—配气大惰轮；6—配气小惰轮；
7—定位销；8—防松垫片；10—装于机体上的衬套。

图 2-2-14 配气惰轮装配（三维图）

配气大惰轮内孔与配气小惰轮轮毂外圆以过盈 0.02 ~ 0.04 mm 相配合，两者的轮毂端面相贴合，以 8 个 M16 × 1.5 螺栓紧固，其扭紧力矩为 176.5 N · m，并用 1 个定位销定位。配气大惰轮的轮毂上设有一个斜孔，其孔口为 M16 × 1.5 螺孔。配气大惰轮内孔的环形槽与斜孔相接。装拆时，将油管接头拧入 M16 × 1.5 螺孔，高压油经斜孔和环形槽进入配合面间隙使内孔扩张，以便于大、小惰轮间的装拆。带有凸肩的铜套从配气小惰轮的两端压入其内孔，两者间的过盈量为 0.04 ~ 0.07 mm，以铜套的凸肩作为齿轮的轴向定位。

配气惰轮轴的两端分别以机体端板孔和机体齿轮箱内侧的衬套孔为支承。该衬套过盈压入机体轴承孔内。轴的中部与齿轮铜套内孔滑动配合，其径向间隙为 0.08 ~ 0.12 mm，用 4 个螺栓把轴外端凸肩固定于机体端面，并用装于端面的调整垫来调整配气惰轮轴与配气惰轮轴承的轴向间隙，其值为 0.2 ~ 0.4 mm。

机油从机体齿轮箱内侧轴承孔经惰轮轴尾端进入轴的内孔，再经 2 个径向油孔分别进入两个铜套内孔的环形槽。铜套内孔有两个轴向油槽与环形槽相通，将机油分布于整个配合面起润滑作用。机油一方面润滑铜套止推面并经端面上的两条油槽流出；另一方面从铜套内侧流入两铜套间的空间，经配气小惰轮上的斜孔流出齿轮，同时带走轴承工作时产生的热量。

4. 机油泵惰轮的装配结构

机油泵惰轮与机油泵惰轮轴及二者间的滚动轴承、内外圆隔圈以及内外压板等的组成结构如图 2-2-15 所示。

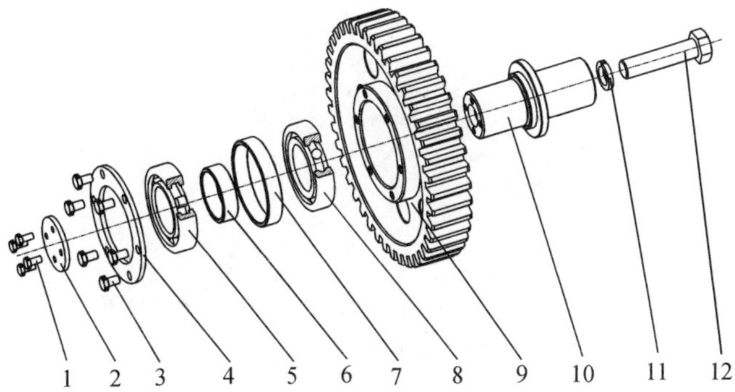

1，3，12—螺栓；2—内压板；4—外压板；5，8—滚动轴承；6—内隔圈；7—外隔圈；9—机油泵惰轮；10—机油泵惰轮轴；11—弹簧垫圈。

图 2-2-15　机油泵惰轮装配（三维图）

机油泵惰轮通过两个滚动轴承支承在机油泵惰轮轴上，靠外侧的为圆柱滚子轴承，靠内侧的为球轴承。滚动轴承外围的轴向止推以齿轮孔内侧的止口、两个轴承之间的外隔圈和用螺栓与齿轮外端面紧固的外压板及轴承外圈的端面贴靠来实现。滚动轴承内圈的轴向止推以轴的中部凸肩、两个轴承之间的内圆隔圈和用螺栓与轴端面紧固的内压板及轴承内圈的端面贴靠来实现。

机油泵惰轮轴的后部支承于机体第一轴承盖下部的孔内，轴的中部凸肩贴靠该孔的端面，依靠与轴尾部螺孔连接的螺栓将轴与轴承盖紧固连接。

滚动轴承依靠机体齿轮箱内的机油飞溅润滑。

5. 机油泵传动齿轮的装配结构

机油泵传动齿轮与空心轴、轴套和滚动轴承等的组成结构如图 2-2-16 和图 2-2-17 所示。

机油泵传动齿轮的内孔与轴以花键连接，轴的两端由滚动轴承支承。两个滚动轴承分别置于油底壳齿轮箱的两个轴承孔里。由轴中部的齿轮两侧压入的轴套、油底壳内侧轴承孔底部和油底壳外侧孔内的挡圈等与滚动轴承的端面贴靠，起轴承的轴向定位作用。轴内孔的一段花键槽与机油泵上的花键轴相连接，用以带动机油泵工作。

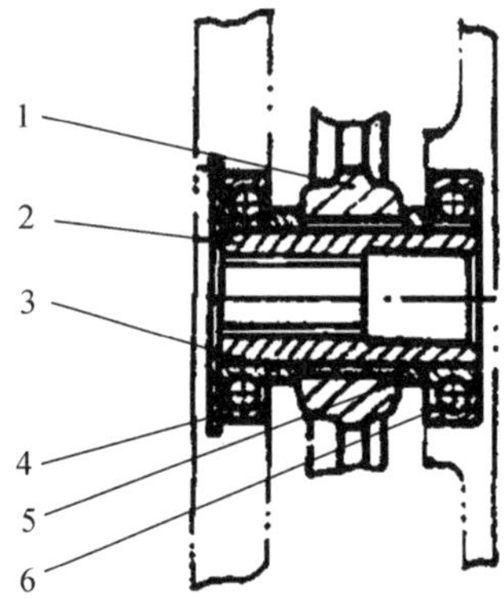

1—机油泵传动齿轮；2—空心轴；3—镶套；4—挡圈；5—隔套；6—滚动轴承。

图 2-2-16　机油泵传动齿轮的装配结构图

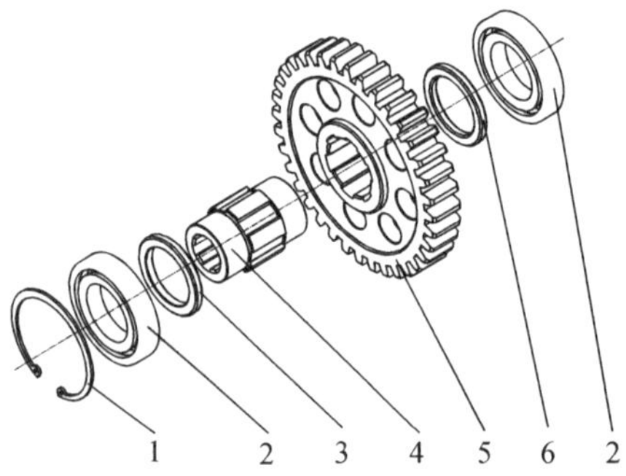

1—挡圈；2—滚动轴承；3—镶套；4—空心轴；5—机油泵传动齿轮；6—隔套。

图 2-2-17　机油泵传动齿轮装配（三维图）

滚动轴承依靠油底壳齿轮箱里的机油飞溅润滑。

齿轮内孔与轴之间曾采用单个平键连接，由于键与键槽配合面的过快磨损，使二者间的间隙过大，导致键被切断使连接失效，出现机油泵停止工作的严重故障。故此种结构后来被上述花键连接的结构所代替。

（三）检修主要技术要求

（1）各齿轮和轴均须探伤，不得有裂纹。

（2）主要公差及限度见表 2-2-4。

表 2-2-4　齿轮传动装置主要公差及限度

名　称	原形/mm	限度/mm	
		中修	禁用
曲轴齿轮与机油泵惰轮啮合间隙	0.08～0.30	0.60	0.70
其他传动齿啮合间隙	0.15～0.40	0.70	0.80
配气惰轮轴与轴承径向间隙	0.090～0.133	0.20	
配气惰轮轴与轴承轴向间隙	0.20～0.40	0.20～0.40	
配气大惰轮与配气小惰轮选配过盈	0.02～0.04	0.02～0.04	
配气小惰轮与轴承选配过盈	0.04～0.07	0.04～0.07	
衬套与机体过盈	0.016～0.073	0.016～0.073	

（3）铜套内孔和轴颈表面的轻微拉伤应打磨消除。

（4）不允许有超过齿面 10%的磨蚀和 5%的剥离。

（5）滚动轴承内外安装面的轻度拉伤和锈蚀允许修整。滚道、滚珠（滚柱）不得有明显的拉伤、凹坑、过热变色，保持架不得折损和严重磨损。

二、盘车机构

1. 作　用

盘车机构属于手动盘车形式，用于柴油机组装、调整时带动联轴节上的齿轮，使曲轴缓慢转动。柴油机运转时，则必须脱开其传动位置。盘车机构的结构见图 2-2-18。

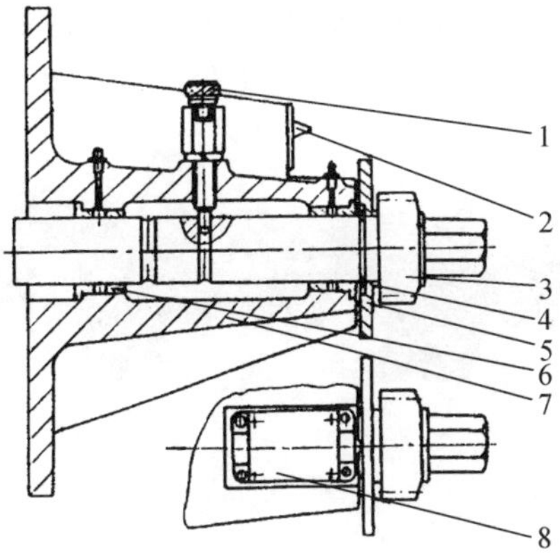

1—限位机构；2—指针；3—齿轮轴；4—挡圈；5—挡板；
6—衬套；7—轴承座；8—行程开关。

图 2-2-18　盘车机构

2. 使　用

当柴油机需盘车时，应先将限位机构顶部的手把提起，将轴往外拉出 10 mm 左右，在往外拉时，限位机构的销子就落入轴的一个槽中（远离齿轮端的槽），此槽可避免盘车时齿轮轴的窜动，此时齿轮处于与大圆薄板联轴节上的大齿圈啮合，即可盘车。

完成盘车后，将轴推至图视位，此时，限位机构的销子落入轴上的另一个槽中（靠近齿轮端的槽），须转动轴，直至销子落入槽中销孔位，轴再不能转动为止。在此位，行程开关的触头压着挡板，并有 2 ~ 3 mm 的压缩量，此时行程开关使控制电路接通，让启动电机得电，可启动柴油机。当挡板与行程开关脱开时，控制电路断开，使启动电机失电而无法启动柴油机，避免在盘车位启动柴油机发生事故。

3. 维　修

（1）盘车机构各零件不许有裂纹。抽出齿轮轴，用煤油刷洗轴承座内孔和齿轮轴。轴承和轴上的拉伤，可手工打磨消除。装配后齿轮轴应转动灵活。

（2）用油枪往两个轴承处的油杯压注 3 号钙基润滑脂。

（3）更换行程开关。组装时行程开关的触头应压着挡板，并有 2 ~ 3 mm 的压缩量。

子任务 2-2-2　16V265H 型柴油机运动件

运动件主要是指柴油机中做功、传递和输出功率的曲柄连杆机构。16V265H 型柴油机的运动件主要包括曲轴组、减振器、齿轮传动装置、连杆组和活塞组等部件。

一、曲轴装配和减振器

曲轴装配由曲轴、钟形齿轮、减振器、齿轮隔垫和泵传动齿轮组成。虽然泵传动齿轮是曲轴装配的一部分，但它将作为泵传动齿轮机构的一部分进行表述。

如图 2-2-19 和图 2-2-20 所示，用在 16V265H 型柴油机上的曲轴是采用落锻工艺锻造的钛钢件，内部钻有机油通道。所有轴承表面（主轴承和连杆轴承）都应进行感应淬火处理，所有曲轴都应进行动平衡试验，曲轴装配横动量为 0.203 ~ 0.533 mm。

1—自由端；2—平衡块；3—主轴颈；4—连杆颈；5—输出端。

图 2-2-19　曲　轴

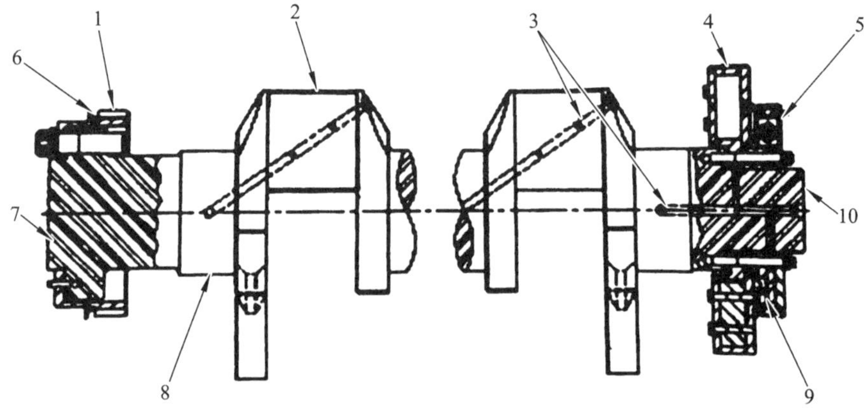

1—曲轴齿轮；2—曲柄梢轴颈；3—油管；4—减振器装配；5—辅助传动齿轮装配；6—甩油环；7—凸轮轴传动端；8—主轴颈；9—齿轮衬套；10—辅助传动端。

图 2-2-20　曲轴油路

如图 2-2-21 所示，减振器是液力减振器，用来吸收曲轴的扭转脉冲。减振器是通过挤压由内外圈分离的油腔中的机油来工作的，油腔中的机油来自曲轴上的油孔，扭力将油腔中的机油从油孔中挤出，从而使曲轴的动力得到衰减。

1—减振器；2—泵传动齿轮。

图 2-2-21　减振器和泵传动齿轮

通过拆掉柴油机左前角的卸压阀盖板就可对减振器进行检查，转动减振器，转角大约为每个方向 5°，由于减振器中存有的机油起阻碍作用，所以要花费相当大的力才能使其转动。如果减振器不能转动或转动时没有阻力，就意味着减振器失效了，失效的减振器必然会使曲轴损坏，需要进行维修或更换。

二、连　杆

如图 2-2-22 所示，连杆是一个锻钢部件，其设计具有最大的强度，并尽可能减轻质量。与原来的叉、片式组合连杆不同，同排相对的连杆使用同一曲拐，每个连杆都与曲轴相连接，连杆大端外侧有一个凸起的区域 1 叫作缓冲台，它提供了一个止推面，与曲轴推力面配合，连杆下部大端内侧面（未示出）是加工面，使其能够与对面的连杆对齐。

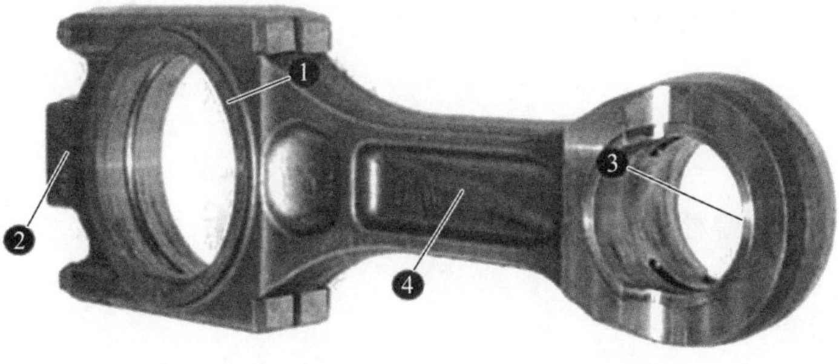

1—缓冲台；2—连杆盖；3—连杆小端；4—连杆身。

图 2-2-22　连　杆

连杆盖 2 用 4 个螺栓、淬火垫片和螺母固定。螺栓头部为方形，与连杆上的凹台配合。由于轴承孔是一体加工的，因此杆身和盖成为配对件，并分别在杆身和盖上打印了相同的系列号。使用的连杆瓦为三金属瓦，类似于主轴承瓦。连杆瓦带有定位舌，以防止在孔中转动。

连杆的小端装有青铜合金材料的活塞销衬套 3，该衬套被压装在连杆孔内，衬套中带有油道并通到表面。在连杆身 4 内部钻孔，使润滑油从曲柄销通过活塞销，用于润滑和冷却。

连杆的组装过程要使用力矩扳手，按图 2-2-23 所示的 2、3、1、4 的顺序拧紧螺母，力矩要求为 300 N·m。螺栓拧紧后，用色笔在每个螺母和连杆盖上作对齐标记。使用棘轮扳手按 2、3、1、4 的顺序使螺母转动 180°，使用连杆螺栓伸长量数字测量仪测量连杆螺栓的伸长量，要求为 0.788 ~ 1.346 mm。用一个小撬杠检查连杆盖的侧向横动量。如果有连杆非常紧或无间隙，需查找具体原因并进行处理。

图 2-2-23　连杆螺栓紧固顺序

三、活塞装配

活塞装配由下列零件组成：

（1）活塞环；

（2）活塞顶；

（3）活塞顶密封圈；

（4）活塞顶的固定螺栓及隔套；

（5）活塞裙；

（6）活塞销衬套。

活塞裙装配如图 2-2-24 所示，是由铝合金制造的，装有铜合金活塞销衬套。钢质活塞顶用 4 个固定螺栓及隔套紧固在活塞裙上。一个密封圈装在活塞裙与活塞顶之间，防止机油漏出污染活塞环和燃烧区域。该柴油机采用三道环来密封燃气并控制机油消耗。上面的两道环布置在活塞顶环槽里，下部油环布置在紧靠活塞顶的裙上。第一、二道气环采用可锻铸铁环，经表面镀铬处理。下部油环截面设计成扇形，中间装有张紧弹簧，活塞裙部的油道使过量的机油流回曲轴箱。

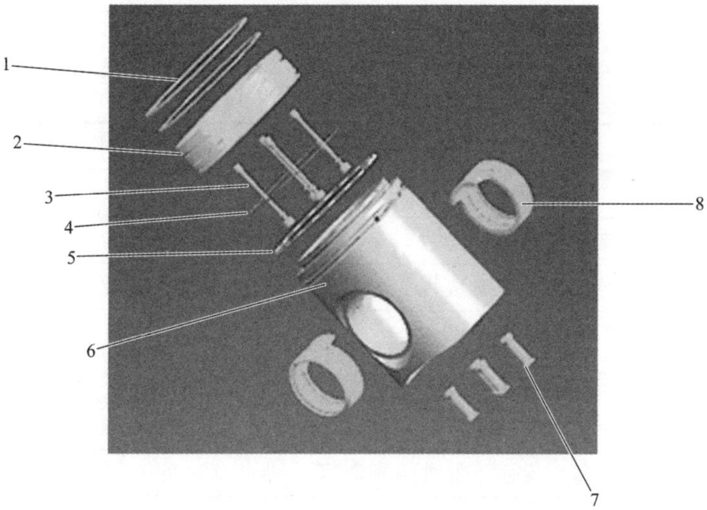

1—气环；2—活塞顶；3—活塞顶螺栓；4—密封圈；5—油环；
6—活塞体；7—活塞顶螺母；8—活塞销座衬套。

图 2-2-24 活塞结构

四、泵传动齿轮

16V265H 型柴油机泵传动装置如图 2-2-25 所示，主要部件为固定在机体自由端的辅助传动齿轮，分别为高温水泵齿轮、中冷水泵齿轮和主机油泵齿轮，它分别安装在 3 个泵的驱动轴上，由曲轴通过泵传动装置按照一定的转速比进行驱动。它们的最高转速分别为 2 892 r/min、2 892 r/min、1 275 r/min，为柴油机的运转提供冷却水和润滑机油。

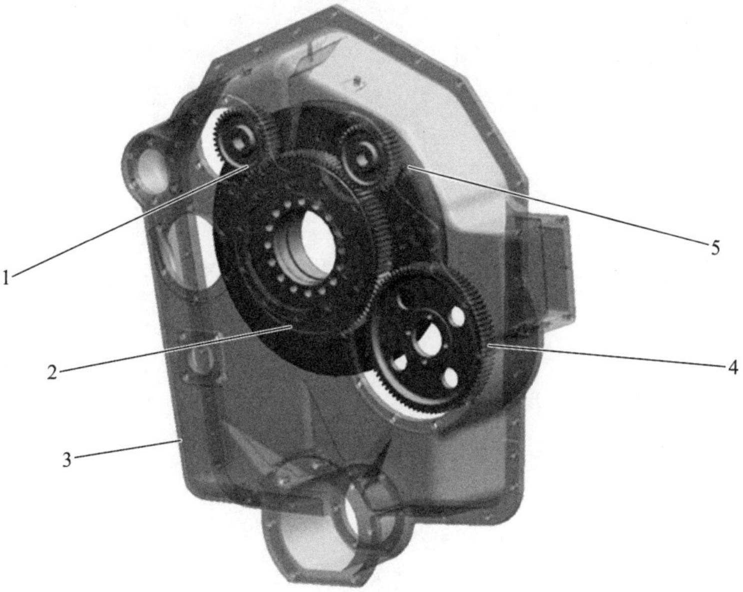

1—高温水泵齿轮；2—泵传动弹性齿轮；3—泵支撑箱；
4—主机油泵齿轮；5—中冷水泵齿轮。

图 2-2-25 泵支撑箱结构

【任务检查】

表 2-2-5　运动件——任务检查单

任务编号	2-2	任务名称	运动件认知		
序号	检查内容			是	否
1	说明活塞组件的装配关系				
2	说明活塞、活塞环、活塞销的结构、作用、工作特点、检修主要技术要求				
3	说明曲轴组件的装配关系				
4	说明曲轴、减振器、联轴节的结构、作用、工作特点、检修主要技术要求				
5	说明连杆组件的装配关系及结构、作用、工作特点、检修主要技术要求				
6	说明曲轴组、连杆组、活塞组的机油油路				
7	说明齿轮传动装置的布置和功用				
8	说明盘车机构的布置、功用及使用方法				

【任务训练】

一、填空题

1. 16V280ZJ 型柴油机的曲轴组由曲轴、自由端轴段和输出端轴段组成，采用（　　）形式。

2. 机车中修时，要求连杆盖及连杆螺钉的支撑面不许拉伤，连杆盖与连杆螺钉的接合面用（　　）mm 塞尺不许塞入。

3. 齿轮传动装置用于驱动凸轮轴、高温水泵、中冷水泵、机油泵、（　　）、超速停车装置和柴油机转速表等部件。

4. 活塞组采用机油强制冷却，有（　　）、（　　）和（　　）三种方式。

5.（　　）是大功率强化柴油机普遍采用的形式。

二、选择题

1. 16V280ZJ 型柴油机连杆是（　　）。

A. 并列式　B. 叉片式　C. 主副式　D. 组合式

2. 柴油机曲轴通过（　　）与主发电机主轴相连接。

A. 弹性联轴节　B. 硅油弹簧减振器

C. 连接箱　D. 弹性支承

3. 柴油机机体通过（　　）与牵引发电机定子相连接。

A. 弹性联轴节　B. 硅油弹簧减振器

C. 连接箱　D. 弹性支承

4. 16V280 型柴油机活塞组有（　　）道活塞环。

A. 3　B. 4　C. 5　D. 6

5. 柴油机的齿轮传动装置用来驱动一些部件，下列哪个部件不是该装置驱动的？（　　）

A. 中冷水泵　B. 燃油泵　C. 主机油泵　D. 调速器

6. HXN3 型内燃机车柴油机扭转减振器是（　　）减振器，用来吸收曲轴的扭转脉冲，通过内部油的移动来减弱曲轴的振动。

A. 簧片　　B. 弹簧　　C. 液力　　D. 齿轮

三、判断题

1. 曲轴自由端的法兰与联轴节连接，输出柴油机的功率。(　　)

2. 为了避免活塞与开启的进、排气门在工作时相碰，在活塞顶部对应气门的位置铣出 4 个避阀坑。(　　)

3. 柴油机曲轴与连杆瓦间应密封良好，不应有机油流出。(　　)

4. 当柴油机的齿轮传动装置出现故障时，可通过盘车机构盘车来消除。(　　)

5. 16V280ZJ 型柴油机的活塞环中，仅有一道活塞环用来刮油。(　　)

四、简答题

1. 说明 16V280ZJ 型柴油机活塞组的构成。

2. 说明 16V280ZJ 型柴油机活塞、活塞环、活塞销的作用。

3. 16V280ZJ 型柴油机采用钢顶铝裙活塞有什么好处？

4. 说明 16V280ZJ 型柴油机曲轴组的作用和组成。

5. 试述 16V280ZJ 型柴油机曲轴的曲柄排列及发火顺序。

6. 试述卷簧减振器是怎样消减轴系扭振振幅的。

7. 联轴节的作用是什么？柴油发电机组对联轴节有何要求？

8. 简述 16V280ZJ 型柴油机连杆的作用和组成。

9. 说明 16V280ZJ 型柴油机曲轴组、连杆组和活塞组的机油油路。

10. 说明 16V280ZJ 型柴油机齿轮传动装置的布置和功用。

11. 说明 16V280ZJ 型柴油机盘车机构的布置、功用及使用方法。

12. 简述 16V265H 型柴油机曲轴组的结构组成。

13. 简述 16V265H 型柴油机主轴颈和连杆颈的润滑油冷却过程。

14. 试分析 16V265H 型柴油机减振器的主要作用。

15. 叙述 16V265H 型柴油机活塞组的构造。

16. 叙述 16V265H 型柴油机活塞头冷却的特点。

17. 叙述 16V265H 型柴油机齿轮传动装置中齿轮驱动的过程。

任务 2-3　配气机构认知

【任务描述】

配气机构是柴油机的重要组成部分之一。作为机车乘务员或者是机车检修人员，对柴油机配气机构的结构、动作认知是非常重要的；要全面了解配气机构的组成结构、装配关系、动作关系、工作特点、检修主要技术要求等。

【任务目标】

- 能掌握 16V280ZJ 型、16V265H 型柴油机配气机构的作用和工作要求；
- 能掌握 16V280ZJ 型、16V265H 型柴油机配气机构的基本组成；
- 能说明 16V280ZJ 型、16V265H 型柴油机配气机构的装配关系；
- 能说明 16V280ZJ 型、16V265H 型柴油机配气机构的动作关系；
- 能说明 16V280ZJ 型、16V265H 型柴油机配气机构的检修主要技术要求。

【任务学习】

子任务 2-3-1　16V280ZJ 型柴油机配气机构

子任务 2-3-1-1　概　述

一、配气机构的作用和工作要求

配气机构是柴油机换气过程的控制机构，按规定的配气相位定时地开启和关闭进、排气门，并在规定的时间内，把新鲜空气吸入气缸和把燃烧后的废气排出气缸。其结构如图 2-3-1 所示。配气机构主要由气门机构和气门驱动机构两大部分组成。

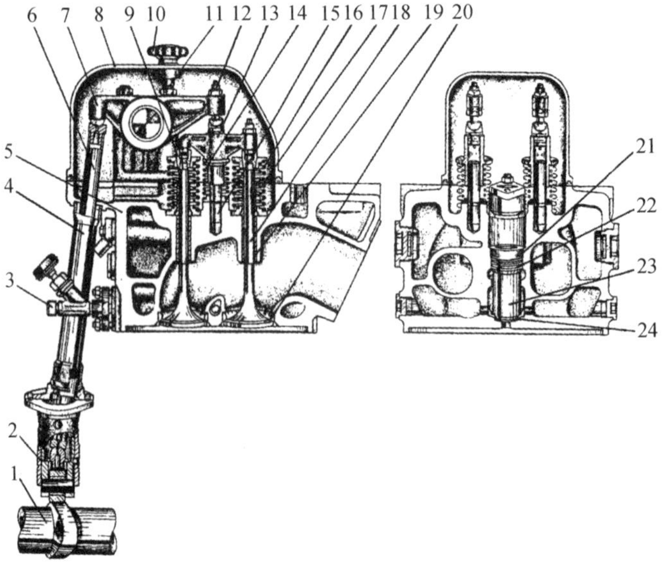

1—凸轮轴；2—推杆装配；3—示功阀；4—挺杆套管；5—气缸盖；6—挺杆装配；7—摇臂；8—气缸盖罩；9—锁夹；10—手轮；11—摇臂轴座长螺栓；12—摇臂调整螺钉；13—气门横臂；14—横臂弹簧；15—横臂导杆；16—气门外弹簧；17—气门内弹簧；18—气门；19—气门导管；20—气门座；21—锁紧螺母；22—O 形橡胶圈；23—喷油器套管；24—铜垫。

图 2-3-1　配气机构

由于进气和排气所占的时间极为短暂，因此配气机构的零部件是在急剧变速的运动下工作的，其中有些零件还受着高温影响，所以它们会受到较大的惯性力和热应力，加之润滑条件较差，使零件的磨损增加，甚至破坏配气正时。柴油机对配气机构的要求是：进、排气门的启闭严格按照配气正时和发火顺序，保证换气过程准时进行；气门开度大小和气门启闭过程符合换气过程的要求；气门关闭有良好的密封性；机件的惯性冲击小，振动和噪声小；结构简单，工作可靠，便于调整和维修。

二、配气机构的布置

气缸盖顶面装有气门组件、摇臂轴座、摇臂轴、摇臂、横臂弹簧、气门横臂和横臂导杆等。在柴油机两侧布置有下置式的凸轮轴及由其驱动的挺柱组件和推杆组件，以便对维修保养提供较好的接近性。

凸轮轴的每个配气凸轮上方都对应有一个滚轮式配气挺柱，用来推动推杆经摇臂和气门横臂开启气门。另外，由供油凸轮推动喷油泵下体的滚轮，从而使喷油泵供油。

气门横臂是摇臂与气门之间的传动件。每个气缸盖上的进、排气门都由一个气门横臂来驱动，以保证两个同名气门动作的一致性。摇臂的摆动带动气门横臂做上下运动。

为了增加气缸盖的气流通道截面，采用了四气门结构，使其具有较大的气流通过能力、较大的充气系数和良好的换气性能。

四气门结构的气门布置有同名气门排成两列和同名气门排成一列两种。16V280ZJ 型柴油机的 V 形夹角空间较大，可以将进、排气管路布置在夹角中间，根据总体布置要求，气缸盖采用同名气门排成两列的串联式气道。

三、配气机构的动作过程

曲轴旋转，通过曲轴正时齿轮和齿轮传动装置带动凸轮轴转动。挺柱滚轮贴紧于凸轮型面，当挺柱由凸轮型面推动上升时，气门推杆、摇臂及推杆接触的一端上移，摇臂绕摇臂轴摆动，摇臂的另一端压气门横臂向下，气门横臂压在两个同名气门上，使气门弹簧压缩，气门下降而离开气门座孔，气门因此逐渐开启。当挺柱滚轮与凸轮在型面顶端接触时，气门弹簧压缩量达到最大值，气门开度最大。当凸轮型面的顶端转过之后，气门挺柱和气门推杆逐渐下移，摇臂回摆，摇臂对横臂和气门弹簧的压力减小，在气门弹簧复原力的作用下，气门随之上升，气门逐渐与气门座接近，即气门开度逐渐减小，最后达到气门全闭，气门与气门座贴紧密闭气缸。当气门全闭时，气门横臂与摇臂脱离接触。

子任务 2-3-1-2 气门机构

气门机构由气门、气门座、气门导管、气门弹簧、气门锁夹和气门弹簧上、下座等组成。

一、气 门

气门的作用是控制进、排气道的开启和关闭，是保证柴油机工作性能、可靠性和耐久性的重要零件之一。气门的形状和尺寸要保证气体流动的阻力最小，关闭时能在任何情况下保证燃烧室的气密性。

气门的工作条件十分恶劣。在工作时，直接与高温燃气相接触的气门阀盘底面，经常受到高温燃气的周期性高速冲刷，加上气门的传热条件又很差，因此它承受着很高的热负荷，使气门阀盘的机械强度降低。另外，它还承受冲击性的机械负荷及燃气腐蚀。为了确保气门工作的可靠性，对气门材料、工艺和结构形状都提出了特殊的要求。

气门可分为气门杆和气门阀盘两部分。气门杆上部有锁夹槽，用于安装气门锁夹，如图 2-3-2 所示。锁夹与气门弹簧上座一起用来固定气门内、外弹簧。气门杆下部与气门阀盘用圆弧连成一体，以增强气门杆与气门阀盘的连接，减少应力集中，增加气门阀盘的强度和刚度。

气门阀盘的形状决定了它的工作稳定性，设计时应注意减小进、排气的流通阻力。16V280型柴油机采用了平顶结构的气门。该结构形状较简单，受热面积较小，因此有利于制造，同时还具有工作可靠和质量较小的特点。

为了使气门可靠地与气门座紧密贴合，进、排气门座面处均做有锥角。进气门采用 30°锥角，使进气门有较大的流通“时间-断面”值，以利于增加充气量和提高功率，并减小磨损。由于排气门的流通“时间-断面”值容易得到保证，但热负荷较大，为了增强气门阀盘的刚度，减少阀盘的变形，防止漏气，排气门采用 45°的锥角。

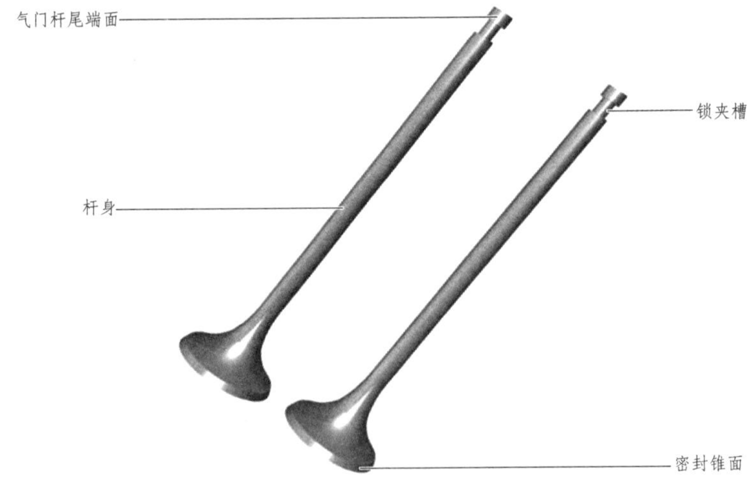

图 2-3-2 气 门

由于柴油机运转时，气门阀盘与气门阀座承受的惯性力和气门弹簧力相当大，并有频繁的冲击性，而且在高温下，一般金属材料的机械性能会明显下降，容易引起气门阀盘的变形，造成阀盘与阀座不能密贴，同时在高温下会使金属的耐腐蚀和耐磨性下降，因此气门采用具有良好高温机械强度、耐腐蚀性和耐磨性的气门钢制造。为了提高气门阀盘座面的高温耐磨性能和抗腐蚀能力，在阀面上堆焊一层钴铬钨合金，堆焊层在高温下仍保持有较高的硬度。

为防止气门断裂引起的严重事故，气门的加工要求相当高，且加工后还须经荧光探伤，防止微细裂纹存在。

气门杆进行辉光离子氮化处理，以增加表面硬度，提高气门杆的耐磨性和疲劳强度。气门杆顶面堆焊一层高铬铸铁，以增强其耐磨性。

二、气门座

安装在气缸盖上的嵌入式气门座为环形结构，它以冷冻的方式装入气缸盖的气门座孔内。采用嵌入式的气门座是为了增加气缸盖的使用寿命。当气门座面磨损超过限度时，只需要更换气门座即可。

气门座用合金钢制造，并经热处理，其硬度稍低于气门阀盘锥面硬度，以便保护气门。气门座经受着高温和高压燃气的作用，因此材料必须具有在高温下塑性变形小而硬度高的性能。由于气门座材料与气缸盖材料不同，因此气门座嵌入气缸盖的过盈量选择很重要，否则会引起气门座松动和脱落，由此造成严重事故。

气门阀盘与气门座的锥面经互研，形成一道接触带，其宽度对气门的散热和密封性有很大影响。由于气门头部的热量大部分通过密封锥面传出，因此希望接触带能宽一些，以利于散热。但接触带过宽，又会使工作面的比压下降，使杂物和硬粒卡在座面上而不能很好研碎，从而妨碍密封。由此可见，接触带的宽度选择必须恰当。

三、气门导管

气门杆在气门导管中上下滑动，气门导管起着导向作用，同时还传导从气门阀盘带到气门杆的热量，如图 2-3-3 所示。由于气门导管下部受增压空气和燃气作用，其润滑条件较差，因此对气门导管的材料有着严格的要求，必须在较差的工作条件下具有良好的耐磨性。

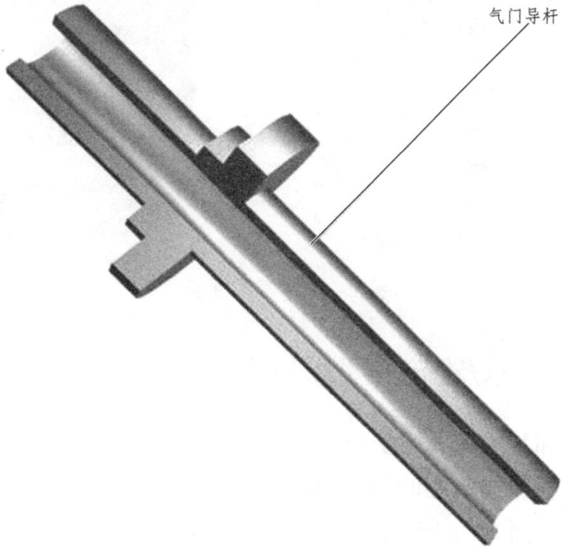

图 2-3-3　气门导管

气门导管采用特种铸铁制成，过盈压入气缸盖的导管孔内。气门杆与气门导管间的配合间隙是保证气门可靠工作的重要条件，过小的间隙会使气门卡滞，过大的间隙又会使气门杆的热量散发受到影响，同时还会使气门杆在导管内摆动过大，导致严重偏磨而发生漏气、漏油和积炭现象，因此选择一个合适的间隙是十分重要的。

四、气门弹簧

气门弹簧应有足够的弹力，它一方面要保证气门阀盘与气门座的密封，同时要保证在气门工作时不因运动产生的惯性力使各零件在接触处有分离现象，从而保证正常的配气规律和配气机构工作的可靠性。

气门弹簧包括内、外弹簧，用弹簧钢丝制造，表面经喷丸处理（见图 2-3-4）。这种双弹簧结构工作可靠，尺寸较小，弹簧特性也较平缓。内、外弹簧的旋向采取相反的绕法，即使一个弹簧断裂，气门也不会落入气缸内，从而避免造成事故。由于内、外弹簧有着各自的自振频率，工作时它们之间会发生相互干扰，从而减少了因弹簧共振而发生的断裂。内、外弹簧下端支承在弹簧座上，上端顶在气门杆上部弹簧座的下面。

弹簧制作完成后，需经磁力探伤，不许有裂纹和发纹存在。

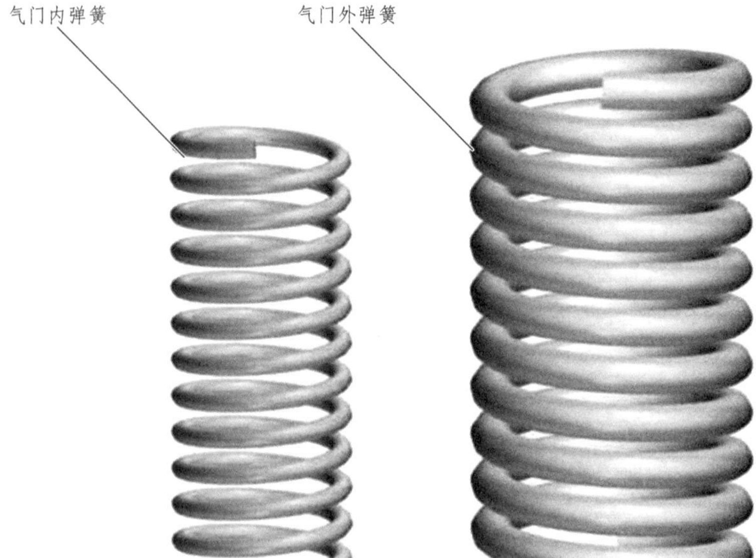

图 2-3-4　气门弹簧

五、检修主要技术要求及损伤的分析与处理

（1）气门、气门座和气缸盖，在交变冲击负荷作用下，会引起反复变形。由于它们的变形情况都不一样，致使气门在落座时与气门座之间会产生相对滑动，从而发生磨损，使用日久，就会形成气门下陷。当气门下陷值超过极限时，应予以更换（极限值见表 2-3-1）。

表 2-3-1　配气机构主要尺寸与限度

名　称	原形/mm	限度/mm	
		中修	禁用
气门杆身直径	$\phi18_{-0.122}^{-0.095}$		
气门杆身直线度	0.01	0.05	
气门阀面对阀杆轴线的跳动	0.025	0.05	
进气门与导管孔径向间隙	0.095 ~ 0.14	0.25	0.30
排气门杆与导管孔径向间隙	0.095 ~ 0.14	上部 0.20	上部 0.24
		下部 0.30	下部 0.35
进气门底面对气缸盖底面下陷量	0.5 ~ 1.0	3.5	4.0
排气门底面对气缸盖底面下陷量	2.8 ~ 3.3	4.5	
气门导管与气缸盖过盈	0.01 ~ 0.025	0.01 ~ 0.025	
横臂导杆与气缸盖过盈	0.017 ~ 0.049	0.017 ~ 0.049	
气门座与气缸盖过盈	0.108 ~ 0.15	0.108 ~ 0.15	
摇臂轴轴颈	$\phi55_{-0.079}^{-0.060}$		
摇臂轴与摇臂衬套径向间隙	0.030 ~ 0.089	0.20	0.25
摇臂衬套外径与摇臂过盈	0.023 ~ 0.072	0.023 ~ 0.072	
横臂与横臂导杆径向间隙	0.120 ~ 0.183	0.25	

（2）若气门材料的高温强度不够和气缸盖底板变形过大，会使气门阀盘受力不均；或者因加工和组装质量较差，会使气门阀盘与气门杆连接处产生附加应力。这些原因都会使气门杆与阀盘的过渡圆角处产生疲劳裂纹，甚至断裂。当气门产生裂纹时，应予以更换。

（3）由于气体压力、热交变应力、气缸螺栓预紧力不均和加工残余应力的存在等方面的影响，会导致气门和气门座变形，以致气门与气门座密贴不好，发生气门漏气。此时可对气门阀面进行修磨，以导管孔为基准，对气门座面进行磨削或铰削来修复。

（4）气门座松动、座面磨耗严重和发生点蚀凹坑时，应予以更换。气门与气门座气密性不好，或其接触带不连续时，允许研修。更换气门座时，可用专用工具拉出或用机械加工去除，但不允许用气焊切割。

（5）气门导管松动、存在裂纹时，应更换，并应保证其过盈量。

（6）气门内、外弹簧长期在弹簧预紧力和较大的压力下工作，会发生塑性变形、折断或出现裂纹，发现上述情况时，应予以更换。

子任务 2-3-1-3　气门驱动机构

气门驱动机构由凸轮轴、挺柱组件、推杆组件、摇臂、摇臂轴、摇臂轴座、气门横臂、横臂导杆、横臂弹簧等组成。

左右两根凸轮轴布置在柴油机两侧，分别驱动左右两排气缸的进、排气门和单体式喷油泵。

摇臂安装在摇臂轴上，摇臂轴安装在摇臂轴座上。为了便于调整气门横臂与气门的间隙，在气门横臂和摇臂的一端设有调整螺钉。

气门横臂安装在同名气门的横臂导杆上，借助导杆的导向作用，使气门横臂做上下运动，从而控制气门的启闭。

挺柱和推杆套管安装在摇臂和推杆之间。挺柱滚轮安装在挺柱的叉口中，推杆安装在机体两侧。

气门横臂、摇臂、摇臂轴、摇臂轴座以及球头和调整螺钉等的内部都设有油路，以便引入润滑油润滑各摩擦表面。气门机构和部分气门传动机构的零件均安装在气缸盖上。

一、凸轮轴

（一）凸轮轴结构及材料

每根凸轮轴分为四个单节，即每两缸一节（见图 2-3-5）。各单节间用法兰和螺钉连接。两根凸轮轴分别安装在机体左右两侧的九挡滑动轴承中。止推轴承置于机体输出端。由于轴承孔内径大于凸轮轴各部分的外径，所以，凸轮轴可以从柴油机输出端插入或抽出机体凸轮轴孔。凸轮轴上的凸轮采用整体式结构，以保证在受冲击力时凸轮能安全可靠地工作。

凸轮轴的中空部分作为油道，润滑油可通过径向油孔润滑各挡轴承。鉴于机体布置要求，两根凸轮轴都是由最后一挡轴颈处的油孔注入润滑油。凸轮轴的端部都拧有螺堵用来密封。各节轴段的连接处均设有装配时用的凸肩和法兰，装配时需精确调整各节轴段的相对位置，以保证各个凸轮的正确相位，最后用一个定位销定位，并用 8 个螺钉紧固。

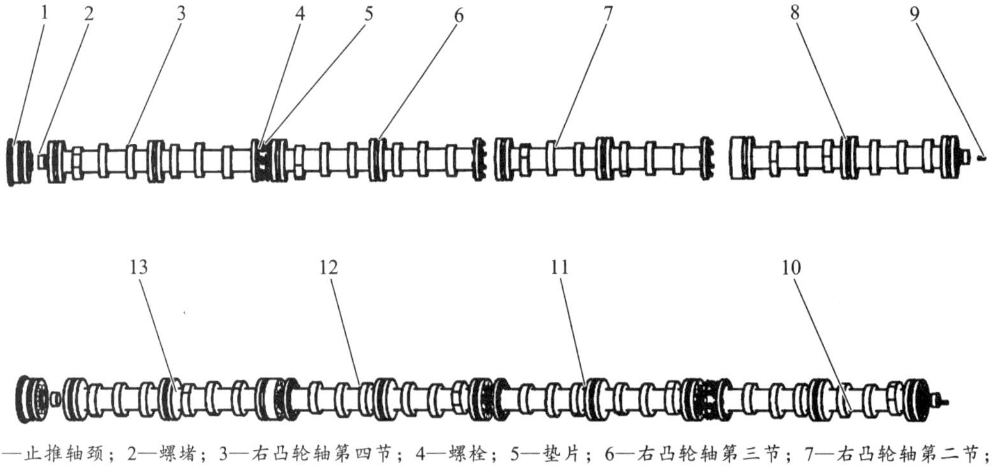

1—止推轴颈；2—螺堵；3—右凸轮轴第四节；4—螺栓；5—垫片；6—右凸轮轴第三节；7—右凸轮轴第二节；8—右凸轮轴第一节；9—销；10—左凸轮轴第一节；11—左凸轮轴第二节；12—左凸轮轴第三节；13—左凸轮轴第四节。

图 2-3-5 凸轮轴

凸轮轴不但要有足够的强度和刚度来保证工作的可靠性，而且还得有合适的硬度和较好的耐磨性，因此采用 20Cr 合金钢作为凸轮轴的材料，经渗碳和淬硬处理，实际运用情况良好。

（二）检修主要技术要求及损伤的分析与处理

（1）各凸轮顶点对定位销ϕ12H7 中心线的角度误差为 ± 15′。

（2）每个凸轮的起点和终点角度偏差为 ± 20′。

（3）凸轮升程用直径ϕ60 的滚轮测头按升程表数据对照检查，其误差为 ± 0.05 mm。

（4）凸轮轴必须进行探伤检查，不许有裂纹。

（5）每根凸轮轴装入机体凸轮轴轴承孔内后，其轴向间隙为 0.12 ~ 0.15 mm。不符合时，可用调整垫片来调整。

（6）凸轮表面发生严重拉伤、点蚀或偏磨，一般是由于润滑油不清洁、凸轮表面淬火硬度偏低、加工质量不高或组装时滚轮与凸轮接触不良引起。这时，凸轮允许成型修磨，但配气凸轮基圆半径不得小于 R51.5 mm，供油凸轮基圆半径不得小于 R47.5 mm。

（7）轴颈允许等级修磨，同时凸轮轴连接法兰也应进行相应修磨，且修磨的等级应一样，以适应采用相应等级轴承的要求。

修磨的等级分为原形和 1 级两种。原形的凸轮轴轴颈直径为 $\phi140_{-0.15}^{-0.12}$ mm；原形的法兰直径为 $\phi140_{-0.51}^{-0.26}$ mm；1 级的凸轮轴轴颈直径为 $\phi139.5_{-0.15}^{-0.12}$ mm；1 级的法兰直径为 $\phi139.5_{-0.51}^{-0.26}$ mm。

（8）凸轮轴与齿轮之间的定位销孔允许扩大，最大孔径为ϕ12 mm。

（9）各单节凸轮轴之间的定位销孔允许扩大，最大孔径为ϕ14 mm。

（10）更换单节凸轮轴时，必须在凸轮轴进、排气凸轮之间的杆身上用钢印打上标记。

（11）凸轮轴使用限度见表 2-3-2。

表 2-3-2　凸轮轴总成主要尺寸及限度

名　称		原形/mm	限度/mm	
			中修	禁用
凸轮轴轴颈		$\phi140_{-0.15}^{-0.12}$		
凸轮轴颈圆柱度		0.012	0.03	0.04
凸轮轴颈与轴承径向间隙		0.16 ~ 0.26	0.35	
凸轮轴轴向间隙		0.12 ~ 0.25	0.35	0.50
凸轮轴轴颈跳动量	全长	0.07	0.09	
	相邻	0.06		
推杆体与推杆径向间隙		0.03 ~ 0.09	0.12	0.20
滚轮衬套与滚轮轴径向间隙		0.04 ~ 0.082	0.120	0.150
滚轮与滚轮衬套径向间隙		0.025 ~ 0.075	0.100	0.120
推杆头与推杆安装孔过盈量		0.002 ~ 0.056	0.002 ~ 0.056	
挺杆头与挺杆安装孔过盈量		0.014 ~ 0.056	0.014 ~ 0.056	

二、挺柱、推杆、摇臂与横臂

（一）挺柱组件

挺柱组件是凸轮的从动件，它把凸轮的推动力传递给推杆和摇臂，使气门按一定的规律运动。

挺柱组件由挺柱盖、挺柱体、挺柱、挺柱头、滚轮轴、滚轮、销钉和衬套等组成（见图2-3-6）。

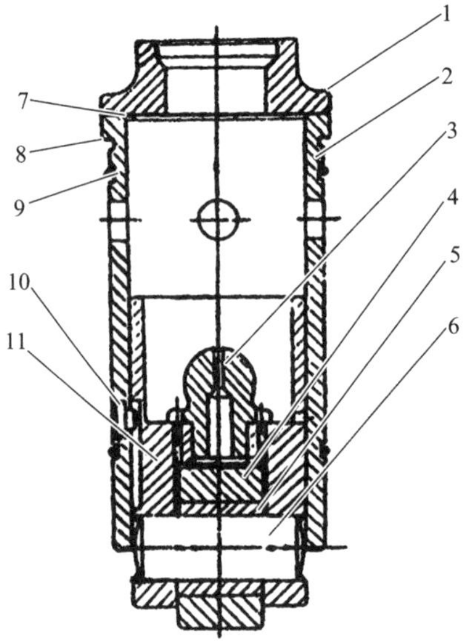

1—挺柱盖；2—挺柱体；3—挺柱头；4—滚轮；5—滚轮衬套；6—滚轮轴；7—密封垫；8—支承法兰；9—密封圈；10—销钉；11—挺柱。

图 2-3-6　挺柱组件

挺柱用合金钢制造，经氮化处理。

挺柱内压装有挺柱头，它是一个球状头，与挺杆压球座以球面相接触。挺柱下面为叉形结构，在叉口内装有滚轮。滚轮用合金钢制造，并经淬火处理。

在挺柱和挺柱头内部均钻有润滑用的油孔，以润滑滚轮与凸轮接触的表面。

在滚轮和滚轮轴之间装有铜衬套。

（二）推杆组件

推杆组件由推杆和推杆头组成。

推杆用无缝钢管制成，杆的两端均装有推杆头。推杆安装在摇臂与挺柱组件之间，分别与摇臂调整螺钉上的压球和挺柱头相互作用。

推杆外部设有推杆套，套的上方与气缸盖之间用橡胶密封圈密封，套的下方与挺柱盖之间用橡胶密封圈密封，并用压紧挺柱组件螺母压紧，使推杆套固定在气缸盖与挺柱盖之间（见图2-3-7）。

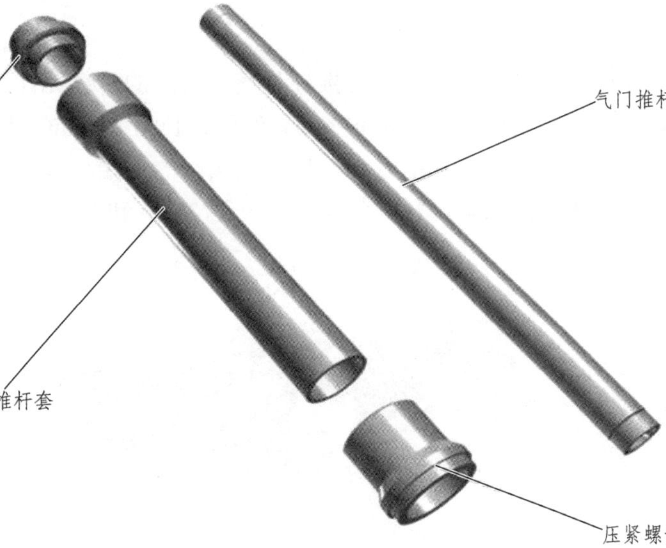

图 2-3-7　推杆组件

（三）气门横臂及横臂导杆

驱动气门的气门横臂由合金钢制造。在气门横臂一端压装一个用合金钢制造的横臂压头，压在气门杆上部。在另一端装有调节螺钉，用来调整横臂的水平位置。其端面压在另一根同名气门杆顶上。调整螺钉的上部用锁紧螺母锁紧，防止松动。在气门横臂中间压装有横臂压块，与摇臂调整螺钉的球形关节外部的下平面相接触，并在横臂导向部分钻有油孔，以便排油和避免上下运动时产生唧筒作用。在其顶部和导向部分，分别钻有油孔，以润滑气门杆和横臂导杆（见图 2-3-8）。

横臂导杆用合金钢制成，表面渗碳淬火，以增加其耐磨性。

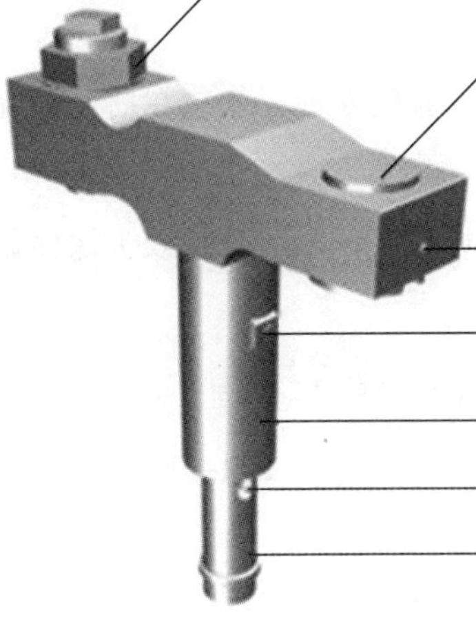

图 2-3-8　横臂

（四）摇臂、摇臂轴及摇臂轴座

1. 摇　臂

摇臂处于推杆与气门横臂之间，它是推杆与气门之间的传动元件之一。进、排气摇臂结构尺寸完全相同，摇臂内侧臂长为 134.14 mm，外侧臂长为 95 mm，其杠杆比 i 为 1.412。摇臂采用合金钢制造，并经热处理。摇臂在与推杆相接触的一端，装有过盈配合的压球；另一端装有带球头的调整螺钉，用来调整气门间隙（见图 2-3-9 和图 2-3-10）。

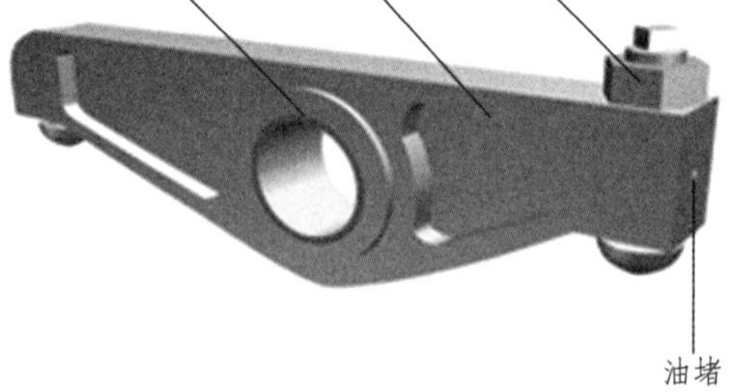

图 2-3-9　摇臂

图 2-3-10　气门横臂与气门摇臂

2. 摇臂轴

摇臂轴采用合金钢制造，经调质和氮化处理，安装在摇臂轴座上。

3. 摇臂轴座

摇臂轴座用球铁制成，用两个短双头螺柱和一个长双头螺柱紧固在气缸盖上。长双头螺柱还将气缸盖罩紧固在气缸盖上。

（五）检修主要技术要求及损伤的分析与处理

（1）挺柱头由于接触不良或润滑油清洁度较差出现轻微压痕时，允许修磨；发现有严重压痕和麻点时，应予以更换。

（2）挺柱头与挺柱为 0.002 ~ 0.056 mm 的过盈配合，如配合不当，发生松动时，应按要求重新选配。

（3）挺柱滚轮硬度偏低或润滑油有杂物，引起滚轮表面轻微拉伤时，允许修磨；严重时，应予以更换。

（4）滚轮衬套与滚轮轴及滚轮与滚轮衬套配合不当时，会发生滚轮转动卡滞，应予以更换。

（5）推杆弯曲，允许冷校直。

（6）推杆头与推杆为 0.014 ~ 0.056 mm 的过盈配合，如配合松动、球窝有拉伤或凹坑时，应重新选配推杆头，但应以上述要求的过盈量压入。

（7）横臂导杆断裂、松缓或滑动面严重拉伤时，应配换导杆，但需保证新导杆的配合过盈量。

（8）摇臂、气门横臂、横臂弹簧、挺柱、挺柱销钉、滚轮和滚轮轴等零件都需经探伤，不许有裂纹。

子任务 2-3-2　16V265H 型柴油机配气机构

配气机构是柴油机换气过程的控制机构，按规定的配气相位定时地开启和关闭进、排气门，并在规定的时间内，把新鲜空气吸入气缸和把燃烧后的废气排出气缸。

16V265H 型柴油机的配气机构主要由气门驱动机构、气门组件、气缸盖以及附件等组成，其结构如图 2-3-11 所示。

气缸盖布置在左、右两侧的气缸上部，每一个气缸盖的上平面装有气门组件、摇臂轴座、摇臂轴、摇臂和气门横臂等。在柴油机的中间布置着凸轮轴以及由其驱动的随动组件和推杆组件。在凸轮轴的每个配气凸轮上方都对应一个滚轮式配气挺杆，用来推动推杆，并经摇臂和气门横臂驱动气门的开启。另外，凸轮轴上的供油凸轮通过随动装置和短推杆推动喷油泵工作，从而使喷油泵供油。

1—凸轮轴座；2—凸轮轴；3—排气门；4—进气门；5—气门导管；6—气门弹簧；7—横臂；8—摇臂；9—气门推杆；10—随动摇臂。

图 2-3-11　配气机构结构

一、气门驱动机构

气门驱动机构主要由凸轮轴、凸轮从动机构（挺杆组件）、推杆组件、摇臂、摇臂轴、摇臂轴座、气门横臂、横臂导杆等组成，如图 2-3-11 所示。

单根凸轮轴布置在柴油机的中部，通过随动装置驱动左右两排气缸的进、排气门和单体式电控喷油泵工作。进、排气门摇臂安装在摇臂轴的两端，摇臂轴安装在摇臂轴座上，并固定在气缸盖上。气门横臂下部利用下端的弹簧座球面与气缸盖定位，上部利用球面关节与摇臂的一端定位，通过摇臂使气门横臂做上下运动，从而控制气门的启闭。

16V265H 型柴油机的气缸盖采用四气门结构，保证了良好的充气能力、较大的充气系数和良好的换气能力。四气门的布置选用了同名气门并联布置的方案。

二、凸轮轴装配

单根凸轮轴布置在两排气缸之间，凸轮轴装配由四个单节组成，用螺栓和定位销定位连接把紧，每个单节控制每列两个共四个气缸。每个气缸对应有三个凸轮：喷油凸轮、进气凸轮和排气凸轮。传动齿轮通过一组螺柱和螺母紧固在最后一节凸轮单节上。由于部件坚固耐用的特性，凸轮轴及其从动机构不需要日常的维修保养。

螺母的紧固与主轴承螺母一样采用液压拉伸的方式，凸轮单节可以独立地拆卸，也可以将凸轮轴整体拆卸。

凸轮轴安装在两列气缸 V 形夹角的中间，如图 2-3-12 所示，每个单节由两个凸轮轴轴承座提供支承，两个平切口的半瓦安装在每个轴承座中。轴瓦的钢背表面衬有巴氏合金。凸轮轴轴承座同时也是随动摇臂轴单节的支承，它们位于凸轮轴上方。

1—凸轮轴轴承座；2—凸轮轴；3—推杆。

图 2-3-12　凸轮轴轴承座

轴承座上的垂直钻孔作为油道，为凸轮轴轴承、随动摇臂、推杆以及气阀驱动机构提供润滑油。

安装在随动摇臂轴上的随动摇臂，通过滚轮将凸轮的旋转运动转换成垂直运动，并传递到推杆上。机油经过凸轮轴承后，依次经过随动摇臂轴、随动摇臂和推杆，最后为气阀驱动机构提供润滑。

如图 2-3-13 所示，凸轮轴和随动摇臂机构封闭在一个铝箱内，铝箱带有几个独立的顶盖，每个顶盖对应一个凸轮单节。气缸盖底面上铸造的凸台与箱体上的孔相配合，通过硅橡胶垫进行密封，这种布置方式形成推杆通道，凸轮轴箱顶盖的拆卸不会与气缸盖发生干涉。

1—推杆孔；2—凸轮轴箱；3—机体；4—凸轮轴齿轮。

图 2-3-13　凸轮轴箱

三、凸轮轴齿轮机构

如图 2-3-14 所示，凸轮轴由位于柴油机后部的齿轮机构驱动。动力由曲轴齿轮传递到双联齿轮，安装在支架右上角的惰轮将动力从双联齿轮传递到凸轮轴齿轮。当曲轴逆时针旋转时，凸轮轴顺时针旋转。

1—凸轮轴齿轮；2—惰轮；3—双联大齿轮；4—曲轴齿轮；5—双联小齿轮。

图 2-3-14　定时齿轮

【任务检查】

表 2-3-3 配气机构——任务检查单

任务编号	2-3	任务名称	配气机构认知	
序号	检查内容		是	否
1	能说明 16V280ZJ 型、16V265H 型柴油机配气机构的作用和工作要求			
2	能说明 16V280ZJ 型、16V265H 型柴油机配气机构的总体布置情况			
3	能说明 16V280ZJ 型、16V265H 型柴油机气门机构、气门驱动机构的组成结构及装配关系			
4	能说明 16V280ZJ 型、16V265H 型柴油机配气机构的动作关系			
5	能说明 16V280ZJ 型、16V265H 型柴油机配气机构的检修主要技术要求			

【任务训练】

一、填空题

1. 配气机构是柴油机换气过程的控制机构，它能按规定的工作次序（　　）地开启和关闭进、排气门。

2. 配气机构由气门驱动机构、气门组件、(　　　）及附件等组成。

3. 配气机构用来控制柴油机的换气过程，按照规定的（　　　）和（　　　），准时地、正确地控制各个气缸进、排气门的开启和关闭，以保证换气过程的顺利进行。

4. 配气机构包括（　　　　　）和（　　　　　）两个部分。

5. 机车柴油机普遍采用每一个气门安装两个（　　　）弹簧的形式。气门内、外圈弹簧绕向（　　　）。

6. HXN3 型内燃机车柴油机对应每个气缸有三个凸轮 ，即供油凸轮、(　　　　）凸轮和排气凸轮。

二、选择题

1. 气门横臂是摇臂与气门之间的（　　　）。

A. 支承件　　　B. 传动件　　　C. 连接件

2. 气门弹簧多为圆柱形螺旋弹簧，机车柴油机普遍采用每一个气门安装（　　）同心弹簧的形式，而且气门内、外圈弹簧绕向相反。

A. 一个　　　B. 两个　　　C. 三个　　　D. 四个

3. 16V280ZJ 型柴油机进气门间隙为（　　）mm，排气门间隙为（　）mm。

A. 0.40 ~ 0.45　　　B. 0.45 ~ 0.50

C. 0.50 ~ 0.55　　　D. 0.45 ~ 0.55

4. 16V280ZJ 型柴油机的每根凸轮轴分为（　　）单节。

A. 2　　B. 4　　C. 6　　D. 8

5. 下列哪些部件不是配气机构的组成部分？（　　）

A. 气门驱动机构　　B. 气门组件

C. 气缸盖　　D. 进气道

6. HXN3 型内燃机车柴油机凸轮轴装配由（　　）个单节组成，用螺栓和定位销定位连接紧固。

A. 二　　B. 三　　C. 四　　D. 五

三、判断题

1. 16V280ZJ 型柴油机进排气阀可相互对调使用。（　　）

2. 柴油机的同名气门交叉布置，可提高柴油机进、排气的效率。（　　）

3. 柴油机的示功阀只起到排出缸内存积的油和水的作用。（　　）

4. 16V280ZJ 型柴油机的气缸盖通过 4 个紧固螺栓固定在机体上。（　　）

5. 柴油机更换新的进、排气阀时，只更新气阀便可。（　　）

四、简答题

1. 说明 16V280ZJ 型柴油机配气机构的作用和工作要求。

2. 说明 16V280ZJ 型柴油机配气机构的动作过程。

3. 16V280ZJ 型柴油机的气门机构由哪些主要零件组成？它们各有什么作用？

4. 16V280ZJ 型柴油机的气门驱动机构由哪些主要零部件组成？它们各有什么作用？

5. 说明 16V280ZJ 型柴油机配气机构的检修主要技术要求。

6. 16V265H 型柴油机配气机构由哪些部件构成？

7. 简述 16V265H 型柴油机气门机构的工作原理。

8. 简述 16V265H 型柴油机凸轮轴的特点。

9. 16V265H 型柴油机进气阀和排气阀有哪些特点？

10. 气门间隙调整不当，可能会发生哪些故障？

任务 2-4　进排气系统认知

【任务描述】

进排气系统是柴油机的重要组成部分之一。对柴油机进排气系统的工作原理、结构认知是机车乘务员、机车检修人员所必需的，要全面了解进排气系统的组成结构、工作特点、工作要求、检修主要技术要求等。

【任务目标】

- 能说明柴油机进排气系统的作用；
- 能掌握 16V280ZJ 型、16V265H 型柴油机进排气系统的基本组成；
- 能说明进排气系统主要零部件的工作原理；
- 能说明进排气系统运用中的几个常见问题。

【任务学习】

子任务 2-4-1　16V280ZJ 型柴油机进排气系统

子任务 2-4-1-1　废气涡轮增压系统

一、任务与工作原理

增压系统的作用是利用气缸排出的高温、高压废气，进入增压器的涡轮继续膨胀做功，驱动涡轮并带动同轴的压气机旋转，使流经压气机的新鲜空气压力升高，再经中冷器冷却，使增压后的空气温度降低，密度增大，增加进入气缸的空气量，从而可以喷入更多的燃油燃烧，以提高柴油机的输出功率。

柴油机的增压系统按排气管路结构形式分类，有定压增压和脉冲增压两种基本形式。定压增压的特点是各缸的废气排入一个容积较大的排气总管，使进入涡轮的废气压力趋于恒定。涡轮效率较高，适宜于在高工况下稳定运行的柴油机。但在低工况时，因排气管容积较大，压力变化小，故增压器的反应较慢，加速性差且易造成某些气缸的扫气干扰，各缸排气温差较大。脉冲增压系统因排气管短而细，排气管内的废气有较大的压力变化，几个气缸连成一根排气管能充分利用废气脉冲压力波的能量。脉冲增压系统比较适宜于在低负荷或变工况下运行的柴油机。

16V280ZJA 型柴油机的排气管路采用 MPC 系统（又称模块式串接脉冲转换器系统），兼顾上述两种增压系统的优点，且部件结构简单、拆装方便、互换性好。其增压系统由 MPC 排气管路、废气涡轮增压器（VTC254-13G 或 ZN310-LSA4 型）、中冷器、进气管路四部分组成，见图 2-4-1。

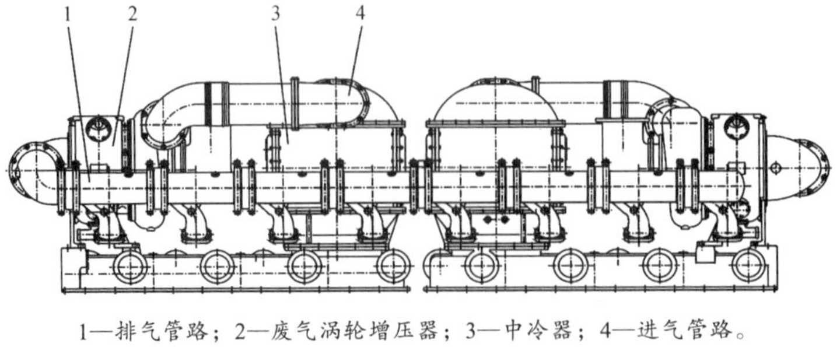

1—排气管路；2—废气涡轮增压器；3—中冷器；4—进气管路。

图 2-4-1　16V280ZJA 型柴油机增压系统

二、进排气系统

（一）排气系统的结构

16V280 系列（包括 16V280ZJ 型、16V280ZJA 型、16V280ZLD 型）柴油机排气管道系统由排气管、波纹管、涡轮进气弯管、管卡等组成，分布于柴油机上部两侧。每侧气缸内废气经排气阀进入各缸对应的排气管，经波纹管汇入涡轮进气弯管后，进入增压器的喷嘴环。

16V280ZJ 型柴油机开始研制时采用纯脉冲系统。这与当时的铁路形势是相适应的，柴油机实际运用功率不大，功率储备较多。采用纯脉冲系统结构，每个涡轮有 4 个燃气进口，排气管直径较小。排气管与引射喷管之间采用活塞式膨胀节连接，以消除排气管因受热膨胀而产生的伸长量。在 16V280 系列柴油机批量生产后，为提高增压器的涡轮效率，改为双脉冲转换系统。其方法是：保持原纯脉冲排气支管不动，将增压器向两端分别外移，在增压器与排气支管间加入两个脉冲转换器。每个脉冲转换器为双进单出，两根排气支管汇总后，进入转换器的一个进口。这样，每个增压器涡轮为双进口，连接两个转换器，两个转换器共 4 个进口，连接 8 根排气支管。对于 16 缸机来说，采用此结构与纯脉冲相比，解决了各缸排气间隔不均匀造成的气流波动大的问题，可使进入涡轮的废气更平稳，提高了涡轮效率，大大改善了气缸的扫气条件。

20 世纪 80 年代中期，随着铁路运输的发展，需要更大功率的机车柴油机。因此，迫切需要一种与之匹配的高增压、高效率、有较好工作可靠性的先进增压器。于是，选用了按引进国外技术制造的 VTC254 增压器来取代原 320P 型增压器。由于该类增压器的涡轮当量面积较小，而脉冲系统在压力波峰时要求的涡轮流通面积较大，因此又设计了 MPC 系统来与 VTC254 增压器相配套。

MPC 系统就是将每个缸的排气管设计成相同的脉冲转换器，通过过渡管连接成一体，将气流引入增压器。它是一个准定压系统，既具有定压系统的简单结构，又有脉冲系统的优点。采用 MPC 系统后，管路结构大大简化，组装也明显方便。由于从双脉冲系统转换到 MPC 系统时采用了高效的 VTC254-13 型增压器，因此实际油耗反而得到了全面改善，在高负荷时更体现出 MPC 系统的优点，油耗下降尤为明显。同时，MPC 系统克服了双脉冲系统气流不均、气流对涡轮冲击大的缺点，大大改善了增压器的工作可靠性。目前，16V280ZJ 型、16V280ZJA 型和 16V280ZLD 型均采用同一种 MPC 系统。

MPC 系统结构的关键参数为总管直径 D_m、支管引射角 α 和引射支管的喉口截面面积 F_n。三者均有一个最佳值。D_m 过小，管内废气流动损失大，压力波动大，有用能传递效率低；D_m 过大，排气阀等处的节流损失也大。从能量损失角度看，α 应尽可能小，但过小的 α 反过来使支管弯道阻力损失加大，且铸造工艺难度加大。F_n 小，可改善扫气效果，提高总管的功能，但 F_n 过小，又会降低有用能传递效率。考虑各种因素，对上述三个主要参数进行了多方案的比较试验，最后确定了目前这种 16V280 型柴油机的 MPC 系统。因此，该系统具有耐高温、脉冲能量利用率高的特点。单个排气管段的结构如图 2-4-2 所示。

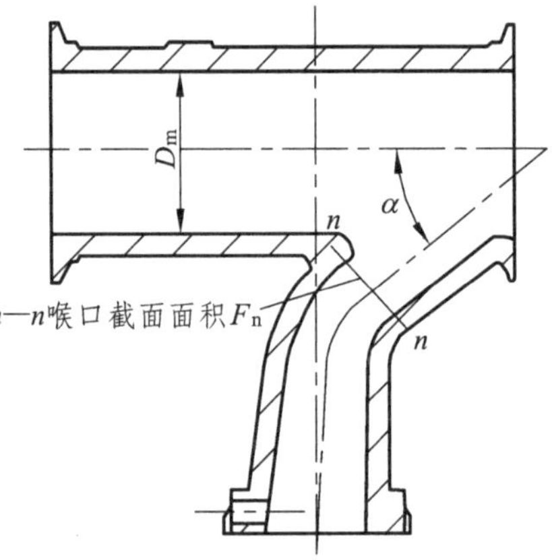

图 2-4-2　MPC 系统单个排气管简图

在排气管段间，采用波纹管连接，有效地解决了排气管的热膨胀与振动冲击，从而达到了保护增压器的目的。波纹管采用耐高温不锈钢材料，经氩弧焊焊接而成。内衬导流管与外波管焊成一体，防止气流对内衬导流管的热冲击振动，不会导致内衬导流管脱落而损坏增压器。波纹管结构如图 2-4-3 所示，该波纹管的外波管由三层薄钢板构成，有较好的伸缩性和横向偏移补偿能力。

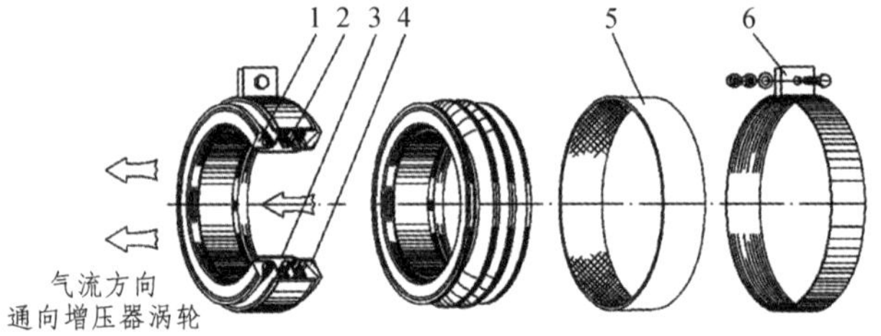

1—带脚法兰；2—波纹管；3—内衬导流管；4—无脚法兰；5—无尘石棉带；6—波纹管隔热罩。

图 2-4-3　波纹管组件

内衬导流管由不锈钢板压制并焊接成形，耐热负荷、抗冲击性较好。

波纹管与排气管、涡轮进气弯管的连接采用管卡件，有效地解决了各段排气管装配时对中偏差的问题，并且拆装方便。

（二）进气系统的结构

16V280ZJ 型和 16V280ZJA 型柴油机由于在机车上使用，其空气滤清部分独立成空气滤清系统，并分装于机车动力室的两侧壁上，每套系统由两个旋风式空气滤清器和 4 个铝板网空气滤清器构成。16V280ZLD 型柴油机作发电用，空气滤清器装于增压器的进气口，兼作进气消声器。

16V280 系列柴油机的进气管道系统由两套相互独立的进气弯管、软接管、进气直管、中冷器弯管、中冷器管接座、稳压箱等组成。柴油机两端的增压器涡轮受废气冲击和膨胀做功而高速旋转，带动同轴连接的压气机旋转，使压气机吸入并压缩新鲜空气，以提高新鲜空气的密度和压力。空气从压气机进入各自对应的进气弯管，经进气直管、中冷器弯管进入中冷器，完成冷却后，经中冷器管接座流入稳压箱。

进气弯管与进气直管间用材料为夹布氟橡胶的软接管来连接，具有耐高温、不易老化的特点。采用软接管可解决进气弯管与进气直管间因受热变形及安装时两者偏差引起的不对中的问题。进气直管上装有超速保护装置。进气弯管、进气直管和中冷器管接座采用铸铝材料，以尽量降低柴油机的质量。

稳压箱是进气系统中的重要零件。稳压箱分前后两个，固定在机体 V 形夹角间的顶部，与机体顶部的空腔共同构成储气稳压室。两股从增压器进来的独立的新鲜空气在此汇合成一股，加以稳定后流入气缸内。稳压室容积的大小，决定柴油机加速性能的好坏、进入各缸气体是否均匀稳定以及扫气质量等。稳压室容积较小，则加速性较好，但稳压室容积过小，就不易保证增压中冷后的空气气流稳定，易使各缸进气压力波动大，造成各缸工作不平衡，还会影响气缸充量和扫气质量。因此，合理设计稳压室，确定稳压室的容积大小，是一个重要的课题。一般来说，进气稳压室容积与柴油机工作容积之比为 0.8 ~ 1.5。另外，稳压箱进出口结构对增压空气的流动阻力损失的影响也很大。16V280ZJA 型柴油机在保持原型机稳压室容积的条件下，进一步修改了稳压箱的进口，改进了工艺结构，大大降低了气流的流动阻力损失。图 2-4-4 为 16V280ZJA 型柴油机后进气稳压箱。

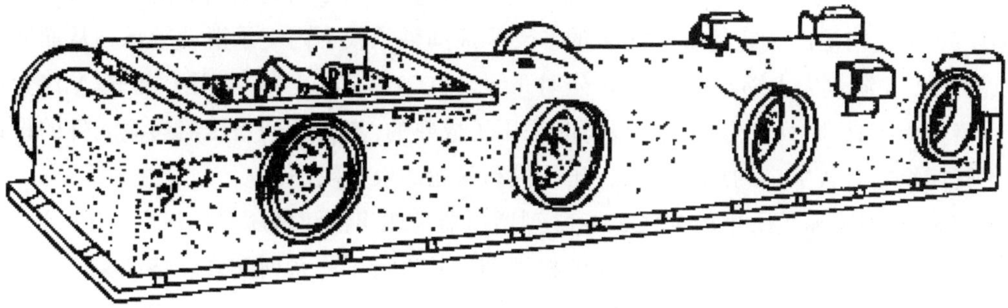

图 2-4-4　后进气稳压箱

两个稳压箱的 16 个出气口（各有一个卡槽，O 形密封圈就卡在槽中），与 16 个气缸盖的进气口一一对应。在安装气缸盖时，通过 O 形密封圈，稳压箱出气口自动地与气缸盖进气孔贴紧，保证了空气密封。稳压箱的特点是结构简单，密封性好，拆装方便实用。

三、进排气系统检修主要技术要求

（1）进气软接管要求能耐温 200 °C 以上并且要能承受 0.4 MPa 的工作压力。稳压箱出气口卡槽中的 O 形橡胶密封圈要求能耐温 150 °C 以上。

（2）所有铸焊件均应进行 0.5 MPa 的水压试验，历时 5 min，不得渗漏。

（3）波纹管不应有明显的变形，内衬导流管与外波管、法兰等应基本同轴。

（4）安装排气管道时，应先坐落各段排气管，然后用管卡将波纹管连接至各段排气管，转动排气管以基本对中，再紧固排气管，然后将管卡卡紧。卡紧管卡时，应防止波纹管法兰与排气管法兰间的垫片偏落到轴心线的下方。波纹管安装时，应特别注意安装方向，带脚法兰与内衬导流管小口应顺着气流方向，朝向增压器一侧，严禁反方向安装。

（5）修理时应更换老化的 O 形橡胶密封圈。

（6）排气管不得有裂纹，对不严重的裂纹允许补焊，补焊后应重做前述的水压试验。破损的隔热层应重新包扎。

（7）波纹管不得有变形裂漏，内衬导流管翻边处不允许有任何伤痕裂纹。

子任务 2-4-1-2　涡轮增压器

涡轮增压器由压气机、涡轮以及中间支承体、燃气进排气壳、压气机进出气壳等构成。涡轮靠废气推动旋转，经转子轴驱动压气机工作。压气机用于压缩空气，提高空气密度。中间体则起支承、密封、冷却、润滑等作用。

一、VTC254-13 型涡轮增压器

VTC254-13 型增压器是由瑞士 ABB 公司设计制造的 VTC 系列增压器的母型机，最早于 20 世纪 80 年代初推出。它将 VTR254 的外支承滚动轴承改为内支承滑动轴承，从而使结构非常紧凑，尺寸质量大大缩小。据 ABB 公司介绍，VTC254 有 30%左右用于机车。VTC254-13 型增压器作为 VTC 系列的母型机，设计时采用了成熟的 VTR 系列增压器通流元件的设计经验，这就使得它有较宽广的运行特性，压气机和涡轮的效率较高。

16V280 系列柴油机所用的 VTC254-13 型增压器是四川江津增压器厂按照 ABB 公司技术生产的，1987 年开始与 16V280ZJ 型柴油机配套，并进行了一系列配合调整试验，其匹配的综合效率可达 60%，基本满足 16V280ZJ 型柴油机的要求。

（一）技术参数及元件规格代号

1. 技术参数

VTC254-13 型涡轮增压器技术参数如表 2-4-1 所示。

表 2-4-1　VTC254-13 型涡轮增压器技术参数

参　数	数　值
增压比	3.2
增压空气额定容积流量/（m^3/s）	2.9
增压空气额定质量流量/（kg/s）	4.68×（1±3%）
增压器允许转速/（r/min）	28 600×（1±2%）
增压器允许最高转速/（r/min）	29 400
涡轮前允许温度/°C	600

续表

参　数	数　值
涡轮前允许最高温度/°C	630
压气机进口真空度/kPa	≤2.45
涡轮背压/kPa	≤2.94
标定滑油进口压力/MPa	0.25 ~ 0.4
滑油最大流量/（L/min）	25
冷却水最大流量/（L/s）	1.0
净重/kg	465
空间尺寸/mm	1 193.5×650×777.5

2. 铭牌型号规格说明

铭牌型号规格说明如图 2-4-5 所示。

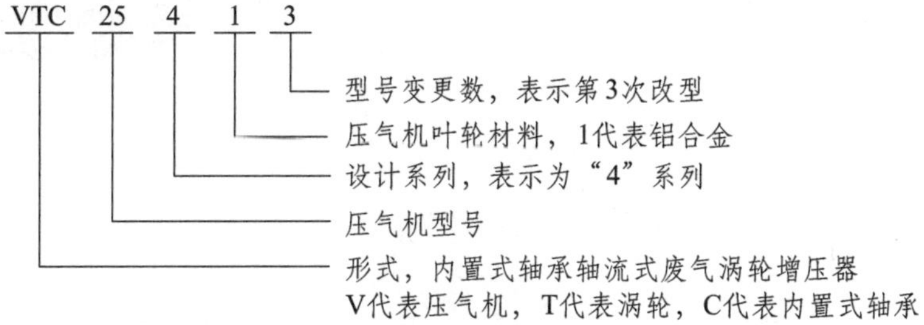

图 2-4-5　铭牌型号规格说明

（二）VTC254-13 增压器结构

VTC254-13 增压器结构如图 2-4-6 所示。

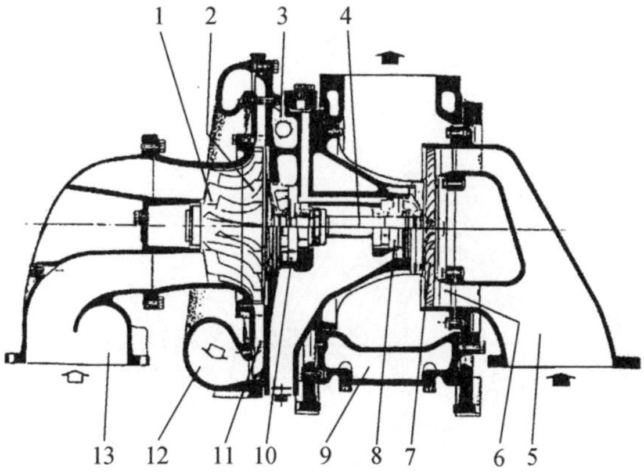

1—导风轮；2—压气叶轮；3—轴承座；4—转子轴；5—燃气进气壳；6—喷嘴环；7—涡轮叶轮；7—涡轮端轴承；9—燃气排气壳；10—压气机端轴承；11—扩压器；12—蜗壳（空气排气壳）；13—吸气弯头。

图 2-4-6　VTC254-13G 涡轮增压器

压气机为单级离心式，由吸气弯头13、导风轮1、压气叶轮2（工作轮）、扩压器11和蜗壳12等组成。吸气弯头呈环形渐缩弯道。中间凹进去部分便于安装测速传感器。导风轮采用10片长叶片和10片短叶片间隔分布，以增大流量范围，避免气流在导风轮进口处发生堵塞。压气叶轮为半开式，叶形为后弯形，这使得它的反作用度大、出口马赫数低、气动性好、效率高。导风轮和压气叶轮均由锻铝件机加工成形。扩压器叶片部分为机翼型叶片，共有19片，采用球铁铸造并经机加工成形。机翼形叶片流动损失小，变工况性能好，因此它比直线形或圆弧形叶片具有更高的效率。

压气机端结构如图2-4-7所示，导风轮与压气叶轮部分如图2-4-8所示。涡轮结构如图2-4-9所示。

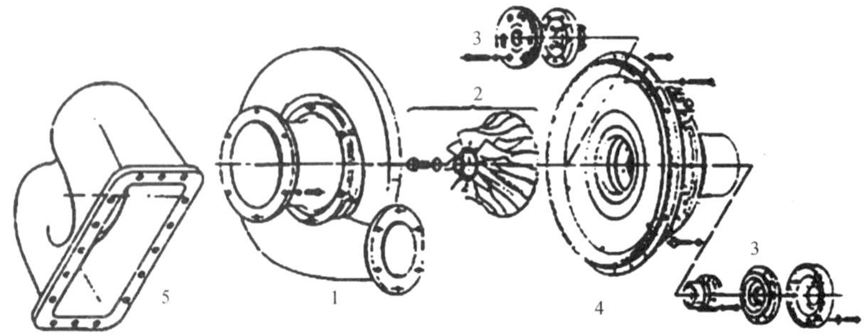

1—叶轮罩与蜗壳；2—导风轮与压气叶轮；3—压气机端轴承；4—轴承座；5—吸气弯头。

图2-4-7　压气机端

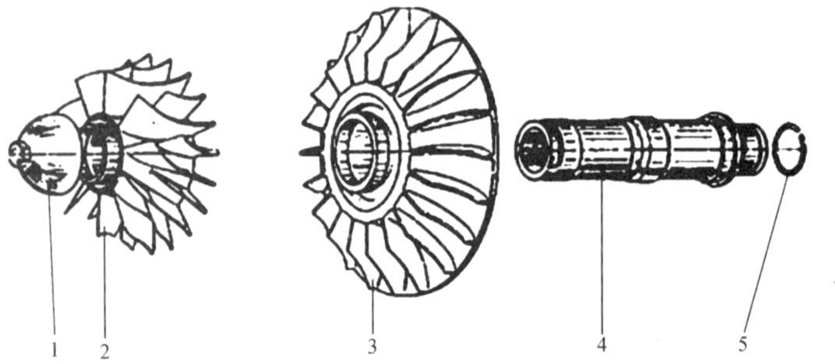

1—帽；2—导风轮；3—压气叶轮；4—叶轮衬套；5—迷宫式密封环。

图2-4-8　导风轮与压气叶轮总成

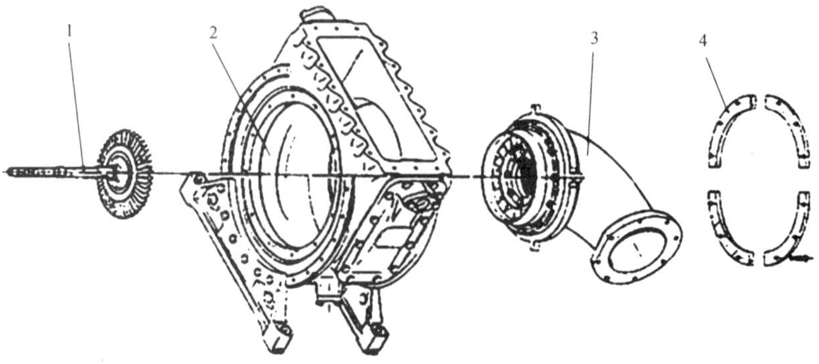

1—转子轴；2—燃气排气壳与支架；3—喷嘴环与燃气进气壳；4—扇块。

图2-4-9　涡轮结构

涡轮为单级轴流式，由废（燃）气进气壳 5、喷嘴环 6、涡轮叶轮 7、废（燃）气排气壳 9 组成，如图 2-4-6 所示。16V280 系列柴油机排气系统为 MPC 系统，所以燃气进气壳为单进口，它与燃气排气壳法兰的连接可根据排气系统连接管的位置不同而调整角度，以减小废气在弯道的流动损失。进气壳出口处装有喷嘴环，如图 2-4-10 所示。喷嘴环采用耐温不锈钢材料，整体精密浇铸成型。其特点是：喷嘴叶片出口角误差小、精度高，通流面积和流道形状稳定，耐高温强度好，性能稳定，互换性强。涡轮叶片采用真空精密浇铸，由于承受相当高的热负荷和冲击负荷，其材料采用高强度镍基合金，叶根部分通过磨削使梅齿成形。叶片上的拉筋孔为带凸台的圆形孔结构（原结构为椭圆形孔结构），采用线切割加工而成。涡轮叶片与主轴轮盘靠齿形梅头连接，以锁紧垫片锁定。叶片间拉筋孔中穿接有拉筋丝，防止叶片因自振引起损害。拉筋丝由耐高温、耐锈蚀强的镍基合金制成。

增压器的密封由气封和油封两部分构成。压气机端和涡轮端的气封为迷宫式密封环，分别装于压气叶轮衬套上和转子轴的涡轮端上（见图 2-4-8 和图 2-4-11）。油封由两端的油封环承担，分别与轴承配合在一起（见图 2-4-12 和图 2-4-13）。润滑油的密封由油封和气封共同承担，缺一不可。

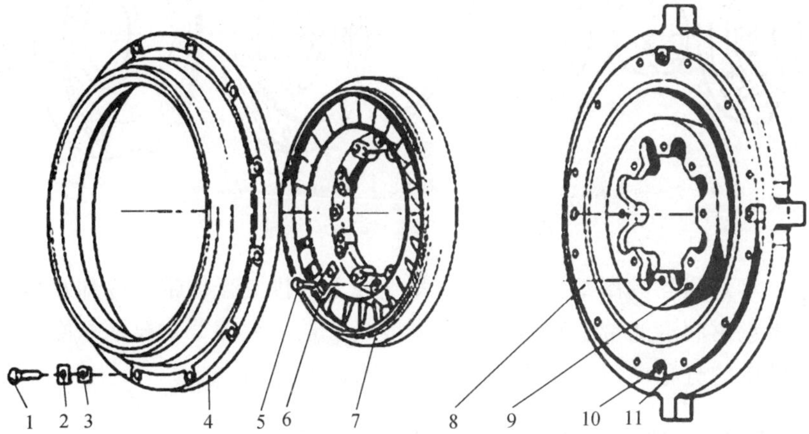

1，5，10—螺栓；2，3，6，11—止动垫片；4—喷嘴罩；7—喷嘴环；8—燃气进气壳；9—销。

图 2-4-10　喷嘴环与燃气进气壳

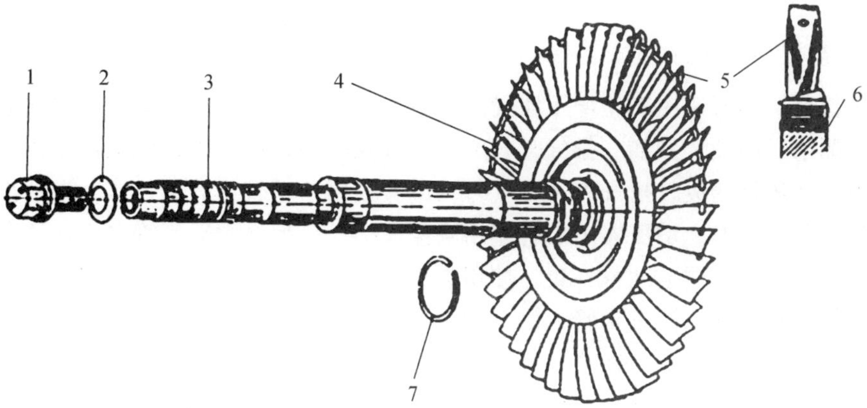

1—螺栓；2—弹簧垫片；3—光轴；4—拉筋丝；5—涡轮叶片；6—锁紧垫片；7—迷宫式密封环。

图 2-4-11　转子轴

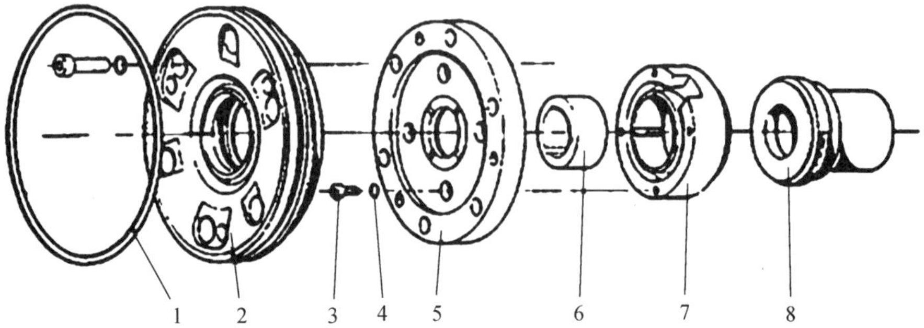

1—油封环；2—油封盖；3—螺栓；4—锁紧垫片；5—辅助轴承；6—浮动套；7—滑动轴承；8—推力轴承。

图 2-4-12　压气端轴承组成

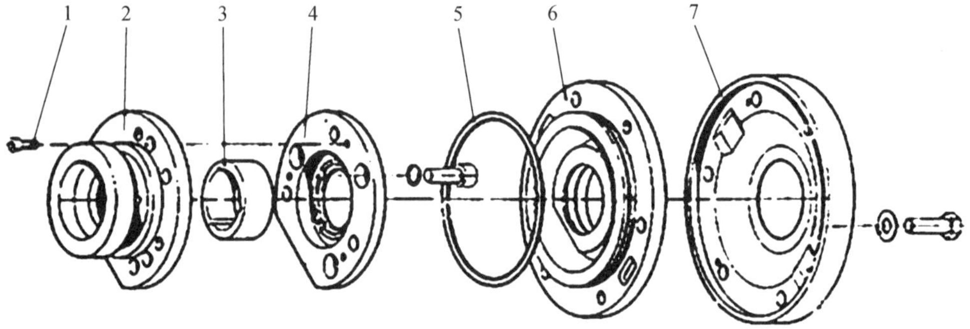

1—螺栓；2—轴承座；3—浮动套；4—垫圈；5—油封环；6—油封盖；7—端盖。

图 2-4-13　涡轮端轴承组成

VTC254-13 型增压器的冷却集中在燃气排气壳上。排气壳体带有冷却水腔，废气传给增压器的热量，少量由润滑油带走和增压器本身散热带走，大部分主要是靠冷却水冷却。为保证冷却水在水腔中的分布均匀，冷却水的流向为低进、高出。

（三）VTC254-13 型增压器的使用要求

增压器在使用过程中，必须严格按照有关规定和要求操作，否则易导致增压器的非正常损坏。

1. 使用的配套要求

与增压器连接的管道应防止增压器受附加应力，以避免工作时振动大而引起疲劳破坏，造成漏气、漏水、漏油。例如，排气管与废气进气壳间装有波纹管；发电用柴油机采用室外进、排气时，增压器的废气排气壳和吸气弯头应分别用活动管或软管过渡；滑油出油管、冷却水进水管用胶管过渡；增压器出水管端用法兰连接后，另一端采用管接头连接。

增压器的冷却水应同柴油机一致，使用去离子水，以防止增压器水腔因积垢、积污而造成热交换不畅和水流堵塞。进水管一般在增压器底部，出水管在增压器两侧的上部，错接会造成无法冷却或不完全冷却。在柴油机标定转速时，冷却水进出口温差应控制在 8 ~ 12 °C，以防因温差过大造成增压器冷却水腔产生不必要的应力与变形；出水温度应低于 95 °C，以免冷却不足。

2. 供油要求

增压器润滑油要求有一定的工作压力范围。16V280 型柴油机的增压滑油管路带有一套油压保护装置。机油从柴油机主油道出来，经增压器滤清器进入四通阀。四通阀的三个出口，一个接一组继电器，一个接压力表，一个接调压阀。油经调压阀进入增压器进油口。由于进油口节流孔的限流，节流孔前的油压要高于节流孔后的油压。因此，压力表的值在柴油机标定转速时要求在 0.25 ~ 0.40 MPa。若表压值高于 0.4 MPa，调压阀就旁通卸压。在任何工况下，增压器内的工作油压不允许低于下限 0.06 MPa。因此，各工况的最低工作压力均要高于此值，解决方法由继电器来实现。继电器每组两个：一个控制柴油机油压最低值；另一个控制柴油机常用工况低限值。当柴油机转速为 400 r/min 时，表压若低于 0.06 MPa，一个继电器动作，柴油机就停车；当柴油机负载，转速为 720 r/min 左右时，表压若低于 0.2 MPa，另一个继电器动作，柴油机自动卸载降速。

对于润滑油，要求进增压器时其滤清精度小于 20 μm，启动时滑油温度高于 10 °C。

二、ZN310-LSA 型涡轮增压器

ZN310-LSA 型增压器是专为 16V280 型柴油机配套，由大连内燃机车研究所设计制造的（见图 2-4-14）。该增压器于 1989 年完成样机性能试验和可靠性试验，1989 年和 1990 年进行了三次配套试验，1991 年装于 DF_9 型机车进行线路运行考核试验，1993 年年底顺利完成 15 万千米线路运行考核试验。试验完成后拆检证明，该增压器情况良好，可满足 16V280 型柴油机的使用要求。

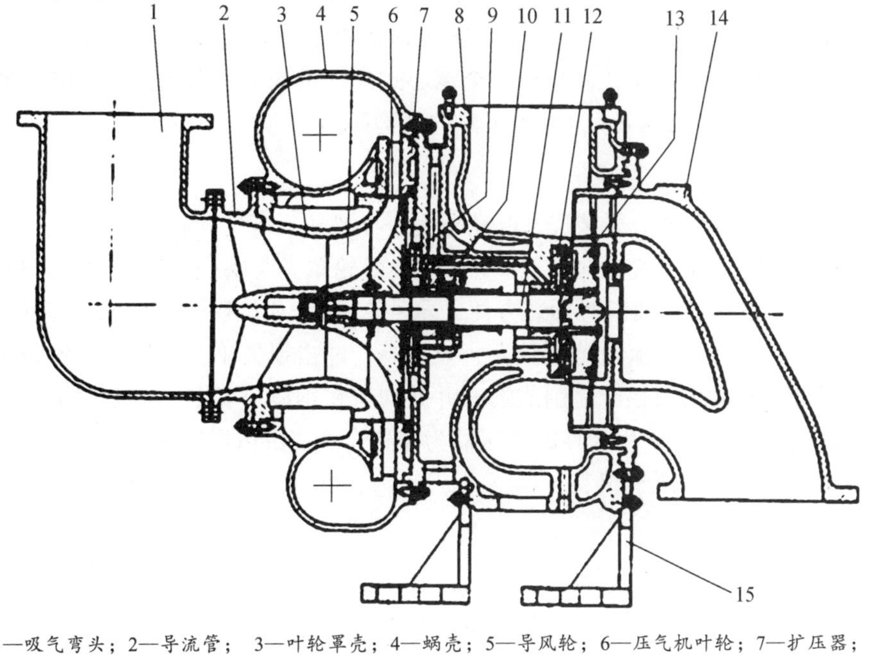

1—吸气弯头；2—导流管；3—叶轮罩壳；4—蜗壳；5—导风轮；6—压气机叶轮；7—扩压器；8—涡轮出气壳；9—压气机气封圈；10—压气机端轴承总成；11—转子；12—涡轮端轴承总成；13—喷嘴环；14—涡轮进气壳；15—支架。

图 2-4-14 ZN310-LSA 增压器结构简图

（一）主要技术参数

ZN310-LSA 型增压器主要技术参数如表 2-4-2 所示。

表 2-4-2　ZN310-LSA 型增压器主要技术参数

参　数	数　值
增压器允许最高转速/（r/min）	24 500
涡轮前允许最高温度/°C	650
压气机进口真空度/kPa	≤2.94
涡轮背压/kPa	≤1.96
滑油进口压力/MPa	0.25 ~ 0.4
滑油出口温度/ °C	≤100
滑油滤清精度/μm	15
冷却水出口温度/ °C	≤80
转向（从压气机端看）	逆时针
质量/kg	≤600
空间尺寸/mm	1 194×665×778

（二）ZN310- LSA 型增压器结构

ZN310-LSA 型增压器，代号中 Z 表示轴流式涡轮增压器，N 表示内置支承，310 表示压气机叶轮外径约 310 mm，LS 表示连所（即大连内燃机车研究所），A 表示设计更改型号为第一次设计。它由一个单级轴流式涡轮和一个离心式压气机构成，采用内置式滑动轴承结构，外供冷却水和润滑油。图 2-4-14 为该增压器的结构简图。

1. 压气机部分

压气机部分由吸气弯头、导流壳、叶轮罩壳、导风轮、压气叶轮、扩压器、蜗壳等构成。吸气弯头为铸铝件，引导空气轴向进气。导流壳、叶轮罩壳与蜗壳为铸铁件，分开设计制造，使得结构简单，检修转子、轴承时拆装方便。导风轮由 20 片长短叶片构成，其特点是防堵塞效果好，在高压比高转速时流量范围较大，效率高，冲击损失小。压气机叶轮为半开式直叶片，它与导风轮一样均由锻铝经铣削成形，并共同压在钢质衬套上，由销键定位，从而保证了整个组件的动平衡。有 19 片叶片的扩压器为铸铝合金，由仿形铣床加工成机翼形，它与扩压器盖板连接成一组件，便于组装与调整。

2. 涡轮部分

涡轮部分由涡轮进气壳、喷嘴环、涡轮叶片、涡轮出气壳等构成。喷嘴环由耐高温强度较好的 2Ci13 合金钢整体精铸而成，靠 6 个耐热合金螺栓固定在进气壳上，并用耐热康铜丝锁住。喷嘴环镶套也紧固在进气壳上，以保护喷嘴环。涡轮动叶片由精密浇铸的 39 片单片构成，每片叶片采用大头厚叶形。叶根榫头为枞树形，经磨削成型，安装时镶在涡轮盘上，用锁紧片轴向锁定。涡轮进气壳与出气壳均为铸铁件，出气壳采用大排气腔结构，流场分布均匀，可大大降低余速损失。

涡轮部分的设计着重考虑了解决 16V280 型柴油机部分负荷时性能下降的问题，同时兼顾了高工况时的涡轮效率。在设计时，喷嘴入口到动叶出口根部直径逐渐倾斜，沿叶高采用等密度流及等环量的径向扭曲，叶栅较大的正冲角增大了进口流道宽度和收敛度，减小了背叶外廓线的弯度。这样，气流在大焓降、高马赫数时，在进气参数大幅度变化时，其工作状态均令人满意。试验表明，该增压器在变工况时，叶形损失较小且变化小，抗振强度和抗腐蚀性良好，涡轮效率较高。

3. 支承、密封与冷却

增压器的内置支承为悬臂式布置，转子支承在压气机端和涡轮端的两个径向轴承上。涡轮端轴承为单一的径向轴承，靠螺钉定位在轴承座上。压气机端由径向轴承和推力轴承组成，具体结构为：径向轴承由螺钉定位在轴承座上；止推垫板、推力轴承体、推力轴承端板和导油罩用螺栓固定在轴承座上；承受轴向力的主、辅止推轴承装于轴承座内侧的推力轴承端板与止推垫板间。这一结构具有紧凑、体积小，拆装方便的特点。

整个增压器由压气机端支架和涡轮端支架支撑。

增压器的油封，采用活塞环结构。压气机端轴承的滑油密封由油封圈、安装在油封圈上的弹性密封圈和甩油盘构成。涡轮端轴承的滑油密封由主轴的反螺纹油封槽与气封圈内圆面构成。

增压器的气封，压气机端由气封圈和压气叶轮背面所组成的径向迷宫式气封构成，涡轮端由气封圈的迷宫式气封槽与涡轮盘内侧凸肩构成。

增压器涡轮的冷却由涡轮出气壳承担。出气壳为双层水冷结构，主要靠冷却水冷却，滑油兼作轴承冷却。

（三）运用与维护保养

1. 安装及对油、水的要求

安装前，应检查增压器各接口是否有保护封口，若封口损坏，应检查内腔，确保无异物进入。

安装时，应防止增压器承受附加应力，凡与增压器连接的管道，应安装可伸缩的膨胀补偿管或采用耐温、耐油的橡胶套。

冷却水管用法兰连接，进水管内径≥32 mm，出水管内径≥34 mm。冷却水必须在涡轮出气壳底部进，出气壳上部两侧同时出。

滑油管要求进油管内径≥15 mm，回油管内径≥32 mm。回油管必须在增压器底部引出，尽量不要有弯道，以免回油阻力太大。

进油管道应装有油压保护装置，当工作油压低于 0.06 MPa 时，油压继电器动作，柴油机停车；当柴油机负载、转速为 720 r/min 左右时，若增压器进油压力低于 0.2 MPa，油压继电器动作，柴油机卸载；搁置时间若超过一个月后安装使用，应检查转子是否灵活，拨动时手感应轻松灵活，无碰擦声；拆下涡轮出气壳和蜗壳底部的油堵，可放出积水和积油。

增压器应使用去离子水来冷却，冷却水进出口温差为 8 ~ 12 °C，出水温度应低于 90 °C。

2. 清　洗

检修时，拆下的涡轮出气壳可用 5%的盐酸溶液进行清洗，清洗液中应添加防腐剂，以防止铸铁锈蚀。

3. 检　修

增压器的定期检修范围参照 VTC254-13 增压器。检修时，复测转子轴向间隙（间隙值应为 0.18 ~ 0.28 mm）。

子任务 2-4-1-3　空气滤清器

一、空气滤清器的作用

空气滤清器拦阻或去除进气中的灰尘和杂质，以减少气缸套、活塞环、活塞及气门等机件的磨损和故障，同时还可以减少对机油的污染。

机车用空气滤清器的形式有离心回旋式、叠纸滤芯式、金属板网式、泡沫塑料滤芯式、油浴式等基本形式，以及由上述基本形式组合成的复合滤清型结构。

尽管空滤器的形式多种多样，但其滤清原理基本上有三类：

（1）惯性法：引导气流高速旋转，利用离心作用把空气中所含的灰尘和杂质分离出来。

（2）油浴法：使空气快速掠过机油面，利用机油的黏性，粘住气流中的杂质。

（3）拦阻法：滤芯的空隙密而细，当空气通过滤芯时，空气中的杂质被阻挡在滤芯外。

二、空气滤清器的结构

柴油机要求空气滤清器有高的滤清效率，对空气的流动阻力小，清洗保养前的连续使用期长，维修方便。

DF_{8B} 型内燃机车采用离心回旋-金属板网复合式空气滤清装置。两套空气滤清装置分别安装在机车动力室的车体左、右侧壁上，担负着前、后两台增压器的进气滤清任务。柴油机工作时，外界空气先经离心回旋式过滤装置进行一级滤清，然后进入钢板网滤清装置进行二级滤清。清洁空气经风道及帆布连接套后进入压气机升压，压力空气经中冷器冷却后进入稳压箱。

离心回旋式过滤装置如图 2-4-15 和图 2-4-16 所示，每个旋风筒是一个过滤单元。旋风筒由旋风筒体和出风口两部分组成，两部分皆采用聚酰胺树脂压注成型。

旋风筒体上有 8 个扭曲的导向叶片。柴油机工作时，外界空气被吸入旋风筒，并沿 8 个导向叶片旋转前进。由于离心的作用，空气中的杂质被甩向筒壁并碰落在框架底部，以后逐渐进入储尘袋暂存，而空气则经中央的出风口进入内部风道去进行二级滤清。橡胶制成的弹性储尘袋平时呈闭合状态，当需要除尘时，用手捏动下部，排尘口打开，排出灰尘杂质。

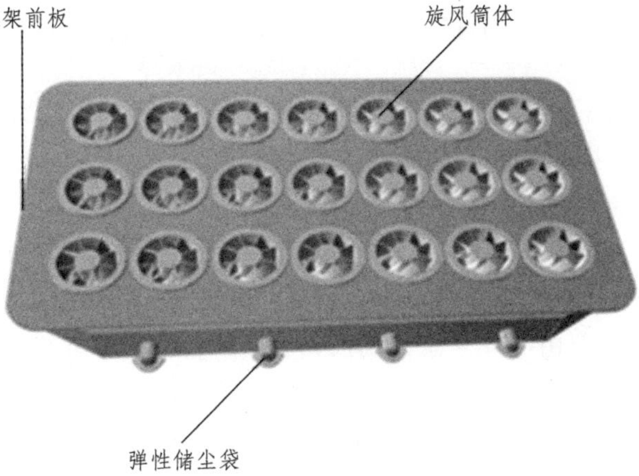

图 2-4-15　旋风过滤装置

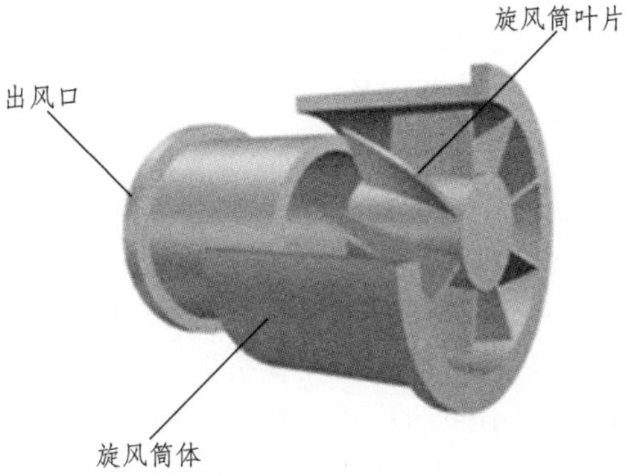

图 2-4-16　旋风筒

二级滤清为钢板网滤清器组，每一组滤芯安装在同一框架中。每组装有 4 个滤清元件，每个元件由 6 层钢板网叠成，中间 4 层为细滤网，外部 2 层为粗滤网。粗、细滤网是用薄钢板冲出不同尺寸的菱形网眼而区分的，相邻 2 层板网上的网眼交错 180°角。网眼的边棱上储有机油，当空气流过 24 层钢板网时，交错的网眼使空气曲折流动，空气中的尘埃杂质被网眼边棱上的机油所黏附。每个框架上还装有拉手、弹簧和挂钩，弹簧用来把滤清器组压装在空滤器风道构架上。当机车途径多风沙、暴风雪及空气污染严重地区时，可打开空滤器下部的内进气活门，使压气机抽吸车体内的空气。在正常情况下，内进气活门仅用来清扫风道和除尘。

三、空气滤清器的保养

要重视对空气滤清器的保养。旋风过滤装置要定期除尘，钢板网滤清元件要定期清洗，并要重新浸渍在干净的机油内，然后垂直提起滴干，重新装入风道。如长期不洗，则网眼堵塞或油膜干结，将会使进气真空度增大，气缸内充量不足，从而使柴油机的动力性和经济性下降，同时也可能由于大块尘埃掉入气缸而增加气缸套和活塞组的磨损。

子任务 2-4-1-4　中冷器

中冷器是柴油机增压系统中一个比较简单的部件，但它对提高柴油机的功率、改善柴油机的性能，有着不可忽视的作用。随着增压度的不断提高，中冷器已经被普遍采用，成为进一步强化现代增压柴油机的一个不可缺少的装置。

16V280ZJA 型柴油机采用管片式铜中冷器，有 GEA（芜湖）公司生产的 KLQ53D 型中冷器（圆管结构）和大连通用热动力公司生产的 MBKL64 型 DF_{11}、DF_{8B} 机械连接式中冷器（扁管结构）两种。它主要由冷却芯子、侧板和进出水盖板三部分组成。其中，冷却芯子中的翅片管用胀接法与两端管板连接在侧板上。侧板与管板之间、进出水盖板与管板之间采用石棉橡胶板垫片，实现水、气两侧的密封。根据冷却设计需要，KLQ53D 型中冷器的进出水盖板上设有隔板，把水腔分成三部分，使冷却水实现三流程。而 MBKL64 型中冷器则为单流程。

冷却芯子采用 S99 多管-片式冷却元件，在圆管（或扁管）外套有扰动破口的散热片，用于冷却增压空气。冷却水在管内流动，空气在管外流过翅片管束，增压空气的热量通过管内冷却水带走，达到冷却增压空气的目的。

一、KLQ53D 中冷器

KLQ 系列中冷器的冷却芯子由冷却芯管（圆管）和冲有破口的翅片构成。芯管和翅片通过胀接连接，再用胀管器把芯管两端胀紧在管板上。侧板与管板采用螺栓连接。进出水端盖与管板的连接也采用螺栓，中间加垫片密封。进出水端盖上带有隔板，隔板将冷却芯子隔成三流程。该类中冷器具有散热性能好、寿命长、易清洗的特点。其外形结构见图 2-4-17。

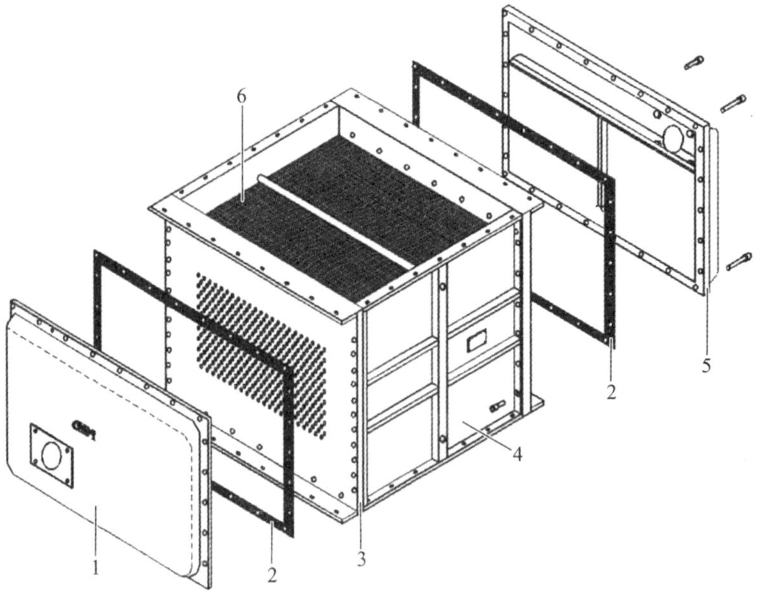

1—进水端盖；2—端盖垫片；3—管板；4—侧板；5—出水盖板；6—翅片和管板。

图 2-4-17　KLQ 系列铜中冷器结构

1. 主要技术参数

中冷器型号	KLQ53D
中冷器进水温度	50 °C
冷却水流量	50 m^3/h
中冷器出口温度	≤65 °C
空气压力损失	≤4.0 kPa
散热量	412 kW
冷却面积	53 m^2
质量	240 kg

2. 检 修

该型中冷器大修前原则上不拆检，中修时对中冷器做整体压力试验后进行检查。同时，检查进气侧散热片是否变形，对变形严重的散热片进行校正。对于发生漏水的中冷器，应按如下步骤进行。

（1）校正散热片。

变形的散热片需校正，否则影响气道的流通阻力。

（2）管漏的处理。

水管漏水，可用堵管、内套芯管来解决。

① 堵管：可用坚硬的木塞、橡胶塞或铜螺塞封堵（不能用钢质螺塞，因钢质螺塞会损坏管板孔），封堵根数为 8 ~ 10 根。

② 内套芯管：用直径小一号的芯管插入渗漏芯管中，用扩胀器将芯管两端胀紧在管板上。最好先将整个芯管胀紧在渗漏的芯管上，可使传热性能比仅两端胀紧的要好。

（3）压力试验。

压力试验分水压试验和气密性试验。水管用水压试验，慢慢升压至 0.4 MPa 后至少保持 5 min。水压试验分整体（整个中冷器）和单管（拆掉水侧盖板后，用带有水管接头的塞子塞住）两种形式。整个中冷器进行气密性试验，0.4 MPa 下至少保持 30 min 不冒气泡。

二、MBKL64 中冷器

该中冷器由冷却芯体、密封垫和进出水盖等组成。冷却芯体由带焊锡层的冷却芯管（通水扁管）穿入冲有破口的翅片，经烘焙炉加热，使扁铜水管与散热翅片得到有效连接而成。芯管两端则经多次扩胀实现与主片（管板）的紧密连接，从而可避免钎焊式中冷器芯管两端由扁到圆的过渡处因热负荷、机械负荷所产生的应力而造成裂漏。其外形结构见图 2-4-18。

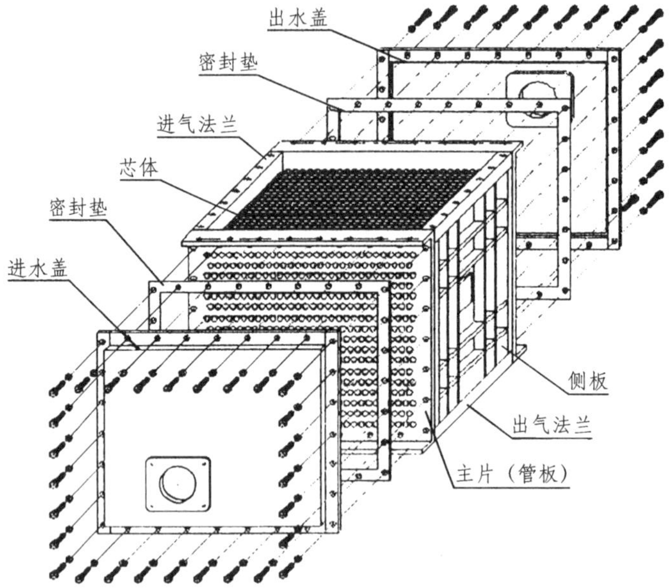

图 2-4-18　MBKL64 机械连接式铜中冷器结构

1. 主要技术参数

中冷器进水温度	50 °C
冷却水流量	50 m^3/h
中冷器出口温度	≤65 °C
空气压力损失	≤4.0 kPa
散热量	407 kW
冷却面积	64.4 m^2

2. 检修要求

（1）翅片与扁管的焊合必须坚固密合，焊着率应不低于 85%。

（2）对于倒伏的翅片，应用梳齿梳直或用尖咀钳夹直。

（3）进行 0.4 MPa 的气压试验，中冷器完全沉入水中保压 30 min，不得有泄漏。

子任务 2-4-1-5　涡轮增压系统运用时的几个问题

柴油机的涡轮增压系统在运用时可能出现一些异常现象，严重时可能造成故障，这不但影响柴油机的动力性、经济性和运转的平稳性，严重时还会使增压器损坏，甚至使柴油机无法运转。

一、离心式压气机的喘振

喘振是离心式压气机在运用时出现的一种工作不稳定现象。

在一定转速下，压气机的增压比和效率随流量而变化，称为流量特性。离心式压气机的转速不同，则增压比和流量也不同。如压气机转速一定，随着流量减少，增压比和效率首先提高，到某一流量时效率达到最高。当流量继续减少时，离心式压气机的增压比和效率开始下降。这种特性主要在于当流量变化时，气流进入导风轮叶片的相对流动的方向及进入扩压器叶片流道的方向发生改变，气流对叶片的冲击损失和涡流损失增加，因而造成效率降低和增压比减小。当空气流量减小到某一极限值时，离心式压气机就会出现工作不稳定现象。此时，空气的压力和流速周期性强烈脉动，压气机内部空气的正常流动被破坏，叶轮和扩压器强烈振动，同时伴随着特殊的声响，这种工作不稳定现象就是压气机的喘振。喘振现象不但使压气效率降低和供气不稳定，甚至会损坏压气机。

离心式压气机的流量小于设计流量很多时，叶轮进口与扩压器叶片流道内出现强烈的气-面分离，这是压气机喘振的内因。

涡轮增压器与柴油机匹配不当，离心式压气机处于喘振区工作时就会出现工作不稳定现象，因此柴油机和增压器要经调整和配套试验。在正常工况下，压气机应处于稳定区工作，既不能离喘振线太近，又不能离喘振线太远。

匹配好的增压器在运转条件变化时，仍可能出现喘振现象。空气滤清器、中冷器、压气机叶轮叶片、扩压器叶片、喷嘴环叶片和涡轮叶片等如果沾污、堵塞，或柴油机气门和气道积炭时，都会造成增压器流量减小，很可能诱发喘振。因此，应经常保持空气流道和燃气流道的清洁和畅通，按时检查和修理。当柴油机突然卸载或转速急剧降低时，气缸内所需的空气量大大减少，但由于增压器转子惯性运转的原因，一时压气机空气量供过于求，因而背压升高，流量减小，也可能发生喘振。所以在机车运行过程中，司机手柄不能回得过急，并要尽量防止柴油机突然卸载。环境温度变化幅度过大、机车通过长大隧道或高原地区、中冷器水温过高或水量过小等都会改变增压器与柴油机的匹配关系，从而发生喘振。

二、增压压力不足

增压压力不足是指在同样的柴油机负荷下，与正常情况相比出现增压压力比正常压力低10%以上的现象。增压压力不足会使柴油机的气缸充气量减小，此时不但功率下降，而且在同样负荷下还会使燃烧过程恶化，造成柴油机燃油消耗率增加和排气温度上升。如柴油机排气温度升高过大，会直接影响柴油机和涡轮增压器的工作可靠性。

空气滤清器、压气机叶片和扩压器叶片等空气流道沾污或堵塞，压气机叶轮与叶轮罩、气封间隙过大，压气机叶轮与上述壳体有碰擦现象使机械阻力增加，这些因素都会使增压压力不足。因此，应根据使用条件定期清扫空气流道，并提高压气机的组装精度。

燃气流道沾污和积炭，涡轮背压升高或喷嘴环堵塞较严重；气封、油封不严，机油结渣，转子转动阻力增加；与柴油机匹配不当，喷嘴环出口截面较大等，也会造成增压压力不足。因此，应注意对喷嘴环及涡轮气封等的保养，定期进行检修和清扫流道。

此外，在涡轮增压器以外的压缩空气通道泄漏，如中冷器进气道软接管橡胶老化或接口错位，气缸盖进气支管漏气等，也都会使增压压力降低。

三、增压器异常振动

涡轮增压器在运用过程中，有时会出现异常强烈的振动现象，此时不但加大了轴承和其他机件的机械负荷，缩短了轴承的使用寿命，而且还可能造成旋转件与固定件的碰擦及破损。产生异常振动的主要原因是增压器转子不平衡，零件脱落、破损、松动使安装位置变化，轴承损坏及转子严重积炭等。在检修过程中，要保证转子的动平衡，必要时进行试验与调整。运用中如果发现异常振动，应立即停机，防止事故扩大。

子任务 2-4-2　16V265H 型柴油机进排气系统

一、空气滤清系统

柴油机的燃烧需要一个非常清洁的空气来源。惯性空气滤清器在司控器第八手柄位时的功效接近 90%，但这对柴油机是不够的。作为第二道过滤，柴油机的空气滤清器可以挡住余下的污物。柴油机的空气滤清器还可预防惯性空气滤清器出现非正常工作的情况。经过滤清器的空气被增压器吸入。滤芯是一种浸油的玻璃纤维材料，效率高、价格低、易拆卸。进气的温度和总的滤清度同时被 EM2000 微机控制系统和 EMDEC 喷射控制系统监控。

（一）作　用

柴油机燃烧过程需要供给气缸大量清洁的空气。空气滤清系统则是对柴油机进入空气进行过滤的重要装置之一，其作用是给柴油机提供经滤清后的满足其要求的清洁空气，防止空气对冷却器污染、堵塞及柴油机有关部件的异常磨损，从而保证柴油机正常工作。

（二）主要部件

柴油机空气滤清系统及其主要部件布置如图 2-4-19 ~ 图 2-4-21 所示。由于增压器造成的真空度，外界空气首先通过多孔 V 形网，如图 2-4-19 所示，大的杂物（树叶等）被阻隔在外不能进入该系统。空气再经过惯性空气滤清器，如图 2-4-20 所示，较大的颗粒（灰尘等）从空气中除掉。最后一步滤清是在如图 2-4-21 所示的袋状滤清器中进行的，此处细小的颗粒物也从空气中除掉了。滤清后的空气进入增压器，被加压冷却后经进气总管进入各个气缸。

图 2-4-19　V 形滤网

图 2-4-20　惯性滤清器

图 2-4-21　三级滤清器

二、柴油机废气涡轮增压系统

16V265H 型柴油机作为高强化度的大功率中速柴油机，采用了定压废气涡轮增压系统，其基本结构如图 2-4-22 所示。废气涡轮增压系统主要由排气管、废气涡轮增压器、中冷器、进气管四部分组成。

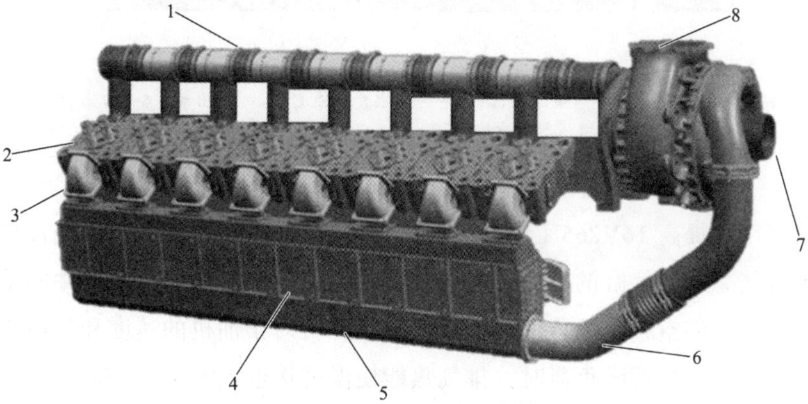

1—排烟总管；2—气缸盖；3—排气支管；4—中冷器；5—稳压箱；6—增压器与中冷器连接管；7—压气机进气口；8—废气涡轮出口。

图 2-4-22　进排气系统结构

（一）增压器

16V265H 型柴油机使用的 HA 型增压器由 EMD 公司设计生产，并采用 ABB 公司的技术和部分零部件。两台增压器分别安装在机体后端的增压器左、右支座上，如图 2-4-23 所示。增压器主要由涡轮、压气机两部分构成，涡轮转子和压气机叶轮通过转子轴连接，称为增压器转子。来自排气总管的高温、高压燃烧废气，首先进入涡轮端的喷嘴环，然后驱动涡轮旋转，从而带动转子高速旋转，最后通过排气蜗壳上部的出口排入大气。转子另一端的叶轮在旋转过程中，与压气机端的扩压器、蜗壳等部件配合，将外界空气吸入并压缩，再通过压气机蜗壳的出口将其送入中冷器。

1—左侧增压器；2—右侧增压器；3—进气温度传感器；4—输出端；5—回油管；
6—增压器与中冷器连接管；7—压气机进气口。

图 2-4-23　增压器结构

增压器主要用来提高 16V265H 型柴油机的功率以及更好地节约燃油。柴油机每侧都有各自的增压器和排气总管。气缸的排气热能量由排气总管汇集到增压器中，并驱动一个单级涡轮，进而带动叶轮压缩空气。独特的小惯量叶轮设计可对柴油机的速度和负荷变化产生快速的涡轮响应。当柴油机接近满负荷时，排气热能使温度接近 538 °C（1 000 °F），足以驱使涡轮达到一定的速度，从而为柴油机的燃烧提供充足的空气。

16V265H 型柴油机在 8 手柄位运转时，增压器转速不超过 29 000 r/min，满负载工作时两侧增压器的转速差不得大于 1 000 r/min。由机车微机网络控制系统随时监测该转速，超转速时将自动采取手柄限位或停机等措施。HA 型增压器依靠润滑机油润滑增压器轴承，并带走其工作过程中产生的热量。柴油机启动前和停机后，由安装在机车上的辅助机油泵对增压器进行预润滑和后润滑。

（二）中冷器和进气管路

16V265H 型柴油机的中冷器和进气管路如图 2-4-24 所示，四个中冷器安装在柴油机两侧上方，两个为一组。其长度与柴油机长度相当，从增压器出来的空气通过连接管进入中冷器下面的稳压箱，然后气流继续向上流经中冷器的内芯后，分别通过各进气弯管送入气缸内部。

每个中冷器采用 10 个螺栓固定在机体外，增压的空气先进入稳压箱稳压后再进行冷却。中冷器主要由壳体、冷却芯组和两端的水盖等组成，壳体为钢板焊接的矩形箱体结构，上、下各有起稳压作用的气道。冷却芯组为管片式结构，冷却水管和翅片均为铜材质，水管与芯组两端的管板采用胀管工艺固接。冷却水的循环采用双流层方式：冷却水由柴油机的自由端进入上部芯组的铜管内，然后流经后端的水盖，再进入下部芯组，最后由自由端的出水口进入机车散热系统。来自增压器压气机的压缩空气由下部气道进入，依次流经上、下芯组的水管外壁，并通过翅片完成热量交换后汇入上部气道，最终进入各气缸的进气支管。

1—1～4 缸中冷器；2—稳压箱；3—5～8 缸中冷器；4—进气支管。

图 2-4-24　中冷器

（三）排气管路

排气管路系统由左、右两列排气总管组成，每列排气总管由各排气总管单节装配串联构成。排气总管单节结构如图 2-4-25 所示。每两个排气总管单节之间都安装了一个波纹管，其主要作用是缓解排气脉冲造成的冲击振动，避免零部件因温度变化造成的热胀冷缩。波纹管与单节的连接依靠 V 形不锈钢弹性管卡锁住，法兰之间的密封垫片由页状蛭石制成。与普通材料相比，蛭石材料的耐温可达 900 °C。

1—排气总管；2—排气支管；3—波纹管。

图 2-4-25　排气管路

单节的排气总管呈 T 字形状，垂直方向为排气支管，水平方向为排气总管。位于柴油机最前端 1、9 缸的单节，其总管前端用端板焊接封堵，后端排气总管和左右增压器涡轮端直接相连。

【任务检查】

表 2-4-3　进排气系统——任务检查单

任务编号	2-4	任务名称	进排气系统认知	
序号	检查内容		是	否
1	能说明柴油机进排气系统的作用			
2	能掌握 16V280ZJ 型、16V265H 型柴油机进排气系统的基本组成			
3	能说明涡轮增压器、空气滤清器、中冷器的基本结构			
4	能说明空气滤清器、涡轮增压器、中冷器的工作原理			
5	能说明涡轮增压系统运用时的几个常见问题			

【任务训练】

一、填空题

1. 增压器喘振多是由于增压器与柴油机匹配不当，造成柴油机（　　　）而发生的。

2. 柴油机气缸排出（　　　　　）的废气是燃油及时燃烧和较完全燃烧的标志。

3. 在热机状态下正常负载运转时，出现白烟或蓝烟是由于（　　）或（　　）的燃烧所致。

4. 涡轮增压器由（　　　　）、（　　　　）以及中间支承体、燃气进排气壳、压气机进出气壳等构成。

5. 喘振是（　　　　　）在运用时出现的一种工作不稳定现象。

二、选择题

1. 为了达到增压的目的，柴油机需要有进、排气管路，增压器及（　　）等组成的增压系统。

A. 稳压箱　　B. 滤尘器　　C. 中冷器

2. 16V280ZJ 型柴油机配气相位规定：下止点后（　　），进气门关。

A. 44°　　B. 45°　　C. 46°

3. 下列哪些作用不属于增压器中间支撑体的作用？（　　）

A. 支撑　　B. 密封　　C. 调速

4. 柴油机中冷器发生故障时，可能造成柴油机（　　）。

A. 冒蓝烟　　B. 增压器喘振　　C. 冒黑烟　　D. 机油压力低

5. 下列哪些故障现象不属于由增压器故障引发的？（　　）

A. 增压器喘振　　B. 柴油机进气压力低

C. 柴油机冒黑烟　　D. 冷却水温超高

三、判断题

1. 增压器涡轮靠新鲜空气推动旋转，经转子轴驱动压气机工作。（　　）

2. 凡发生增压器喘振，应慢慢减少负荷至增压器不再喘振为止。（　　）

3. 在外进风情况下，DF_{8B} 型机车空气滤清系统滤清时的途径为：外界空气→一级滤清（铝板网滤清器组）→二级滤清（惯性式空气滤清器）→增压器。（　　）

4. 柴油机排气管段间，采用波纹管连接，有效地解决了排气管的热膨胀和振动冲击。（　　）

5. 设置中冷器的目的是降低增压空气的温度，以提高柴油机的空燃比。（　　）

四、简答题

1. 说明 16V280ZJ 型柴油机进、排气系统的作用。

2. 简述 16V280ZJ 型柴油机进、排气系统的组成结构。

3. 说明 16V280ZJ 型柴油机涡轮增压器的结构与工作原理。

4. 说明 16V280ZJ 型柴油机空气滤清器的结构与工作原理。

5. 说明 16V280ZJ 型柴油机中冷器的结构与工作原理。

6. 柴油机增压系统运用时常见的问题有哪些？原因是什么？

7. 16V265H 型柴油机增压器在结构上有哪些特点？

8. 试比较 16V280 型柴油机与 16V265H 型柴油机的中冷布置方式的特点。

9. 16V265H 型柴油机进气总管分为 4 节的好处有哪些？

10. 16V265H 型柴油机的排气管有哪些独特的设计？

任务 2-5 燃油系统认知

【任务描述】

燃油系统是柴油机的重要组成部分之一。对柴油机燃油系统的布局、主要零部件的结构及工作原理、燃油系统工作特性分析是机车乘务员、机车检修人员所必备的基础，要全面了解燃油系统的布局、主要零部件的结构及工作原理，并能分析燃油燃烧过程中的各种不良现象，熟悉检修主要技术要求。

【任务目标】

- 能说明柴油机燃油系统的作用；
- 能掌握 16V280ZJ 型、16V265H 型柴油机燃油系统的基本组成；
- 能说明燃油系统主要零部件的工作原理；
- 能分析燃油不良燃烧的原因。

【任务学习】

子任务 2-5-1 16V280ZJ 型柴油机燃油系统

子任务 2-5-1-1 燃油系统

一、燃油系统的作用与工作要求

柴油机燃油燃烧过程的完善性，对柴油机的做功能力、经济性和运转可靠性等有较大的影响。燃烧前在极短的时间内气缸中形成了空气与燃油的混合气。直接喷射燃烧室式柴油机混合气的质量在很大程度上取决于燃油喷射雾化的情况。柴油机要求气缸内的燃烧过程在最佳的条件下进行，这就必须使燃油在所要求的时间内，在较高的压力下喷射入气缸，并雾化成许多微粒散布在空间。

燃油系统为柴油机的燃料供应部门，它同调节器及控制装置等共同配合，根据柴油机的运转工况，在最佳时机和预定时间向各缸喷射一定数量的雾化燃油。

二、燃油系统的组成

机车上的燃油系统与柴油机的燃油系统共同组成完整的燃油系统。柴油机燃油系统由进油管路、回油管路、调压阀、燃油粗滤器、燃油精滤器、喷油泵、喷油器和高压油管等组成

（见图 2-5-1、图 2-5-2）。燃油系统的燃油走向如图 2-5-3 所示。

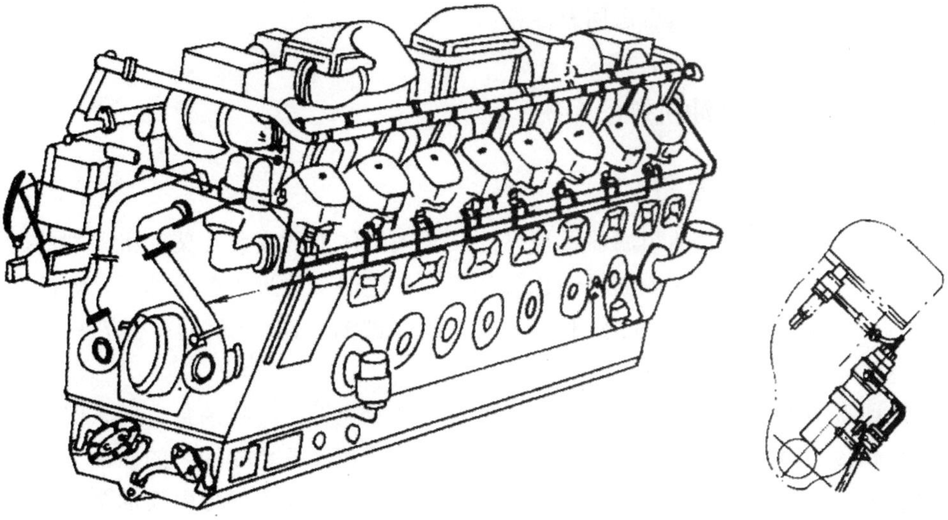

图 2-5-1　燃油系统（一）

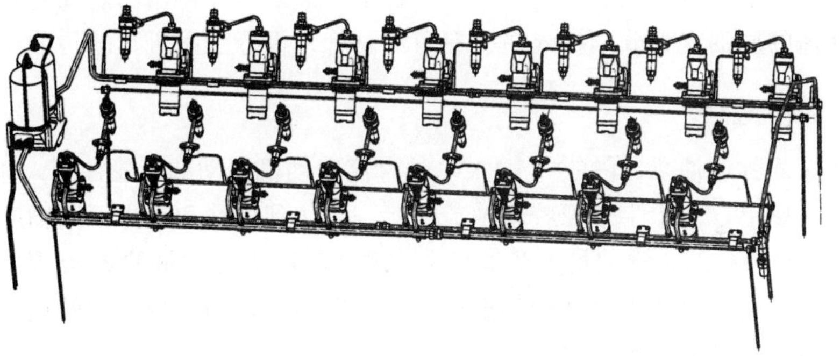

图 2-5-2　燃油系统（二）

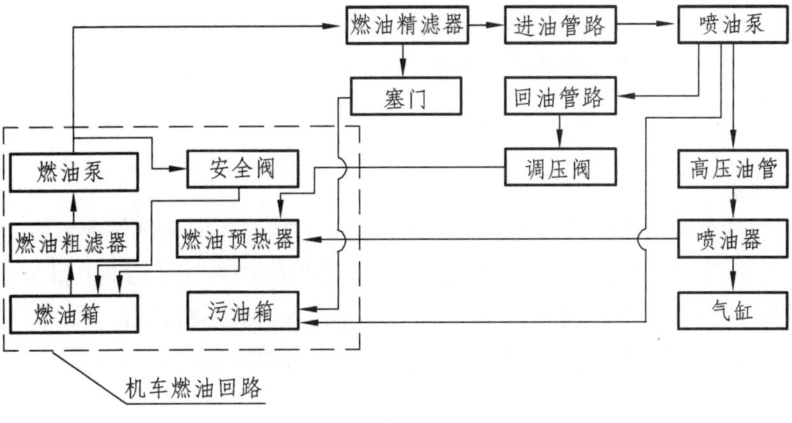

图 2-5-3　燃油系统框图

燃油由燃油输送泵经粗滤器吸入管路，然后经燃油精滤器送入柴油机。燃油送入柴油机后，一部分用于燃烧做功，一部分经喷油泵回油管回入油箱，另一部分经喷油器回油管回入油箱。冬季运行时，为使燃油箱内燃油保持一定的温度，利用柴油机冷却水的高温对多余的燃油在预热器中进行加热，然后送回燃油箱。

三、16V280ZJ 型柴油机燃油系统

（一）燃油进、回油管路

燃油从机车燃油箱经燃油粗滤器，被燃油泵泵入机体上的安装在柴油机前端的燃油精滤器，滤清后流入柴油机左、右侧的进油总管，再经各进油支管进入各喷油泵。喷油泵之前的燃油管路即为进油管路。为保证喷油泵正常工作，进油管路的燃油压力应保持在 0.15 ~ 0.35 MPa。

为了保证喷油泵柱塞可靠工作，还设置了喷油泵回油管路。喷油泵有两条回油管路，即主回油管路和污油管路。主回油管路由左、右回油总管和接各个喷油泵的回油支管组成。喷油泵的进油腔把进、回油支管的油路相连通。进油支管的燃油大部分由喷油泵柱塞送往喷油器，多余的燃油则直接进入回油支管。喷油泵的回油由回油支管进入左、右回油总管，并汇集于输出端右侧，经调压阀回机车燃油系统。各个喷油泵下体排出的燃油与机油的混合油，由穿过机体侧面的回油支管分别接入左、右污油总管，再分别回机车的污油箱。

（二）燃油输送泵

燃油输送泵简称燃油泵，它是由 1.1 kW 的直流电动机驱动的齿轮油泵。电动机和齿轮油泵安装在同一底座上，由十字形橡胶联轴节连接，以达到缓冲和减少不同轴度的影响。

通常，燃油输送泵的总输油量为柴油机全功率运转所消耗油量的 3 ~ 5 倍，用充足的供油保证一定的余油压力，以减少燃油中气泡的产生，即减小燃油系统穴蚀的危害，同时又可增加燃油过滤和冬季循环的加热次数。

燃油输送泵指标：当流量为 40 L/min 时，电机转速为 3 000 r/min，吸入真空度为 20 kPa，出口压力为 0.5 MPa。要求燃油输送泵能长期灵活运转，允许有微量的渗漏，一般每分钟不多于 4 滴。超过时，可拧转主动轴端的圆螺母，调整对橡胶密封圈的压紧状态来减少泄漏。

（三）燃油滤清器

1. 燃油粗滤器

DF_{8B} 型内燃机车采用 RC-30W 型网片式滤清器，它主要由滤清器体和滤清元件等组成。在滤清器体内带孔的芯杆上串联着 19 ~ 20 个盘形铜丝网滤清元件，滤芯为 200 目/英寸的铜丝网片。

脏污的燃油在盘的外周，通过锥面上铜丝网过滤后进入芯杆内孔，然后向上流动到滤清器盖。滤清器盖带有进、出油口，经滤清后的燃油从出油口通往燃油输送泵。

2. 燃油精滤器

燃油精滤器由两组纸质滤芯、外壳和一个共同的滤清器体等组成，其滤清精度为 12 μm。由于燃油滤清器的滤清效果，使自喷油泵和喷油器的精密偶件不会由于燃油杂质而产生拉伤、咬死等故障，以确保燃油系统可靠工作。

燃油从滤清器体中部的接口进入滤芯与外壳之间的空腔，杂质被阻于滤芯外侧，纯净的燃油通过滤纸进入滤芯内侧，经滤清器体下部的两个通孔分别流向柴油机左、右侧的进油总管，如图 2-5-4 所示。

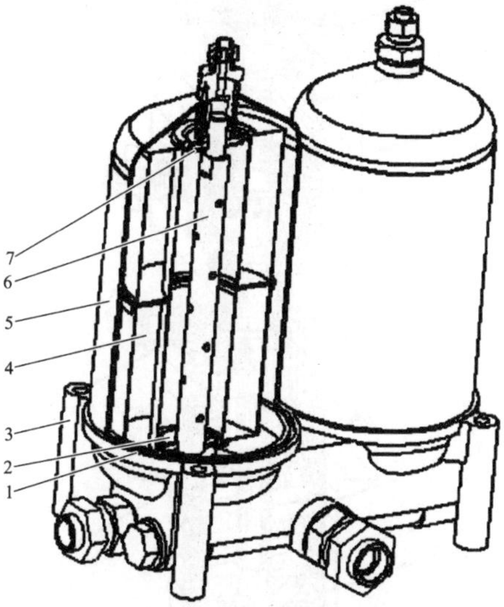

1—橡胶垫圈；2—下油封垫；3—滤清器体；4—滤芯；5—外壳；6—滤油芯轴；7—上油封垫。

图 2-5-4　燃油精滤器

（1）外壳。

焊件进行喷丸处理，机械加工后，应进行水压试验。

（2）滤芯。

采用纸质滤芯，滤纸采用 C-170 柴油滤纸。滤纸与端面的黏接用 405 树脂胶。

（3）技术要求。

① 装配前将所有零部件置放在柴油中清洗。

② 滤油芯轴（QSC7-44-00-007）装配后，不得松动，其倾斜度在全长内不得超过 2 mm。

③ 然后用滤过的柴油于 0.5 MPa 压力下，做 3 min 的液压试验，不得有渗漏现象。

④ 试验后必须将柴油放干净，并做好防尘措施。

子任务 2-5-1-2　喷油泵

一、喷油泵的结构与原理

柴油机采用单体式喷油泵，由喷油泵上体和喷油泵下体组成，其结构见图 2-5-5 和图 2-5-6。喷油泵上体主要由泵体、柱塞偶件、出油阀偶件、柱塞弹簧、出油阀弹簧、调节齿杆组装等零部件组成。喷油泵下体主要由下体、滚轮、滚轮体、滚轮销、滚轮衬套组成。每个喷油泵上体重约 14.9 kg。

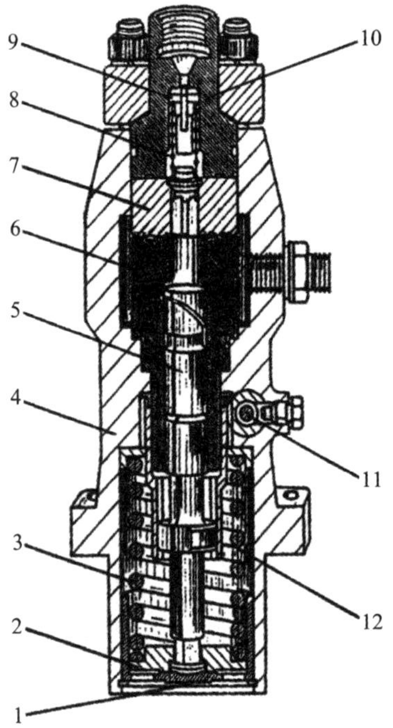

1—导筒；2—柱塞弹簧下座；3—柱塞弹簧；4—喷油泵体；5—柱塞；6—柱塞套；7—出油阀偶件；8—出油阀弹簧；9—行程限制器；10—出油阀接头；11—调节齿杆组装；12—调节齿圈组装。

图 2-5-5　喷油泵上体

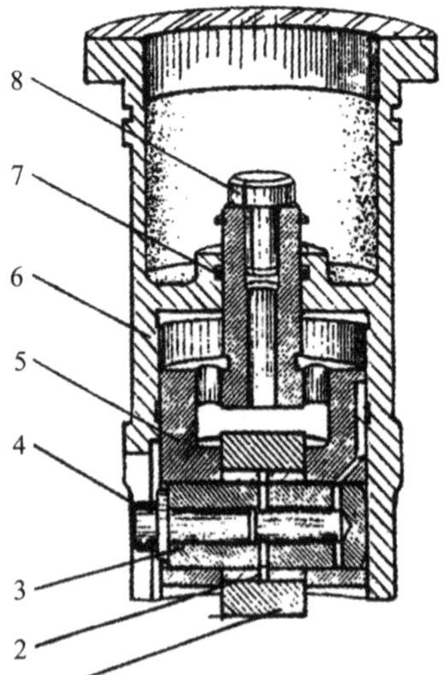

1—滚轮；2—滚轮衬套；3—滚轮销；4—导向销；5—滚轮体；6—下体；7—O 形密封圈；8—镶块。

图 2-5-6　喷油泵下体

喷油泵柱塞在供油凸轮的驱动下，按一定规律上下运动，当柱塞关闭柱塞套上的进油孔时，高压燃油顶开出油阀，向喷油器供油。

（一）柱塞偶件

柱塞偶件由柱塞和柱塞套组成，是喷油泵的核心组件。这个精密偶件，成对加工研配，成对使用和更换。

1. 柱　塞

柱塞的直径为ϕ22 mm，以满足柴油机最大功率的供油量。柱塞顶面齐平，设置单侧下螺旋槽并在外圆上从顶面往下铣出轴向直槽，作为回油通道。柱塞以顶平面为供油始点，以下螺旋槽控制供油终点，通过转动柱塞改变供油终点位置，从而改变供油量适应不同负荷的需要。柱塞中部铣出两个凸台，与调节齿圈下部的两个缺口相配，组成油量调节装置。柱塞底部的凸肩套入弹簧下座的缺口中，弹簧通过弹簧下座压着凸肩，使柱塞跟随向下移动；柱塞上行时，凸肩的下平面经导筒与喷油泵下体的镶块接触供油凸轮，通过喷油泵下体的滚轮、滚轮体及镶块，推动柱塞上移泵油。

柱塞全行程 20 mm，其中有一段预行程。确定预行程时，要考虑利用供油凸轮的速度特性，使柱塞的有效行程处于凸轮升程中的高速区段，以获得较短的喷射持续时间及必要的喷射压力，避免出现雾化不良现象。同时，还要保证在供油终点时，供油凸轮与喷油泵的滚轮有较低的接触应力。

2. 柱塞套

柱塞套外圆由三段圆柱组成。在中段圆柱上有周向定位槽，其顶部与出油阀座采用平面直接贴合的密封方式。柱塞套有对置的进、回油孔，其孔径大小影响回油速率，而回油速率又会影响穴蚀的产生；孔径的大小还影响供油持续时间。为兼顾上述诸因素，孔径由试验最终确定。柱塞套内孔设有回油的集油环槽和回油孔。从柱塞副间隙泄漏来的燃油，汇至回油的集油环槽，经回油孔回流到泵体的低压油腔，以防止燃油从柱塞副间隙中过多地泄至机油中。

3. 柱塞偶件的工作原理

柱塞从下止点上升的过程中，柱塞套里的燃油只是随着柱塞的上移不断经进、回油孔被挤出去，燃油未被压缩，油压也未升高。柱塞从下止点开始上升至柱塞顶平面遮住进、回油孔止，这段行程称为预行程。如柱塞继续上移，燃油立即被压缩，油压便升高，并可顶开出油阀向喷油器供油，此时即为供油始点。而相应的活塞上止点前的曲轴转角即为供油提前角。当柱塞上移至螺旋槽边正好与回油孔接通时，高压油腔的燃油经柱塞头部的直槽及柱塞套上的回油孔进入喷油泵的低压油腔，油压立即降低，出油阀随即落座，此时即为供油终点。供油始点至供油终点的柱塞行程称为有效行程。柱塞继续上移直至上止点，顶部的燃油从直槽经进、回油孔被挤出，柱塞的这段行程称为空行程。之后，柱塞下移直至下止点。在该行程，柱塞顶部油腔从进、回油孔吸油。至此，柱塞完成了一个循环行程。

（二）出油阀装置

缓冲式出油阀装置在喷油泵中起止回阀的作用，对供油量和喷油特性有很大影响。它主要由出油阀偶件、出油阀弹簧、升程限制器和出油阀接头等组成。出油阀和出油阀座组成出油阀偶件，偶件为精密加工，成对研配，故不得单件更换。

1. 出油阀装置的工作原理与出油阀弹簧

当柱塞进入有效行程时，出油阀被柱塞顶部的燃油顶开，燃油经出油阀顶部的高压油室进入高压油管和喷油器。而当柱塞的螺旋槽打开回油孔，使柱塞顶部的燃油与低压油腔接通时，出油阀上面的油压大于其下面的油压，再加上出油阀弹簧的压力迫使出油阀迅速落座。这样，就使得出油阀至喷油器间的高压油路仍保持有较高的剩余压力。

由于燃油的可压缩性和高压油管在压力油作用下的弹性变形，使得高压油路的油压升至喷射压力的过程中，要耗费柱塞的部分有效行程。因此，较高的剩余压力，可使柱塞在同样的有效行程下，使喷油泵可以有较大的供油量。综上所述，出油阀弹簧压力的大小，直接影响出油阀的落座时刻，也就影响剩余压力和供油量。因此，出油阀弹簧的特性及故障都将影响柴油机的性能。

2. 出油阀偶件

上置式出油阀的顶面作为出油阀弹簧下座，其下面为锥形阀面，落在出油阀座上部的锥面上；在圆柱体上铣出 4 条油槽；截面成十字形的阀体，其外圆与座孔研配，出油阀由之定位。阀体直径影响出油阀的流通截面，若流通截面增大，则出油阀的行程减小，落座速度减缓，可防止出油阀因冲击引起断裂和出油阀弹簧过大振动，以及延长出油阀偶件的寿命。阀体直径和出油阀行程由试验最后选定。在阀体与头部之间，有一道与座孔精密配合的凸肩，即减压带。在出油阀落座的过程中，当减压带进入阀座孔时，高压油管与柱塞顶已形成的低压油腔即被隔开，此后直到阀面落座，出油阀又落下一段距离。这段距离与减压带横截面面积的乘积称为卸载容积。上述过程使高压油管的燃油膨胀，从而使油压迅速下降，喷油迅速停止。卸载容积的大小，影响高压油管的剩余压力及喷油特性，其值由试验最终确定。选择合理的卸载容积，可以消除喷油器滴油和二次喷射等弊病。

3. 升程限制器

升程限制器沿轴向开 4 个通长槽，作为燃油通道，其头部用作弹簧上座。升程限制器用于限制出油阀的升程，避免因出油阀升程过大而影响供油规律。升程限制器的存在，减小了高压油路的容积，从而减少高压油路的容积对供油量的影响及供油提前角与喷油提前角间的差异。

（三）油量调节装置

油量调节装置用于转动柱塞以改变喷油泵的供油量。它由调节齿圈组件和调节齿杆组件所组成（见图 2-5-7）。调节齿杆移动带着调节齿圈转动，使柱塞转过一个角度，即改变了供油量。调节齿圈组件的垫环，其上的凸尖所指示的连齿，在装配时与齿杆的缺齿相啮合。调节齿杆的外圆面上有表示供油量的刻线，由装在泵体侧面的指针指示齿条的位置。在外圆面上铣齿用以带动齿圈。外圆面上还铣出一条定位槽，泵体上的定位螺钉伸入槽内，防止调节齿杆转动。调节齿杆组件动作时，增油方向是刚性连接的，而减油方向是带有弹簧结构的弹性连接。因此，若由于柱塞卡死致使调节齿圈无法转动、调节齿杆不能移动时，控制拉杆的夹头窜销照样可以带着调节齿杆组件的拨叉座向减油方向移动，避免柴油机在降速、卸载时飞车。

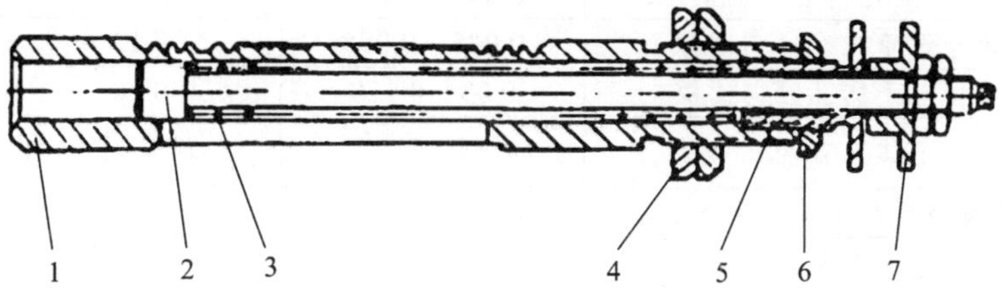

1—调节齿杆；2—调整螺栓；3—弹簧；4—供油限制螺母；5—弹簧座；6—锁紧螺母；7—拨叉座。

图 2-5-7　调节齿杆组件

4 个 M14 螺栓与机体紧固，其下部开一个定位槽，通过导向销防止滚轮体转动。滚轮采用压力润滑，机油由支管进入下体的下腔，下腔内壁开有深 1 mm、宽 5 mm 的油槽，将机油引至滚轮体上面，通过 4 个 ϕ8 mm 孔润滑滚轮和凸轮。在滚轮体外圆面上，开有一宽 6 mm、深 3 mm 的轴向油槽，由 ϕ3 mm 斜孔将机油引入中空的滚轮销内，再通过滚轮销和滚轮衬套上的小孔去润滑滚轮、衬套和销三者之间的摩擦面。

二、检修主要技术要求

（1）喷油泵上体组装后，各运动件应灵活，无卡滞现象。

（2）柱塞偶件。

柱塞与柱塞套的配合面应无拉毛、拉伤，柱塞套的上平面应光整，无拉伤。

柱塞和柱塞套须经探伤检查，不许有裂纹。

配对的柱塞偶件不得调换单个零件。

（3）出油阀偶件。

出油阀与阀座配合面应无拉伤，阀座的上下平面应光整，无拉伤。

出油阀和阀座须经探伤检查，不许有裂纹。

配对时，出油阀顶面高出或低于阀座顶平面的最大值为 0.30 mm，出油阀头部与阀座上孔 ϕ18 mm 单面间隙为 0.04 ~ 0.06 mm。配对的偶件不得调换单个零件。

（4）喷油泵下体。

滚轮外圆面及各配合面应无拉毛。

滚轮、滚轮体和滚轮销须经探伤，不得有裂纹。

装配后，滚轮应转动灵活，滚轮体在不大于 58.8 N 重力作用下，应能滑动落下，无卡滞。

（5）出油阀弹簧和柱塞弹簧须经探伤检查，不许有裂纹。检查弹簧两端面对轴线的垂直度，对于出油阀弹簧，允许≤0.5 mm；对于柱塞弹簧，允许≤0.8 mm。弹簧经三次全压缩，不许有永久变形。

（6）主要公差及限度如表 2-5-1 所示。

表 2-5-1　主要公差及限度

序号	名　称	原形/mm	限度/mm	
			中修	禁用
1	滚轮销与滚轮衬套径向间隙	0.047～0.081	0.12	0.15
2	滚轮与滚轮衬套径向间隙	0.025～0.075	0.12	
3	滚轮体与下体孔径向间隙	0.03～0.178	0.20	0.25
4	下体孔直径	$\phi75^{+0.074}_{0}$	$\phi75^{+0.15}_{0}$	
5	调节齿杆与泵体孔间隙	0.040～0.094	0.20	0.30
6	柱塞尾端相应弹簧座坑下沉量	0.07～0.22	0.24	
7	调节齿杆与调节齿圈啮合间隙	≤0.20	0.28	0.35

子任务 2-5-1-3　喷油器和高压油管

喷油器不仅控制一定的喷油压力，决定喷雾质量及油束与燃烧室的配合，而且影响喷油特性，即喷油时刻、喷油延续时间和喷油规律。喷油器的状态不良会导致柴油机性能的下降，其严重故障甚至会使柴油机不能运转，故喷油器是影响柴油机性能与可靠性的重要部件之一。

一、喷油器的结构

喷油器属闭式、多孔、非冷却型、低惯性结构形式，属于U系列，主要由喷油器体、进油管接头、调压螺钉、弹簧上座、调压弹簧、弹簧下座、支座板、喷嘴偶件、压紧螺帽组成（见图 2-5-8）。喷油器体、支座板、喷嘴偶件通过压紧螺帽连成一体。为了确保高压燃油的密封，对支座板的上下平面的加工精度要求很高，分别与喷油器体的下平面、针阀体的上平面密贴。在使用中，这几个密封平面不得有损伤，否则会引起燃油回油量大增。喷油器的启喷压力通过调压螺钉改变调压弹簧的压缩量来调整。

每个喷油器重约 4.2 kg。

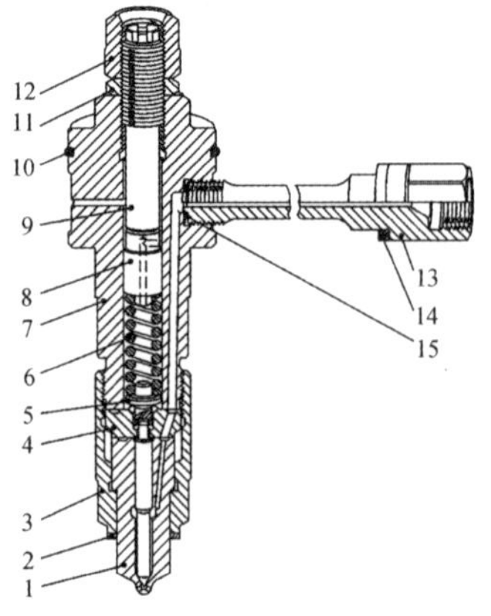

1—喷油嘴偶件；2—垫圈；3—压紧螺帽；4—支座板；5—弹簧下座；6—调压弹簧；7—喷油器体；
8—弹簧上座；9—调压螺钉；10—O 形密封圈；11—锁紧螺母；12—保护帽；
13—进油管接头；14—矩形橡胶垫圈；15—密封垫圈。

图 2-5-8　喷油器

1. 针阀偶件

喷油器针阀偶件为一对经选配研磨的精密偶件，是喷油器的关键部件，由针阀和针阀体组成（见图 2-5-9）。针阀直径为ϕ8 mm，导向杆长度为 32 mm，与针阀体的间隙为 0.002 ~ 0.004 mm，下部导杆直径为ϕ5.8 mm，与针阀体有 1.1 mm 的间隙（见图 2-5-10）。针阀锥面外形采用双锥面过渡，顶尖锥角为 60°。针阀采用 W18Cr4 V 钢制成，经热、冷处理后硬度为 60 ~ 65HRC。针阀体采用 27SiMnMoV 钢制成，经渗碳、淬火、冷处理后硬度为 58 ~ 63 HRC，渗碳层深为 0.4 ~ 0.8 mm，并经时效处理。喷孔对公称位置的偏移允差为 2°，喷孔出口边缘完整尖锐，不允许有倒棱、毛刺和斜棱。针阀体中部设有油室，体上有 3 个ϕ2 mm 的斜孔与油室相通。针阀体下部的密封面锥角为 59° ± 10′，喷头有 8 个直径为ϕ0.5 mm 的喷孔。

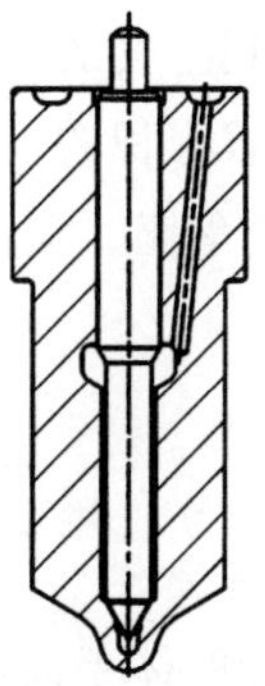

图 2-5-9　喷油嘴偶件

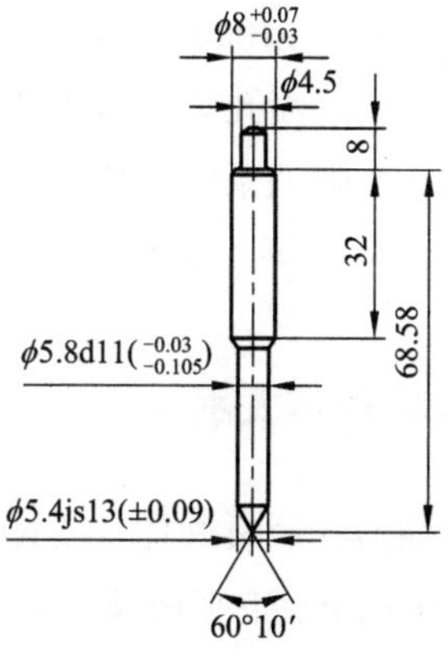

图 2-5-10　喷油嘴针阀

2. 调压弹簧

喷油器体的调压弹簧采用抛光钢丝 50CrVA-4.5 制造，钢丝直径为ϕ4.5 mm，弹簧内径为ϕ7.8 mm，有效圈数为 7.5 圈。当对弹簧施加（823 ± 48）N 的力时，压缩 2.5 mm；当对弹簧施加（999 ± 59）N 的力时，压缩 3.1 mm。热处理硬度为 45 ~ 55 HRC，经三次全压缩不许有残余变形，探伤检查不许有裂纹。在压缩量 3.5 mm 工况下进行 10^7 次试验。

3. 支座板

支座板采用 GCr15 钢制成，热处理硬度为 58 ~ 65 HRC，经探伤检查，不许有裂纹（见图 2-5-11）。

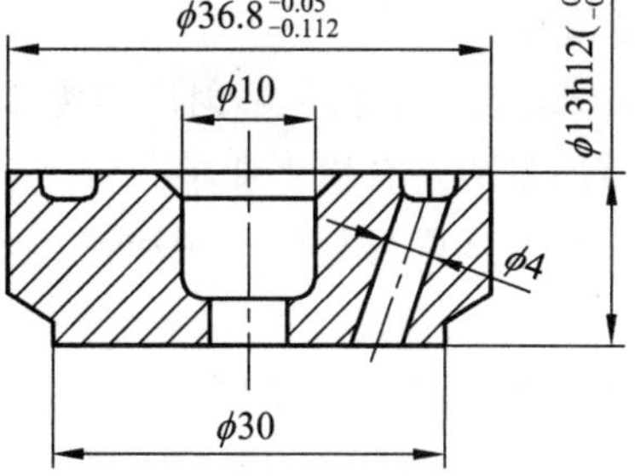

图 2-5-11　支座板

4. 喷油器体

喷油器体采用 42CrMo 钢制成。喷油器体的中间部位钻有横孔，喷油器工作时，从喷油偶件的配合间隙和各密封平面处泄漏出来的燃油从该孔流出后，经气缸盖上进油管安装孔的通道流入回油管中。

二、喷油器的工作原理

高压燃油从高压油管经进油接头进入喷油器体，燃油由直油孔流到支座板的顶面凹槽，然后经斜油孔流到喷油器针阀体的顶面凹槽，经 3 个斜油孔流入针阀锥面上方的高压油腔。当油压达 25.5～26 MPa 时，燃油顶开针阀，经压力室再由 8 个 ϕ0.5 mm 的喷孔向气缸喷出。由于喷射压力高、喷孔小，故喷出的燃油速度高，进入气缸里受到空气的阻力和扰动，便被粉碎成雾状。在喷油泵停止供油后，出油阀落座。由于出油阀卸载容积的作用，使喷油器里的燃油压力迅速下降。当压力降到 15 MPa 时，调压弹簧迫使针阀落座，喷油停止。

三、检修技术要求

（1）喷油器针阀及阀体、支座板和调压弹簧须经探伤，不得有裂纹。

（2）支座板上、下平面及与之贴合的喷油器体平面和喷油器针阀体平面应光整、无拉伤。

（3）喷油器针阀与阀体及其圆柱配合面应光整、无拉伤，其密封锥面接触带应均匀、光整，无坑点。

（4）配合后的喷油器针阀与阀体为成套组成，不得单独调换。其配合间隙为 0.002～0.004 mm。

四、喷油器的试验

（一）喷油器偶件的试验

（1）喷油器偶件的试验均在制造厂进行，其中包括滑动性试验、磨合试验和圆柱面及座面的密封性试验。经过修理的喷油器偶件，也须进行上述试验，试验规范按有关制造厂的要求。

（2）喷油器偶件的雾化质量检查。

试验在带有手动或机动泵的试验台上进行，喷射压力为 25.51～26 MPa，以每分钟 50～60 次的喷油速度进行试验，喷雾质量应符合以下要求：

① 喷出的燃油应呈雾状，不应有肉眼可见的飞溅油粒、连续的油柱和极易判别的局部浓稀不均匀的现象。

② 喷油开始和终了，不应有间断，声音应清脆。

③ 喷油开始和终了，喷孔口不允许有漏油和滴油，喷油结束后允许头部有轻微湿润。

（二）喷油器的试验

喷油器所装用的喷油器偶件须符合上述各试验的规定。

喷油器应在凸轮轴转速为 500 r/min、齿条的第 13 刻线下进行 20 min 的磨合试验。

喷油器的回油量每分钟不得超过 25 滴。

（三）喷油器喷射压力调整校验

喷油器喷射压力调整至 25. 51 ~ 26 MPa。调整后旋紧螺母，然后再重复校验一次。

五、高压油管

（一）功用与结构

喷油泵的高压燃油经高压油管送往喷油器。在燃油系统的高压容积中，高压油管所具有的弹性较为显著。油管的胀缩会影响燃油压力的传递，导致供油始点与喷油始点间及供油规律与喷油规律间的差异。这种影响，随着柴油机的转速、高压油管的长度、高压容积等的增加而加大。为此，采用了每缸一个单体喷油泵，让喷油泵与喷油器接近，以便尽量缩短高压油管的长度，并要求各缸高压油管长度相等。因此，在运用中，不可随便更改高压油管的规格及长度。

高压油管处于周期脉动变化的油压作用下，最高油压达 100 MPa，故要求它有高的疲劳强度和低的表面粗糙度，并避免引起应力集中的表面缺陷。为此，高压油管采用合金钢的无缝钢管并经热处理，管子两端的锥形部位采用热镦成形，管套接合圆角经过机械加工。

（二）检修主要技术要求

管材须经热处理，表面探伤不得有裂纹，表面应光洁，按规定长度下料。镦头与管套的圆角接合面，用 0.2 mm 厚度塞尺检查，其接触面不得小于 60%。

高压油管成形后应酸洗、清洗和发蓝。成品用轻柴油作 176 MPa 油压试验，历时 5 min 不得渗漏。由于镦头锥面卡痕严重或管套接合不良而造成渗漏时，应更换新管。

油管裂纹者不得焊修，应更换新管。

子任务 2-5-1-4　不完全燃烧及排气净化措施

气缸内燃油燃烧的有利时机是十分短促的，以转速 1 000 r/min 的中速柴油机为例，有利的燃烧时间不过 0.006 ~ 0.008 s，这对喷雾油粒大小不一、混合气浓度分布不匀的现实状态而言，缸内的可燃成分往往难以及时、完全燃烧，汽油机、柴油机及其他工业排放的废气，特别是不完全燃烧时所排放的一些有害物质，严重地污染着人类的生存环境。

一、排气烟色、成分及对环境的危害

柴油机气缸排出无色或浅灰色的废气是燃油及时燃烧和较完全燃烧的标志，排气呈较浓颜色的烟是不完全燃烧的象征。

当柴油机在低温启动时，由于气缸壁温度低，燃油发火不良，使直径 1μm 以上的未燃液体微粒大批排出缸外，从而出现了白色烟气。

在柴油机未预热及低负荷下运转时，产生浅蓝色带臭味的蓝烟，这是燃烧室壁温度低，或油喷到壁面上，或燃烧室内空气涡流过强时，使直径在 0.4 μm 左右的油粒未能完全燃烧而排出气缸，由于蓝色光折射显呈蓝烟。在排出蓝烟的同时还有一种化学反应的中间生成物——醛及过氧化物，因而散发出刺鼻的臭味。

在热机状态下正常负载运转时，出现白烟或蓝烟是由于水蒸气或机油的燃烧所致。

黑烟也是一种不完全燃烧的产物，常出现在高负荷工况。在燃油喷射不匀，油粒较大，喷射夹角不佳，射程过大，新鲜空气量不足及严重后燃等情况下形成黑烟。

在柴油机排气的成分中，水蒸气（H_2O）、氧（O_2）、二氧化碳（CO_2）及氮（N_2）等属无害成分，一氧化碳（CO）、二氧化硫（SO_2）、氮氧化合物（NO_x）、碳氢化合物（HC）、醛及某些致癌物质（如三、四-苯并芘）等属有害成分。

CO_2 一般不作为有毒物质，但如过多，则使人窒息；如大量残留在大气中，则对地球有明显的增温作用，从而影响到气候的变化。

CO 对人体有极大的危害作用，它对血液中的输氧体——血红素的亲和力比 O_2 强 210 倍，当它在空气中达到一定浓度时，人会感到头痛、晕眩及倦怠，开始慢性中毒，并引起心脏、贫血及呼吸道病症的恶化。

SO_2 的危害性也不可忽视，它能刺激人体上呼吸道，损伤肺部组织，腐蚀金属和建筑物，并导致酸雨等现象的产生，威胁绿色植物及水生生物的生存。

光化学烟雾是指 HC 和 NO_2 在太阳光紫外线触发下所产生的化合物，它刺激眼睛，损害视力，引起咳嗽，对鼻、气管和肺部有刺激作用。

乙醛是一种有机化合物，具有辛辣的刺激气味，能使人眼睛红肿。

为了保护人类生存的环境，对内燃机废气排放标准各国已有研究。例如，美国加州对大型车辆用柴油机规定，废气中 NO_x + HC 的排放标准值分别不大于 21.76g/（kW · h）和 6.8g/（kW · h）。

二、废气中主要污染物的形成条件

CO 是不完全燃烧的产物，是燃油在气缸中 O_2 分子较少或燃烧条件较差时形成的。柴油机在低温下发火初期产生一种淡青色的冷焰，其化学反应的主要产物为醛及 CO。在燃料-空气比增大到超过某一限度时，CO 的成分急剧上升。

燃油经裂化成简单的烃类，由于空气不足或化学反应温度低使燃烧迟缓或后燃，在排气门打开时排出未燃的 HC 成分，因此 HC 也是不完全燃烧的产物。

氮虽是惰性气体，但在高温条件下也能生成少量氮氧化合物 NO_x，主要是 NO 和 NO_2。当室内燃烧反应的温度越高，高温持续的时间越长，燃-空比越大，则排放的 NO_x 量也越多。例如，开式燃烧室要比预燃室柴油机排出的 NO_x 多 1 ~ 2 倍。

三、减少环境污染的一些措施

目前尚无完美的净化措施，因为各个因素之间相互制约，因此对净化措施，只能综合平衡，不断进行研究探索。

降低废气污染环境的一些措施如下：

（1）柴油机在冬季启动前应对机油和冷却水系统进行预热，提高柴油机体温，改善启动时的发火燃烧条件。

（2）减少空滤器阻力，排除增压器喷嘴环流道处的积炭堵塞，保证充分供应气缸内燃烧所需的空气量。

（3）检查和更换磨耗过度的活塞环和气缸套，特别注意活塞环密封边的宽度及与环槽的配合间隙，以减少机油窜入燃烧室。

（4）保持高质量的喷油雾化，尽量避免滴漏及不正常喷射。

（5）减少喷油提前角能减少 NO_x 的生成量，但过分减小喷油提前角，会严重降低工作经济性。

（6）预燃室式柴油机降低燃烧温度，能显著减少 NO_x 并使工作柔和；采用球形油膜燃烧室，也有少烟和轻声的作用。

（7）改进柴油机的结构设计，适当加强燃烧室内气流运动，采用高效能的涡轮增压系统和增压空气中冷措施。实践证明，NO_x 的排放量随增压压力（带中冷器）的升高而降低。

（8）谨慎使用燃油消烟添加剂，注意某些添加剂对环境的危害。

子任务 2-5-2　16V265H 型柴油机燃油系统

一、燃油系统的组成及原理

基本的燃油系统由以下几部分组成：每个气缸带有单体喷嘴的电喷泵，机械式传动燃油输送泵，燃油分配器，供油和回油管路及柴油机上配装的燃油管路。

有些燃油系统的部件并不是安装在柴油机上的，比如燃油箱、燃油粗滤器、燃油精滤器、电驱动燃油输送泵以及组成燃油系统的相应管路。

16V265H 型柴油机上使用的燃油喷射装置是 EMDEC（Electro-Motive Diesel Engine）电子控制型。

16V265H 型柴油机装备有 2 个燃油输送泵，一个是电驱动，而另一个是机械驱动。电驱动的燃油输送泵是用于柴油机启动前为柴油机注满燃油使柴油机启动起来。

电驱动的燃油泵由 EM2000 机车计算机控制，并且在泵出油口管路配装有逆止阀。电驱动的燃油泵和柴油机驱动的燃油泵管路上是并联的关系。在给柴油机注燃油的过程中，燃油泵从燃油箱吸取燃油，这一供油过程要通过燃油粗滤器。

在主滑油泵端部配装的是机械驱动的燃油输送泵，该泵的作用是当柴油机正常工作时提供燃油。燃油从燃油箱抽吸要经过粗滤器，然后再将有压力的燃油通过精滤器供给柴油机。

在给柴油机灌注柴油以及启动的顺序中，电驱动燃油输送泵由微机控制从燃油箱抽油，抽油要经过粗滤器，在燃油输送泵之后再经过燃油精滤器把燃油传输到装在柴油机上的燃油分配器；燃油再被供应给柴油机两侧的集流管，然后通过燃油集流管输送到每个缸的燃油喷射泵。所输送到燃油喷射泵的小部分燃油被加压成很高的压力，高压燃油由喷油嘴喷出并形成雾化状在气缸中实现燃烧。

以电控装置（EMDEC）控制柴油机，使之与喷油泵构成一个所需要的整体，喷油量的控制是通过电磁螺线管操控提升阀来完成的。电磁螺线管由主电子控制模块驱动，该电子控制模块监控燃油喷油量。

一旦柴油机运转起来，机械传动的燃油输送泵便能够提供燃油，而当柴油机达到稳定的转速后电力驱动的燃油泵便停止工作。机车正常运用时，当主手柄处在节流阀槽口 2 的控制位时，电动燃油输送泵停止，由机械传动的燃油输送泵单独为喷油泵提供燃油。

过量输送的燃油部分参与燃烧，剩余的燃油回泄参与冷却和润滑喷油泵机构，最后经回油管回到燃油箱，如图 2-5-12 所示。

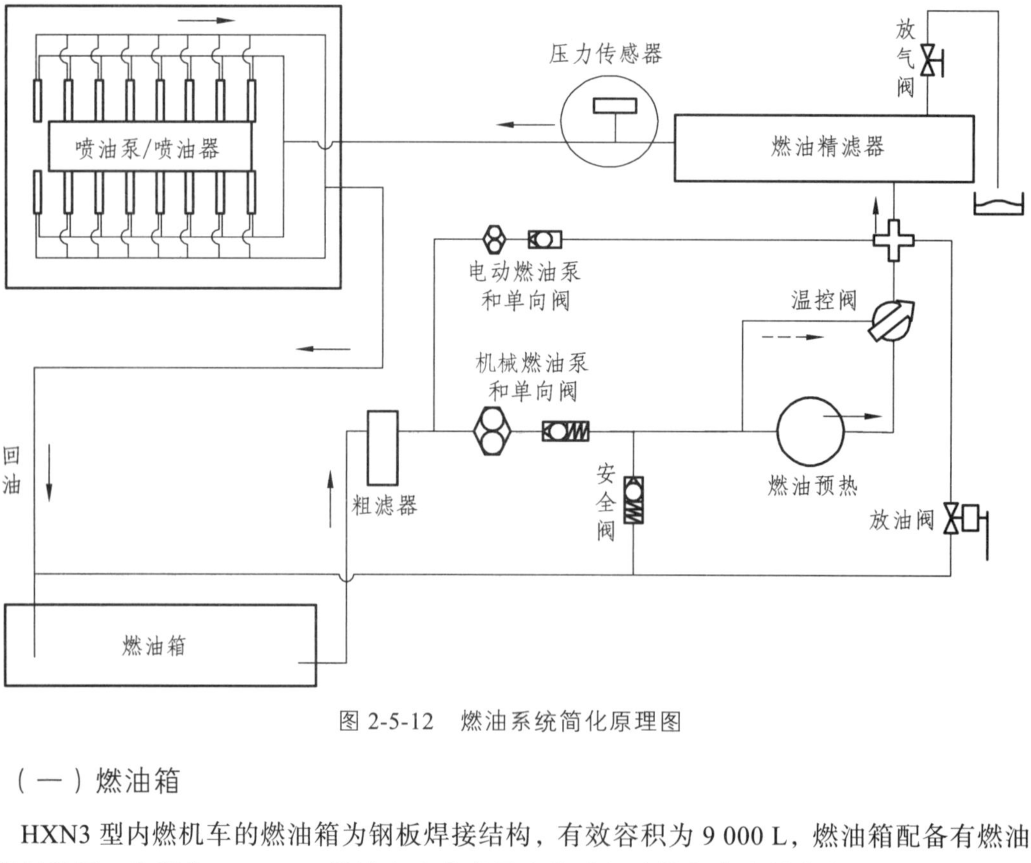

图 2-5-12　燃油系统简化原理图

（一）燃油箱

HXN3 型内燃机车的燃油箱为钢板焊接结构，有效容积为 9 000 L，燃油箱配备有燃油侧面排污装置，容积为 378.5 L，设计上也考虑了为柴油机油箱留有余量容积。

（二）机械燃油泵

如图 2-5-13 所示，机械燃油泵被安装在柴油机前端，主滑油泵的端部。它是内啮合齿轮泵，随柴油机运转开始工作，其额定流量为 0.832 8 m^3/min。

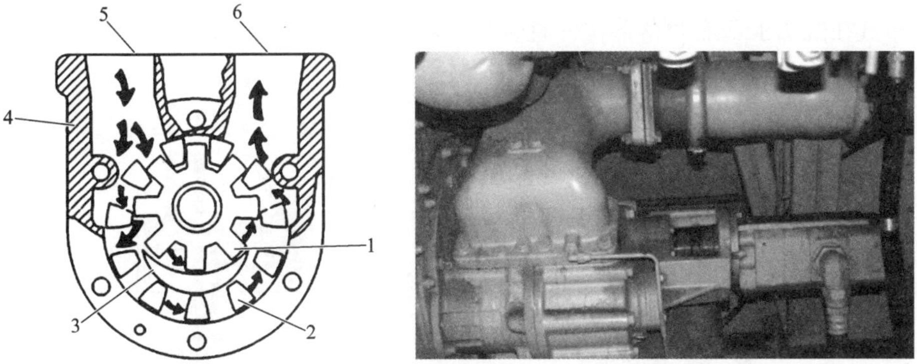

1—惰转齿轮；2—转子内齿轮；3—月牙导流板；4—泵体；5—进油口；6—出油口。

图 2-5-13　机械燃油泵

燃油从主燃油泵外部被抽到主燃油泵进口并充满齿隙空间，燃油在齿轮泵内被充满收紧，接着由齿轮泵牙推带到泵出口处，最后在齿轮啮合过程中通过齿轮牙的作用力将燃油推出泵口之外。

（三）电子燃油泵

辅助燃油泵是内啮合齿轮泵，在柴油机启动前的预充燃油和柴油机启动过程中由蓄电池电源供电，当柴油机在怠速运行或以第一手柄位运行时由辅助电源变流器供电。当柴油机在高于第一位手柄位运行时，EM2000 将关闭辅助燃油泵。其安装位置如图 2-5-14 所示。

1—电子燃油泵；2—燃油精滤器；3—燃油粗滤器。

图 2-5-14　电子燃油泵

（四）燃油滤清器

燃油粗滤器采用网式结构，每英寸上有 30 孔过滤网，每次检修作业时要对其进行清洗。

燃油精滤器使用 5 μm 等级的纸制滤芯进行过滤，三个串联的纸质滤芯保证足够的燃油供应，并且配装有 172.4 kPa 的旁通阀。

（五）喷油泵和喷油器

喷油泵布置在缸头上部右角落部位并直接受凸轮轴驱动，由短推杆与凸轮随动摇臂机构来传递运动。其结构如图 2-5-15 所示。

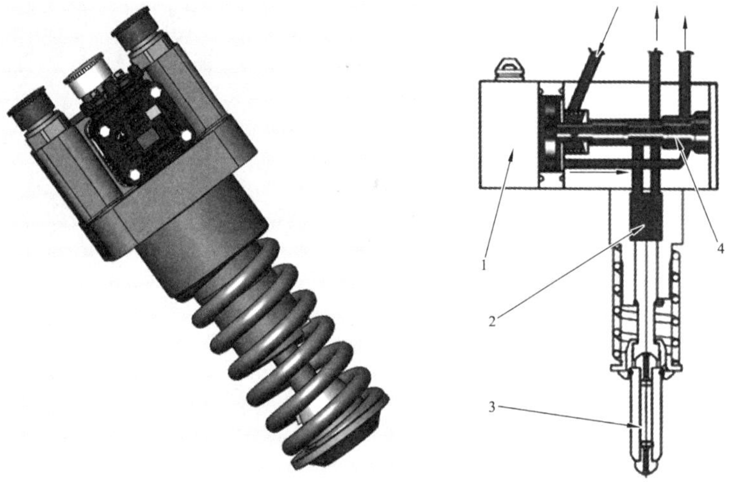

1—电磁阀；2—柱塞；3—推杆；4—滑阀。

图 2-5-15　喷油泵结构

由于凸轮轴旋转，凸轮迫使随动件及推杆向上运动，继而推动喷油泵柱塞向上运动。这种泵的内部和 710 电子喷射泵相类似。柱塞在柱塞室中运动，该室有通路与燃油供油系统连接。该通路的开闭由柴油机控制模块控制，这种控制是通过带有 24 V 电压线圈的提升阀来实现的。

失电状态下，柱塞的向上运动将柱塞室内的柴油推出去，再通过提升阀将柴油返回到燃油系统。

当电子控制模块（ECM）决定应进行喷油的时候，线圈得电使阀关闭，柱塞继续向上运动导致柱塞室内的燃油压力加大，并通过输送管道和逆止阀将燃油送到喷嘴。当喷射燃油完成，提升阀就会失电而释放燃油压力，使其返回燃油系统。

柱塞向下返回行程会通过提升阀和充油路抽补新的燃油来重新蓄满柱塞室。喷油器安装在气缸盖顶部，位于气缸中心线的位置。在喷油循环过程中，喷油器通过高压油管从喷油泵接收燃油。由于针阀关闭，在喷油嘴的内部形成燃油压力。当燃油压力达到足够大的时候，针阀克服弹簧力向上提升并离开阀座，使燃油经针孔喷入气缸。燃油被雾化并与气缸内的空气混合，以备燃烧。在喷射阶段的末尾，燃油压力下降，弹簧力使针阀落座而避免燃油流入气缸。

这种结构和老式单体喷油器的内部回流通道有相同的功能，就是在喷嘴装配内部零部件之间发生内部高压泄漏时，可以收集泄漏的燃油回流到系统，以避免燃油漏到气缸或者影响喷油器的正常工作。当柴油机停机时，在高压油管内的燃油也能正常回流。

二、温度调节控制阀

主燃油输送泵或者辅助燃油输送泵从燃油箱通过燃油粗滤器抽取燃油。此后燃油便从主燃油泵或者辅助燃油泵口供出。这两个燃油泵被两个压力值为 34.5 kPa 的分压逆止阀相互隔离开。在逆止阀后，设置了一个 965.3 kPa 的安全阀为燃油返回油箱提供了通路，一旦燃油滤清器发生堵塞，也有安全保障。燃油预热器和 AMOT 型温度控制阀确保了燃油能够被从柴油机缸套中出来的冷却水预热（大约到了 35 °C），然后供给柴油机使用。燃油流到 AMOT 温度控制阀，根据燃油的温度由温度控制阀决定燃油是否通过燃油预热器。预热后的燃油经过精滤器再去往电子燃油喷射器。

【任务检查】

表 2-5-2　燃油系统——任务检查单

任务编号	2-5	任务名称	燃油系统认知		
序号	检查内容			是	否
1	能说明柴油机燃油系统的作用				
2	能掌握 16V280ZJ 型、16V265H 型柴油机燃油系统的基本组成				
3	能说明燃油输送泵、燃油滤清器、高压油泵、高压油管、喷油器的基本结构				
4	能分析燃油输送泵、燃油滤清器、高压油泵、高压油管、喷油器的工作原理和特性				
5	能分析柴油机异常烟色的原因				

【任务训练】

一、填空题

1. 机车中修时，要求柴油机控制装置左右转臂与拉杆垂直时，各泵齿条均需在额定供油量的中间位（即第七刻线），各喷油泵齿条刻线差需小于（　　）刻线。

2. DF_{8B} 型机车燃油粗滤器在燃油泵出口压力过低时必须进行（　　）。

3. 喷油器雾化质量太差、滴油以及（　　）太低，易使气缸内喷入燃油量过多而敲缸。

4. 低压输油系统包括（　　）、（　　）、（　　）、（　　）、（　　）等部件。

5. 高压喷射系统包括（　　）、（　　）及（　　）等部件。

二、选择题

1. 燃油泵从燃油箱内经粗滤器及（　　）吸入燃油。

A. 截止阀　　B. 安全阀　　C. 止回阀

2. 16V280ZJ 型柴油机几何供油提前角为（　　）。

A. 21°　　B. 22°　　C. 23°　　D. 24°

3. 以下哪个不属于低压输油系统？(　　)

A. 燃油输送泵　　B. 喷油泵

C. 燃油预热器　　D. 燃油箱

4. 16V280ZJ 型柴油机柱塞全行程为(　　)mm。

A. 19　　B. 20　　C. 21　　D. 22

5. 16V280ZJ 型柴油机喷油器的开启压力为(　　)MPa。

A. 19 ~ 20　　B. 20 ~ 23　　C. 23 ~ 25.5　　D. 25.5 ~ 26

6. 16V265H 型柴油机装备有 2 个燃油输送泵，一个是电驱动，而另一个是(　　)驱动。

A. 油底壳　　B. 气阀装配　　C. 机械

三、判断题

1. 燃油高压油管虽然处于周期脉动变化的油压作用下，但接触高压油管不应有明显的脉动感觉。(　　)

2. 喷油泵的柱塞套和出油阀裂纹，会使燃油从燃油泵的上部出油阀接头四周喷出。(　　)

3. 喷油泵供油齿条固定在最大供油量位置时的速度特性称为柴油机的外特性。(　　)

4. 燃油系统中的调压阀与安全阀都可调整燃油系统的压力。(　　)

5. 燃油系统中调压阀的作用压力为 0.12 MPa。(　　)

四、简答题

1. 说明柴油机燃油系统的作用。

2. 说明 16V280ZJ 型柴油机燃油系统的基本组成。

3. 简述 16V280ZJ 型柴油机燃油输送泵的结构和工作原理。

4. 简述 16V280ZJ 型柴油机燃油滤清器的结构和工作原理。

5. 简述 16V280ZJ 型柴油机喷油泵的基本组成。

6. 简述 16V280ZJ 型柴油机喷油器的结构和工作原理。

7. 说明 16V280ZJ 型柴油机高压油管的功用与结构。

8. 柴油机常见非正常排气烟色有哪些？原因是什么？

9. 减少柴油机废气对环境污染的措施有哪些？

10. 简述 16V265H 型柴油机燃油系统的构成。

11. 简述 16V265H 型柴油机燃油加热系统的组成部件及工作原理。

12. 简述机车燃油系统工作循环回路的特点。

13. 简述 16V265H 型柴油机燃油供给的过程。

任务 2-6　调控系统认知

【任务描述】

调控系统是柴油机的调节控制机构，是柴油机的重要组成部分之一。作为机车乘务员、机车检修人员，必须明确调控系统的任务和工作要求，掌握 16V280ZJ 型柴油机调控系统的基本组成、C 型联合调节器的基本结构，并能分析 C 型联合调节器调节柴油机转速、功率的原理；熟悉控制机构、调控传动装置的工作过程；掌握柴油机保护性停机的原理和途径；对于新型的 16V265H 型柴油机，要能分析说明其调控方式。

【任务目标】

- 能说明柴油机调控系统的任务和工作要求；
- 能掌握 16V280ZJ 型柴油机调控系统的基本组成；
- 能说明 C 型联合调节器的基本结构；
- 能说明 C 型联合调节器调节柴油机转速、功率的原理；
- 能说明 16V280ZJ 型柴油机控制机构的作用和组成；
- 能说明 16V280ZJ 型柴油机调控传动装置的组成及作用；
- 能说明 C 型联合调节器的运用常识；
- 能说明 16V280ZJ 型柴油机保护性停机的方式；
- 能分析说明 16V265H 型柴油机的调控方式。

【任务学习】

子任务 2-6-1　16V280ZJ 型柴油机调控系统

子任务 2-6-1-1　概　述

调控系统由调速器、调控传动装置、超速停车装置和控制拉杆等组成，它的作用是保证柴油机在各个转速下的稳定运转和在给定转速下的功率恒定，实现工况的快速、平稳过渡，并具有超速保护功能。

装于调控传动装置箱体上方的调速器，由凸轮轴驱动传动箱体内的一对锥形齿轮传动。调速器内部的动力活塞杆的上下运动，经转臂转化为输出轴的转动。输出轴的转动通过摇臂推动控制拉杆系统操纵两侧喷油泵齿条的移动，实现增加或减少对气缸的燃油供给量。

柴油机在没有调速器的场合，当负载发生变化时，柴油机将有如下三种运行状态：载荷稍有改变，就引起转速较大变化，形成柴油机不稳定运转；柴油机在高速运行时，若遇有负载突然降低，此时如不能及时减少柴油机的供油量，将造成转速急剧上升，甚至有飞车的危险；柴油机在低转速下运行时，若负载突然增加，此时如不能及时增加柴油机的供油量，将使转速迅速下降，甚至造成停机。为此就需要设置调速器。调速器通过控制拉杆装置改变喷油泵的供油量，实现从 400 ~ 1 000 r/min 各任意转速下的稳定运转。

机车在运行中，其阻力是不断变化的，故牵引电动机和同步主发电机的电流和电压也随之改变。由电机特性所决定的电流与电压的变化关系，使电流变化时，电机功率与柴油机功率不匹配。为此就要求司机经常调整手柄位置，使柴油机发出相应功率，维持其稳定运转。调速器能改变同步主发电机的特性，使其在一定电流、电压变化范围内实现恒功，使柴油机能在某固定手柄位下恒功运转，从而改变司机频繁操作手柄的状态。

柴油机的输出功率由两部分所吸收，同步主发电机吸收了大部分功率；另一部分功率由冷却风扇、通风机、供空气压缩机及其他器具用电的辅助发电机等机车辅助装置所吸收。柴油机于某一手柄位运转时，同步主发电机吸收了一定的功率，若机车辅助装置工况改变使吸收功率减少，此时调速器为使柴油机转速不变，便进入了转速调节过程，使喷油泵的供油量减少，于是柴油机的功率降低了。但是，在转速不变的情况下，柴油机功率的降低，将会增加燃油消耗率，即经济性变坏。设置调速器可以把机车辅助装置所减少吸收的功率转移给同步主发电机吸收，从而使柴油机在某一转速下的功率恒定。

由故障引起的柴油机超速运转称为飞车，会使运动零件产生很大的惯性力和冲击力，导致零件的损坏，同时还会使柴油机燃烧恶化，造成燃烧室受热零部件的过热损坏，而且也容易出现烧瓦等故障。因此，飞车所造成的后果是很严重的。为此，柴油机设置了超速停车装置和超速保护装置。当柴油机超速时，超速停车装置通过控制拉杆装置将喷油泵齿条拉至停油位，迫使柴油机停机。为了防止由于喷油泵柱塞或齿条卡死等原因，在超速停车装置动作后仍不能实现停机，在两列气缸的进气管路中，还设置了超速保护装置。当柴油机飞车时，超速保护装置自动落下风门，截断各气缸的进气，实现柴油机停机。

另外，在控制拉杆装置中，还设置有油压保护机构，使柴油机在指定转速下，当机油压力低于规定值时，分别实现自动降速减载或停机。

子任务 2-6-1-2　C 型联合调节器

一、C 型联合调节器的结构和工作原理

调速器主要由转速调节系统、转速给定系统、功率调节系统、供油系统和停车装置等部分组成。C 型联合调节器的结构如图 2-6-1 所示。C 型联合调节器的工作原理如图 2-6-2 所示。

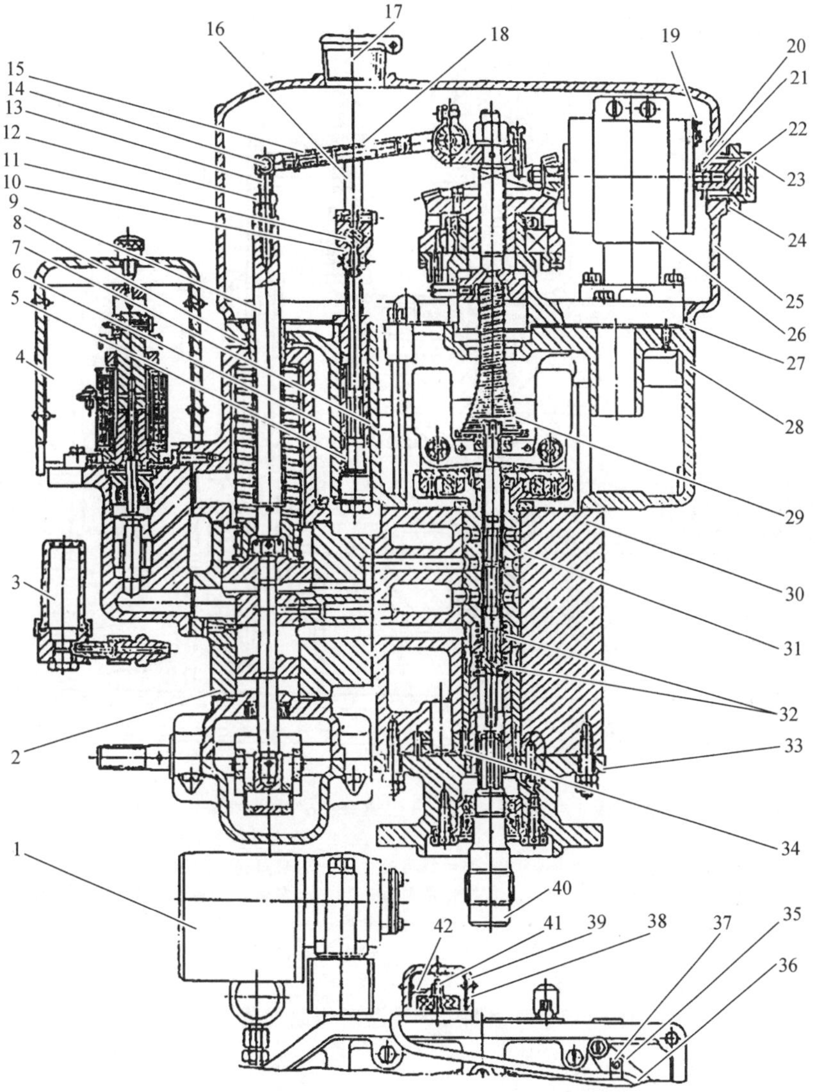

1—功率伺服器安装；2—动力伺服马达装配；3—储气筒；4—自动停车机构组装；5—定位套；6—微动套；7—功率滑阀；8—垫圈；9—作用顶杆；10—夹叉；11—偏心调整轮；12—作用顶杆锁紧螺母；13—调整螺栓；14—螺栓销；15—联合杠杆装配；16—连杆；17—滤油器组装；18—十字销；19—接线柱；20—封铁丝；21，35—螺钉；22—手把；23—堵；24—垫圈；25—上盖；26—座架；27—垫片；28—上体装配；29—宝塔弹簧；30—中间体组装；31—滑阀装配；32—缓冲弹簧；33—下体组装；34—从动齿轮；36—软套管；37—线卡子；38—接线板组装；39—罩盖组装；40—传动轴；41—接线片；42—导线。

图 2-6-1　C 型联合调节器

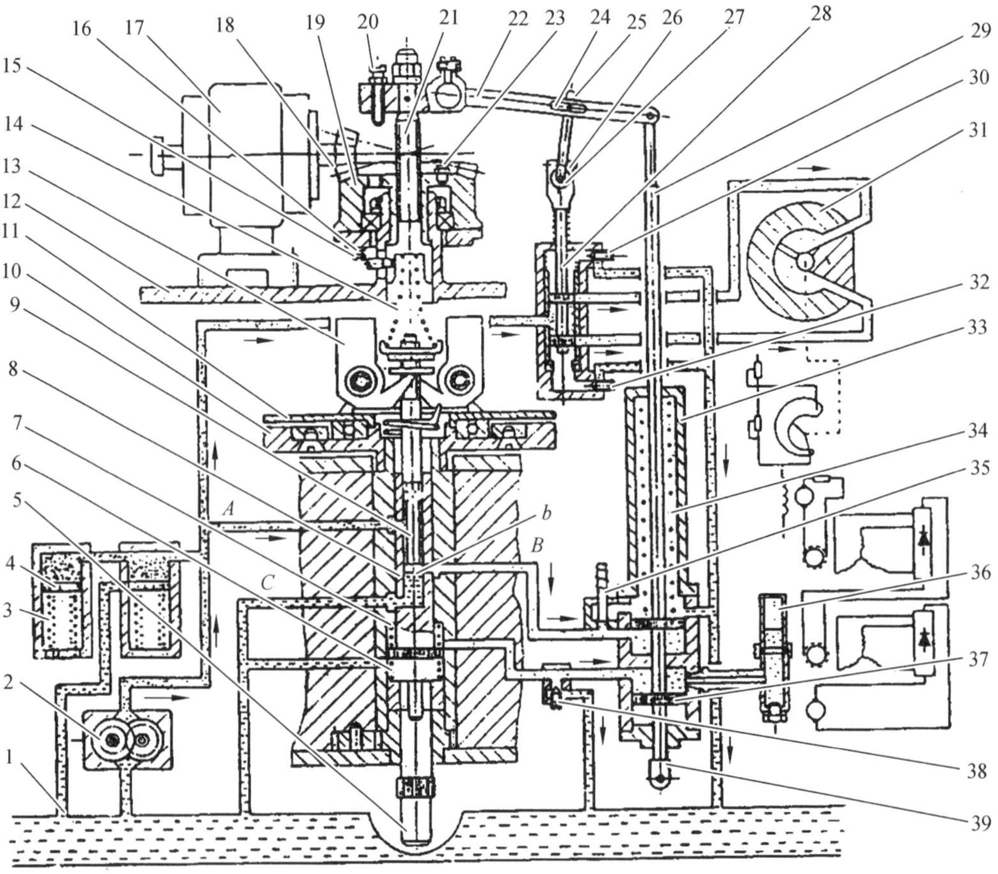

1—油池；2—齿轮油泵；3—内外弹簧；4—蓄压活塞；5—传动轴；6—缓冲弹簧；7—套座；8—调速滑阀；9—调速柱塞；10，11—匀速盘；12—座体；13—飞锤；14—调速弹簧；15—最低转速止钉；16—最低转速调整钉；17—步进电机；18—主动锥齿轮；19—从动锥齿轮；20—最高转速止钉；21—梯形螺杆；22—联合杠杆；23—最高转速调整钉；24—十字销；25—连板；26—夹叉；27—偏心轮；28—功调滑阀；29—顶杆；30—增载针阀；31—变阻器；32—减载针阀；33—伺服马达体；34—伺服马达弹簧；35—停车装置；36—缓冲腔组件；37—补偿活塞；38—补偿针阀；39—动力活塞杆。

图 2-6-2　C 型联合调节器工作原理图

（一）转速调节系统

转速调节系统的功用是感受柴油机的转速变化信号并产生反应，通过柴油机的控制拉杆装置拉动喷油泵齿条，改变供油量，使柴油机在给定转速下稳定运转。

转速调节系统由下列部件组成：

1. 敏感元件

反映柴油机转速变化的敏感元件包括飞锤 13、匀速盘 10 和传动轴 5 等。

2. 放大机构

由飞锤的离心力产生的拉力太小，不足以直接通过拉杆装置拉动喷油泵齿条，为此设置了放大机构，将飞锤的作用力放大。放大机构包括动力活塞与动力活塞杆 39、伺服马达体 33、伺服马达弹簧 34 等零件。

飞锤离心力的改变使柱塞 9 移动，开启了滑阀 8 的油孔，控制工作油进入或排出动力活塞下面的油缸推动动力活塞，此时产生的推力比飞锤的离心力所产生的推力大若干倍。

3. 缓冲系统

缓冲系统又称补偿系统，其功用是限制放大机构的过量动作，即对应某个转速的预定值动力活塞有一定的移动量。缓冲系统限制动力活塞到达移动量后继续移动，由此保证转速的稳定。它由柱塞 9、调速滑阀 8、对置于滑阀活塞上下的缓冲弹簧 6、补偿针阀 38、补偿活塞 37 和缓冲腔组件 36 等组成。

由以下转速升、降过程，说明缓冲系统的工作原理。

（1）柴油机增加转速。

由于调速弹簧 14 压力的增加，迫使飞锤 13 收拢，使柱塞 9 下移，柱塞的阀盘开启调速滑阀的 b 孔，工作油由油路 A 经 b 孔和油路 B 进入动力活塞下方，动力活塞上移，增加柴油机的供油量，转速随之升高。同时，补偿活塞 37 跟随动力活塞上移，其上方的一路工作油被压入滑阀活塞的上方，迫使该活塞上、下缓冲弹簧 6 失去原有平衡，调速滑阀 8 下移，跟随先前下移的柱塞 9 试图盖住 b 孔，截止动力腔的供油，动力活塞停止上移，即停止增加柴油机的供油量。若尚未达到预定转速，则继续调速，直至柴油机达到预定转速为止。此时，飞锤的离心力与调速弹簧力平衡，飞锤处于垂直位置，柱塞的阀盘遮住调速滑阀的 b 孔，动力活塞处于一个新的位置，即柴油机有一个新供油量，滑阀活塞的上、下缓冲弹簧也恢复平衡。在上述每一个过程中，当补偿活塞上移时，其上方的一部分工作油流入滑阀活塞的上方，也流入补偿油路。在补偿油路中设有补偿针阀，工作油会经补偿针阀泄回油池 1。补偿针阀的开度影响补偿过程的延续时间。开度调整恰当，有利于上述过程快速、稳定地完成。在补偿活塞上移时，其上方的另一部分工作油充入缓冲腔组件 36 的储气筒，使缓冲腔的气垫压力增加。当补偿活塞停止向上移动时，缓冲腔中的气垫将释放它吸收的能量，使调速滑阀继续保持对柱塞下移的跟随，延长了缓冲作用时间，促使调速过程的完成。

（2）柴油机降低转速。

由于降低调速弹簧 14 的压力，迫使飞锤张开，柱塞上移，柱塞的阀盘开启调速滑阀的 b 孔，动力活塞下方的工作油经油路 B、b 孔和油路 C 排回油池。动力活塞在弹簧的压力作用下向下移动，以减少柴油机的供油量，柴油机转速随之下降。同时补偿活塞跟随下移，其上方油腔的压力降低，由于补偿针阀开度的限制，使油池的油来不及补充，滑阀活塞上方的工作油压力也跟着降低，于是该活塞上、下缓冲弹簧失去原有的平衡，调速滑阀跟随先前上移的柱塞并遮住 b 孔，截止动力活塞排油，动力活塞停止下移，即停止减少柴油机的供油量。若尚未达到预定的转速，则继续进行调速，直至柴油机达到预定转速。此时，飞锤的离心力与调速弹簧力平衡，飞锤处于垂直位置；柱塞的阀盘遮住调速滑阀的 b 孔；动力活塞处于一个新的位置，即柴油机有一个新供油量；滑阀活塞的上、下缓冲弹簧也恢复平衡。当补偿活塞下移时，缓冲腔组件的储气筒的油可补充到补偿活塞的上部油腔，使滑阀活塞上方的油压降低得慢些，从而减缓滑阀对柱塞的跟随速度。由于储气筒的上述作用，形成了缓冲腔的真空度。当补偿活塞停止下移时，滑阀活塞继续上移，所排出的工作油则可补充入储气筒，使调速滑阀能继续保持对柱塞上移的跟随，即延长了缓冲的作用时间，促使调速过程的完成。

4. 执行机构

执行机构的功用是根据敏感元件和放大机构所改变的状态，执行调速器对控制拉杆装置及喷油泵供油齿条的控制动作。它主要由曲臂传动机构等组成。

5. 调速弹簧

调速弹簧 14 是调速器的一个重要调控元件，它决定柴油机的平衡转速。

（二）转速给定系统

转速给定系统的功用是通过改变调速弹簧的压缩高度，即通过司机控制器手柄，给定柴油机的转速。另外，还可以限制及调整柴油机的最高和最低转速。它主要由步进电机 17、一对锥齿轮 18 和 19 及一组为梯形螺纹的螺杆和螺母 21 等组成。

当步进电机接到来自驱动电源的脉冲信号后，通过主从动锥齿轮和螺旋副的作用，把步进电机的旋转运动转换成螺旋副在垂直方向的移动，通过改变螺杆对调速弹簧的压缩量来改变柴油机的转速。

最高工作转速的限制，是通过与从动锥齿轮一起转动的螺钉 23 及固定于功率调整轮安装座上的最高转速止钉 20 来完成的。

最低工作转速的限制，由随从动锥齿轮一起转动的最低转速调整钉 16 及随配速活塞螺杆一起移动的最低转速止钉 15 共同完成。

柴油机最高和最低转速的调整，是分别通过调整在从动锥齿轮顶面的螺钉 23 和挡圈下面的螺钉 16 来实现的。在步进电机不通电时，可用手调转速旋钮，来调整柴油机的工作转速。

（三）功率调节系统

1. 功率调节系统的结构和工作原理

功率调节系统的功用是保持柴油机在给定转速下的功率恒定。它由功调滑阀 28、功率伺服器（油马达）31、变阻器和联合杠杆 22 等组成。

调速器的恒功调节是指调速器为保持柴油机在某一转速下功率恒定的调节过程。保持柴油机恒功有如下两种方式：在机车辅助功率不变的情况下，使同步主发电机恒功；机车辅助功率与同步主发电机功率等量转移。它们都是通过调速器改变同步主发电机的励磁以改变电压，最终保证柴油机恒功。下面以后一种方式为例，来说明调速器的恒功调节过程。

当机车辅助装置吸收的功率减少时，此时柴油机因负载减小而转速升高，于是调速器进入转速调节过程：飞锤张开，柱塞上移，动力活塞下移，减小柴油机的供油量，以保持柴油机原来的转速。动力活塞及顶杆 29 的下移，带动它与联合杠杆连接点的下移，使与之相关联的功调滑阀 28 下移。于是功调滑阀的两个阀盘打开了通往功率伺服器（油马达）31 的上、下油孔，压力油从功调滑阀套的下油孔进入叶片式功率伺服器（油马达）的下油道，而功率伺服器（油马达）上油道的压力油，则由功率滑阀套的上油孔回入油池。功率伺服器（油马达）此时便带动变阻器向减小测速发电机回路电阻的方向转动，即增加了同步主发电机的励磁，使同步主发电机的吸收功率增加。于是又出现了新一轮的转速调节过程：由于功率增加使转速降低，于是飞锤合拢，柱塞下移，动力活塞上移，增加了柴油机的供油量，直到柴油机转速回到原来的给定值。随着动力活塞及顶杆 29 的上移，带动它与联合杠杆连接点的上升，使与之相连的功调滑阀上移，重新关闭功调滑阀套的上、下油孔，功率伺服器（油马达）停止转动。上述功率调节过程每进行一次，柴油机在转速不变的情况下增加一次功率。如此经过多次上述过程，最终恢复至柴油机原有功率为止。

2. 功率调节系统的调整及功率整定

（1）功率调节系统的调整。

功率整定时，要对功率调节系统的元件进行调整，对其动作及原理分述如下：

① 平衡位调整。

所谓平衡位，即功调滑阀的阀盘关闭滑阀套油孔的位置，此时功率伺服器（油马达）指针停于中间任意位。调整时，使柴油机处于需恒功的某一工况，旋转顶杆 29，使调整螺栓处于中间位，调整功调滑阀上方的偏心轮 27，使功率伺服器（油马达）指针停于中间任意位。可用旋转顶杆 29 的方法来验证经上述调整后，是否确已处于平衡位：左旋顶杆 29，功率伺服器（油马达）应沿逆时针方向转动；右旋顶杆 29，功率伺服器（油马达）应沿顺时针方向转动。

② 两个转速间功率范围的调整。

使柴油机-发电机组分别于两个转速下工作，看功率是否符合规定。若两工况间的功率范围偏大，可把联合杠杆的十字销 24 向伺服马达侧移动；若功率范围偏小，则将十字销往调速弹簧侧移动。上述调整会引起某一转速下功率的变化。

③ 某转速下功率大小的调整。

某转速下功率大小的调整可通过旋转顶杆 29 来达到。若功率偏高，可左旋顶杆 29，则功率伺服器（油马达）逆时针转动，以减少励磁，继续左旋顶杆直至达到规定功率；若功率偏低，则进行上述相反的调节。

④ 恒功率调节速度的调整。

恒功率调节速度的调整，可通过调节上体侧面的增、减载针阀 30 和 32 的开度得以实现。针阀开度增大，则增、减载速度加快；反之减慢。

（2）功率整定。

功率整定又称功调试验，是通过调整调速器某些元件的相对位置，使柴油机各个转速及其对应的功率能落在牵引曲线上。功率整定须在水阻台上进行，主要是确定偏心轮 27、联合杠杆上的十字销 24 及调整螺栓等的位置。其步骤如下：

柴油机启动前，先做如下元件的调整：将偏心轮上的刻线对准夹叉 26 在水平方向上调速弹簧一侧的刻线；移动十字销 24，使连板 25 与功调滑阀杆连成一条直线后，使十字销向调速弹簧侧再稍许移动一点；将联合杠杆与调整螺栓连接的螺栓销中心至上体平面的距离调整到 100 mm 左右。

启动柴油机开始进行功调试验。将转速提至 1 000 r/min，校验柴油机功率是否达到规定值，并检查油马达动作。若柴油机功率偏小，可右旋顶杆直至功率达到规定值后锁紧调整螺栓上的螺母。之后，分别校核 840 r/min 和 680 r /min 时的柴油机功率，调节方法同上。同时还要检查 400 r/min 时油马达指针须回 0 位的情况，即此时油马达的可变电阻的电阻值最大，以保证机车起步平稳。功调试验所测得的功率曲线要与牵引曲线比较。调整时，除非偏差太大，一般不再重调偏心轮的位置，只需微量调节十字销及调整螺栓的位置。若试验曲线比牵引曲线陡，高转速时的功率偏高，而低转速时的功率偏低，可将十字销向伺服马达侧移，并适当调节调整螺栓的位置；若试验曲线偏缓，则将十字销移向调速弹簧侧，并适当调节调整螺栓的位置。

（四）供油系统、工作油及换油方法

供油系统由齿轮油泵 2、中体储油腔（油池 1）和设有蓄压活塞 4、内外弹簧 3 的蓄压室所组成。齿轮油泵的出油腔与蓄压室的上部连通，并由齿轮油泵和蓄压室使工作油压力保持在 0.64 ~ 0.69 MPa。

调速器的工作油为内燃机车调速器油。工作状态下的油面应在油位指示器的上、下刻线之间，即标定油位。

按如下程序更换调速器工作油：

（1）柴油机停机后，从调速器中体下部的放油堵将油放净。

（2）从加油口倒入清洁柴油至标定油位。

（3）启动柴油机，在 400 r/min 转速下运行 5 min 左右，随后停机并放出柴油。

（4）加入新工作油至标定油位。

（5）启动柴油机，在 400 r/min 转速下运行 5 min 左右，随后停机并放出工作油。

（6）加入新工作油至标定油位。

（7）调速器换油后，应启动柴油机，排除调速器油路的空气。其过程如下：柴油机在 400 r/min 下运转，将位于中体中部的补偿针阀松开 2 ~ 3 扣，使柴油机不稳定运转 5 min 左右，然后调整补偿针阀使柴油机工作稳定。但补偿针阀的最终调整需在柴油机热机状态下进行。

（五）停车装置

柴油机的正常停机依靠停车装置完成。停车装置 35 主要由电磁联锁线圈、铁心、顶杆、阀芯和导套等组成。停机的执行过程为：DLS 线圈断电，动力活塞下方的工作油使停车装置的阀芯上移，从而打开停车装置下方的油路。工作油从停车装置上方斜油孔排入中体蓄油腔，动力活塞被弹簧压下移至底部，使供油停止，柴油机停机。

二、基本技术要求

（1）调速器的上体、中体、下体及各零部件不许有裂纹。

（2）调速弹簧、补偿弹簧的特性应符合设计要求。

（3）旋转套筒、导阀柱塞、功率滑阀及微动套、动力活塞、缓冲弹簧、蓄压室活塞等重要零部件表面应无手感的拉伤与划痕。

（4）飞铁须配对更换，质量差小于 0.1 g。

（5）步进电机转动灵活，静态扭矩为 0.8 N·m。

（6）伺服马达杆行程为 25.4 mm，相当于输出轴摆角为 42°。

（7）各连接杆动作灵活、无卡滞。

（8）功率伺服器在 300°转角内转动灵活，从最大励磁位到最小励磁位电阻变化为 0 ~ 493 Ω。变阻器电刷接触良好，各电阻不许烧损及断路、短路。

（9）组装后进行台位磨合试验及性能试验，应达到：

① 各接合面及油封不许泄漏。

② 在油温达到 55 ~ 60 °C 时，所有工况下储油室油压在 0.90 MPa 左右。

③ 最低 400 r/min 和最高 1 000 r/min 时，实际转速与名义转速之差不大于 10 r/min。

（10）调速器装车及进行性能试验，应达到：

① 在正常油温时，复查最低和最高实际转速与名义转速差小于 10 r/min。

② 改变控制器手柄位置时，柴油机转速波动次数小于 3 次，稳定时间小于 10 s。

③ 移动控制器手柄，使柴油机最低稳定转速突升至标定转速时的时间为 18 ~ 20 s；反之，降速时间为 20 ~ 22 s。

子任务 2-6-1-3　控制拉杆装置

一、控制拉杆装置的结构

控制拉杆装置由弹性拉杆、紧急停车机构、最大供油止挡、左右转臂、横拉杆、左右纵拉杆、夹头和定位托架等组成，其结构见图 2-6-3。

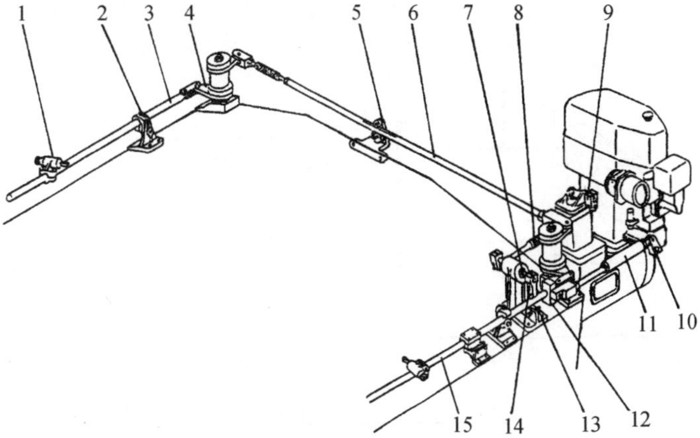

1—齿条夹头装配；2—定位托架；3—左纵拉杆；4—左、右转臂；5—定位托架；6—横拉杆；7—转轴；8—调节杆；9，10—摇臂；11—弹性拉杆；12—限止块；13—调整螺栓；14—紧急停车长臂；15—右纵拉杆。

图 2-6-3　控制拉杆装置

1. 弹性拉杆

弹性拉杆的结构见图 2-6-4。弹性拉杆由拉杆 5、套 4、弹簧 3、叉头 2 等组成。其左侧通过摇臂 1 与调速器相连，右侧通过拉杆连臂 6 与右纵拉杆相连。柴油机增加供油时，通过摇臂、叉头、套推压弹簧，再由弹簧推动拉杆，最后将力传递到左、右纵拉杆上，因此增加供油时拉杆做弹性移动。柴油机减少供油时，则通过叉头、套直接拉动拉杆做刚性移动，将喷油泵齿条向减少供油的方向移动。

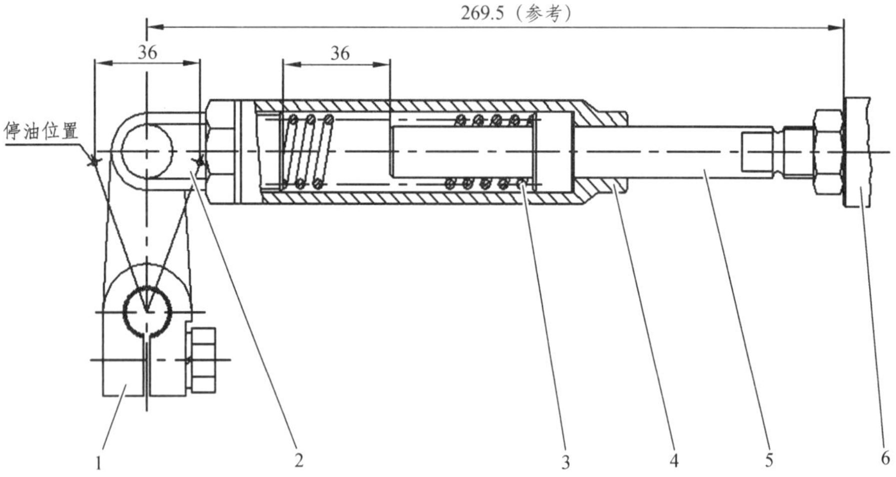

1—摇臂；2—叉头；3—弹簧；4—套；5—拉杆；6—拉杆连臂。

图 2-6-4　弹性拉杆

设置弹性拉杆的目的主要是当紧急停车装置动作时，紧急停车长臂打击限制块，推动拉杆向减油位置移动，此时由于调速器动力活塞没有移动，仍停留在原来的供油位置，因此弹性拉杆上的叉头和套不动，拉杆通过压缩弹簧移动。

2. 齿条夹头装配

齿条夹头装配由夹头体装配、调整螺母、夹头串销、夹头弹簧、销、开口销组成，见图 2-6-5。

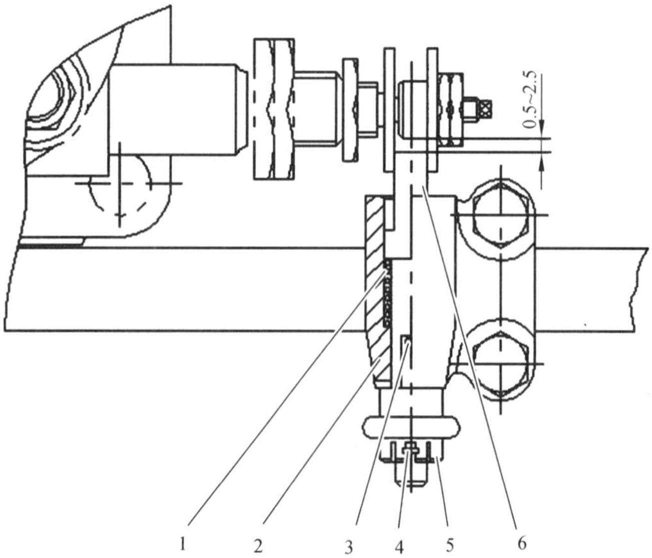

1—夹头弹簧；2—夹头体装配；3—销；4—开口销；5—调整螺母；6—夹头串销。

图 2-6-5　齿条夹头装配

夹头体装配由夹头体、夹头盖上下两部分组成，通过两个 M10 的螺栓拧在一起，夹紧在左、右纵拉杆上。

齿条夹头装配的作用如下：

（1）将左、右纵拉杆的移动传递到油泵齿条，完成加油/减油的功能。

（2）当需要甩缸时，用手捏住调整螺母向后拔出夹头串销，当销离开夹头体的深槽时，旋转 90°，使销卡在夹头体的浅槽中，此时夹头串销头部从油泵齿条中脱出。复位时，操作顺序与甩缸的顺序相反。复位后，夹头串销头部与调节齿杆的间距为 0.5 ~ 2.5 mm。

注意：复位时，一定要将夹头串销的头部放入油泵齿条的拨叉座与弹簧座之间，千万不能卡在锁紧螺母处，否则将引起飞车。

为了防止因个别喷油泵柱塞或齿条卡死，使得其余喷油泵齿条不能回到停油位而引起柴油机飞车，故在齿条内部设置有弹簧。其余喷油泵齿条可以通过齿条夹头及齿条上的拨叉座压缩弹簧并随拉杆向减油的方向移动，避免柴油机在降速或卸载时飞车。

3. 定位托架

整个拉杆系统有 10 个定位托架。其中，靠近横拉杆 6（柴油机前端面）左右纵拉杆上各装一个如图 2-6-6 所示的定位托架，不仅起到拉杆定位的作用，而且还有防止拉杆转动的作用。其余托架如图 2-6-7 所示，可以限制拉杆的左右运动，防止齿条夹头串销脱开齿条拨叉座。

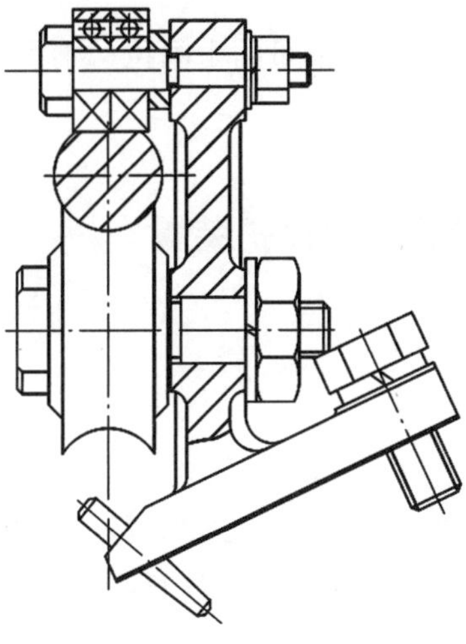

图 2-6-6　定位托架

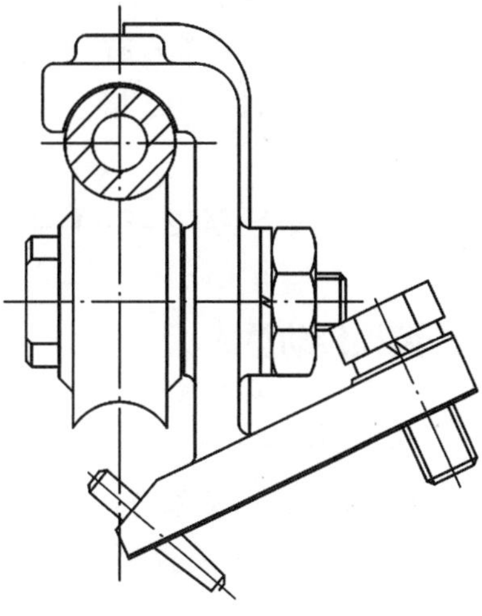

图 2-6-7　托架

为了提高调速器输出轴的转动转换成左右控制拉杆的直线移动的灵活性，同时在保证拉杆系统最小间隙时不增加拉杆系统的阻力，在弹性拉杆与右拉杆的连接处、左右转臂座与横拉杆的连接处采用关节轴承。左右转臂与左右拉杆的连板上采用了平轴承。这种平轴承还有限制拉杆的转动，使齿条夹头的串销不偏离齿条的拨叉座的作用，确保喷油泵安全可靠工作。

二、控制拉杆系统的动作过程

调速器操纵控制拉杆装置的动作过程如下：当调速器的动力活塞上移时，曲臂传动机构的花键轴转动并通过摇臂 10 推动弹性拉杆 11 向柴油机输出端方向移动。此时，弹性拉杆一方面带动右纵拉杆向输出端推进；另一方面经左右转臂和横拉杆带动左纵拉杆移向柴油机自由端。上述左、右纵拉杆的动作，带动了装在其上的各个夹头 1 推动柴油机各个缸的喷油泵齿条向增加供油方向移动。当调速器的动力活塞下移时，控制拉杆装置则进行与上述方向相反的动作，使喷油泵齿条向减油方向移动。

超速停车装置的作用过程如下：当超速停车装置动作时，停车轴带动紧急停车机构的摇臂 9、调节杆 8、转轴 7，由紧急停车长臂 14 打击安装在右纵拉杆上的限止块 12，使左、右纵拉杆向减油的方向移动，并回到停机时的位置。此时，喷油泵齿条即被推至停油位，使柴油机迅速停机。

三、基本技术要求

（1）各拉杆不允许弯曲，安装正确，动作灵活、无卡滞。

（2）拉杆系统总间隙小于 0.5 mm。

（3）拉杆系统总阻力小于 30 N。

（4）连上喷油泵后的拉杆系统总阻力小于 100 N。

（5）左右转臂与拉杆垂直时，各喷油泵齿条刻线须在标定供油量的中间位（即第 7 刻线），各喷油泵齿条刻线差小于 0.5 格。

子任务 2-6-1-4　调控传动总成和超速保护装置

一、调控传动总成

（一）组成及作用

调控传动总成的转动部分用于传动调速器、超速停车装置、转速表和测速发电机。调控传动总成设有超速停车装置和转速表，调控传动总成安装于柴油机前端右侧，其结构见图 2-6-8。

超速停车装置的动作原理如下：

当柴油机转速升至 1 120 ~ 1 140 r/min 时，飞锤 15 的离心力大于限速弹簧 17 的预紧力，飞锤的头部伸出飞锤座 16 撞击摇臂滚轮 14，使摇臂 9 的一个臂往上翘，摇臂的另一臂带动连接臂 8 倒向另一侧，停车弹簧 5 将停车杆 6 压下，通过控制拉杆装置迫使喷油泵停止供油，柴油机停车。

手动紧急停车按钮置于超速停车装置箱体的侧面，手推停车按钮 10，可使摇臂 9 带着连接臂 8 倒向另一侧，停车杆 6 下移，迫使柴油机停机。

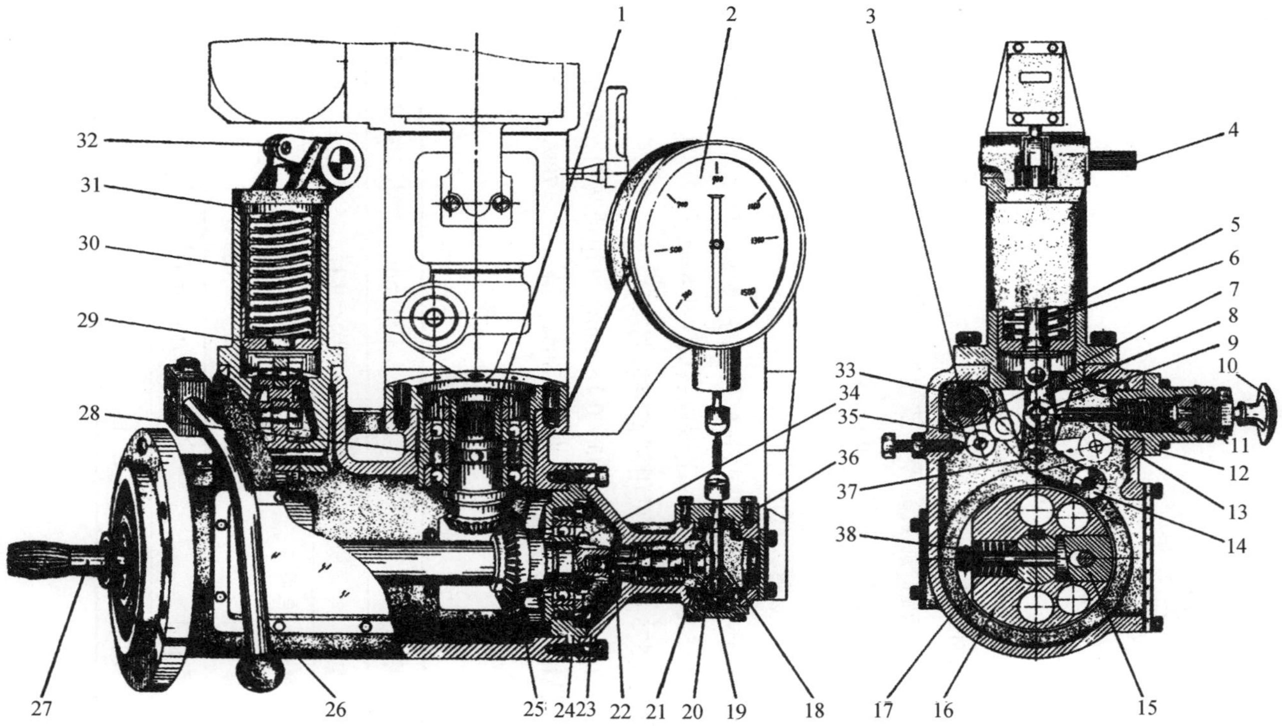

1—从动轴；2—转速表；3—轴；4—停车轴；5—停车弹簧；6—停车杆；7—轴臂；8—连接臂；9—摇臂；10—停车按钮；11—推杆座；12—推杆体；13—顶杆；14—摇臂滚轮；15—飞锤；16—飞锤座；17—限速弹簧；18—垂直轴；19—下轴承座；20—小锥齿轮；21—大锥齿轮；22—水平轴；23—壳体；24—轴承座；25—主动齿轮；26—复原手柄；27—主动轴；28—轴承座；29—弹簧座；30—停车器体；31—停车体盖；32—转动轴摇臂；33—铜衬套；34—隔套；35—滚轮；36—顶盖；37—摇臂销；38—调整螺母。

图 2-6-8　调控传动总成

复原手柄 26 的轴 3 置于手动紧急按钮的对面。当飞锤动作或用手按压停车按钮时，摇臂和连接臂倒向复原手柄转轴一侧。将复原手柄上抬，复原手柄可通过轴 3 和轴臂 7 将摇臂 9 和连接臂 8 回转复位。

（二）限度及基本技术要求

（1）箱体与零部件不许有裂损。

（2）各运动件转动灵活，飞锤组装后应是静平衡的。

（3）组装后检查飞锤行程应为 $6^{+0.5}_{0}$ mm。

（4）检查紧停装置停车杆行程应不小于 20 mm。

（5）用手推动紧停按钮，停车杆须立即下落，此时摇臂滚轮不许与紧停按钮的顶杆相碰。

（6）用手扳动复原手柄复原后，摇臂应紧靠停车按钮的顶杆头部。

（7）超速停车装置的动作值为 1 120 ~ 1 140 r/min，装车后允许以柴油机的极限转速值为准进行复查并适当调整。

（8）转动紧停按钮处的推杆座，调整摇臂中心与箱体中心的（距离）尺寸应为 $2^{+0.5}_{0}$ mm。

（9）调整停车器体与箱体之间的垫片，使摇臂与飞锤座之间的（距离）尺寸为（0.8 ± 0.1）mm。

（10）当飞锤的转速达到 560 ~ 575 r/min 时，飞锤应立即飞出推动摇臂，使停车杆立即落下。如飞锤转速大于或小于 560 ~ 575 r/min，可用调整螺母调节。

（11）传动调速器的螺旋锥齿轮啮合间隙为 0.05 ~ 0.15 mm，可用增减相关垫片来调整间隙，并用涂色法检查齿面的接触精度，接触斑点沿齿高≥50%，沿齿长≥70%。

（12）原形尺寸及限度见表 2-6-1。

表 2-6-1　原形尺寸及限度

序号	名　称	原形/mm	中修限度/mm
1	调速器传动螺旋锥齿轮啮合间隙	0.05 ~ 0.15	0.20
2	转速表传动锥齿轮啮合间隙	0.08 ~ 0.15	0.20
3	飞锤与飞锤座间隙	0.025 ~ 0.089	0.10
4	摇臂滚轮与销间隙	0.013 ~ 0.057	0.08
5	停车按钮顶杆与体孔间隙	0 ~ 0.054	0.10

二、超速保护装置

（一）作用与结构

超速保护装置设在柴油机左右两列气缸的进气管路中。当柴油机超速时，其风门立即关闭进气管通道，迫使柴油机停机。

超速保护装置主要由连接管、风门体、风门、传动机构（由转轴、操纵杆、连杆、拉板等构成）和电磁铁等组成，其结构如图 2-6-9 所示。

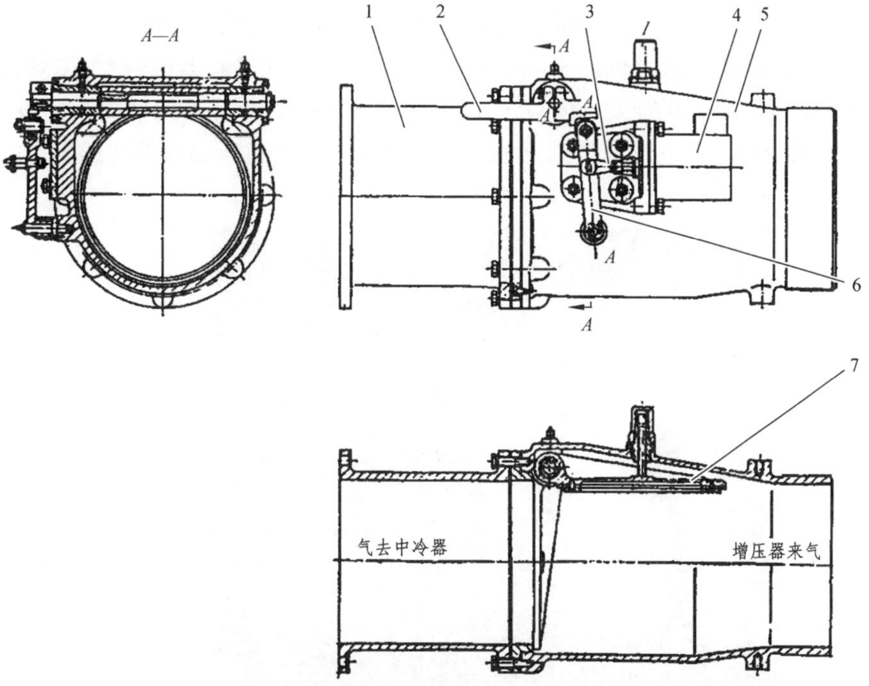

1—连接管；2—操纵杆；3—拉板；4—电磁铁；5—风门体；6—连杆；7—风门。

图 2-6-9　超速保护装置

连接管和风门体作为一段进气管，置于增压器与中冷器之间，风门装在风门体内。风门可以手动关闭，也可电动关闭。当柴油机转速达到 1 120 ~ 1 140 r/min 时，机车控制回路使装在风门体外的直流电磁铁得电吸合，拉动风门体外部的传动机构，迫使风门关闭，迅速切断各个气缸的进气，使柴油机停机，此时操纵杆处于铅垂位。当风门复原时，操纵杆处于水平位。

（二）主要技术要求

（1）组装后进行风门动作试验。电磁铁通电后，风门应迅速落下，关闭进气管通道，不允许有漏气现象。

（2）为保证风门动作灵活，油杯内应定期注入钙基脂。

（3）传动机构上的转轴，其轴向间隙为 0.05 ~ 0.3 mm。

（4）柴油机工作转速达到 1 120 ~ 1 140 r/min 时，电磁铁应得电吸合，风门迅速关闭。

（5）风门动作后，须于柴油机重新启动前使风门复位。

子任务 2-6-2　16V265H 型柴油机调控系统

一、柴油机控制模块

16V265H 型柴油机使用两个电子控制模块（ECM）来控制柴油机的喷射系统。控制模块都安装在电器柜内，如图 2-6-10 所示，并按如下原则配置：发送器（控制柴油机右侧的 1 ~ 8 缸）和接收器（控制柴油机左侧的 9 ~ 16 缸），以及发送器和接收器的两个 ECM 决定着基本燃油喷射脉冲宽度。尽管装到柴油机上的性能传感器和保护传感器的数据均由发送器 ECM 处理，但两个 ECM 均由电缆与传感器相连。这是因为柴油机所要求的传感器总数超出了一个 ECM 模块的容量。

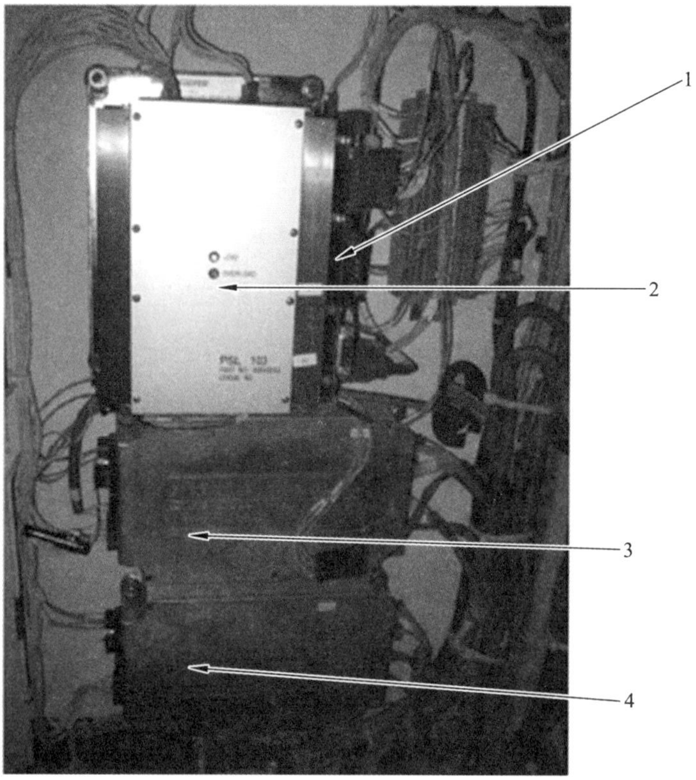

1—接口模块；2—电源；3—信号发送器；4—信号接收器。

图 2-6-10　柴油机控制模块

除了操控右侧的喷油器之外，ECM 接收器与所有（柴油机）外部安装的传感器相连，并传递这些数据供机车控制系统使用。

各种线束将部件和机车控制系统相连。车载线束为机车控制系统和 ECM 之间提供了相互联系。安装在柴油机外部的传感器，如燃油和滑油滤清器的传感器，也是通过这一车载线束来连接的。HXN3 机车的控制和诊断信息，通过双向串行连接送到机车界面模块，然后传送给 ECM 模块。

所有安装在柴油机上的传感器都要经由柴油机线束与 ECM 相连。定时传感器和速度传感器也经由线束连接。柴油机右侧和左侧的喷油器通过喷油器线束与相对应的 ECM 相连。

二、EMDEC 系统工作原理

控制信号（需要的柴油机转速）从机车的 EM2000 计算机传递出去，通过双向串行连接与机车界面模块相连，再和两个 ECM 模块连通，其系统结构如图 2-6-11 所示。

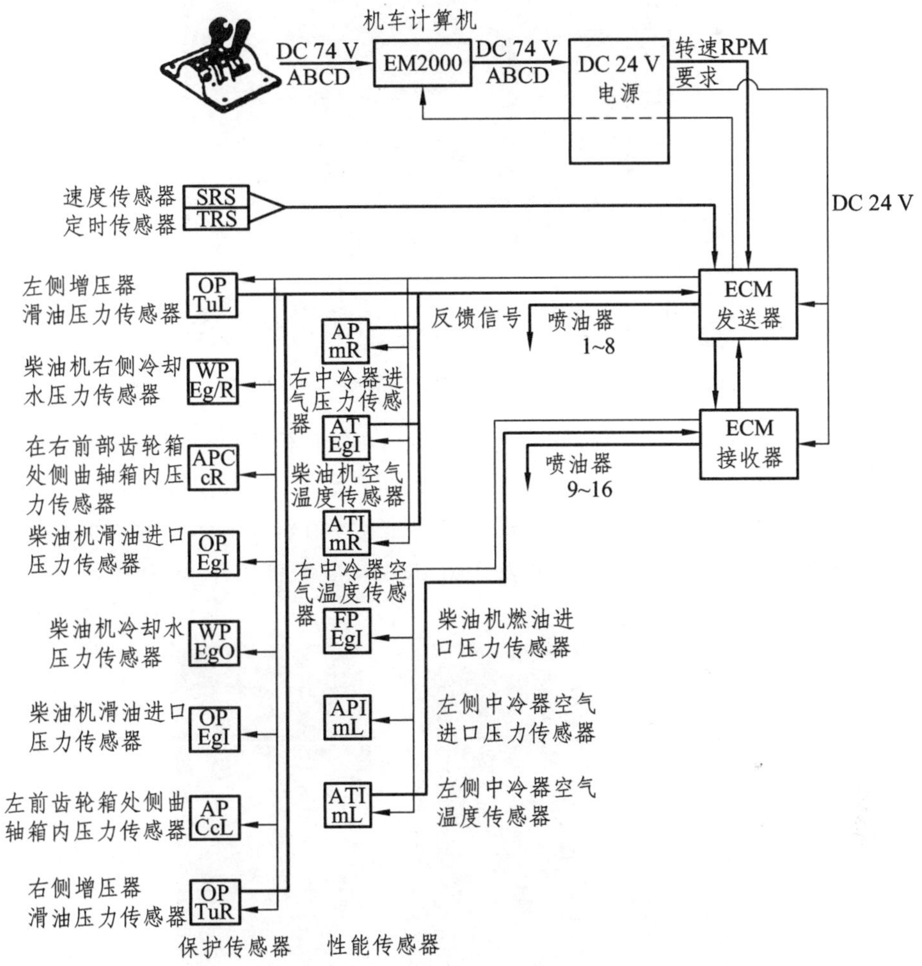

图 2-6-11　EMDEC 控制原理图

ECM 发送器模块监控着速度、性能和保护参数，并计算出基本喷油脉冲宽度。当两个 ECM 使用这个基本脉冲为起始点或参考点时，实际喷油器脉冲宽度将有微小的偏差，这是由于各个喷油元件的校正偏差引起的。目前，所有 H 系列柴油机喷油泵的校正代码被设定在 0 ~ 50 内。

H 系列柴油机采用安装在凸轮轴前面的定时盘供 SRS（同步基准传感器）工作用，SRS 传感器安装位置如图 2-6-12 所示。该盘上具有一个压制的位置指针（PIP），由 SRS 传感器来产生信号。位置指针（PIP）在同步基准传感器的面前经过时，SRS 传感器便给 ECM 提供一个信号。PIP 在传感器前经过，会使传感器内感应一个小电流，此电流流经电线到达 ECM。曲轴每转两周提供一次该信号，表明什么时候 1 号气缸是处于压缩冲程上止点前 4°位置。这个信号与柴油机转速和曲轴位置同步，这样就告诉 EMC 什么时候开始计时。

图 2-6-12　SRS 传感器

TRS（定时基准传感器）安装在柴油机输出端，在其定位处可读取柴油机联轴器圆盘上一连串的孔，其安装位置如图 2-6-13 所示。定时基准传感器感应定时板上的 36 个金属销，定时板由螺栓连接到联轴器圆盘上。柴油机旋转时，这些销子从 TRS 传感器面前经过，每个销子经过传感器时，就产生一个信号，并发送给 ECM。由于总共有 36 个销子，来自 TRS 传感器的每个脉冲表示曲轴旋转了 10°。

1—定时盘；2—TRS 支架；3—定时齿；4—TRS 传感器。

图 2-6-13　TRS 传感器

与其他系统不一样，每个气缸没有专门的定时指示器，而将柴油机发火顺序包含在 ECM 软件中。柴油机转速的计算非常简单，ECM 只要观察两个 TRS 传感器脉冲之间流逝的时间即可计算柴油机转速，然后将该转速与设定转速相比较，如果实际转速低于设定转速，EMDEC 将延长喷油脉冲宽度，给柴油机增加燃油，如果实际转速高于设定转速，EMDEC 将缩短脉冲宽度，以减少燃油的喷射量。

定时和速度参数由两个磁电传感器（SRS 和 TRS 传感器）提供给 ECM 模块。TRS 传感器安装在柴油机后部的一个架子上，在单片联轴节齿盘上读取信号。SRS 传感器安装在柴油机的前部。如前所述，TRS 传感器提供过程信号，SRS 传感器为定时提供零点参考。

ECM 发送器利用性能参数来确定基本喷射时间点。当环境和柴油机自身状态发生变化时，EMDEC 装置有能力改变喷油定时和脉冲宽度，以使性能最佳化。所有性能传感器只与发送器 ECM 相连。在 ECM 内部有一个 DC 5 V 调节电源，为每个传感器提供 DC 5 V 电压，根据传感器的不同情况，给发送器 ECM 反馈某些信号。

所使用的性能传感器有如下几种：

空气进口温度<AmbTmpF>：测量点位于右侧增压气进口；

左侧空气温度<ATImLbF>：测量点位于左侧中冷器；

右侧空气温度<ATImRbF>：测量点位于右侧中冷器；

左侧进气压力<APImLbF>：测量点位于左侧中冷器前端；

右侧进气压力<APImRbF>：测量点位于右侧中冷器前端；

燃油进口温度<FIEgIF>：测量点位于燃油分配器；

燃油进口压力<FPEgIPS>：测量点位于燃油分配器进油管上。

除了性能数据之外，ECM 发送器还通过保护传感器监控柴油机支持系统的状态。依据故障的严重程度，如果柴油机支持系统不能正常运作，ECM 装置将限制柴油机的功率，甚至使柴油机停机。

保护传感器有如下几种：

柴油机滑油进口压力<OPEgIPS>：测量点位置位于主滑油进口管；

柴油机滑油（进口）温度<OTEgIF>：测量点位置位于主滑油进口管；

左侧增压器滑油压力<OPTuLPS>：测量点位于增压器；

右侧增压器滑油压力<OPTuRPS>：测量点位于增压器；

右侧柴油机冷却水压力<WPEgIRP>：测量点位于左侧进口；

曲轴箱压力<APCcLB>：测量点位于前齿轮箱左侧；

曲轴箱压力<APCcRB>：测量点位于前齿轮箱右侧；

左侧增压器转速传感器<TbSdLb>：在叶轮处测量；

右侧增压器转速传感器<TbSdRb>：在叶轮处测量。

柴油机前后两端的传感器布置如图 2-6-14 和图 2-6-15 所示。全部传感器参数均可以通过监控程序在便携计算机上实时浏览。通过双向串行连接，技术人员也可通过 EM2000 微机的 FIRE 显示屏看到所有的传感器数据。ECM 模块与所有传感器连接，并通过串行连接向 EM2000 微机传递所有的性能、燃油喷射和故障数据。

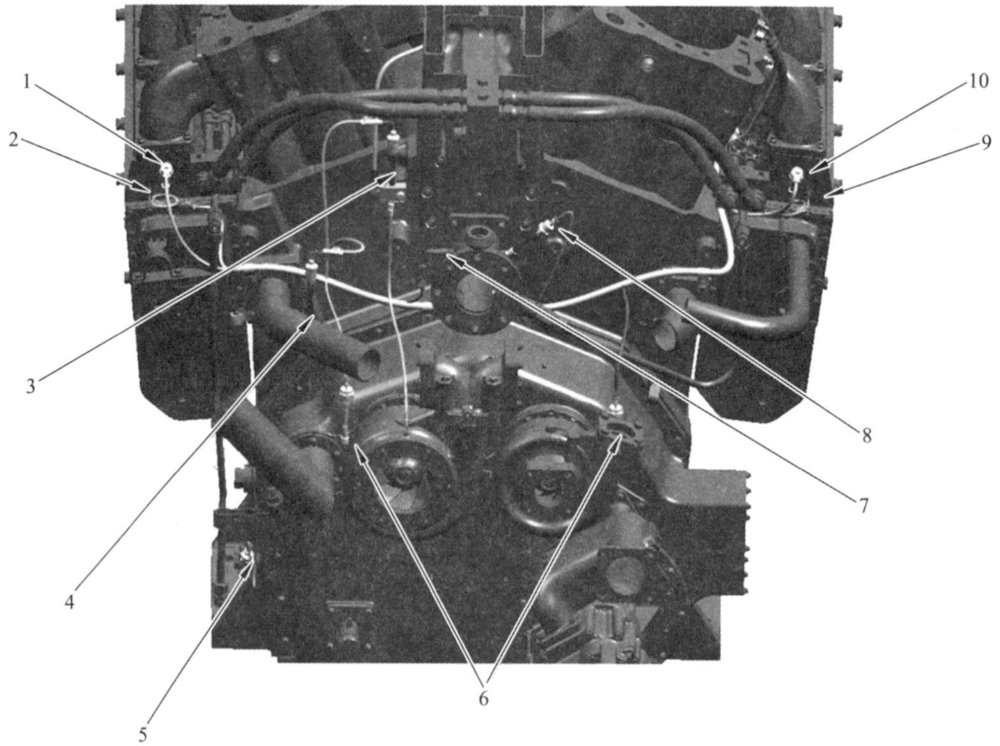

1—右侧进气压力传感器；2—右侧进气温度传感器；3—冷却水出口压力传感器；4—冷却水进口压力传感器；5—燃油压力传感器；6—左右侧曲轴箱压力传感器；7—机油温度传感器；8—机油压力传感器；9—左侧进气温度传感器；10—左侧进气压力传感器。

图 2-6-14　前端传感器布置

1—空气温度传感器；2—右侧增压器转速传感器；3—右侧增压器油压传感器。

图 2-6-15　后端传感器布置

【任务检查】

表 2-6-2　调控系统——任务检查单

任务编号	2-6	任务名称	调控系统认知		
序号	检查内容			是	否
1	能说明柴油机调控系统的任务和工作要求				
2	能掌握 16V280ZJ 型柴油机调控系统的基本组成				
3	能说明 C 型联合调节器的基本结构				
4	能说明 C 型联合调节器调节柴油机转速、功率的原理				
5	能说明 16V280ZJ 型柴油机控制机构的作用及组成				
6	能说明 16V280ZJ 型柴油机调控传动装置的组成及作用				
7	能说明 C 型联合调节器的运用常识				
8	能说明 C 型联合调节器对柴油机的保护措施				
9	能说明 16V280ZJ 型柴油机在超速和紧急情况下的停机保护措施				
10	能分析说明 16V265H 型柴油机的调控方式				

【任务训练】

一、填空题

1. C 型联合调节器功率调节系统的功用是保持柴油机在给定转速下的（　　）。

2. 控制拉杆装置的功用是传递调速器及（　　）的动作，拉动各气缸喷油泵供油齿条以控制供油量。

3. 调速器的恒功率调节是指调速器为保持柴油机在某一转速下（　　）的调节过程。

4. 柴油机的控制系统包括 C 型联合调节器、调控传动总成、（　　）和超速保护装置。

5. 采用转速-功率联合调节器的柴油机能自动卸除超载负荷或自动增补欠载负荷，即做到在每一挡位上有预定的（　　　　）、（　　　　）和（　　　　）。

二、选择题

1. 16V280 型柴油机正常工作时，转速为（　　）r/min。

A. 400 ~ 1 000　　B. 440 ~ 1 050　　C. 400 ~ 1 100

2. 16V280 型柴油机采用（　　）调速器。

A. C 型　　B. JSCC 精研　　C. JD1A 电磁

3. 调速器的主要组成部分，不包括（　　）。

A. 转速调节系统　　B. 功率调节系统　　C. 压力调节装置

4. 柴油机的控制系统不能完成下列哪些功能？(　　)

A. 稳定各工况下转速

B. 各工况的平稳过渡

C. 各工况下的燃油压力调节

5. 柴油机超速保护装置动作后，需手动恢复哪些装置？(　　)

A. 打开风门

B. 恢复紧急停车按钮

C. 调整各供油齿条位置

6. HXN3 型内燃机车柴油机使用两个电子控制模块（　　）来控制柴油机喷射系统。

A. ECU　　B. IPM　　C. EM2000　　D. ECM

三、判断题

1. 16V280 型柴油机联合调速器油位低时，可补充“三代润”机油。(　　)

2. 当柴油机转速达到 1 120 ~ 1 140 r/min 时，超速保护装置动作。(　　)

3. 调速器通过控制拉杆装置改变喷油泵的供油量，从而改变柴油机的转速。(　　)

4. 柴油机产生飞车现象后，将会对运动零件造成很大损伤。(　　)

5. 柴油机通过控制拉杆装置控制各缸喷油泵的供油齿条，实现对供油量的控制。(　　)

四、简答题

1. 说明柴油机调控系统的任务和工作要求。

2. 简述 16V280ZJ 型柴油机调控系统的基本组成。

3. 说明 C 型联合调节器的基本结构。

4. 说明 C 型联合调节器调节柴油机转速、功率的原理。

5. 简述 16V280ZJ 型柴油机控制机构的作用和组成。

6. 简述 16V280ZJ 型柴油机调控传动装置的组成及作用。

7. 说明 C 型联合调节器的运用常识。

8. C 型联合调节器对柴油机有哪些保护措施？

9. 说明 16V280ZJ 型柴油机在超速和紧急情况下的停机保护措施。

10. 简述 16V265H 型柴油机转速检测的工作原理。

11. 简述 16V265H 型柴油机控制单元（ECU）对燃油系统的控制过程。

12. 16V265H 型柴油机的保护传感器有哪些？在什么位置？

13. 16V265H 型柴油机的系统传感器有哪些？在什么位置？

14. 16V265H 型柴油机的性能传感器有哪些？在什么位置？

任务 2-7　机油系统认知

【任务描述】

机油系统是保证柴油机正常工作的重要部分。作为机车乘务员、机车检修人员，要全面学习柴油机机油系统的布局、主要零部件的结构及工作原理、机油系统的运用与保养、机油系统常见故障的分析及处理等知识。

【任务目标】

- 能说明柴油机机油系统的任务和组成；
- 能掌握 16V280ZJ 型、16V265H 型柴油机机油系统的基本组成；
- 能说明机油系统主要零部件的结构及工作原理；
- 能分析 16V280ZJ 型、16V265H 型柴油机机体内部油路的分布；
- 能掌握机油系统的运用与保养知识；
- 能分析机油系统的常见故障。

【任务学习】

子任务 2-7-1　16V280ZJ 型柴油机机油系统

子任务 2-7-1-1　概　述

一、机油系统的任务及组成

16V280 型柴油机采用压力润滑为主，某些部件飞溅润滑的混合润滑方式。湿式油底壳的机油系统在柴油机中起到润滑、导热、清洗、密封和缓冲的作用，它由油底壳、机油泵、机油离心式滤清器、增压器滤清器、安全阀、调压阀和机油管路等组成，如图 2-7-1 所示。

二、机油油路

机油泵将油底壳里的机油抽出，泵入装在机车上的机油热交换器、机油滤清器（即图 2-7-2 中的虚线框内部件），然后通过进油弯道进入柴油机主油道润滑和冷却各运动部件。

主要路径如下：

机油从主油道经机体各挡板上的钻孔进入曲轴主轴承，由曲轴油道进入卷簧减振器和连杆大端轴承，再由连杆杆身上的油孔进入连杆小端轴承，经活塞销进入活塞冷却。

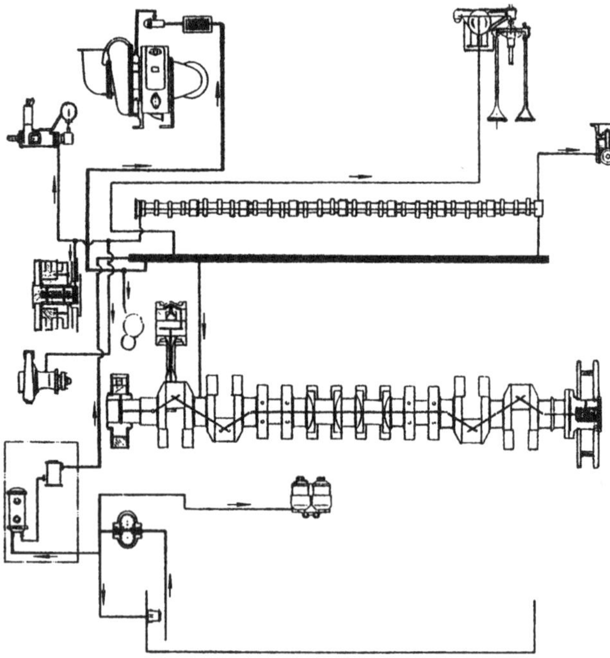

图 2-7-1　机油系统示意图

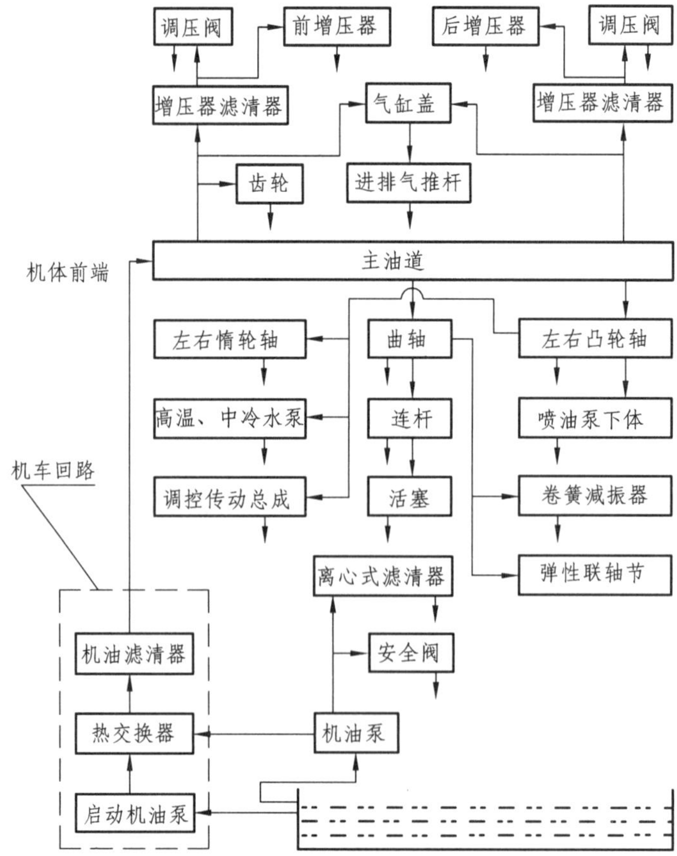

图 2-7-2　机油系统框图

主油道前端分四路机油，一路进前增压器润滑冷却轴承，两路经左、右气缸盖进油总管，润滑摇臂与横臂；另一路进齿轮箱润滑齿轮齿面。

从主油道后端盖板引出三路机油，一路通过连接箱进后增压器，另两路分别经左、右气缸盖进油总管。

在机体后端立板上，通过铸造方式接通主油道和左右凸轮轴承孔的油路，一方面润滑凸轮轴轴承，同时接管路润滑左右喷油泵下体滚轮与滚轮轴。

从左右第一凸轮轴承孔处外接管路引机油润滑左右配气惰轮轴，调控传动总成轴承和高低温水泵轴承。

子任务 2-7-1-2　机油系统的主要部件

一、主机油泵

两个齿轮式机油泵安装于油底壳自由端板上，它由泵体、主从动齿轮、轴承座板、轴套和端盖等组成，见图 2-7-3。将进出油管与机油泵体铸成一体，节省了机油泵在油底壳上的组装时间，并提高了工作的可靠性。

机油泵是一种齿轮式油泵，其排量由机油散热量来确定。由于柴油机功率大，故要求机油的散热量也大，因而机油泵排量要大。因此，采用两个机油泵，并且采用大模数、高线速度、大齿宽、小端面和小径向间隙的主、从动齿。这种油泵，其供油均匀，使用可靠，结构简单，质量小，便于制造与维修。当一个泵出现故障时；另一个泵仍然可以维持柴油机的正常运行。

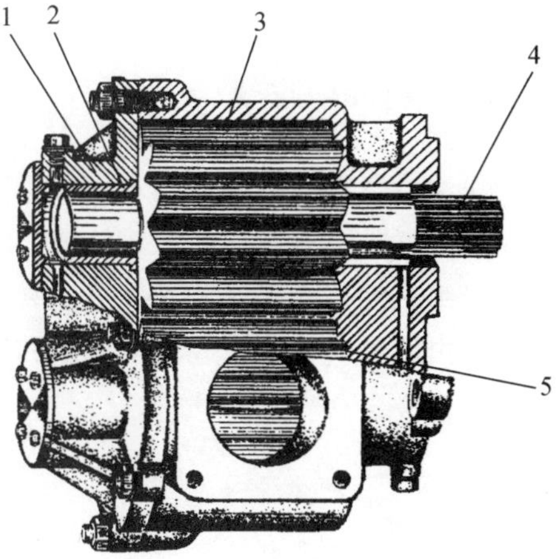

1—轴承座板；2—轴套；3—泵体；
4—主动齿轮；5—从动齿轮。

图 2-7-3　机油泵

二、机油粗滤器

机油自清式滤清器（见图 2-7-4）主要由压盖、中盖、边盖、滤清器壳体、化纤滤芯、磁钢、轴、双针压力表以及相应的管路、接头、紧固件、O 形圈等组成。该滤清器有三个相同的化纤滤芯并联安装，与一般的化纤机油滤清器相比，它增加了 12 个磁钢，用于吸附机油中存在的铁磁性金属磨粒。机油滤清器装配前，应对滤清器壳体进行压力试验，试验压力为 1.2 MPa，保压 10 min，不允许有任何渗漏现象和明显的变形。滤清器装配完毕以后，还必须进行密封性能试验，试验的压力为 1 MPa，所有密封面应无油液渗漏。

机油滤清器在额定流量为 120 m^3/h、油温为 75 °C、油压为 0.7 MPa 时，滤清器的原始总成压差小于 0.04 MPa。当其阻力超过 0.1 MPa 时，应更换新的滤芯。

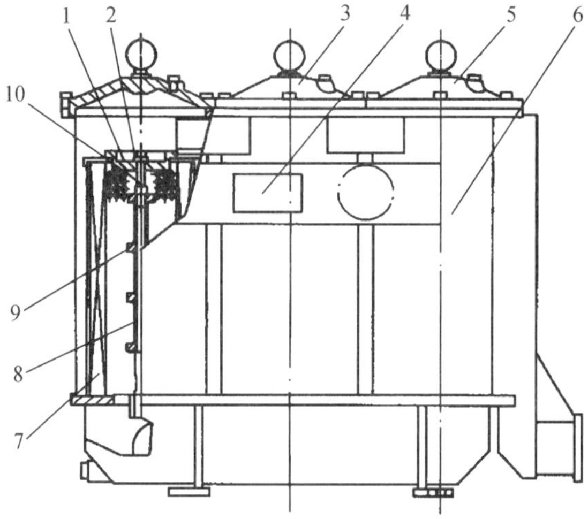

1—压盖；2—补偿垫圈；3—中盖；4—标牌；5—边盖；6—滤清器壳体；
7—化纤滤芯；8—隔套；9—磁钢；10—轴。

图 2-7-4 机油自清式滤清器

三、机油精滤器

机油滤清器为离心式，利用离心力分离机油中的机械杂质，实现滤清效果，对密度大而体积小的微粒，有很强的滤清能力。它阻力小，在使用中阻力不会增加。

4 组机油离心式滤清器，分别装在机体左、右侧的曲轴箱观察孔盖上。机油离心式精滤器主要由转子、外罩壳、滤清器座和转子轴等组成（见图 2-7-5）。

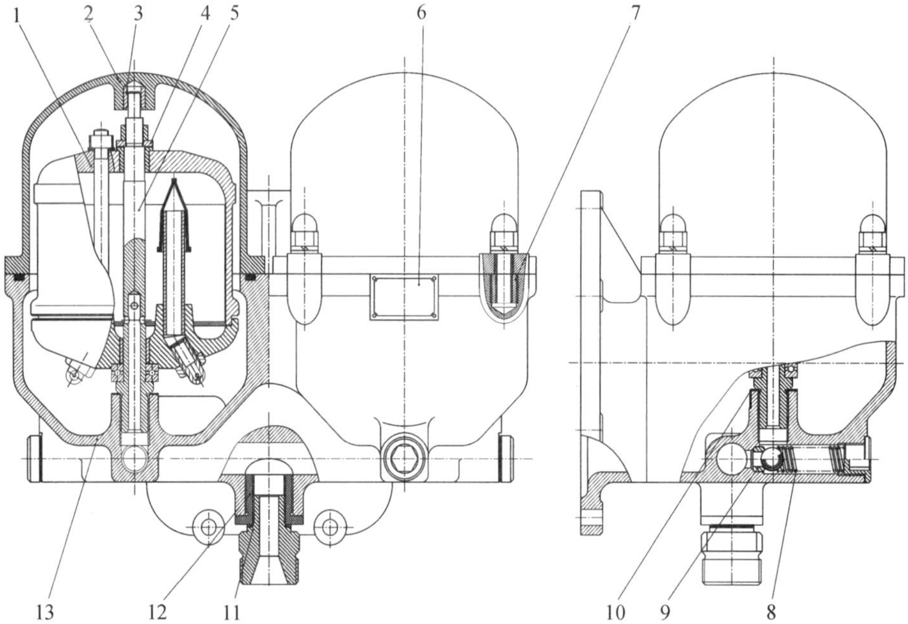

1—转子组成；2—外罩壳；3—衬套；4—转子止退垫圈；5—转子轴；6—标牌；7—螺套；
8—弹簧；9—减压阀座；10—止退垫圈；11—接头体；12—螺套；13—滤清器座。

图 2-7-5 机油离心式滤清器

由机油泵来的机油，从滤清器座中孔经转子轴内孔进入转子内腔。压力油经转子下部两个对称布置的喷油头高速喷出，由此产生反作用力偶，驱动转子高速旋转，使转子内腔机油中密度较大的机械杂质在离心力作用下甩向转子内壁，黏附到贴在内壁的衬纸上。滤清后的机油从喷油头喷出后，由滤清器座内腔排出，经曲轴箱流入油底壳。

四、增压器机油滤清器

采用筒形不锈钢网滤芯、滤清精度为 20 μm 的增压器机油滤清器，其外壳是一个圆筒，见图 2-7-6。机油从圆筒的一端进入滤芯的内腔，杂质被阻在滤网的内腔，干净的机油通过滤网进入滤芯的外部，经另一端流出。

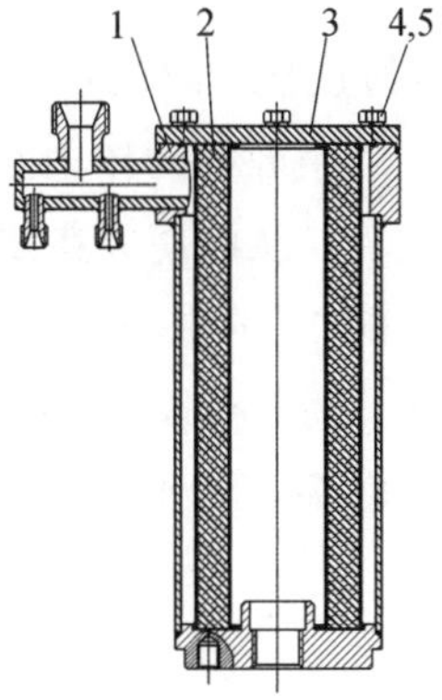

1—壳体；2—滤芯；3—盖；
4—螺栓；5—垫圈。

图 2-7-6　增压器机油滤清器

五、机油热交换器

机油热交换器（见图 2-7-7）为管壳式结构，由筒体、端盖、管板、铜管、隔板、密封件等组成。冷却水在管内流动，机油在管外沿隔板迂回流动，通过铜管壁进行热交换，达到冷却机油的目的。在冬季启动柴油机前，可加热机油。

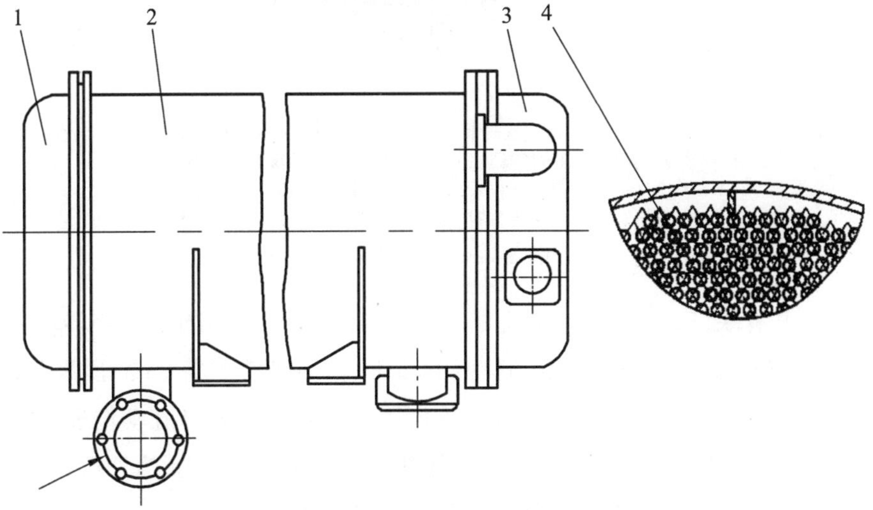

1—盖（Ⅰ）装配；2—筒体装配；3—盖（Ⅱ）装配；4—管板装配。

图 2-7-7　机油热交换器

六、油压继电器

为保证柴油机在良好的润滑情况下工作，在 16V280ZJA 型柴油机上装有两个结构相同的油压继电器，当油压低于规定值时，使柴油机卸载或停车，以保护柴油机。

油压继电器的结构如图 2-7-8 所示，分底座 4、接头组装 17 两部分。底座和接头组装用 4 个螺钉连接。波纹管 18 焊在上托 16 上，上托 16 以螺纹拧入接头体内。接头体和波纹管外面所夹的空腔称为作用室。从接头体 17 的油管接头来的压力油充满作用室，并压缩具有弹性的波纹管，从而使放在波纹管内的下托 19 上下移动。下托直接与调节杆 14 接触，调节杆 14 穿过套碗 15 的中心孔，并一直穿过特殊螺栓 13 的贯通孔。调节杆 14 的根部与弹簧座 21 用销铆接，调节杆顶部有螺纹孔，在此螺纹孔内拧入调节螺钉 7，调节螺钉 7 的头部通过顶针 6 推动动触头 5 动作。

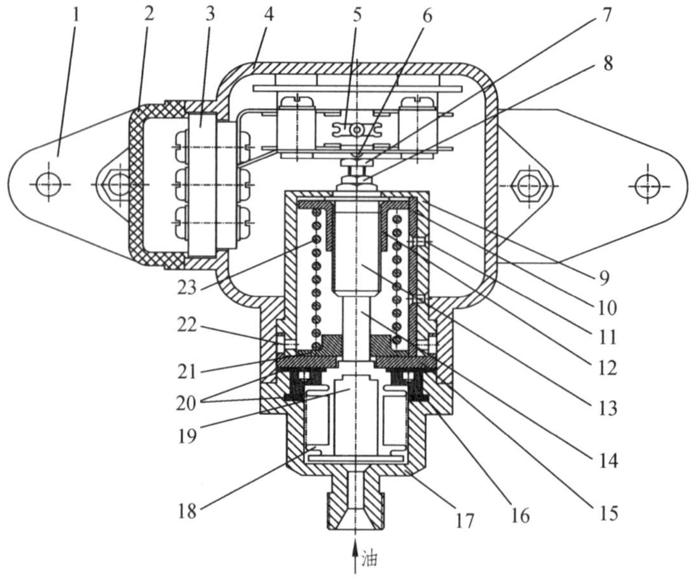

1—安装板；2—端子盖；3—端子盖组装；4—底座；5—动触头；6—顶针；7—螺钉；8—螺母；9—套筒；10—滑动板；11—铆钉；12—滑块；13—特殊螺栓；14—调节杆；15—套碗；16—上托；17—接头组装；18—波纹管；19—下托；20—橡胶垫；21—弹簧座；22—螺钉；23—弹簧。

图 2-7-8　油压继电器

滑块 12 上开有缺口，此缺口与固定在套筒上的滑动板 10 相配合。当转动特殊螺栓 13 时，滑块 12 不会跟着转动，只能沿滑动板上下移动，从而改变弹簧 23 的预紧力。弹簧座 21 上也同样开有缺口，此缺口与滑动板配合，防止弹簧座及调节杆 14 在动作过程中转动。

机油从接头组装 17 的油管接头进入接头体和波纹管间的空腔内，当油压超过波纹管和弹簧 23 的压力时，就使下托 19 和调节杆 14 上移，此时拧在调节杆 14 上端的调节螺钉 7 顶起顶针 6，使微动开关的桥式动触头 5 接通电路，这时的机油压力称为油压继电器的动作值。当机油压力小于波纹管和弹簧的压力时，弹簧 23 压向弹簧座 21，迫使调节杆和下托下移，使微动开关动触头 5 断开电路，此时的机油压力称为油压继电器的释放值。

旋转特殊螺栓 13，使滑块 12 上下移动，可改变弹簧的预紧力，即调节油压继电器的动作值；旋转调节螺钉 7，调整触头间隙，可改变油压继电器的释放值。

子任务 2-7-1-3　机油系统的运用与保养

一、运用与保养须知

定期检验机油品质和油位，及时补充新油。

对于新机车或经大修后的机车，原则上应勤查勤换。在机车初用 50 ~ 100 h 后检验油质，视机油内杂质情况一般可作第一次换油；机车再使用 250 ~ 300 h 后作第二次换油。以后机车每次辅修及小修时（即走行 7 000 ~ 8 000 km）检验一次油质，走行 25 000 ~ 30 000 km 时视油质指标情况决定局部、全部换油或继续使用。

定期清洗各机油滤清器，并分析杂质、金属碎屑的成分和来源。注意油底壳滤油网板上的金属碎块，以判别机件损伤的情况。

注意观察机油内掺水或稀释的进展，对老化失效的橡胶圈及喷雾不良的喷油器应及时更换或检修。

在柴油机标定工况下，柴油机进口油温为 60 ~ 70 °C，出口油温（司机室油温表）为 70 ~ 80 °C，出口最高温度不得超过 88 °C。

机油温度在 20 °C 以下不启动柴油机；40 °C 以下不带负荷运转。油温过低，机械阻力大；因柴油机各机件在低温间隙大，工作时冲击和噪声严重，并由于突然加温而增大机件的热应力。

柴油机停机前油温应降到 50 ~ 60 °C，如在高温下停机，则不利于散热，易使机油及橡胶件早期老化而缩短寿命。如果柴油机紧急停机，应立即开动柴油机启动机油泵向机油管系供油一段时间，这有利于柴油机的保养。

柴油机运转时如油压突降，油温剧升，并伴随有强烈异音、异味及机体颤动，则可能发生主机油泵断轴或连接齿套剃齿后拉缸，主轴瓦或连杆瓦烧损，增压器转子失去平衡后烧损轴承等故障，应紧急停机并热机盘车检查。如油温上升较快，应检查风扇转动与否，必要时强制风扇全速运转。

二、故障分析

（一）机油压力过低

导致油压过低的因素很多，如连杆瓦和主轴瓦间隙或各挡间隙差过大；主机油泵径向或轴向间隙过大；油管破裂或通路有漏油现象；油温过高；机油稀释；主机油泵调压阀弹簧的预紧力过小或弹簧折断；主机油泵主轴折断或连接齿套剃齿；机油滤清器脏或吸油口滤网堵塞；油位过低或油内有水使泡沫过多等。

（二）膨胀水箱内有油

机油热交换器或静液压油热交换器内油、水互窜；感温元件安装处泄漏导致漏油。在柴油机运转时，由于油压高于水压，使机油窜入水系内，而在柴油机停止工作时，由于水箱的静压使水渗入油系内，故应注意同时检查油底壳及水箱，消除泄漏处所。

（三）主机油泵断轴

柴油机运转中油压突然下降，油压继电器动作，柴油机停机。

机车运行中，突然听到动力间有异音，同时司机室油压表指针出现上下波动，这是由于主机油泵主轴折断。断裂处靠挤压和摩擦力，在同步齿轮带动下仍能继续工作。当从动轴与主动轴转速不一样时，油压开始上下波动。

（四）机油稀释

机油稀释主要是柴油漏入曲轴箱内，使机油闪点和黏度大幅度下降，导致机油早期报废。机油稀释的主要原因在燃油系统，如喷油器雾化不良、喷油压力低及柴油机长期在低速空载状态下工作等。

（五）热交换器故障

（1）固定管板和活动管板端有泄漏，紧固法兰螺栓后仍无效；

（2）活动管板处压环的径向孔有油、水泄漏；

（3）油底壳发现有水，膨胀水箱发现有机油；

（4）热交换器冷却不良，冬季机油温度经常高于 80 °C，夏季机油温度经常高于 85 °C。

发现上述情况之一时，应检查修复。

子任务 2-7-2　16V265H 型柴油机机油系统

一、机油系统的功用

16V265H 型柴油机机油系统是对各运动零部件进行强迫润滑及冷却，从而提高柴油机机械效率及零部件使用寿命的一个循环系统。其主要功能是为柴油机提供具有一定压力、温度、流量及清洁度的润滑油。

16V265H 型柴油机的机油系统是为冷却和润滑柴油机零部件而设置的。柴油机的前端（见图 2-7-9）是柴油机机油系统的一些部件，含有一个单体式机油泵的高压系统，配有无旁通阀的滤清器。后润滑（辅助）机油泵安装在柴油机外部，同时兼有柴油机预润滑的功能。机油流经柴油机内部油道后流回油底壳，并被循环重复使用。

1—主机油道；2—油底壳；3—机油粗滤器；4—主机油泵；5—机油安全阀。

图 2-7-9　前端机油系统布置图

二、机油系统的基本组成

16V265H 型柴油机的机油系统主要由柴油机主润滑系统和预润滑与增压器后润滑系统两个分系统组成，主要循环通路如图 2-7-10 所示。

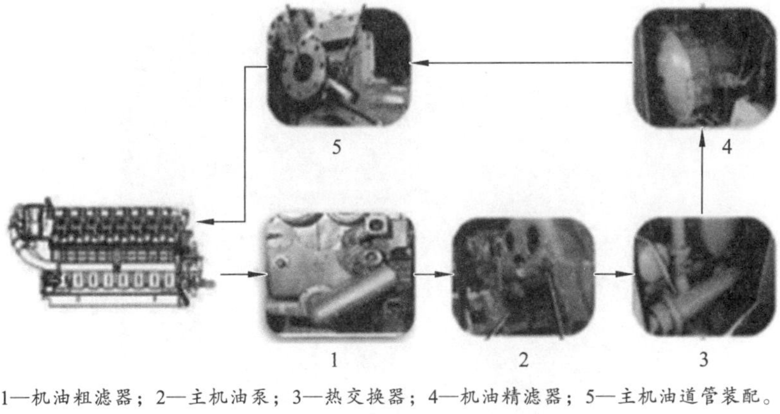

1—机油粗滤器；2—主机油泵；3—热交换器；4—机油精滤器；5—主机油道管装配。

图 2-7-10　机油系统布置图

机油系统主要由主机油泵、机油冷却器、机油滤清器、预润滑油泵以及相应的管路、阀类等组成。

（一）主机油泵

机油泵是一个容积式斜齿轮泵，它具有主润滑泵和回油泵双重功能，如图 2-7-11 所示。泵体内有相互啮合的几对泵齿轮。主动齿轮用键安装在泵主动轴上。从动轴被定位螺钉固定在泵体上，从动泵齿轮的内孔中有压入的轴套，与从动齿轮一起绕从动轴转动。主动轴在压入泵体的轴套中旋转，轴套带有翻边止推环，略微突出泵体，用来承受主动齿轮的轴向力。泵体各段之间没有隔板，分开的进口和出口形成了“Y”形，分支为吸油总管和出油总管。机油泵装配安装在辅助传动箱的左下侧，由辅助传动齿轮驱动。在额定转速下，主机油泵输出流量为 113 m^3/h。

图 2-7-11　主机油泵

（二）电子机油泵

电子机油泵位于冷却间，由一台双向交流电机驱动，可正转，也可反转，通过泵的正反转实现停机后对增压器的后润滑和启机前对柴油机各运动部件的预润滑，如图 2-7-12 所示。

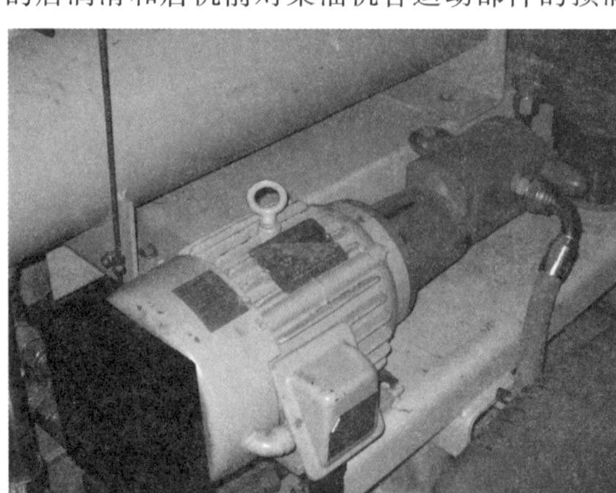

图 2-7-12　电子机油泵

（三）机油油尺

如图 2-7-13 所示的机油油尺，从泵支承箱的一侧伸出，并插入油底壳。当柴油机以怠速工作，并且机油为热油的时候，油位应保持在油尺的最高位和最低位标志之间。加油口为油底壳少量缺油时进行加油的处所。

1—机油加油口；2—机油油尺。

图 2-7-13　机油油尺

（四）机油粗滤器

机油粗滤器外形呈筒状，铸在辅助传动箱中，安装位置如图 2-7-14 所示。粗滤器具有一个内装式网状粗滤芯，滤网精度为 92μm，用于过滤吸入机油泵的机油。粗滤器的滤芯是一个刚性的多孔金属网，特点是不易变形且易于清洗。在粗滤网装入箱体内后，通过紧固盖上的螺栓以使粗滤网保持固定。

图 2-7-14　机油粗滤器

（五）精滤器

精滤器结构如图 2-7-15 所示，位于冷却间内，安装在与电子机油泵相近的位置。精滤器壳体内装有 14 个滤清元件，两个为一组并接到出油总管。前端盖用 12 个螺栓固定在滤清器壳体上，且在端盖中间部位有验油阀，用于取油样化验。该滤清器的过滤精度限定在 13 μm 以下。

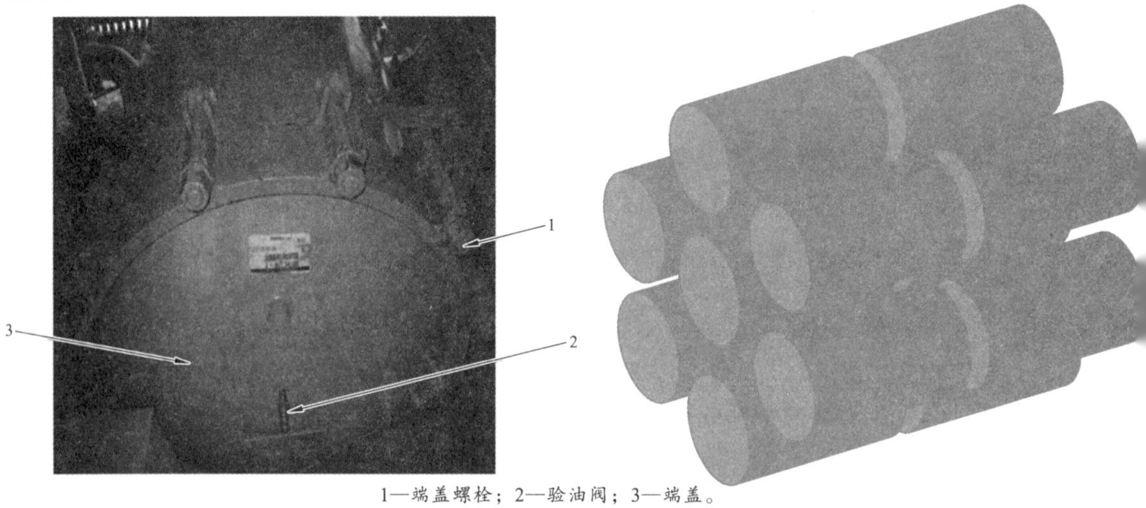

1—端盖螺栓；2—验油阀；3—端盖。

图 2-7-15　机油精滤器

（六）增压器滤清器

增压器后润滑机油滤清器的作用是过滤进入增压器的机油，以保护增压器的高速轴承和其他需要润滑的区域。机油通过筒体进入滤清器装配，流经滤芯后进入增压器。滤清器装配的滤芯是一次性的，该滤芯直接拧在滤清器筒体上，外部结构如图 2-7-16 所示。滤芯由折叠纸包在带孔的金属管周围，外壳由能够耐压 1 034 kPa 的搪瓷钢制成，滤芯顶部的橡胶垫可确保密封。一个旁通止回阀安置在后润滑滤清器装配的上部。该阀在油压为 172 kPa（25 psi）时开启，允许润滑油旁路通过堵塞的后润滑滤清器滤芯。

图 2-7-16　增压器滤清器

三、机油润滑系统原理

（一）主润滑系统

主滑油泵通过粗滤器将滑油从油底壳内抽出来。在泵口安装一个安全阀，当油压高于 965 kPa 时开启，对管路起到保护作用。在冷机启动时以及在粗滤器等发生堵塞时，安全阀可以限制系统内的最大压力。粗滤器体安装在柴油机的前部，滤清元件可以通过卸下粗滤器体上的平盖进行清洁。斜齿轮型的滑油泵安装在前部壳体上，直接由辅助齿轮来驱动。小尺寸的集流管连到前部辅助驱动齿轮盖罩上，一端管口和主滑油泵出口相连，另一端管口连到辅助齿轮盖罩内部的安全阀上。泵的主要流量被直接送到机车冷却间的冷却器里面。冷却器是新型高容积的管束型结构，可以满足较高的系统压力和流量。柴油机高温水流过滑油冷却器可以降低流入柴油机的滑油温度。流向柴油机的滑油和从散热器流回的水在滑油冷却器中进行热交换。

从冷却器出来后，滑油被输送到滤清器。与老式型号的机车不同，这个壳体比较大，能够匹配新型 16V265H 型柴油机滑油流量的增加和压力的变化。

一旦滑油已经冷却和滤清，便会通过柴油机前面中心部位的滑油主道进入柴油机。尽管外部的流程和老式回油系统相似，可是却由滑油滤清器和冷却器决定着全部柴油机润滑油的流量和压力。在运用中，要注意柴油机润滑油系统任何部件的状态，尤其是有超常的压力升高情况出现时。

两个增压器正常的润滑和冷却直接由主滑油系统分出的一条支路供油。增压器使用的滑油从柴油机滑油管进口处供出，首先通过一个逆止阀，然后分别进入两个增压器的滑油支路，再进入增压器后部下面的增压器滑油总管。在润滑和冷却了增压器的轴承后，回流的滑油流出增压器底部，进入增压器滑油回流总管，然后进入增压器支撑箱，最后返回油底壳，其主要流经通路如图 2-7-17 所示。

冷却后的清洁机油从柴油机的前端中部被送入主机油道。进入主机油道后的循环通路如图 2-7-18 所示，该主油道贯穿整个柴油机的纵向长度，并向较小的分支油道供油。其中一个支路管通向安全阀，其开启压力设定为 965 kPa。该安全阀位于柴油机的泵支承箱的左前侧较低的位置，安置在一个盖的后面。在每个主轴承位置嵌入一根直立管，其作用是减小机油的扰动和尽量减少污物进入轴承。机油可沿直立管往下流到主轴瓦和轴颈处。

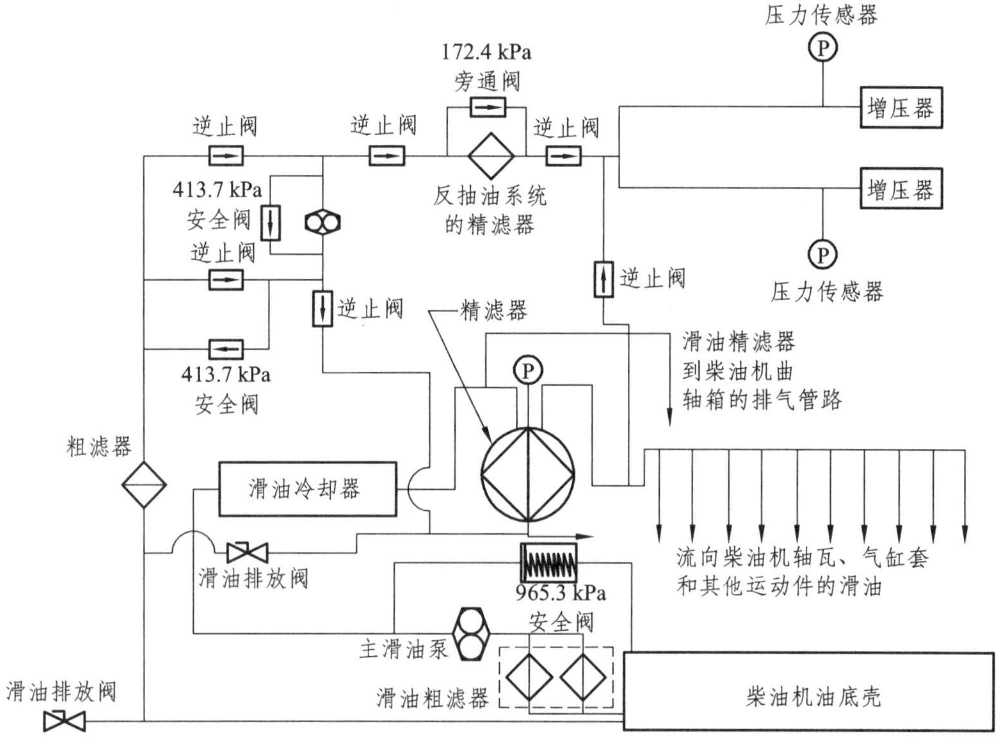

图 2-7-17　机油系统示意图

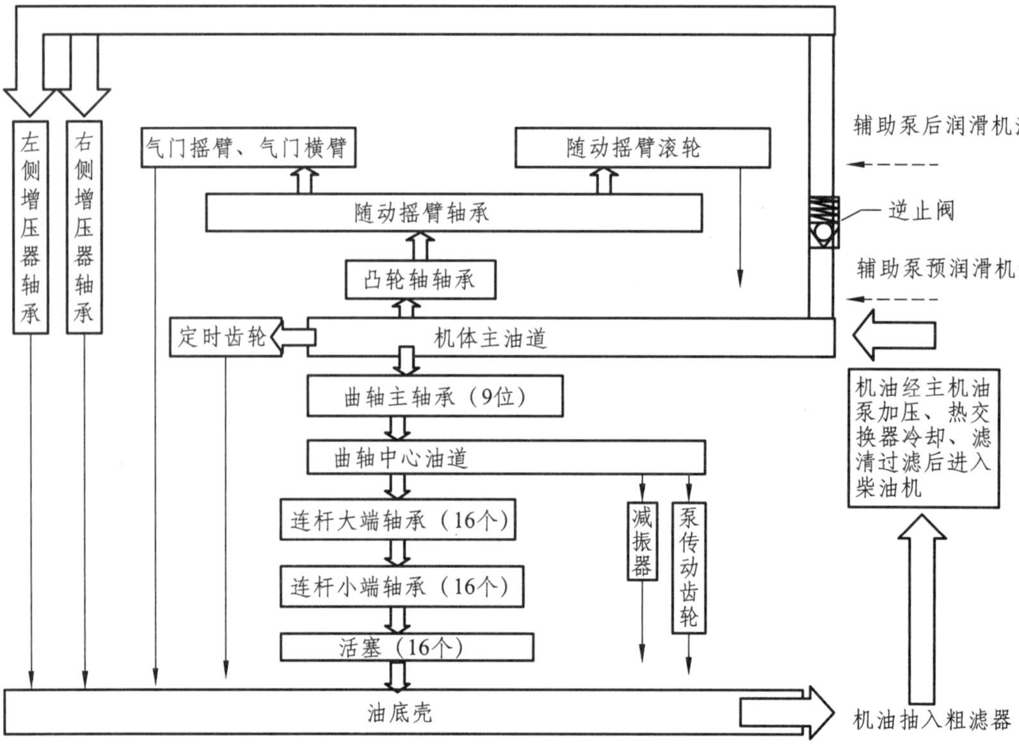

图 2-7-18　柴油机内部机油循环通路

（二）增压器润滑和柴油机预润滑系统

柴油机上增压器润滑系统的设计是非常规的。该系统既作为增压器润滑（后润滑）系统，又作为柴油机预润滑系统，如图 2-7-19 所示。

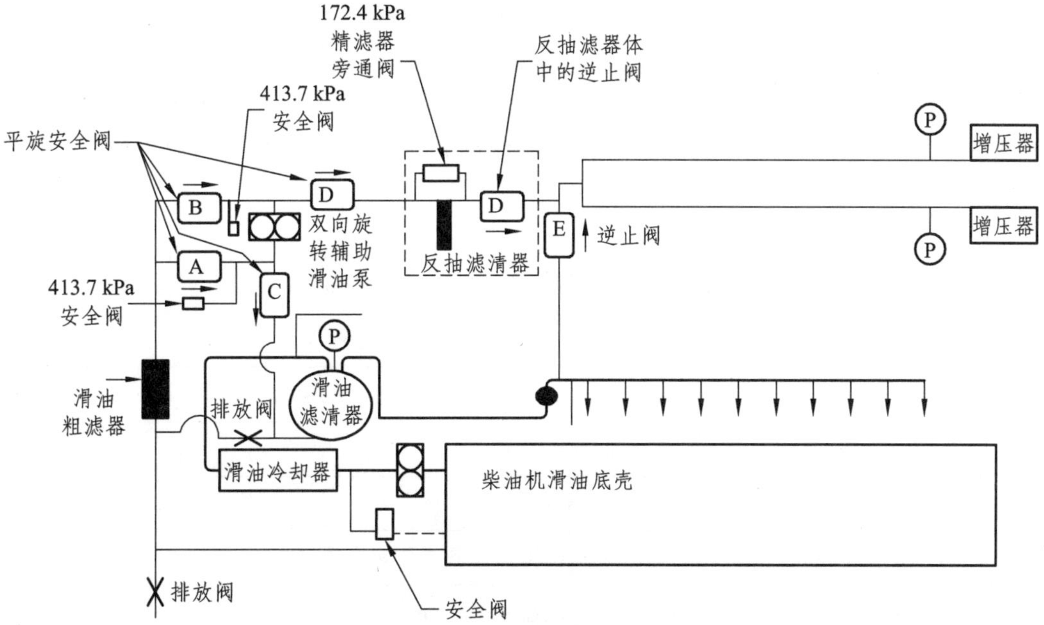

图 2-7-19　预润滑和后润滑通路

在正常操作情况下，当启动程序开始执行时，增压器机油泵（辅助机油泵）开始工作；或者在柴油机停机后，该泵按照 EM2000 指令也工作一段时间。

增压器机油泵交流电机的工作是由 EM2000 车载微机控制的。电机驱动齿轮泵经过逆止阀 A 从柴油机的油底壳抽取机油，然后将机油输入后润滑机油滤清器。滤清后的滑油进入为两侧增压器分别供油的两条管路中。与主机油道相连的逆止阀 C 可以阻止增压器机油泵将机油输入主机油系统中。

在泵出口管路上设置有一个逆止阀，其作用是阻止正常运用状态下机油倒流进入增压器润滑系统。后润滑系统向增压器提供机油的方式与正常的机油系统一样，但是机油压力大约为 379 kPa。

如果需要，可以使增压器润滑系统对柴油机进行预润滑。当操作者在 EM2000 车载微机的显示屏上选择预润滑指令时，EM2000 将操纵增压器机油泵（辅助机油泵）以逆时针旋转。

从面向轴端的方向观察泵的旋转方向：

在预润滑模式下，电机以顺时针方向旋转（泵以逆时针方向旋转）。泵经过逆止阀 B 抽取机油，并经过逆止阀 C 将机油输入主机油滤清器。这个过程中逆止阀 A 和逆止阀 D 是关闭的。这些油将注入柴油机主机油系统，充满其管路，对柴油机所有部件进行预润滑。预润滑将持续 30 min，以使机油充满滤清器体，油压应达到最低限定值。最大油压可达 141 kPa，可以通过定压阀卸压。如果油泵有故障，在启动的 60 s 内将提示："柴油机无启动油压"（engine start without oil pressure）。

在后润滑模式下，电机以逆时针方向旋转（泵以顺时针方向旋转）。泵经过逆止阀 A 抽取机油，并经过逆止阀 D 和后润滑机油滤清器后，向增压器供油。这个过程逆止阀 B 和逆止阀 C 是关闭的。安装在油泵上的卸压阀可以防止系统油压过高。当滤清器堵塞时，有一个旁通阀允许机油通过。压力传感器会发现油泵故障，并显示提示信息。

在更换机油滤清器后，要求对柴油机进行预润滑。必须执行两次预润滑程序，第一次用来将机油充满滤清器、冷却器和机油管路，然后再执行一次，真正地对柴油机进行预润滑。要在第 8 缸和第 16 缸的横臂位置目视观察，确认机油到达该处后，再进行启机操作，否则有可能会因润滑不良造成柴油机运动部件的严重故障。

【任务检查】

表 2-7-1　机油系统——任务检查单

任务编号	2-7	任务名称	机油系统认知	
序号	检查内容		是	否
1	能说明柴油机机油系统的任务和工作要求			
2	能掌握 16V280ZJ 型、16V265H 型柴油机机油系统的基本组成			
3	能说明辅助机油泵、启动机油泵、主机油泵、机油粗滤器、机油精滤器、机油热交换器的基本结构及工作原理			
4	能分析 16V280ZJ 型、16V265H 型柴油机机体内部油路的分布			
	能分析机油压力高、机油压力低的原因，并能说明相应的保护措施			
5	能掌握机油系统的运用与保养知识			

【任务训练】

一、填空题

1. DF_{8B} 型机车机油系统（　　）补油时，可通过柴油机检查孔盖上的加油口人工加油。

2. 机油离心式滤清器，利用离心力分离机油中的（　　），实现滤清效果。

3. 柴油机润滑供油方式有（　　　　）、（　　　　）、（　　　　）。

4. 机油系统包括装在柴油机上和装在机车上的两部分。一般内燃机车装在柴油机上的有（　　　　）、（　　　　）等。

5. 为保证一定的机油压力，柴油机机油的最高温度不应该超过（　　）。

二、选择题

1. 柴油机的机油、冷却水温度保持在规定的范围内是由（　　）来控制的。

A. 冷却水泵　　B. 冷却风扇　　C. 温度控制阀

2. 以下选项中哪个不是机油的作用？（　　）

A. 减磨　　B. 清洗　　C. 冷却　　D. 支承

3. 机油滤清器不包括（　　）。

A. 机油精滤器　　B. 机油粗滤器

C. 增压器滤清器　　D. 燃油粗滤器

4. 机油系统中的（　　）用来控制主机油泵的输出油压，防止油压过高对原件造成损坏。

A. 调压阀　　B. 旁通阀　　C. 逆止阀　　D. 截止阀

5. 机油热交换器的作用是（　　）。

A. 冷却　　B. 预热　　C. 冷却 + 预热　　D. 滤清

6. HXN3 型内燃机车柴油机停机后，微机会继续控制机油泵电机运行（　　）min。

A. 5　　B. 10　　C. 20　　D. 30

三、判断题

1. DF_{8B} 型机车的机油系统分为柴油机机油系统和机车机油系统，其中柴油机机油系统主要由机油热交换器、机油滤清器、启动机油泵等组成。（　　）

2. 主机油泵从油底壳吸油→机油滤清器→机油热交换器→柴油机机油系统流回油底壳。（　　）

3. 机油热交换器中，机油在管内流动，冷却水在管外经隔板迂回流动进行热量交换。（　　）

4. 机油稀释是水进入机油造成的。（　　）

5. 机油热交换器容易发生油、水互窜。（　　）

四、简答题

1. 说明柴油机机油系统的任务和组成。

2. 简述 16V280ZJ 型柴油机机油系统的基本组成。

3. 说明 16V280ZJ 型柴油机主机油泵的结构和工作原理。

4. 说明 16V280ZJ 型柴油机机油粗滤器的结构和工作原理。

5. 说明 16V280ZJ 型柴油机机油精滤器的结构和工作原理。

6. 说明 16V280ZJ 型柴油机机油热交换器的结构和工作原理。

7. 分析 16V280ZJ 型柴油机机体内部油路的分布情况。

8. 16V280ZJ 型柴油机机油压力不正常的原因是什么？保护措施有哪些？

9. 16V265H 型柴油机润滑油系统主要由哪些部件组成？

10. 简述 16V265H 型柴油机内部润滑系统循环。

11. 简述 16V265H 型柴油机启动时润滑油的工作循环回路。

12. 简述 16V265H 型柴油机工作时润滑油的工作循环回路。

13. 简述 16V265H 型柴油机润滑油压力低时柴油机的保护措施

14. 16V265H 型柴油机季修更换滤清器滤芯时应注意哪些方面？

任务 2-8　冷却水及预热系统认知

【任务描述】

冷却及预热是保证柴油机正常工作的必要环节，冷却水及预热系统是柴油机的重要组成部分之一。对于机车乘务员、机车检修人员来说，必须熟悉冷却水及预热系统的布局、主要零部件的结构及工作原理，熟知冷却水及预热系统的运用与保养知识。

【任务目标】

- 能说明柴油机冷却水及预热系统的任务和工作要求；
- 能掌握 16V280ZJ 型、16V265H 型柴油机冷却水及预热系统的基本组成；
- 能说明冷却水及预热系统主要零部件的工作原理；
- 能掌握冷却水系统的运用与保养知识。

【任务学习】

子任务 2-8-1　16V280ZJ 型柴油机冷却水系统

子任务 2-8-1-1　概　述

一、冷却系统的作用及组成

柴油机气缸内燃油燃烧所产生的热量一部分对外做功，一部分热量传给与高温气体接触的一些零件，如气缸盖、活塞、气缸套、气门、喷油器等。若不对这些零部件加以适当的冷却，则会造成这些零部件过热，使其材料机械性能下降，产生严重的热应力，导致变形和裂纹，破坏零件间正常的工作配合间隙，引起零件剧烈的磨损。高温也将会引起润滑油物理化学性能变坏和结焦，使其失去润滑性能，最后导致拉缸、零件咬死、断裂等。高温还会引起空气充量下降而使燃烧不充分，影响柴油机的性能。但是冷却过度，燃烧热量的损失增加，就降低了柴油机的热效率，同时还会恶化燃料与空气的混合及燃烧性能，使柴油机工作粗暴，燃烧不完全，并且由于冷却过度使润滑油黏度增加，提高了摩擦功率。因此，冷却系统的功能一方面是对柴油机进行强制冷却，将各受热零件的温度控制在允许的范围内；另一方面又要保持适当的冷却水温度，以获得较好的柴油机经济性指标。此外，在外界温度较低的情况下，启动柴油机时，冷却系统中具有一定温度的循环水，对柴油机起预热作用。

16V280 型柴油机有高温、低温两个冷却水系统和预热系统（见图 2-8-1 和图 2-8-2）。柴油机采用半封闭式压力循环的冷却水系统，对各受热零件进行冷却，消耗和泄漏的冷却水通过膨胀水箱储水补充，并与大气相通，以排出水中的少量空气。

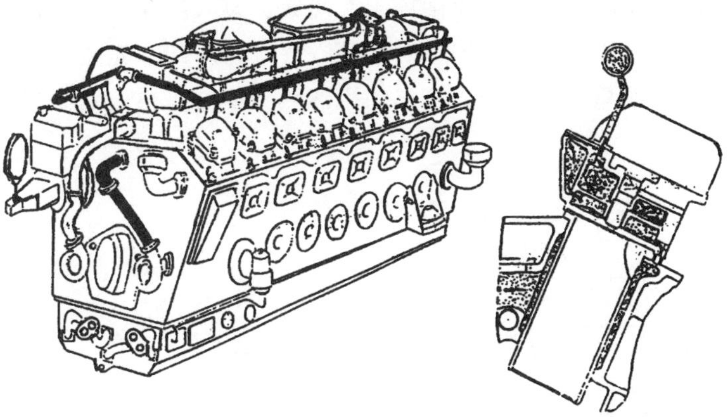

图 2-8-1　高温冷却水系统

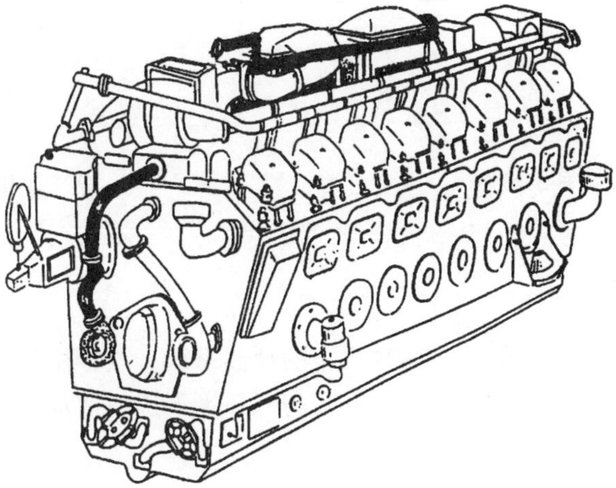

图 2-8-2　低温冷却水系统

二、高温水系统

高温水系统用于冷却气缸套、气缸盖和增压器。

如图 2-8-3 所示，高温冷却水系统工作时，冷却水由高温水泵吸入，泵入位于机体 V 形夹角内的冷却水腔。水腔两侧对应各个气缸开有进水孔，对左右两排的各个气缸进行强制冷却，然后通过机体上的 4 个出水孔，经由导管进入气缸盖进行冷却。高温水由气缸盖出水孔汇集到气缸盖上方的两排出水总水管，再通过总出水管送到机车冷却单节进行散热冷却。在柴油机的前、后端，还有两条支管，分别将冷却水引接到前、后增压器，对其进行冷却。通过增压器的冷却水也分别汇入两侧气缸盖出水总管。在增压器出水管的最高部位，接有一条放气管路，与膨胀水箱接通。此外，在机体的后端面上，位于第 8、16 气缸底部钻有两个放水孔，装上塞门，以便在冬季停车存放时，将柴油机内的水排出，防止冻坏柴油机。

三、低温水系统

低温水管路系统是为冷却由增压器压气机出来的增压空气而设置的。

低温冷却水系统工作时，冷却水由中冷水泵吸入，泵入铸在前稳压箱内的水道中，通过一个分路接头，分别进入前、后中冷器，对增压空气进行冷却，如图 2-8-4 所示。从两个中冷器出来的水汇集于一根总管后，进入机车的机油热交换器，再送到冷却单节。

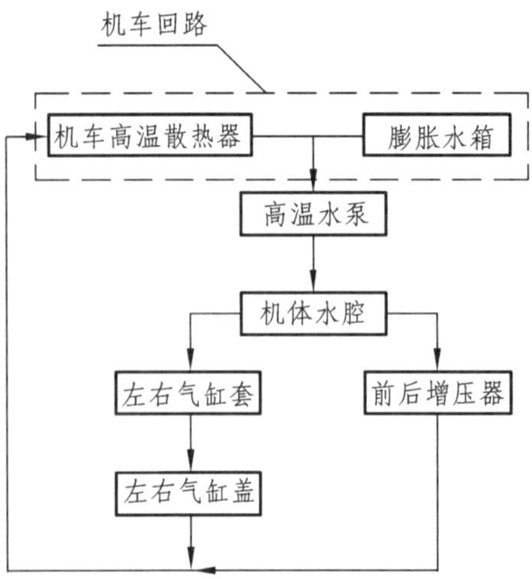

图 2-8-3　高温冷却水系统框图

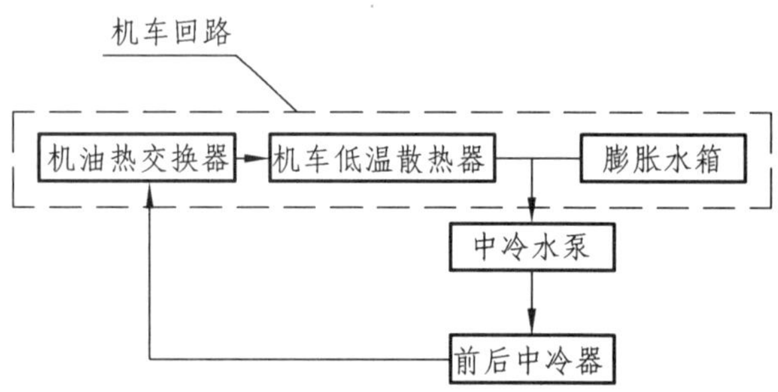

图 2-8-4　中冷冷却水系统框图

四、柴油机预热

柴油机高、低温水和机油的预热依靠机车的预热系统，其作用是：满足柴油机启动时的最低油、水温度的要求；停机时保温，防止在高寒环境下造成油水管（腔）冻裂。

子任务 2-8-1-2　冷却水系统主要部件

一、冷却水泵

（一）冷却水泵的机构和原理

高温、中冷水泵安装在柴油机的自由端，位于前油封罩壳的两侧。曲轴齿轮通过两个惰轮驱动两台水泵工作。水泵为单吸、单级、封闭式叶轮的低压离心泵，主要由叶轮、泵体、泵体前盖、水泵轴、齿轮、油封和水封组成（见图 2-8-5）。高温水泵与中冷水泵除泵体、泵体前盖和叶轮不同外，其余零件均相同。

关于叶轮与轴连接的形式，2000 年以前生产的水泵采用花键连接，2000 年起采用更为可靠的锥度过盈连接。另外，为了减少阻力，从 2003 年的 690 号柴油机开始，将中冷水泵的出水口从倾斜 30°改为垂直往上方向。

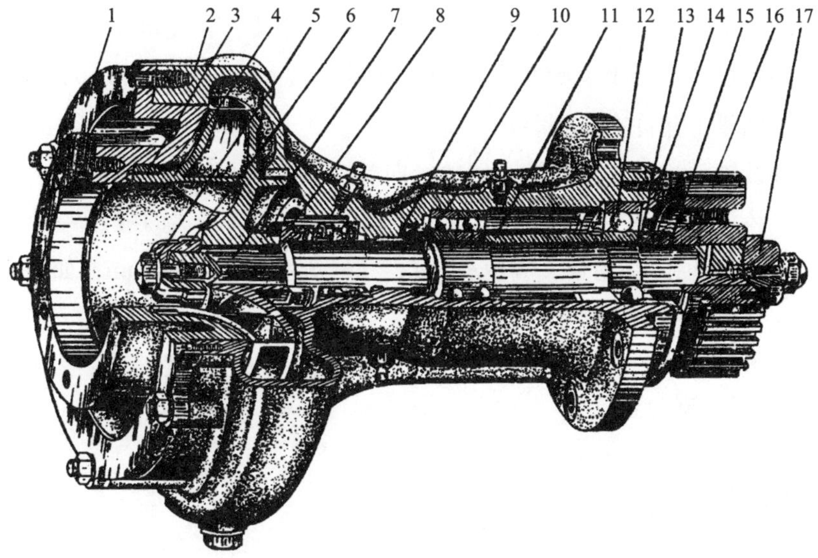

1—泵体前盖；2—泵体；3—镶套；4—叶轮；5—螺栓；6—螺母；7—轴；8—机械密封装置；
9—油封；10—滚动轴承；11—轴套（一）；12—滚动轴承；13—轴套（二）；
14—压盖；15—垫片；16—水泵齿轮；17—螺母。

图 2-8-5　冷却水泵

水泵叶轮设计成有 6 个工作叶片的封闭式叶轮，当叶轮转动时，将充满在叶轮中的水在离心力的作用下，自叶轮中心经叶片间通道向叶轮外缘甩出，由于作用半径的增大，水的运动速度也越来越大。在到达叶轮外缘出口端时，水流以一定流速和作用再进入泵体涡壳。与此同时，在叶轮叶片进口端形成低压区，在吸入水压的作用下，水不断进入叶轮重复上述过程。

涡壳流道成一螺旋形，其流道截面沿出口方向逐渐扩大，螺旋主出口为一扩压管，使叶轮中流出的水以最小损失集中到出口，使冷却水的部分动能转变成压力能，通过叶轮和涡壳形状设计达到要求的扬程和流量。

（二）冷却水泵的检修

（1）泵体、泵体前盖和轴套外观不得有裂纹，泵体、泵体前盖允许焊修，焊后经 0.5 MPa 水压试验（所用设备：电动水压试验装置），5 min 不泄漏。

（2）水泵轴经探伤不得有裂纹。

（3）叶轮不得有裂纹、损伤，叶片不允许有缺块，焊修后应做静平衡试验，不平衡度不大于 41 g · cm（所用工装：静平衡架）。叶轮的内孔或花键槽轻微拉伤可打磨消除。

（4）齿轮须经探伤（所用设备：磁粉探伤仪），不得有裂纹，不许有弯曲、拆损、过限的磨损，不许有超过齿面积 10%的腐蚀和超过齿面积 5%的剥离，齿轮内孔轻微拉伤允许用油石修磨。

（5）测量叶轮与泵体、泵体前盖内镶套的配合尺寸，应保证其径向间隙为 0.60 ~ 1.0 mm，如间隙不符合要求，将镶套从泵体、泵体前盖取出，换镶套后在骑缝处钻 M6 螺纹孔，用 M6 × 8 的螺钉固定。

（6）水泵轴轴颈轻微拉伤允许修磨，严重拉伤的应报废。齿轮端 1∶50 锥度轴段不允许有拉伤。两个轴颈尺寸不得小于$\phi 50_{-0.005}^{\ 0}$ mm、$\phi 45_{-0.005}^{\ 0}$ mm。对于叶轮与轴锥度过盈配合的水泵，叶轮安装轴段不允许有拉伤。

（7）水泵轴及轴颈相对于公共轴心线的径向跳动不大于 0.02 mm。

（8）测量泵体深度 L_1（$150_{-0.3}^{\ 0}$ mm）及三个轴承与轴套（一）的组合高度 L_2，压盖上止挡尺寸 L_3，计算轴的轴向移动量，应使$\Delta L = L_1 - L_2 - L_3 = 0.06 \sim 0.1$ mm，如果不符合要求，则车削压盖或在泵体与压盖间加垫片调整。

（9）更换机械密封装置，测量并记录机械密封装置的自由高度。

（10）更新油封、密封垫。

二、冷却装置

冷却装置设于机车冷却室。以 DF_{11} 型内燃机车为例，其冷却装置为吸风、双回路开式结构，由 V 形钢结构、双流道散热器、双腔集流管、组合式冷却风扇及顶百叶窗等组成。冷却装置经 16 个橡胶缓冲垫固定在车体冷却室的车顶盖上。V 形钢结构中间有一横隔板，将其分隔成前后两部分。每一部分左右两侧面均有上下两根双腔集流管（共 8 根），双流道散热器固定在上下双腔集热管之间，单独形成一个冷却风腔。前后两个风腔顶部各装有一个组合式冷却风扇，从车体侧百叶窗吸入冷却空气，经双流道散热器、冷却风腔、冷却风扇，然后由顶百叶窗吹出，完成与冷却水的热交换。

冷却装置共装有 48 组双流道管带式铜散热器。两侧分别为 24 组，每侧又分成前后各 12 组。双流道散热器在外观上除进出水口与单流道散热器不一样外，其余部分完全一样。双流道散热器的每个连接箱都有 2 个进出水接口，冷却芯子在迎风侧和出风侧为前后两部分，形成 2 个独立水通道。散热器单节前部 4 排冷却管（迎风侧）通低温冷却水，后部 3 排冷却管（出风侧）通高温冷却水。冷却风扇从车体侧百叶窗吸入的冷却空气先经过前部低温冷却芯子，与低温水进行热交换，然后再流经后部高温冷却芯子，与高温水进行热交换。这种结构布置保证了高、低温水与冷却空气间均有较大的温差，也提高了冷却风扇出口的平均温度，从而使冷却空气进一步得到利用，使之能与冷却水充分进行热交换，提高了散热器的传热效率，同时减少了散热器单节数，缩小了冷却装置体积，并降低了冷却风的冷却功耗。

高温冷却水在冷却装置内的流程（见图 2-8-6）：从柴油机来的高温水先进入左侧 24 组散热器的高温水腔道，再流经右侧 24 组散热器的高温水腔道回高温水泵进口，即高温水在冷却装置中的流程为两个并联组的串联（并联数为 24 组）。

低温冷却水在冷却装置内的流程（见图 2-8-7）：从机油热交换器出来的低温冷却水分两路，一路流经左侧散热器前 12 组的后 6 组低温水腔道，折返后从前 6 组流出，再经右侧散热器前 12 组的前 6 组低温水腔道，折返后从后 6 组流出；另一路流经左侧散热器后 12 组的前 6 组低温水腔道，折返后从后 6 组流出，再流经右侧 12 组的后 6 组低温水腔道，折返后从前 6 组流出，两路水汇合后进低温水泵进口，即低温水在冷却装置中的流程为 4 个并联组的串联（并联数为 6 组）。

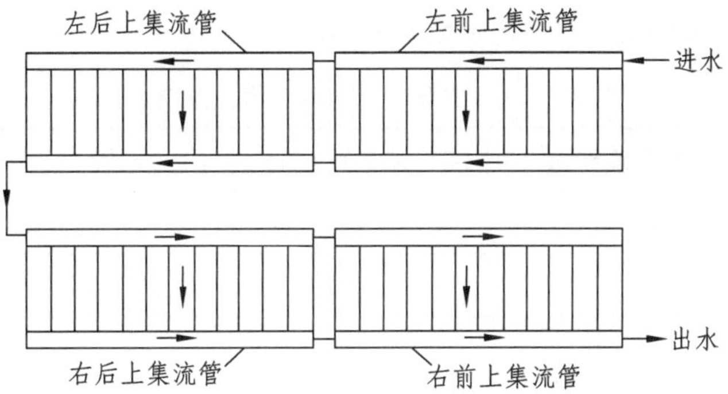

图 2-8-6　高温冷却水系统散热器内流程示意图

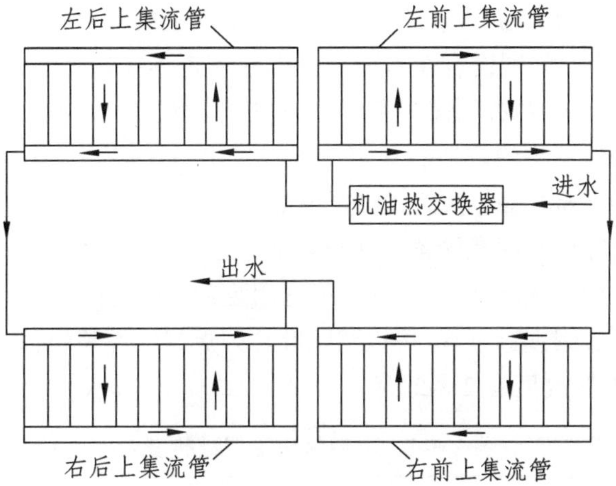

图 2-8-7　低温冷却水系统散热器内流程示意图

双流道管带式铜散热器主要结构见图 2-8-8。

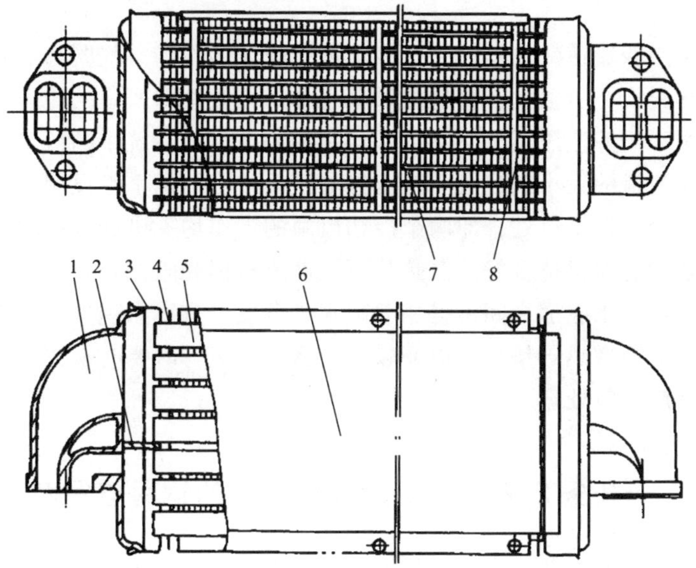

1—连接箱；2—隔板；3—管板；4—补强板；5—冷却管；6—侧护板；7—散热片；8—拉筋。

图 2-8-8　双流道管带式铜散热器

双流道管带式铜散热器主要结构参数见表 2-8-1。

表 2-8-1 双流道管带式铜散热器主要结构参数

形式	传热面积/m^2		空气流通面积/m^2		水流通面积/m^2		单节质量/kg
	高温	低温	高温	低温	高温	低温	
七排钢管式	11.436	16.856	0.132 8	0.132 2	0.001 097	0.001 462	31

8 根双腔集流管横截面为“L”形，有两个独立水腔道。高低温水分别在各自的水腔道内流动，互不窜流。4 根上集流管的高低温水腔分别设有 1 个放气接头，供接上补水放气管用，并均设有前后集流管高温水腔道连接法兰，其中 2 根前上集流管还分别设有高温水进出口连接法兰。2 根后下集流管上分别设有左右侧高低温水流道连接法兰，2 根前下集流管设有左右侧低温水流道连接法兰，在左右侧连接管上均设置了放水阀，以便必要时放尽冷却装置高低温水腔内的冷却水。4 根下集流管还各设有低温水进出口连接法兰。

冷却风扇系直径为 1 600 mm 轴流式组合风扇，叶型为 6 A（W）$_2$，风扇结构采用组装形式，即叶片由轮毂里面穿出并用螺栓紧固在轮毂上。轮毂采用钢板焊接结构。叶片采用铝合金低压铸造成形。这种结构的优点是：① 叶片可选用复杂形面的高性能叶形；② 叶片是低压铸造成形，叶片的刚度大，强度高；③ 可以清除叶片开焊裂纹等弊病；④ 风扇叶片维修方便。

冷却风扇主要结构参数见表 2-8-2。

表 2-8-2 冷却风扇主要结构参数

叶型	风扇直径/mm	轮毂直径/mm	叶片数	风扇转速/（r/min）	质量/kg
6 A（W）$_2$	1 600	700	14	1 200	64.4

由于散热器采用双流道散热器，一个冷却风扇吸入的冷却空气既与低温水进行热交换，也与高温水进行热交换，所以没有高低温风扇之分。因此冷却风扇的转速同时影响高低温水的温度。冷却风扇采用静液压系统驱动，其转速的调节由该系统中的恒温阀控制，由静液压泵输入静液压马达流量的大小来完成。两套静液压系统中的两个恒温阀的感温元件均设置在低温水系统机油热交换器出口处，即两个冷却风扇的工作均受该处水温的控制。

双流道散热器状态应保持良好。散热片不得严重折损和阻塞，若发生折损和阻塞，应及时修复和清洗；高低温水腔道之间不得相互窜水，若发生有窜水现象，则必须予以更换。更换散热器时须同时更换散热器垫片，以便较好地密封。运行时要时常注意冷却风扇的工作状况，发生异常现象应及时处理。

子任务 2-8-1-3 冷却水系统的运用与保养

冷却水的充分供应并保持一定的工作温度，对柴油机的经济性及耐久性有很大影响，应经常注意检查保养。在机车运用过程中，对冷却水系统的主要保养工作如下：

（1）经常注意膨胀水箱的水位，应特别注意虚水位。

（2）拧开空气稳压箱排污阀，检验空气通道中的油、水情况。

（3）甩车时应检验气缸内油、水积聚量，如大量喷水，则应进行细致检查，以防发生水锤破坏。柴油机停机较长时间再启动时，应重新甩车检查。

（4）气缸盖进水管外密封垫圈易漏水，应经常注意检查。

（5）注意热交换器有无油、水互渗现象，检查压环小孔有无油、水漏出，油底壳及水箱中有无油、水痕迹。

（6）散热器表面经常保持清洁，在运用中防止散热片撞坏和折角，以免影响散热效果。

（7）允许水泵泄水腔管接头在额定转速下每分钟漏水 5 滴，若滴水太多，需检查水封。

（8）在规定水温下启动、加载和停机。经常注意柴油机的出口水温、机油温度及冷却风扇的转动情况。

（9）操纵时，应尽量减小负荷波动幅度，如无紧急情况，严禁动用紧急停车按钮。

（10）机车运行时出现水温高的原因可能为：

① 环境温度过高；

② 水位过低，冷却水量不足；

③ 静液压系统故障；

④ 冷却风扇不转或转速太低；

⑤ 散热器单节过脏或散热管、片脱焊；

⑥ 柴油机燃烧不良；

⑦ 柴油机超负荷运转时间过长；

⑧ 水温表不准确。

（11）机车长期停机存放时，须将管路存水排尽，以免冻裂管道，同时应关闭百叶窗，挂上保温被。

子任务 2-8-2　16V265H 型柴油机冷却水及预热系统

一、冷却水系统的功用

冷却水系统的主要功能是冷却与燃气直接接触的零部件、柴油机机油及柴油机的增压空气，使柴油机的各零部件、柴油机机油及增压空气均保持在一定的温度范围内，保证柴油机正常工作。冷却系统及其部件安装在柴油机间和冷却室的各个区域内，并通过燃油预热系统对燃油进行预热。

在正常温度参数下运行并且未超过推荐的功率时，所有柴油机零部件将处于预定运行温度内且正常运转。但是摩擦和燃烧会使气缸产生热量，冷却系统的作用就是吸收这些热量。另外，机油吸收的热量也会被柴油机冷却系统转移。

二、冷却水系统概述

HXN3 型机车冷却系统分为两个系统：高温冷却系统和低温冷却系统，如图 2-8-9 所示。两个冷却系统运行的温度也不同。另外，将来的设计将使用湿式散热器，而不采用传统的膨胀水箱。

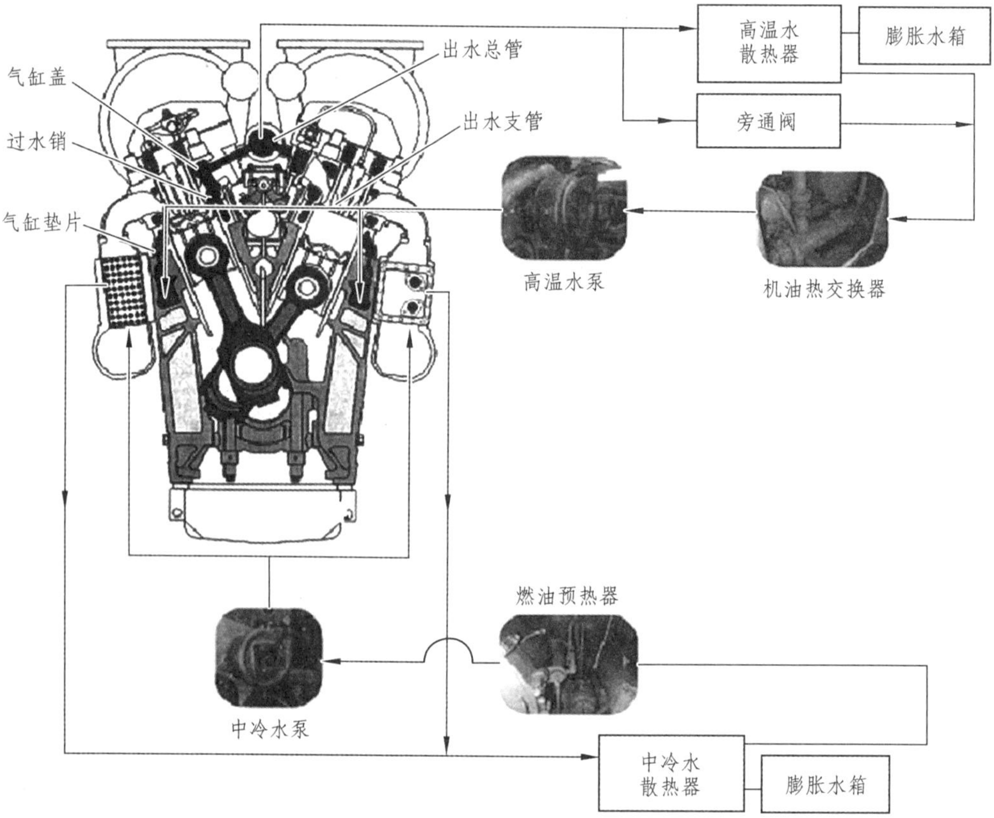

图 2-8-9　冷却水系统结构

冷却系统水位通过安装在散热器端面上方的膨胀水箱来保持。膨胀水箱的水表和加水口都可以用来检查液位。冷却水一直保持在充满状态。随着系统温度的升高，系统中冷却水膨胀，同时压力增大，多余的冷却水流回膨胀水箱。

冷却系统压力增加以后，冷却水的沸点增高。当水沸腾以后，会有少量的水损失掉，这样柴油机运行的温度会升高。膨胀水箱上的 138 kPa 压力阀盖限制了系统运行压力。系统冷却之后，液体收缩，使得系统压力下降并且会产生一些空隙。从水箱中溢流出来的冷却水会将系统重新填满。

三、冷却水系统组成

16V265H 型柴油机的冷却水系统主要由高温水泵、中冷水泵、散热单节、中冷器、热交换器等主要部件组成，如图 2-8-10 所示。

1—高温回水总管；2—分流器；3—高温水泵；4—中冷水泵；5—中冷水 T 形总管。

图 2-8-10　前端冷却水系统布置图

（一）柴油机

在 16V265H 型柴油机中，冷却水通过气缸盖和上部气缸套循环，但不会通过下部气缸套循环。

（二）水　泵

柴油机冷却水泵为自动排水式离心泵，以柴油机曲轴转动的相反方向旋转。使用的泵包括供应给柴油机气缸套冷却系统的高容量“G”泵，以及供应给中冷系统的标准容量“D”泵。

（三）膨胀水箱

膨胀水箱起到为柴油机和中冷器循环补水的作用。为保证在正常运行过程中将冷却水保持分离，膨胀水箱用隔板分成两部分。

（四）润滑油冷却器

润滑油冷却器是柴油机冷却循环中的壳管式逆流热交换器。

（五）中冷器

中冷器系统提供冷却水来冷却柴油机所吸入的空气。齿轮传动的低温水泵安装在主机油泵上的辅助驱动支撑箱上。齿轮泵从回路中抽出冷却水，然后排放到安装在柴油机前部的支管中。中冷器安装在柴油机的两个空腔上，每个空腔上有两个芯体。冷却水横向流过芯体，从进入的空气中吸收热量。返回的冷却水从单独的线路返回散热器。

中冷器为双通道逆流热交换器，可将从增压器压缩机排出的热压缩空气冷却。中冷器在柴油机的侧面，与以往设计相比，可提供更大容量的空气。

（六）温控阀

冷却水在流到润滑油冷却器之前，也会被送到燃油预热器和温控阀。在燃油预热器中，热水从热交换器的侧面管道流过。燃油在热管的外壳流动，然后流到温控阀。柴油机水温由进水口处的电子温度传感器来监视。这些温度读数被转换为模拟输入，然后用 EM2000 机车控制计算机来控制全部冷却功能。

四、高低温冷却水系统

两个离心式冷却水泵安装在辅助传动箱上，由辅助传动齿轮驱动。

右侧（主）水泵将冷却水泵入一个分流器，并由此将冷却水分流到柴油机每一侧。然后，冷却水通过机体内部的通路流向每个动力组。冷却水进入动力组气缸套的上部，流经气缸盖，通过各个出水支管进入总管，再返回散热器以便散发热量并进行再循环。其循环通路如图 2-8-11 所示。

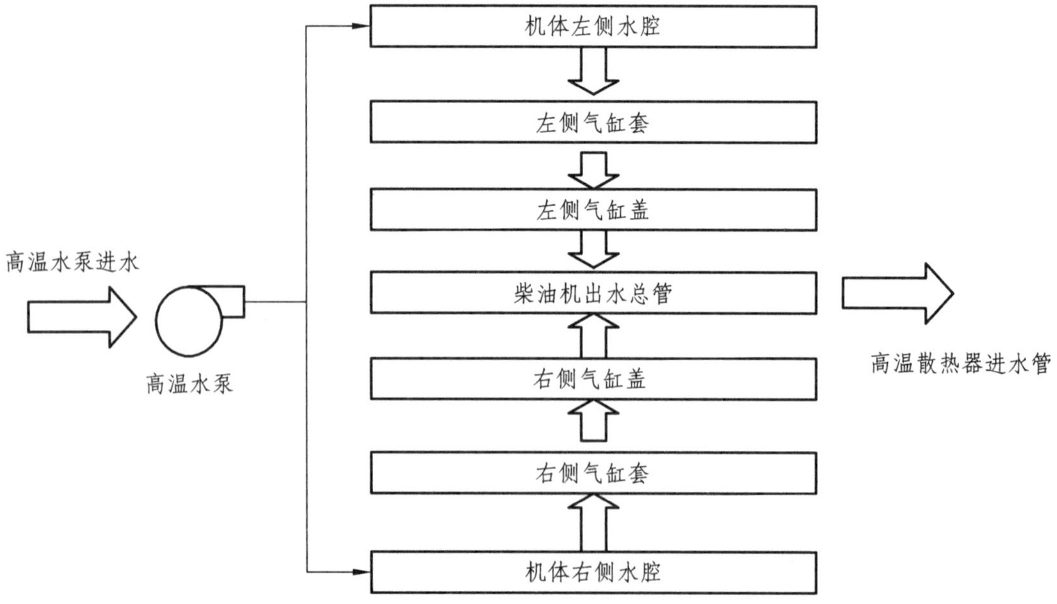

图 2-8-11　高温冷却水循环通路

柴油机左侧的中冷水泵将冷却水送往 4 个中冷器装配。柴油机的每一侧各安装两个中冷器，分别与增压器出气管串联，用来冷却进入气缸盖之前的空气。其循环通路如图 2-8-12 所示。

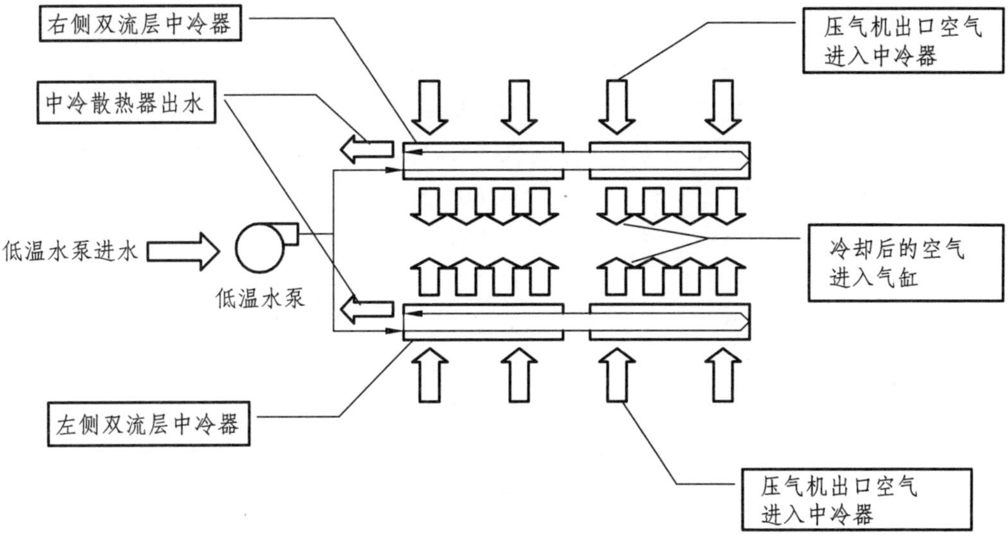

图 2-8-12 低温冷却水循环通路

【任务检查】

表 2-8-3 冷却水及预热系统——任务检查单

任务编号	2-8	任务名称	冷却水及预热系统认知		
序号	检查内容			是	否
1	能说明柴油机冷却水及预热系统的任务和工作要求				
2	能掌握 16V280ZJ 型、16V265H 型柴油机冷却水及预热系统的基本组成				
3	能说明高低温冷却水泵、膨胀水箱、冷却风扇、散热器、温控阀、预热锅炉的工作原理				
4	能掌握冷却水系统的运用与保养知识。				

【任务训练】

一、填空题

1. 在气缸盖底面外缘四周，有 4 个进水孔，通过（　　）与机体水腔出水孔相连，使从机体流出来的水进入气缸盖水腔。

2. 柴油机冷却水应具有良好的防垢性，必须采用（　　）水。

3. DF_{8B} 型机车冷却水水质过软，对机车冷却水系统（　　）过大。

4. 机车液压系统通过（　　）温度来控制冷却风扇转速，进而稳定机车油、水温度。

5. DF_{8B} 型机车冷却水系统主要由（　　）、（　　）、（　　）、（　　）及各种阀门、仪表、管路等组成。

6. 16V265H 型柴油机冷却系统冷却水装载量为（　　）升。

二、选择题

1. 机车膨胀水箱处于冷却水系统的（　　）。

A. 最高位　　B. 最低位　　C. 末端

2. 当低温冷却水温度下降到（　　）℃时，冷却风扇进入调速阶段，直至停转。

A. 70 ~ 60　　B. 65 ~ 55　　C. 60 ~ 50

3. 柴油机膨胀水箱的水位应在水表（　　）处。

A. 1/3　　B. 2/3　　C. 1/2　　D. 3/4

4. 柴油机低温冷却水系统的主要冷却对象是（　　）。

A. 机油　　B. 气缸盖　　C. 气缸　　D. 增压器

5. 柴油机高温冷却水系统的主要冷却对象是（　　）。

A. 中冷器　　B. 气缸、气缸盖　　C. 机油　　D. 静液压油

三、判断题

1. DF_{8B}型机车电气室及动力室百叶窗的开启为自动控制。（　　）

2. 机车百叶窗过滤网运用中易吸附灰尘，所以应根据本地区的环境条件定期进行清扫。（　　）

3. 不论采用何种加水方法，在柴油机启动后，都必须注意膨胀水箱的水位。（　　）

4. 高温冷却水在燃油预热器的管内流过，燃油在预热器内腔的管外流过，完成油、水之间的热交换。（　　）

5. 冷却柴油机的增压空气，能提高柴油机的进气密度，加大进气量。（　　）

6. 膨胀水箱上的 138 kPa 压力阀盖限制了系统运行压力。系统冷却之后，液体收缩，使得系统压力下降并且会产生一些空隙。从水箱中溢流出来的冷却水会将系统重新填满。（　　）

四、简答题

1. 说明 16V280ZJ 型柴油机冷却水及预热系统的任务和工作要求。

2. 简述 16V280ZJ 型柴油机冷却水及预热系统的基本组成。

3. 说明 16V280ZJ 型柴油机冷却水泵的工作原理。

4. 分别写出 16V280ZJ 型柴油机高、低温冷却水系统的流程图。

5. 简述 16V265H 型柴油机冷却水系统的主要构成部件。

6. 简述 16V265H 型柴油机冷却水循环的工作原理。

7. 简述 16V265H 型柴油机冷却水循环通路。

8. 简述 16V265H 型柴油机高温冷却水循环通路。

9. 简述 16V265H 型柴油机低温冷却水循环通路。

思政小课堂——整体与部分

在这个项目中，我们学习了机车柴油机的组成结构。机车柴油机整机由八个部分组成，分别是：固定件，是柴油机安装和支撑各零部件的基础；运动件，实现柴油机做功、传递和输出功率；配气机构，是柴油机换气过程的控制机构；进排气系统，是新鲜空气和废气进、出柴油机的处理机构；燃油系统，是柴油机的燃料供应部门；机油系统，对各运动零部件进

行强迫润滑及冷却；调控系统，是柴油机的调节控制机构；冷却预热系统，使柴油机的各零部件、机油及增压空气均保持在一定温度范围内，保证柴油机正常工作。这八个部分，既相对独立，又相互联系，各有各的作用，又都服务于实现柴油机整机的功能。

可见，柴油机整机与各组成部分之间的关系就是整体与部分之间的关系。准确把握整体与部分的辩证关系，不仅可以帮助我们理顺学习专业知识的思路，而且也会为我们指明工作和生活的方向。

树立唯物辩证法的联系观，坚持整体与部分的统一。整体决定部分，部分服务于整体，要从整体上把握事物的联系。整体和部分又是相互联系、密不可分的。整体是由部分构成的，离开了部分，整体就不复存在。部分的功能及其变化会影响整体的功能，关键部分的功能及其变化甚至对整体的功能起决定作用。部分是整体中的部分，离开了整体，部分就不成其部分，整体的功能状态及其变化也会影响到部分。

整体和部分的辩证关系启发我们要用联系的观点看问题，运用系统优化的方法安排自己的学习、生活和工作。应当立足于整体，统筹全局，选择最佳方案，实现整体的最优目标，从而达到整体功能大于部分功能之和的理想效果；同时必须重视部分的作用，用局部的发展推动整体的发展。树立整体意识，培养全局观念和团队合作精神，正确处理好个人与集体或他人、个人与社会的关系，并且善于用系统优化的综合思维方法来认识事物。要着眼于事物的整体性，从整体出发，把各个部分、各个要素联系起来考察，统筹考虑，优化组合，形成关于这一事物的完整、准确认识，进而培养自己的综合性思维，潜移默化地树立集体主义观念。

反对只考虑整体利益，忽视局部利益的做法；同时又反对只重视局部、部分利益而置整体利益于不顾，把整体和部分割裂开来的做法。

项目 3　内燃机车柴油机运用保养知识认知

任务 3-1　柴油机日常运用知识认知

【任务描述】

正确合理地运用柴油机才能减少故障的发生，延长柴油机的使用寿命，更大限度地发挥柴油机的使用效能。作为机车乘务员和机车检修人员，要掌握机车柴油机的有关参数、熟知运用规章要求，能够规范合理操作。

【任务目标】

- 能掌握柴油机运用中的有关数据；
- 能掌握柴油机启动前的准备工作内容；
- 能掌握柴油机的启动步骤；
- 能掌握柴油机的加、减载操作步骤；
- 能掌握柴油机的停机操作步骤。

【任务学习】

子任务 3-1-1　16V280ZJ 型柴油机的日常运用知识认知

一、柴油机运用中的有关数据

16V280ZJ 型（原型机）柴油机装于 DF_8 内燃机车上，其装车功率为 3 310 kW；而 16V280ZJA 型（A 型机）柴油机装于 DF_9 型及 DF_{11} 型内燃机车上，其装车功率为 3 610 kW。有关技术数据要求如下：

（一）温　度

启动时油、水温度	一般为 30 °C，应 > 20 °C
加载时油、水温度	应 > 40 °C
运转时油、水温度	一般为 70 ~ 80 °C，应 < 88 °C

正常停机时油、水温度　　一般为 50 ~ 60 °C
运转时最高水温（水温继电器动作卸载温度）　　88 °C
3 310 kW（原型机）、3 610 kW（A 型机）运转时，气缸盖出口排气温度　　≤520 °C
3 310 kW（原型机）、3 610 kW（A 型机）运转时，增压器透平进口燃气温度　　≤630 °C

（二）压　力

燃油压力　　满载≥0.15 MPa，空载≤0.35 MPa
启动时机油压力　　≥50 kPa
1000 r/min 运转时主机油泵出口压力　　$0.8^{+0.05}_{0}$ MPa
1000 r/min 运转主油道进口机油压力　　≥0.48 MPa
720 r/min 以上带载运转时最低机油压力（油压保护继电器动作卸载油压）　　0.28 MPa
运转时最低机油压力（油压继电器动作停机油压）　　80 kPa
增压器进口机油压力　　0.25 ~ 0.4 MPa
曲轴箱最高压力（差式压力计动作停机压力）　　0.6 kPa
3 310 kW（原型机）运转时最高爆发压力　　13.24 MPa
3 610 kW（A 型机）运转时最高爆发压力　　13.24 MPa
400 r/min 空载时压缩压力　　2.65 ~ 2.95 MPa

注：从 DF_8-0110 号内燃机车起，柴油机机油油压保护继电器的测压点从主油道机油进口处移至增压器机油进口处，其数据变更如下：

720 r/min 带载运转时增压器机油进口处最低压力（油压保护继电器动作卸载油压）　　0.2 MPa
运转时增压器机油进口处最低压力（油压保护继电器动作停机油压）60 kPa

（三）转　速

柴油机正常工作转速　　400 ~ 1 000 r/min
超速停机转速（超速停车装置或超速保护装置动作停机转速）　　1 120 ~ 1 140 r/min
3 310 kW 运转时增压器转速（VTC-254）　　≤279 000 r/min

（四）油水位

柴油机油底壳机油油位应在油标尺上、下刻线中间。

联合调节器油位，静态时，应在油表中线附近；运转时，应在中线上下 5 mm 范围之内。

膨胀水箱水位，要保持在水表 2/3 处。

二、安全常识

严格遵守安全规则，认真执行防范措施，可以避免大多数事故的发生，现将一般性基本安全预防措施简述如下：

（1）所有旋转零件的外部都必须牢固地安装防护罩。

（2）上岗工作时须穿工作服和戴工作帽。在某些场合，视需要穿防护鞋，戴防护眼镜或其他防护用品。

（3）当柴油机在封闭室内运转时，为防止听力受损，应戴护耳器或在耳孔塞入消音棉。

（4）擦净溢出的机油、燃油或冷却水，废油应作安全处理，妥善存放。

（5）在启动前，柴油机上不准留有工具、零件、抹布以及其他杂物，尤其在旋转零件和喷油泵操作拉杆的周围要特别引起注意。

（6）柴油机刚停机时，注意不要被热的冷却水、机油以及受热的零件烫伤。

（7）不得擅自取掉铅封或任意对柴油机进行调整。

（8）不要试图修理不熟悉的机件。若要修理，则必须遵照维修说明或听从内行指导；更换或修理损坏的重要机件时，应使用合适的工具。

（9）严防柴油机发生“飞车”或“水锤”事故；确保保护装置动作可靠；注意检查机油润滑情况。

（10）定期检查电器线路、接头的绝缘和紧固情况，遵守电器安全操作规范。

（11）注意防火，加注燃油时不准吸烟；柴油机附近不准存放易燃物品，应备有灭火器。

三、启动前的准备

柴油机在启动前，应按表 3-1-1 做检查和准备工作。

表 3-1-1　柴油机启动前的检查、准备工作项目

<table>
<tr><th colspan="2">工作项目</th><th>启用或长期存放后启动</th><th>短期存放（停机 24 h 以上）启动</th><th>日常运用正常启动</th></tr>
<tr><td colspan="2">检查重要螺栓螺母紧固和接头泄漏情况</td><td>Δ</td><td>Δ</td><td>Δ</td></tr>
<tr><td colspan="2">手动盘车检查</td><td>Δ</td><td></td><td></td></tr>
<tr><td colspan="2">甩车检查</td><td>Δ</td><td>Δ</td><td></td></tr>
<tr><td colspan="2">打开稳压箱放水阀检查</td><td>Δ</td><td>Δ</td><td>Δ</td></tr>
<tr><td colspan="2">打开各窥视孔盖，检查柴油机和增压器内部情况</td><td>Δ</td><td></td><td></td></tr>
<tr><td rowspan="4">燃油系统</td><td>加注燃油，检查燃油箱油位</td><td>Δ</td><td>Δ</td><td>Δ</td></tr>
<tr><td>排出燃油滤清器内空气</td><td>Δ</td><td>Δ</td><td></td></tr>
<tr><td>将各阀门放置在规定位置</td><td>Δ</td><td></td><td></td></tr>
<tr><td>检查喷油泵齿条、夹头、拉杆是否灵活良好</td><td>Δ</td><td>Δ</td><td>Δ</td></tr>
</table>

续表

工作项目		启用或长期存放后启动	短期存放（停机 24 h 以上）启动	日常运用正常启动
润滑油系统	向油底壳添加机油，检查油位	Δ	Δ	Δ
	检查联合调解器油位	Δ	Δ	Δ
	各润滑部位加注润滑油	Δ		
冷却水系统	向膨胀水箱添补冷却水，检查水位	Δ	Δ	Δ
	排除水系统中的空气	Δ	Δ	
	冷却水温度>20 °C	Δ	Δ	Δ

注：表中符号Δ表示应执行项目。

四、启　动

启动前的准备工作就绪后，打开稳压箱排污阀，放出污物。此时，油水温度应达到 20 °C 以上，低于此温度时，用预热锅炉进行预热。柴油机盘车机构行程开关、电磁联锁、各保护装置应处在正常状态。完成上述工作之后便可启动。柴油机启动时，应倾听柴油机的工作音响，注意观察，发现有异音或异常现象，应立即停机，查找原因。在故障未排除之前，不应启动，启动之后，使柴油机在 400 r/min 下惰转，并做如下检查：打开冷却水和燃油系统的放气阀，排除管路中的空气，关闭稳压箱的排污阀；观看油位和水位是否正常，各系统的管路是否泄漏；检查各缸喷油泵齿条、夹头、拉杆等；细听各缸发火是否均匀；观看柴油机转速表上的转速是否稳定，巡视柴油机各部等。空转运行 3 ~ 5 min 后，观察各种仪表须符合操作要求数据。确认各部工作正常，柴油机启动阶段结束。

五、升速、降速

柴油机在不加载荷的情况下，转速在 400 r/min 到 1 000 r/min 的范围内，可无级平稳地任意升降。根据需要来调节柴油机空载时的转速，用以检查联合调节器调节柴油机转速升降的功能及波动情况；检查各油水系统压力是否正常和是否泄漏；也可使柴油机进行空载预热等。但空载低速运转时间不宜长期持续，以免在燃烧室和增压器内引起结炭、结焦。

六、加载、减载

柴油机油、水温度低于 40 °C 时，柴油机不得加载。此时，应将柴油机转速升至 600 ~ 800 r/min，进行空载预热。

柴油机在各转速的功率已在水阻试验时调整好，在运用中严禁擅自调整。在操作上，转速和负荷的提高或降低应逐渐而均匀。一般，柴油机从空载加载至满负荷，或从满负荷减载至空负荷，其时间不少于 30 s。在非特殊情况下，不允许突加或突减柴油机的负荷和转速。对于新机或大修后初期使用的柴油机，应适当地降低一些转速和功率，使其充分磨合。

柴油机带载运行时，需留意观察柴油机的运行状态，监视仪表显示的读数应在要求范围之内；观察排气烟色和呼吸口冒气情况；倾听柴油机和增压器的音响；注意油位、水位及油水系统有无泄漏等。经常对柴油机做巡视检查，如发现有可能造成事故的迹象时，应迅速采取有效措施，也可使柴油机停机，甚至紧急停机，避免事故扩大而造成重大事故。

柴油机的卸载，不仅有人为操作中的正常卸载，也可能由于各保护继电器的动作使柴油机自动卸载。例如，有柴油机高温水水温保护、柴油机机油油压保护、同步牵引发电机过流保护、主电路接地保护、机车空转保护。当保护系统发生动作时，应注视哪个指示灯亮红灯，及时分析原因，采取有效措施或排除故障，恢复柴油机运行功能。

七、停　机

（一）正常停机

缓慢地降低柴油机的负载，待机油、冷却水温度降至 50 ~ 60 °C，让柴油机空转 1 ~ 2 min 后，才可停机。在寒冷季节停机时，应注意保温，油水温度不宜低于 20 °C。

（二）非正常停机

在紧急情况下，人为采取紧急停机的措施：立即断开燃油泵开关；用力敲打超速停车装置的紧急停车按钮，切断对柴油机气缸的燃油供给，使柴油机立即停止工作。

柴油机的保护装置动作，也能引起柴油机紧急停机，如柴油机超速保护、停机机油油压继电器动作、曲轴箱压力保护（差示压力计）等，都能自动急速地切断对柴油机的供油或供气，迫使柴油机立即停止工作。

不论是人为或保护装置动作而实施的紧急停机，为了保证柴油机运动部件和增压器轴承有一定的润滑，应立即开启启动机油泵，向柴油机机油系统供机油 1 ~ 2 min，如在无法供油的情况下，也应立刻盘车 2 ~ 3 圈。

在非正常停机后，必须仔细查找引起停机的原因，排除故障，检查柴油机和电器各部分，确认状态正常后，方可复原保护装置。

人为按紧急停车按钮或超速停车装置动作，都应用力提起其旁的复原手柄，使超速停车装置复位。松手后，运动手柄感到轻松自如，说明已复位。

观察柴油机两侧进气管路处的超速保护装置——超速保护风门，如其电磁阀动作，则其操作杆和连杆上的滚轮轴承脱开，操作杆倒下，说明风门已关闭。为使超速风门复原，应扭转操作杆手柄至水平，使连杆上的滚轮稳妥地贴靠在操作杆的直角平面内保持稳定，即复原状态。

非紧急情况下，禁止使用超速停车装置的紧急停车按钮迫使柴油机停机。

八、停　放

（一）短期停放

一般不做特殊处理，在冬季，注意油、水温度，防止柴油机被冻裂。

（二）较长时期室外停放

（1）需将柴油机和冷却水系统的油、水放净，并将所有排油、排水阀置于开启位置。

（2）放出燃油滤清器内的燃油。

（3）用塑料布将增压器排气口和柴油机呼吸口封闭，防止雨水和异物落入。

（三）更长时期的停放

须对柴油机进行封存处理。

子任务 3-1-2　16V265H 型柴油机的日常运用知识认知

一、柴油机主要技术参数

（1）标准型号：16V265H。

（2）结构形式：16 缸，V 形排列（45°夹角），四冲程、废气涡轮增压，增压空气中间冷却，电子控制燃油喷射系统，机油振荡冷却活塞，压力水冷气缸套。

（3）缸径与冲程：ϕ265 mm × 300 mm。

总排量：264.74 L（单缸 16.55 L）。

压缩比：15.4。

外形尺寸（长 × 宽 × 高）：5 890 mm × 1 780 mm × 2 760 mm。

柴油机净重：25 200 kg。

柴油机内冷却水的质量：372 kg。

柴油机内机油的质量：810 ~ 1 170 kg

曲轴转向：面对输出端逆时针。

气缸编号（自由端起）：右列依次为 1→8；左列依次为 9→16。

柴油机额定功率：4 660 kW（6 250 英制马力，6 330 公制马力）。

额定工况输出扭矩：44 504 N · m。

柴油机转速：最低空转转速，325 r/min。

最低工作转速，400 r/min。

中间工作转速，550 r/min；

750 r/min；

900 r/min。

额定工作转速，1 000 r/min。

极限转速，1 120 r/min。

（4）额定转速时活塞平均速度：10 m/s。

柴油机启动方式：空气马达。

柴油机最低启动水温：4 °C。

柴油机发火转速：60 r/min。

额定工况增压器转速：正常转速，24 500 ~ 27 500 r/min。

最高转速，29 500 r/min（海拔 1 800 m 以下）；

31 000 r/min（海拔 1 800 m 以上）。

（5）发火次序：

```
1   3   7   5   8   6   2   4
 \ / \ / \ / \ / \ / \ / \ / \
  9  11  15  13  16  14  10  12
```

配气相位：进气门开，上止点前 47.00°；进气门关，下止点后 39.30°；排气门开，下止点前 55.60°；排气门关，上止点后 60.70°。

（6）额定工况下平均有效压力（BMEP）：2.1 MPa。

最低工作转速下的压缩压力：3.47 MPa。

最低工作转速下的最大爆发压力：3.6 MPa（520 psi）；各缸差≤0.9 MPa （130 psi）。

额定工况下的最大爆发压力：16.5 MPa（2 393 psi）；各缸差≤1.7 MPa（250 psi）。

（7）额定工况下的进气参数（1）。

标准大气条件下的进气量：7.6 ~ 9.2 kg/s。

最大允许进气负压：6.0 kPa。

增压器压气机出口压力（相对压力）：0.19 ~ 0.26 MPa。

中冷前/后空气温度：正常温度，中冷前 164 ~ 204 °C；

中冷后 50 ~ 65 °C。

最高允许温度：中冷前 249 °C（降功率）；

中冷后 82 °C（降功率）。

（8）额定工况的进气参数（2）。

压气机出口管路的表面温度如表 3-1-2 所示。

表 3-1-2 压力机出口管路的表面温度

点	温度/ °C
1	105.0
2	130.6
3	144.4
4	126.1
5	165.0
6	167.8

（9）额定工况下的排气参数。

最大允许排气背压（相对压力，参考值）：1.5 kPa。

排气温度如下：

气缸盖出口处（支管排温）：

正常温度：452 ~ 512 °C；

最高允许温度：610 °C。

涡轮进口（总管排温）：

正常温度：525 ~ 595 °C；

最高允许温度：675 °C。

（10）冷却水系统参数。

中冷水泵额定流量：68.14 m^3/h。

中冷水进口处（中冷水泵出口）的冷却水温度：

正常温度：环境温度 25 °C 时，约 59 °C；

最高温度：环境温度 46 °C 时，约 77 °C。

高温水泵额定流量：272.55 m^3/h。

高温水进口处（高温水泵出口）的冷却水温度：

正常温度：72 ~ 86 °C；

最高允许温度：96 °C（一级保护，开始降载）。

（11）机油系统参数。

额定转速时机油泵流量：120 m^3/h。

润滑油消耗率：小于燃油消耗率的 0.3%。

额定工况下柴油机进口处的机油温度：85 ~ 90 °C。

额定工况下柴油机出口处的机油温度：

正常温度：96 ~ 101 °C；

最高允许温度：107 °C（三级保护，降到 6 手柄位）。

纸质机油滤芯，滤清度 13 μm，效率 90%。

额定工况时，当机油滤清器的压降超过 206.8 kPa（30 psi），或达到规定的 92 天维护期限时，必须予以更换。

额定工况下机体主机油道进口处的机油压力：≥0.62 MPa（油温 82 °C 时）。

最低稳定转速下：

机体主机油道进口处的机油压力：> 0.093 MPa。

增压器进口处的机油压力：> 0.05 MPa。

（12）燃油系统参数。

额定转速下，燃油输送泵流量：75.7 L/min（4.5 m^3/h）。

电子控制单体式燃油喷射泵，柱塞直径 ϕ22 mm，行程 28 mm。

全机械多孔式喷油器，喷油孔 $9\times\phi0.445$ mm × 154°，启喷压力 34.6 MPa，最高喷射压力 159 MPa。

额定工况下的喷油泵供油提前角：

静态：上止点前 14°；动态：上止点前 7°。

纸质燃油滤芯，滤清度 5 μm，效率 99%。

额定工况时，当燃油滤清器的压降超过 206.8 kPa（30 psi），或达到规定的 92 天维护期限时，必须予以更换。

（13）燃油消耗率（UIC 标准大气条件下，42 000 kJ/kg 低燃值）

空载油耗：325 r/min 时，9.62 kg/h × (1 ± 5%)；

400 r/min 时，14.3 kg/h × (1 ± 5%)。

在 80%额定功率（3 730 kW & 1 000 r/min）：203 × (1 ± 3%) g/kW · h。

额定功率油耗：

EPA Tier 0 排放，199.5 ×（1 ± 3%）g/kW · h；

EPA Tier 2 排放，209.0 ×（1 ± 3%）g/kW · h（计算值）。

（14）16V265H 型柴油机牵引性能曲线（扭矩-转速）如图 3-1-1 所示。

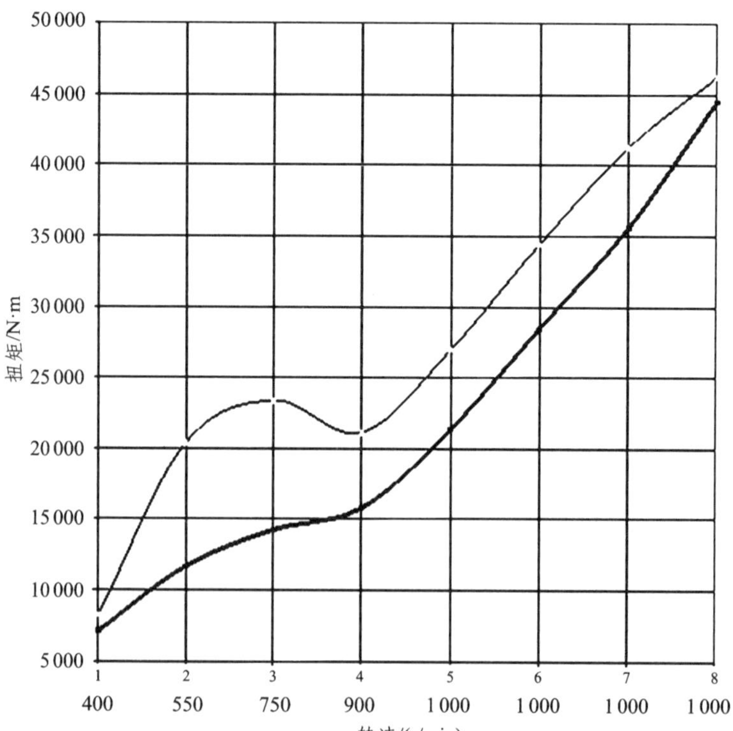

图 3-1-1 16V265H 柴油机牵引性能曲线

（15）16V265H 型柴油机牵引性能曲线（功率、油耗、转速，UIC 标准大气条件）如图 3-1-2 所示。

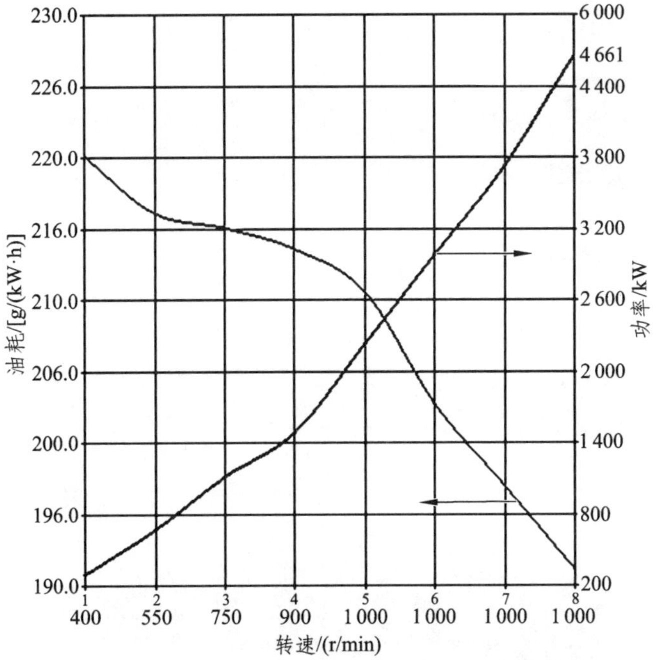

图 3-1-2　16V265H 型柴油机牵引性能曲线

二、柴油机启动方法

（1）接车后，启动柴油机时，首先闭合蓄电池闸刀。将电器柜侧面断路器面板上的计算机断路器和发动机控制断路器断开，将所有黑底白字的断路器（包括电器柜正面的两个黑底白字的断路器）闭合（注意检查带防护罩的断路器是否在闭合位，如图 3-1-3 所示），将带有黄色方框的计算机断路器闭合后（听到动力间直流转换开关有嗡嗡声），再闭合发动机控制断路器，闭合运行监控器断路器（ATP）。在操纵端插入换向手柄并置于中立位；待“FIRE”司机室计算机显示正常后，检查启动风缸压力应在 620 kPa 以上（否则应通过显示屏上的空压机手动按钮进行手动打风）；蓄电池电压应在 62 V 以上；冷却水温应在 4 °C 以上。

（2）将两端司机室的隔离开关置于隔离位，柴油机运转开关置于断开位，主发电机励磁开关置于断开位，燃油泵开关（实际作用等同于机控，与燃油泵没有任何联系）置于闭合位，主手柄在惰转位，换向手柄在中立位；检查两端司机室的停机按钮在断开位，闭合运行监控器开关（ATP），如图 3-1-4 所示。

（3）按下柴油机启动按钮 2 s 后松开即可，柴油机由计算机控制自动启机。如柴油机启动后，水温过低，系统会自动使柴油机转速上升至 550 r/min 进行打温，不须人为操作。

（4）机车数据中的英文字母缩写：

ENGTMPF：高温水温度；

AWTFDBK：低温水温度；

MRPRES：第一总风缸风压；

MR2PRES：第二总风缸风压；

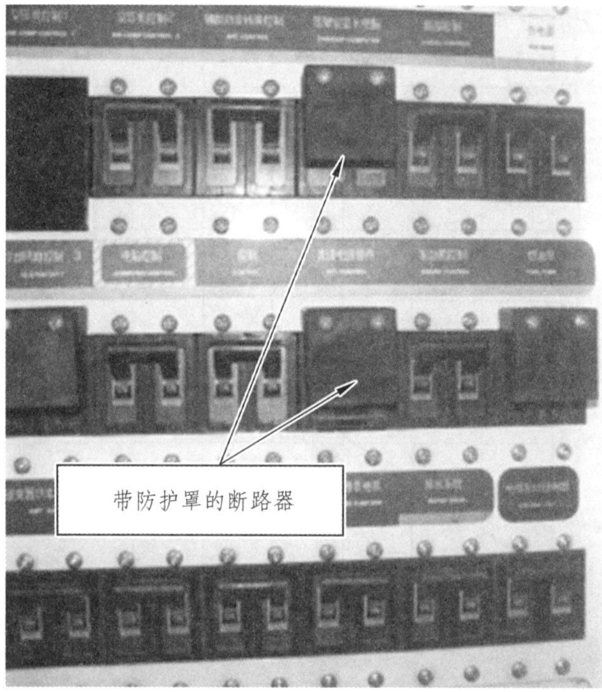

图 3-1-3　带防护罩的断路器

图 3-1-4　停机开关

MR3PRES：第三总风缸风压；

BATTV：蓄电池电压；

FIL：充电电流；

THV POS：手柄位数；

ENGRPM：柴油机转数；

DCL1、DCL2：安全电压；

AWT：低温传感器；

ETP1、ETP2：高温传感器。

三、16V265H 型柴油机控制保护

1. 柴油机速度保护（见表 3-1-3）

表 3-1-3 柴油机速度保护

序号	保护项目	极限值	保护方式	实现方式
1	柴油机超速	1 120 r/min	停机	fueling_rpm_limit
2	增压器超速	31 000 r/min	降功率	Turbo_overspeed_rpm

2. 增压器进口机油压力停机保护（EM2000，见表 3-1-4）

表 3-1-4 增压器进口机油压力停机保护

转速（r/min）	进油压力下限 /Psi[kPa]	进油压力上限 /Psi[kPa]
70	0.00[0.00]	255.0[879.495]
140	0.00[0.00]	255.0[879.495]
210	2.25[15.52]	255.0[879.495]
280	4.75[32.76]	255.0[879.495]
350	6.25[43.10]	255.0[879.495]
420	7.25[50.00]	255.0[879.495]
490	8.25[56.89]	255.0[879.495]
560	9.50[65.51]	255.0[879.495]
630	10.50[72.41]	255.0[879.495]
700	11.50[79.30]	255.0[879.495]
770	12.50[86.20]	255.0[879.495]
840	13.75[94.82]	255.0[879.495]
910	15.00[103.44]	255.0[879.495]
980	16.00[110.34]	255.0[879.495]
1 050	17.00[117.23]	255.0[879.495]
1 120	17.00[117.23]	255.0[879.495]

3. 高温水出口压力保护（见表 3-1-5）

表 3-1-5　高温水出口压力保护

工况	转速/（r/min）	压力/kPa
0	325	11.08
1	400	34.49
2	550	81.53
3	750	138.42
4	900	184.99
5	1 000	212.82
6	1 000	212.82
7	1 000	212.82
8	1 000	212.82

4. 机油进口压力保护（见表 3-1-6）

表 3-1-6　机油进口压力保护

工况	转速/（r/min）	压力/kPa
0	325	92.62
1	400	127.1
2	550	208.88
3	750	301.5
4	900	364.56
5	1 000	407.91
6	1 000	407.91
7	1 000	407.91
8	1 000	407.91

5. 曲轴箱压力保护（见表 3-1-7）

表 3-1-7　曲轴箱压力保护

压力保护	限制值/in（H_2O）
最大	+1
最小	−16

注：1in（H_2O）=0.25 kPa。

6. 空气温度保护（见表 3-1-8）

表 3-1-8　空气温度保护

序号	项　目	工作范围/ °C	保护上限/ °C	措施
1	中冷器空气进口温度	164 ~ 204	249	降功率
2	气缸盖空气进口温度	50 ~ 65	82	降功率

7. 高温水温保护（见表 3-1-9）

表 3-1-9　高温水温保护

序号	项　目	保护措施
1	工作范围	76 ~ 82 °C
2	冷机保护	柴油机入口冷却液温度小于 50 °C，降至第 2 手柄位
3	热机保护	柴油机出口冷却液温度大于 96 °C，降功率转速不变（一级保护）
		柴油机出口冷却液温度大于 102 °C，降至 6 手柄位（二级保护）

8. 机油温度保护（见表 3-1-10）

表 3-1-10　机油温度保护

序号	项　目	保护措施
1	进口工作范围	85 ~ 90 °C
2	出口工作范围	96 ~ 101 °C
3	热机保护	柴油机出口机油温度大于 107 °C，降至 6 手柄位（三级保护）
		柴油机出口机油温度大于 113 °C，降至 2 手柄位（四级保护）
		柴油机出口机油温度大于 123.9 °C，停机（四级保护）

【任务检查】

表 3-1-11　柴油机日常运用知识——任务检查单

任务编号	3-1	任务名称	柴油机日常运用知识认知	
序号	检查内容		是	否
1	能说明 16V280ZJ 型、16V265H 型柴油机运用中的有关参数			
2	能说明 16V280ZJ 型、16V265H 型柴油机启动前的准备工作内容			
3	能说明 16V280ZJ 型、16V265H 型柴油机的启动步骤			
4	能说明 16V280ZJ 型、16V265H 型柴油机的加、减载操作步骤			
5	能说明 16V280ZJ 型、16V265H 型柴油机的停机操作步骤			
6	能说明 16V280ZJ 型、16V265H 型柴油机非正常停机后的操作步骤			

【任务训练】

一、填空题

1. 在启动柴油机前，须打开（　　）放气管上的塞门，泵油放净燃油中的空气，并关闭塞门，然后才启动柴油机。

2. 柴油机启机前，检查系统各部件、橡胶软管、(　　　) 等，应无异常或松动现象。

3. 日常运用中，应经常检查（　　）的法兰螺栓和叉头盖螺栓及平衡块是否松动。

4. DF_{8B} 型机车注入燃油时，宜打开另一侧的加油口，以减少油箱里的（　　）。

5. DF_{8B} 型机车液压系统的液压泵油封处是否泄漏，可从后变速箱油位是否（　　）来判断。

二、选择题

1. 柴油机调速试验要求：当柴油机的负荷为最大运用功率时，转速在（　　）r/min 时，突卸负荷至零，超速停车装置不应动作。

A. 1 000　　B. 1 050　　C. 1 100

2. DF_{8B} 型机车柴油机启动前，应确认动力室仪表油、水温度应在（　　）°C 以上。

A. 20　　B. 30　　C. 40

3. DF_{8B} 型机车油、水温度大于（　　）°C，且柴油机及机车各部运转正常时，可逐渐升速或加载。

A. 20　　B. 30　　C. 40

4. 柴油机启机前，盘车机构应脱开，(　　　) 应闭合。

A. 自动开关　　B. 转换开关　　C. 联锁开关

5. DF_{8B} 型机车燃油箱容量为（　　　）L。

A. 8 500　　B. 9 000　　C. 9 500

三、判断题

1. 柴油机超速停车装置的技术要求：当用手按压停车按钮时，停车杆应能落下。(　　)

2. 机车电气系统故障也会造成柴油机功率不足。(　　)

3. 机车在严寒冬天运行，燃油不需要预热，因为燃油黏度大有利于燃烧。(　　)

4. 柴油机日常检查时，需对各管路仔细检查，防止泄漏事故发生。(　　)

5. 柴油机检查时，发现冷却水泵漏水，每分钟小于 3 滴，柴油机可继续使用。(　　)

四、简答题

1. 说明 16V280ZJ 型柴油机运用中的有关参数。

2. 说明 16V280ZJ 型柴油机启动前的准备工作。

3. 简述 16V280ZJ 型柴油机的启动步骤。

4. 简述 16V280ZJ 型柴油机的加、减载操作步骤。

5. 简述 16V280ZJ 型柴油机的停机操作步骤。

6. 说明 16V280ZJ 型柴油机非正常停机后的操作步骤。

思政小课堂——案例分析

案例一：2011 年 7 月 25 日 5 时 26 分，××机务段 DF_{4B} 型××××号机车担当×××××次列车运输任务，高新线小梁山站停车后 11 缸排烟支管发红、漏烟，司机甩缸后开车。6 时 49 分，列车运行至罗家进站前下坡道，司机回手柄时柴油机转数不降反升，慌忙中误断 2K 切断燃油，柴油机 970 r/min 突然卸载后飞车，差示压力计保护动作（第 3～6 位主轴瓦碾瓦），副班司机手动极限调速器按钮停机无效（已保护动作），断 4K、管路燃油耗尽后柴油机停机，于 7 时 02 分维持运行至高台山站停车请求救援，更换机车后开车，影响站内停车 4 小时 09 分，构成一般 D15 类事故。

案例二：2011 年 7 月 3 日 4 时 16 分，××机务段 DF_{4C} 型××××号机车担当×××××次列车运输任务，在高新线小梁山站开车后，司机持续提手柄加载至 970 r/min 牵引运行，机车突然卸载（低速高手柄、电流过载），柴油机转速突升至 1 120 r/min、极限调速器动作停机，司机未恢复极限调速器复原手柄，启机 3 次不成功，减压停于小梁山至罗家间 17 千米 438 米处。停车后，司机又反复启机 6 次不成功，检查恢复极限调速器后启机成功，于 4 时 43 分开车，影响本列及 2 列客车晚点，构成一般 D15 类事故。

案例三：2011 年 2 月 20 日 13 时 41 分 21 秒，××机务段 DF_{8B} 型××××号机车担当的×××××次列车运输任务（现车 48 辆，总重 4 021 t，定数 5 000 t），以 53 km/h 的速度运行至沈吉线章党站内 57 千米 149 米处时，司机提手柄加载，由于提手柄动作过急（手柄直接由“0”位到保位，未经过“1”位）产生“过位加载”，机车直接进入空载状态，司机没有及时发现仍继续提手柄至 16 位，柴油机转速逐渐上升至 990 r/min，出站后坡底最高速度 46 km/h（限速 73 km/h），13 时 44 分 48 秒自然停于 55 千米 213 米处。停车后司机减压并将手柄回至惰转位，加载试验正常，尝试启动无效，请求救援，按行调指示章党站派人领车，14 时 07 分退回章党站，影响本列及 2918 次列车晚点，构成一般 D15 类事故。

上述案例给我们的启示是：作为一名机务工作者，必须具有严谨的工作态度、熟练的职业技能、严明的职业法规意识；要掌握机车柴油机的有关参数，熟知运用规章要求，严格执行操作规程，规范合理操作，确保行车安全。

任务 3-2　柴油机日常检查保养知识认知

【任务描述】

柴油机的运用和检查保养是密不可分的，检查保养是为了更好地运用，减少故障的发生，充分发挥柴油机的效能，延长柴油机的使用寿命。作为机车乘务员和机车检修人员，要熟知柴油机的检查项目和要求，熟知柴油机日常保养方法，了解柴油机封存和启封的要求。

【任务目标】

- 能掌握柴油机每日检查项目和要求；
- 能掌握柴油机每周检查项目和要求；
- 能掌握柴油机各润滑部位和给油周期；
- 能掌握柴油机维护保养的规定和维护保养的内容；
- 能了解柴油机封存和启封的要求。

【任务学习】

子任务 3-2-1　16V280ZJ 型柴油机的日常检查保养

一、16V280ZJ 型柴油机日常检查保养

1. 连接箱及附近检查

检查方法：目视、手检、锤检。

（1）柴油机输出端连接箱安装螺栓紧固。

（2）接线盒安装牢固，接线无松脱、烧损、破损。

（3）柴油机排水阀关闭严密。

（4）主发电机减振垫及定位销良好。

（5）柴油机弹性支承状态良好，各螺栓紧固。

2. 后增压器

检查方法：目视、手检、锤检。

（1）排气烟筒无破损，隔热层良好。

（2）各工艺堵、排水堵无松动、丢失、泄漏。

（3）各安装螺母紧固。

（4）进出油、水管无裂纹。

3. 增压器机油滤清器

检查方法：目视、手检、锤检。

（1）滤清器安装螺母紧固，安全阀及铅封良好。

（2）滤清器端盖及进出油管无松动、漏油。

4. 油压继电器

检查方法：目视、手检。

（1）油压继电器及接线盒安装牢固，接线无松脱、破损。

（2）橡胶减振器无破损、丢失。

（3）各油管接头无松动，软管无老化、漏油。

5. 柴油机 8～5 缸上部

检查方法：目视、手检、锤检。

（1）中冷器安装螺栓紧固，中冷器体无裂纹。

（2）出水管法兰螺母紧固，无漏水。

（3）热水集流管各法兰垫无泄漏。

（4）各出水支管无泄漏。

（5）各进气支管法兰垫无泄漏，工艺堵无松动、丢失。

（6）各排气支管无泄漏，各波纹管无裂损，卡子紧固，隔热层防护网良好。

6. 柴油机 8～5 缸中部

检查方法：目视、手检、锤检、鼻嗅。

（1）各摇臂箱罩盖手轮紧固，无漏油。

（2）打开摇臂箱盖检查内部。

① 摇臂及横臂调整螺栓紧固。

② 喷油器压块螺母紧固。

③ 摇臂、横臂无断裂。

④ 横臂导杆无断裂，横臂无偏移。

⑤ 气阀弹簧无断裂，阀杆锁夹与套无脱落。

⑥ 进气阀间隙：0.4 ~ 0.45 mm；排气阀间隙：0.5 ~ 0.55 mm。

⑦ 进、排气阀挺杆无弯曲，挺杆座与摇臂球头吻合良好。

⑧ 摇臂座及摇臂箱安装螺栓紧固。机体无裂纹，合口螺母紧固。

⑨ 喷油器上体无燃油泄漏。

（3）示功阀关闭应严密。

注：手轮式示功阀手轮完好，阀座无泄漏。

（4）各挺杆套螺母无松脱、漏油。

（5）喷油器导管无漏油。

（6）高压油管无裂漏，接头无松漏。

（7）喷油泵安装螺栓无松动，座垫及出油阀盖无漏油。

（8）喷油泵柱塞套定位螺钉及供油齿条定位螺钉铅封完好，螺钉无松动。

（9）停机状态时供油齿条应在“0”刻度。

（10）供油齿条夹头销与拨叉座吻合良好。

（11）供油齿条无卡滞，限油止挡及螺母无松动。

（12）供油拉杆无变形，夹头销座螺栓无松动。

（13）夹头销螺母开口销齐全完好。

（14）燃油总管三通接头及各回油管无漏油。

7. 柴油机 8～5 缸下部

检查方法：目视、手检、锤检。

（1）凸轮轴检查孔盖严密无泄漏。

（2）凸轮轴箱内部检查。

① 各滚轮、凸轮无拉伤、缺陷，油润良好。

② 凸轮轴及各段法兰无裂纹，法兰螺栓无松动。

③ 轴承润滑油管接头无松动、漏油，轴承无烧损、变色。

④ 凸轮轴箱内部无异物。

（3）进水支管无漏水。

（4）曲轴箱盖严密无泄漏。

（5）曲轴箱内部检查。

① 滤油网完整，上部无异物。

② 主轴承座各部位无裂纹，主轴承无烧损。

③ 连杆大端盖螺栓无异状，连杆大端无裂纹。

④ 连杆大端应有横动量，大端轴承无烧损。

⑤ 主轴承盖无裂纹，螺栓无异状，开口销完好。

⑥ 气缸水套下部水封无漏水。

⑦ 各主轴承下盖横动螺栓无松动。

8. 燃油泵组

检查方法：手检、锤检。

（1）泵组安装螺栓无松动。

（2）联轴器完好，橡胶件无老化、变形。

9. 燃油粗滤器

检查方法：手检、锤检。

（1）安装螺栓无松动。

（2）转换阀手柄应在下垂位，三通标志正确。

（3）上盖及三通转换阀芯轴无泄漏。

（4）各管接头及放油堵无松漏。

（5）逆止阀、安全阀无泄漏。

（6）来油阀在全开位。

10. 柴油机 4～1 缸上、中、下部

参照第 5、6、7 项。

增检：柴油机弹性支承状态良好，各螺栓紧固。

11. 机油离心精滤器

（1）安装螺母紧固。

（2）上盖无泄漏，手轮无松动。

12. 前增压器

参照第2项。

13. 联合调节器及附近

检查方法：目视、手检、锤检。

（1）联合调节器体无裂漏，加油口盖严密，滤尘网无破损。

（2）故障调节孔盖、调节杆孔盖无松动。

（3）油表无漏油，油脂清洁，油位在1/2左右。

（4）补偿油泵油位在1/2左右。

（5）补偿针阀螺堵无松动。

（6）功率伺服器安装螺母紧固，无泄漏，指示正确。

（7）电磁联锁安装螺母紧固，线圈无烧损，接线无松脱、破损。

（8）电磁联锁铁心动作灵活，螺钉紧固良好。

（9）传动箱透视玻璃良好、无漏油。

（10）放油堵无松漏，针阀螺堵无松漏。

（11）紧急停车按钮铅封良好。

（12）复原手柄在恢复位，紧急停车杠杆各销连接良好，调整螺栓紧固，防缓铁片良好。

（13）摇臂、弹性拉杆、转轴、调节杆、横拉杆各销良好，锁紧螺母紧固。

（14）柴油机转速表安装牢固，传动轴、胶套无破损。

（15）转速表传感器安装牢固，线无松脱、破损。指示正确，检验日期不超过6个月。

14. 高、低温水泵及附近

检查方法：目视、手检、锤检。

（1）水泵安装座螺栓紧固。

（2）进出口管螺母紧固。

（3）水泵法兰无漏水，放水堵无松漏，胶管无老化、裂漏。

（4）水泵轴承油管无松动、泄漏。

（5）水泵油封无漏油，水封无漏水，接水管无堵塞，滴水每分钟不超过5滴。

（6）水泵传感器安装良好。

（7）主油道机油回油管连接法兰螺母紧固，螺栓无断裂。

（8）卡箍紧固、胶管无老化、裂漏。

（9）温度传感器安装良好。

15. 膨胀水箱

检查方法：目视、手检、锤检。

（1）水表清洁无漏水，水质纯净，水位在2/3以上。

（2）水表上下截止阀在全开位。

（3）排水阀作用良好，关闭严密、不漏水。

（4）水表防护杆及照明灯良好。

（5）水箱安装螺母紧固，水箱体无裂纹。

（6）溢水管无松动。

16. 水箱下部

检查方法：目视、手检、锤检。

（1）柴油机自由端联轴器螺母紧固，油堵无松动、丢失。

（2）柴油机上水阀关闭。

（3）各油水管路法兰、接头无松动、泄漏。

17. 散热器

检查方法：目视、手检。

（1）各单节安装牢固。

（2）各单节及进出水管法兰垫、橡胶无漏水。

18. 静液压油箱

检查方法：目视、手检、锤检。

（1）油箱安装螺母紧固，环带无裂损。

（2）油管接头及加油、放油堵无松漏。

（3）磁性滤清器良好，油表清晰、无漏油，油位在两刻线之间。

（4）温度表良好，指示正确。

19. 前、后变速箱

（1）通风机传动尼龙绳束无断损，罩盖锁闭良好，防护铁丝无断裂；通风机传动轴承油堵无松脱。

（2）前变速箱安装螺栓紧固，箱体合口螺母紧固，端盖螺栓紧固，无渗油。

（3）检查孔盖螺栓紧固，吊环紧固，透气孔盖板螺栓紧固，无渗油。

（4）运用状态箱体温度不大于 70 °C。

（5）油尺、油脂良好，油位在两刻线间。

20. 静液压泵及附近

检查方法：目视、手检、锤检。

（1）静液压泵安全阀各管接头无松动、漏油。

（2）温度控制阀安装螺母紧固，调节螺钉无松动。

21. 机油热交换器及附近

检查方法：目视、手检、锤检。

（1）机油热交换器安装螺母紧固。

（2）油、水进出管无泄漏。

（3）放水阀无松动、漏水。

（4）放油塞门关闭严密，各部无漏油。

22. 散热器 V 形夹角内部

检查方法：目视、手检、锤检。

（1）检查孔盖严密、锁闭良好。

（2）冷却风扇片无变形、断裂，支架无脱焊，内部清洁无异物。

（3）静液压马达安装螺母紧固，各油管接头无松动，胶管无破损。

（4）散热器各油管接头无松动、泄漏。

23. 机油滤清器及附近

检查方法：目视、手检、锤检。

（1）散热器各排水阀在关闭位、无漏水。

（2）滤清器盖螺栓紧固。

（3）盖及进出油水管法兰垫无泄漏。

（4）机油压力表管接头无松漏，指针显示正确。

（5）滤清器转动手柄无松脱，转动良好。

（6）回油阀关闭严密。

24. 启动机油泵组

检查方法：目视、手检、锤检。

（1）泵组安装螺栓紧固。

（2）联轴器良好，转动灵活，无异音，止钉无松动、丢失。

（3）泵体及管路无泄漏，电机接线无松脱、破损。

（4）逆止阀夹板螺母紧固，管接头无松漏。

25. 差式压力计及附近

检查方法：目视、手检、锤检。

（1）差示压力计安装牢固，管接头无松脱，通大气胶管连接良好，无老化破损。

（2）接线无松脱，触针无锈蚀，液面高度应在零刻线。

（3）通气孔无堵塞，清洗堵紧固，无泄漏。

（4）水温继电器安装牢固，动作值为 88 °C，微调旋钮漆封无移位，接线良好。

（5）柴油机上水阀应在关闭位。

26. 油气分离器及附近

检查方法：目视、手检、锤检。

（1）波纹管无裂纹，各连接法兰螺母紧固，密封垫严密、无泄漏。

（2）体管无裂纹，工艺堵紧固、无丢失。

（3）机油管各法兰螺母紧固，密封垫严密、无泄漏，胶管无老化、破损，卡子紧固。

27. 燃油精滤器及附近

检查方法：目视、手检、锤检。

（1）安装螺母紧固，管接头无松漏。

（2）排油阀、排气阀应在关闭位。
（3）控制拉杆装置、横拉杆叉部无断裂，调节杆螺母紧固。
（4）左右转臂安装螺母紧固，各穿销、开口销良好。

28. 柴油机 9 ~ 12 缸上、中部

参照第 5、6 项。
增检：增压器冷却水管排气阀关闭严密、无泄漏。

29. 柴油机 9 ~ 12 缸下部

（1）参照第 7 项。
（2）增检：
① 机油离心精滤器，参照第 11 项。
② 辅助机油泵安装螺母紧固，接线无松脱，管接头无松漏。
③ 预热锅炉燃油泵安装螺母紧固，接线无松脱，管接头无松漏。

30. 柴油机 13 ~ 16 缸上、中部

参照第 5、6 项。

31. 柴油机 13 ~ 16 缸下部

（1）参照第 7 项。
（2）增检：
① 工作风缸安装螺母紧固、腰带良好，管接头无松漏。
② 燃油预热器安装螺母紧固，油水管接头无松漏，水阀在关闭位。
③ 稳压箱排污阀排污后关闭。
④ 柴油机放水阀应关闭，螺堵无松脱。

二、柴油机封存和启封

柴油机试验完（或组装完）的封存和启用按以下要求：

（一）柴油机停用一个月以内时

（1）放净柴油机中的全部冷却水，封盖各管路的进出口，每三天盘动曲轴两圈。
（2）存放在湿度 45% ~ 65%的清洁通风的厂房内。

（二）柴油机较长时间的封存

（1）用循环油泵将封存用机油打入柴油机润滑系统 15 ~ 20 min，并不断盘动曲轴。
（2）将 95%燃油和 5%防锈油的混合油送入燃油系统，使柴油机在 400 r/min 下运行 5 min。
（3）排净油底壳里的机油。
（4）应将脱水处理（即润滑油加热至 110 °C，1 ~ 2 h）的滑油涂刷在所有运动件表面。
（5）用油枪从喷油器安装孔向每个气缸壁均匀地喷入 300 ~ 350 cm 封存用的机油或防锈油。
（6）外部各加工表面在擦洗干净后，涂刷无水凡士林。

（7）在调速器内注满调速器油。

（8）封存机油、燃油、水、气各管路的管口。

（9）柴油应存放在室温 5 ~ 30 °C、湿度 45% ~ 65%的清洁通风的厂房内。

（三）柴油机的启封

（1）取下各种封口用包装。

（2）用 50 ~ 60 °C 的热水循环预热柴油机的高低温水系统，水温升高至 90 °C 时将水放出，再灌入柴油机正常使用的冷却水，并预热至 40 °C 以上。

（3）放出油底壳内的封存用油。泵入 40 °C 以上的机油，盘车 5 ~ 10 min 后，再将这些机油放掉。清洗油底壳，将新机油加入柴油机中。

（4）进行启机前的全面检查，然后甩车备用。

子任务 3-2-2　16V265H 型柴油机的日常检查保养

一、柴油机日常检查

（一）空气间右侧

1. 隔　门

同电气间隔门，增检。

2. 惯性滤清器

采用方法：手检、目检。

（1）安装牢固，严密。

（2）外观完好，无破损。

（3）泄压按钮完好，作用良好。

3. 主发电机端部及其附近

采用方法：手检、目检、锤检。

（1）主发电机风道连接无破损，连接件状态良好。

（2）窥视孔玻璃清洁，无破损。

（3）滑环检查孔盖安装牢固，螺丝无松动。

（4）增压器二级玻璃丝滤清器支架安装牢固，螺丝无松动。

（5）增压器二级玻璃丝滤清器外观完好，安装牢固。

（6）电气间风机/除尘风机外观完好，风道完好、无破损。

（7）柴油机启动报警器外观完好，作用良好。

4. 泄压百叶窗

采用方法：目检。

泄压百叶窗外观完好，按压泄压按钮应打开。

（二）柴油机间右侧

1. 隔　门

同电气间隔门。

2. 主发电机

采用方法：目检、锤检。

（1）主发电机与车体安装螺丝无松动。

（2）主发电机出风口完好。

（3）主发电机与柴油机连接良好，螺丝无松动。

3. 柴油机输出端

采用方法：锤检、手检、目检。

（1）左侧增压器安装支架完好，各螺丝无松动。

（2）左侧增压器外观完好，排气烟囱无破损，安装螺丝无松动。

（3）左侧增压器进气管完好，无破损。

（4）左侧增压器回油管完好，连接法兰无漏油。

（5）后端齿轮箱盖及凸轮轴齿轮盖完好。

（6）后端各传感器外观完好，作用良好。

（7）中冷器进气软管连接良好，卡子无松动。

4. 油气分离器

采用方法：锤检、手检、目检。

（1）油气分离器与柴油机连接良好，无泄漏。

（2）油气分离器引射风管螺母无松动，连接良好。

（3）油气分离器外观良好。

（4）油气分离器与左侧增压器烟囱连接管连接良好，螺丝无松动。

5. 柴油机 13～16 缸上部

采用方法：锤检、手检、目检。

（1）排烟总管外观完好，无破损；各连接处连接良好；卡子无松动，无漏烟。

（2）排烟支管连接良好，无破损；螺丝无松动。

（3）出水支管卡子无松动，安装牢固，无泄漏。

（4）摇臂箱罩盖严密，手轮无松动，密封处无漏油。

（5）打开摇臂箱罩盖检查项目。

① 喷油泵安装良好。

② 喷油泵 24 V 电源线良好，无破损。

③ 高压油管连接良好，无漏油，卡子无松动。

④ 喷油器回油管连接良好，无漏油。

⑤ 气阀间隙调整器外观良好。

⑥ 燃油进、回油管良好，接头无漏油，管体无破损。

⑦ 气阀弹簧无折损，锁夹与套无脱落。

⑧ 摇臂、横臂无折损。

⑨ 喷油器安装螺丝无松动。

⑩ 推杆无变形。

6. 柴油机 13～16 缸中部

采用方法：锤检、手检、目检。

（1）摇臂箱与气缸盖结合面无漏油。

（2）燃油进、回油管无漏油，管体无破损。

（3）喷油泵电源线无破损，护套良好，卡子紧固。

（4）缸头螺栓紧固，防尘帽无丢失。

（5）进气支管连接法兰螺丝无松动，安装牢固无泄漏。

（6）中冷器外观良好，各紧固螺栓无松动。

（7）中冷器各部无泄漏。

（8）燃油主管完好，各部无泄漏。

7. 柴油机 13～16 缸下部

采用方法：锤检、手检。

（1）曲轴箱检查孔盖安装牢固，安装螺丝无松动，密封处无漏油。

（2）主轴承盖横拉螺栓紧固无松动。

（3）启动马达安装牢固。

（4）启动马达风管连接良好，无漏风。

（5）启动马达各螺栓紧固，排风口作用良好。

（6）启动马达供风管继动阀完好，风管无松动、泄漏。

（7）启动马达供风管滤尘器完好，无漏风。风管支架无开焊。

（8）柴油机与车体安装螺栓紧固，无松动。

（9）墙壁上的燃油箱电子油位表控制盒外观良好，风管螺母无松动，无漏风，接线无松脱。

8. 柴油机 9～12 缸上部

无增压器附近的检查内容，其他内容参照第 5 项。

9. 柴油机 9～12 缸中部

参照第 6 项检查内容。

10. 柴油机 9～12 缸下部

无启动马达检查内容，其他内容参照第 7 项。

11. 柴油机前端及其附近

采用方法：锤检、手检。

（1）柴油机高温出水管外观完好，各法兰螺丝无松动，接口无泄漏。

（2）中冷器进水管法兰螺丝紧固，无泄漏。

（3）燃油主管外观完好，软管无老化，无裂漏。
（4）燃油分油器完好，无泄漏。
（5）中冷器分水管完好，无裂漏。
（6）中冷器端盖螺丝齐全，无松动。
（7）柴油机进水管完好，法兰螺丝齐全、无松动、无泄漏。
（8）泵支承箱合口螺丝齐全、紧固，密封处无泄漏。
（9）机油减压阀端盖螺丝齐全、无松动，密封良好。
（10）中冷水泵安装螺丝齐全、无松动，合口处无泄漏。
（11）中冷水泵体完好，各螺栓齐全、无松动，无泄漏。
（12）中冷水泵来水管及出水管法兰螺丝无松动，接口无泄漏。
（13）主机油泵安装螺丝齐全、无松动，密封处无泄漏。
（14）主机油泵体完好，各螺栓齐全、无松动，无泄漏。
（15）主机油泵出油管法兰螺丝紧固，无泄漏。
（16）主机油管与机体主机油道连接法兰螺丝齐全、无松动，接口无泄漏。
（17）主机油泵端部的机械燃油泵安装牢固，各螺丝齐全紧固。
（18）机械燃油泵进、出油管外观完好，连接处无松动，无泄漏。
（19）机油粗滤器端盖完好，螺丝齐全无松动，密封处无漏油。
（20）机油粗滤器安装牢固，法兰螺丝齐全、无松动，无泄漏。
（21）放水阀外观完好，放水作用良好，无泄漏。
（22）柴油机前端各管路、止阀等部件外观良好，无泄漏。

12. 膨胀水箱及其附近

采用方法：锤检、手检、目检。
（1）外观完好，无泄漏。
（2）水箱上部传感器安装牢固，接线无松脱，无破损。
（3）水箱水表清晰，水位符合标准（参照水表侧面的水位示意图）。
（4）水箱注水口及管外观完好，无破损。
（5）水箱减压阀安装牢固，螺丝齐全、无松动。
（6）水箱溢水管安装牢固，无破损。
（7）水箱加水口盖严密（注意：检查时，防止溢水造成人身伤害）。
（8）水箱上水阀外观完好，作用良好。
（9）水箱安装支架无开焊，安装螺丝齐全、无松动。
（10）水箱支架上的自动排水停止按钮安装牢固，外观完好。
（11）柴油机间通风机进风口外观完好。

（三）冷却间右侧

1. 隔门

同前述隔门检查。

2. 柴油机间通风机

采用方法：锤检、目检。

（1）安装牢固，安装螺丝齐全无松动。电机参照其他电机检查内容。

（2）进风罩外观良好，无破损。风机转动无异音。

3. 机油热交换器

采用方法：锤检、手检。

（1）安装牢固，安装螺丝齐全、无松动。

（2）热交换器体外观完好，各法兰螺丝齐全、无松动、无泄漏。

（3）热交换器排气阀及管完好，止阀动作灵活，作用良好。

4. 表　盘

采用方法：手检。

（1）燃油、机油压差表安装牢固，作用良好。

（2）表盘安装牢固，各部无裂纹、开焊现象。

5. 电子燃油泵

采用方法：锤检、手检。

（1）安装牢固，接线无松脱、无破损。

（2）泵体及护罩外观完好。

（3）进油及出油管接头无松动、无泄漏，管卡良好。

（4）底座安装牢固，无开焊，螺丝无松动。

6. 后通风机

采用方法：锤检、目检、听检。

（1）风机罩无破损，进风罩完好，叶片外观良好。

（2）风机安装牢固，安装螺丝齐全、无松动。

（3）风机电机检查。

① 电机座螺丝齐全、无松动。

② 电机接线无松脱，无破损。

③ 电机与风机连接良好。

④ 电机转动无异音。

7. 前散热装置检查

采用方法：锤检、目检。

（1）2#散热器风机安装牢固，安装螺丝齐全、无松动。

（2）散热器外观完好，各部无泄漏。

（3）风扇叶片无裂纹，无开焊，无变形。

（4）风扇支架无开焊。

（5）防护网安装牢固，无破损。

8. 后散热装置检查

同前散热装置检查内容。

9. 右侧螺杆式空气压缩机组

采用方法：锤检、手检、目检。

（1）电机及空压机安装螺丝齐全。电机参照其他风机电机检查内容。

（2）联轴器无异状，螺栓无松动。

（3）冷却器外观完好，安装牢固，各管连接良好、无泄漏。

（4）出风管法兰安装完好，无泄漏。

（5）空气滤清器完好，管路无破损，连接良好。

（6）油位表清晰，油位符合标准。

（7）加油口盖紧固，无丢失。

（8）空压机送风管塞门位置正确。

（9）空压机体上的所有螺丝应紧固，无松动现象。

10. 其他管件

采用方法：手检。

外观完好，无松动，无泄漏。

（四）冷却间左侧

1. 左侧空气压缩机组

参照右侧空气压缩机组检查内容。

2. 辅助空压机

采用方法：锤检、手检、目检。

（1）防护罩外观完好。

（2）空压机外观完好，安装牢固。

（3）空压机连接风管状态良好，无泄漏。

（4）空压机电机外观良好，接线无松脱，无破损。

3. 预润滑机油泵

采用方法：锤检、手检、目检。

（1）安装座无开焊，螺丝齐全、无松动。

（2）进、出油管连接状态良好，无漏油。

（3）泵体各部无异状。

（4）电机与泵连接完好，无异状。

（5）电机外观完好，接线无松动、脱落。

（6）安装座无开焊，各部无裂纹。

4. 燃油精滤器

采用方法：锤检、手检。

（1）精滤器体无异状，端盖螺丝齐全，无松动，无泄漏。
（2）精滤器安装牢固，安装螺丝齐全，无松动。
（3）进、出油管连接良好，无漏油；软管无老化，无破损。
（4）排气阀开关灵活，排气作用良好，排气管接头无松漏。
（5）接油盘安装正确、牢固，无破损。

5. 燃油粗滤器

采用方法：锤检、目检。
（1）安装架无开焊，安装螺丝无松动。
（2）粗滤器体外观完好，无溢漏。
（3）粗滤器安装螺丝齐全、无松动。

6. 机油精滤器

采用方法：锤检、手检、目检。
（1）外观完好，无溢漏。
（2）端盖螺丝齐全，无松动。
（3）安装牢固，安装螺丝齐全，无松动。
（4）进、出油管连接状态良好，无泄漏。

7. 预润滑机油泵滤清器

采用方法：手检、目检。
（1）安装牢固，支架无开焊，无裂纹。
（2）滤清器体外观完好，无溢漏。
（3）滤清器进、出油管连接良好，无泄漏。

8. 柴油机间通风机

参照右侧检查内容。

9. 其　他

右侧其他各管路、止阀等相关部件外观完好，止阀位置正确，无松动、泄漏。

（五）柴油机间左侧

1. 隔　门

同前述检查内容。

2. 柴油机自由端左侧

采用方法：锤检、手检、目检。
（1）燃油主管同右侧检查内容。
（2）泵支承箱左侧同右侧检查内容。
（3）主水泵检查。
① 法兰螺丝无松动。

② 水泵体无异状。

③ 水泵各螺丝齐全、无松动。

④ 水泵进出水管连接状态良好，无泄漏。

（4）油底壳加油口盖严密，外观良好。

（5）油底壳油位尺无丢失，拔出检查油位符合标准。

（6）自动排水装置外观良好，连接处无泄漏，电源线无松脱、破损。

（7）各管路外观完好，无泄漏。

3. 柴油机 1～4 缸

同柴油机右侧检查内容。

4. 柴油机 5～8 缸

同柴油机右侧检查内容。

5. 柴油机输出端

无油气分离器检查内容，其他同右侧检查内容。

增检：辅助发电机接线盒安装牢固，接线无松脱，无破损。

（六）空气间左侧

采用方法：锤检、手检、目检。

同右侧检查内容。

增检：（1）柴油机紧急断燃油按钮安装牢固，外观良好。

（2）各电磁阀外观完好，接线无松脱。

（3）各风管外观完好无泄漏，止阀位置正确。

二、柴油机定期维护保养的规定和维护保养的内容

（一）机　体

（1）检查曲轴箱检查孔盖密封状态。安装螺栓紧固、无松动，各部件无漏油。螺丝扣无磨耗、无撸扣，盖垫及胶圈无破损、老化、变形。用 88 N · m 的力矩扳手对角紧固螺栓。

（2）用照明灯检查机体安装座螺栓紧固状态。检查机体各部位及端面、柴油机自由端螺栓紧固状态。用照明灯检查机体安装座螺栓紧固状态良好、无松缓。机体无裂纹。柴油机自由端安装螺栓无松动、无泄漏，机座裂纹按焊修工艺焊修。

（3）打开检查孔盖检查柴油机齿圈。检查齿圈无打齿或破损，检查孔盖锁闭器良好。

（4）检查柴油机与外接部件连接状态。检查柴油机与外接部件连接及外管路连接法兰紧固状态良好、无松缓、无泄漏。

（5）检查柴油机加油口、油尺和加油口盖状态。加油口不变形、破损，加油口盖安装牢固，密封良好，焊接不良的油尺必须更换。加油口滤网良好。

（6）拧紧柴油机外部系统各螺栓。按柴油机外部螺栓规格及要求，用规定的紧固力矩工

具逐个拧紧柴油机外部螺栓，并打好防缓标识。

（7）检查随动机构箱状态。随动机构箱上盖安装螺栓不松动、不变形、无泄漏，重新紧固螺栓。

（二）动力组

（1）打开曲轴箱盖检查动力组装配，检查活塞裙和缸套下部，包括下部缸套是否刮伤。检查连杆和曲轴各部状态。盘车检查缸套是否有裂纹，缸套内壁是否有拉伤痕迹（注意：如发现外部有水痕或水滴，则需检查摇臂箱盖、机体水腔，找出漏水部位；如内壁有水，则需检查摇臂箱盖、缸套水腔及中冷器，找出漏水部位）。

检查活塞可见部分，不得有严重拉伤、严重磨损现象；检查连杆小端与活塞连接部位，不得有金属碎屑或碾片现象。检查连杆螺栓和螺母安装不松缓，柴油机止推轴承无磨损、无窜位。

（2）检查测量连杆螺栓伸长量。连杆、连杆瓦盖不得有裂纹、变形；连杆瓦不得有剥离、过热变色；连杆瓦盖安装螺栓不得有松动现象，否则查明原因后给予紧固。

紧固方法：先按 2、3、1、4 顺序用 300 N·m 的力矩将连杆螺栓初步紧固，再按 1、4、2、3 的顺序将螺母再继续旋转 180°（注意：靠近连杆瓦带数字和 EMD 标记的一面为 3、4 螺栓，面对连杆左 3 右 4，1、2 则为对面两螺栓，1 对 3，2 对 4。为避免紧错或忘紧，一定做好紧固标记）。

连杆螺栓伸长量的测量方法：

① 盘车将测量缸的连杆转到适宜位置。

② 测量连杆螺栓安装时的实际长度。

③ 计算出连杆螺栓的伸长量：即实际长度减去原型长度。如：345.922 mm − 345.364 mm = 0.558 mm。

④ 连杆螺栓伸长量要求：0.29 ~ 0.558 mm。

（3）检查机体内部和曲轴可见部分。曲轴不得有过热变色、断裂现象；主轴瓦过热变色或任意一边有磨损痕迹、碾片，则需拆下瓦盖进一步检查（注意：在第八位左增、主轴颈处装有止推瓦，止推瓦不得有严重磨损或裂纹，否则更换）。

主轴瓦安装螺栓、螺母不得松动，否则查明原因后给予紧固。

检查并清除油底壳杂质，如发现异物，要查明来源，如碎裂的活塞环、轴瓦碾片、齿轮碎块等。

（三）摇臂箱盖

（1）打开摇臂箱盖，检查进油管、回油管、高压油管、各油管卡子的安装状态。各进油管、回油管、高压油管无松动、裂纹、漏油，喷油器回油管不漏油，软管压口处不得有漏油现象，否则紧固或更换。各油管卡子紧固良好。各油管接头按力矩紧固。柴油机不锈钢高压燃油管安装螺栓紧固力矩：81 N·m。燃油来油管及回油管接头紧固力矩：71 N·m，短接

75 N·m；摇臂箱安装螺栓紧固力矩：101 N·m。喷油器回油管接头紧固力矩：24 N·m，短接 35 N·m；摇臂轴定位螺栓紧固力矩：475 N·m。缸头螺栓（6 条）紧固力矩：分别用 217 N·m、414 N·m、623 N·m 扭力扳手对角循环紧固。

（2）检查进排气阀、气阀弹簧、进排气导管状态良好。导管胶圈不老化、脱落。导管不磨损和移位。卡簧不脱落，变形。检查气阀座及喷油器座无漏水迹象。

（3）检查摇臂、横臂安装螺栓紧固良好，检查横臂防转片无裂纹与异常磨损。更换不良横臂。防转片无磨耗变形，变色到限应更换。检查液压间隙调整器安装无松动。

阀桥（小横臂）的更换方法：

① 拆下气缸盖。

② 拆下气缸盖内喷油泵来油管的钢管部分。

③ 松开高压油管与喷油泵回油管间的管卡。

④ 用重型扭力（150 ~ 800 N·m）扳手松开 30 mm 的六角螺栓（这两根摇臂轴安装螺栓的预紧力矩为 475 N·m，所以需将扭力扳手的力矩调到 500 N·m 以上，以减少扭力扳手的内部磨损）。

⑤ 用撬棍撬起摇臂轴，取下进、排气阀桥。

⑥ 用撬棍撬起摇臂轴，装入合格的进、排气阀桥，并确保阀桥完全落座。

⑦ 交替紧固摇臂轴安装螺栓，此时要时刻注意以下几点：

a. 防止阀桥防转片卡在气阀的弹簧压盖上；

b. 谨防进、排气挺杆不落座；

c. 使阀桥的防转片距两个同名气阀弹簧压盖的间隙均匀；

d. 交替紧固摇臂轴安装螺栓，不可单一紧固到位，使摇臂轴偏斜；

e. 用扭力扳手按规定力矩紧固摇臂轴安装螺栓（力矩为 475 N·m）；

f. 紧固后，要重新进行校验，防止个别螺栓紧固不到位。

g. 将进油管安装好，管的两接头紧固力矩为 71 N·m；

h. 以 14 N·m 的力矩紧固好管卡；

i. 调整气阀间隙。

（4）检查测量自动调整间隙转盘及气阀间隙符合技术要求。调整气阀间隙方法如下：

① 盘车，使该缸处于可以调整间隙的曲轴转角。

0°：1、3、9、12；

180°：2、4、10、14；

*0°：6、8、13、16；

*180°：5、7、11、15。

注意：盘车前必须把所有气缸的泄压堵松开，以免盘车机受阻力过大而损坏。

② 松开摇臂上调整螺钉的锁紧螺母。

③ 用厚度为 0.1 英寸、名为“设定”的塞尺调整气阀间隙，既不可太紧，也不可太松（方法基本等同 DF_4 型机车柴油机气阀间隙的调整）；气阀冷态间隙为 1.5 ~ 3.5 mm。

④ 用 108 N · m 的力矩紧固调整好间隙的摇臂轴调整螺钉的锁紧螺母。

⑤ 用厚度 0.14 英寸、名为“止规”及厚度 0.06 英寸、名为“通规”的塞尺对调整完毕的气阀间隙进行校验，“止规”不可以与两同名气阀配合，“通规”则可自由配合。

⑥ 用 2.5 mm 的通规进行间隙调整。

⑦ 自动调整间隙转盘与摇臂箱盖内臂不接磨。

（5）检查喷油器和喷油泵安装状态。检查喷油器和喷油泵安装不松动。喷油泵电喷线接线端子安装良好，线路不接磨。对喷油泵和喷油器安装螺栓进行紧固。喷油泵安装螺栓紧固力矩：110 N · m。喷油器安装螺栓紧固力矩：第一次 15 N · m，第二次 30 N · m，第三次 45 N · m。

（6）检查气缸盖盘车减压堵状态。盘车检查气缸盖盘车减压堵（类似示功堵）安装无松动、无泄漏。

（7）检查气缸盖及胶圈。气缸盖无变形、裂纹、掉块。胶圈无老化、龟裂、断裂。检查压缩比垫无呲损迹象，摇臂箱盖手轮不撸扣和折损。

（8）更换气缸盖下面的柔性燃油供油管路和回油管路。同时更换各胶圈。

（四）排气总管

（1）检查排气总管总成。外观检查排气总管总成无裂纹、破损，焊接处无开焊，不漏烟。锤击检查卡子安装螺栓不松缓。卡子及紧固螺栓无松动或断裂。卡子无窜位或折损。

（2）检查排气总管波纹管。外观检查排气总管波纹管无裂纹、破损，不漏烟。连接垫无破损窜出。锤击检查卡子螺栓安装牢固。卡子紧固螺栓不松动、断裂。卡子不窜位或折损。波纹管防护层无裂纹、破损。

（3）检查排气总管隔热层无窜出或破损，否则复位或补齐。隔热层卡子无松动、窜出或折损。

（五）增压器

（1）检查增压器支架安装。检查增压器支架无裂纹，安装座支架安装螺栓牢固、无松缓。

（2）检查增压器烟囱。检查增压器烟囱安装座螺丝紧固、无松缓。增压器烟囱无裂纹、破损及漏烟。

（3）检查增压器进油管、回油管。检查增压器进油管、回油管安装牢固、无松缓，油管支架无裂纹，支架状态牢固。

（4）检查隔热板安装状态良好、无松动。检查隔热板安装螺栓无缺失、无松动，隔热板不破损。

（5）外观检查增压器是否有泄漏处所。紧固安装螺栓。

① 外观检查增压器是否存在泄漏处所，发现异常必须拆解检查。

② 检查增压器烟囱是否有喷油迹象，发现异常必须对增压器进排气端检查确认。

③ 用 245 N · m 扭力扳手紧固增压器安装螺栓。

（六）中冷器

（1）检查中冷器安装。中冷器安装螺栓和端盖安装螺栓紧固、无松缓。

（2）检查中冷器与增压器空气管路连接。中冷器与增压器空气管路连接牢固，软连接无老化裂纹，卡子无缺失、松动或折断。进气弯脖无裂损。

（3）检查中冷器与水管路安装状态。中冷器与水管路安装螺栓及法兰接口无泄漏，紧固螺栓安装无松缓。法兰垫无呲损，进气弯脖不破损。

（4）检查中冷器与各缸空气进气弯管状态。中冷器与各缸空气进气弯管安装状态良好、无松缓、无泄漏。

（5）检查中冷器连通软管状态。中冷器连通软管无老化、破损，卡子安装紧固。

（6）打开中冷器端盖检查中冷器内部是否堵塞，若堵塞，及时清理。检查是否有漏水痕迹，发现漏水痕迹要查明原因，彻底解决。

（7）更换中冷器连通软管。拆下中冷器连通软管卡子，更新连通软管，按要求紧固好卡子，保证连通软管不泄漏。

（七）油气分离器

（1）检查油气分离器上下法兰安装状态。油气分离器上下法兰接口无泄漏，法兰安装螺栓紧固状态良好、无松缓。重新检查引射管接头，并调整伸出量。

（2）检查油气分离器至增压器排气管及波纹管。油气分离器至增压器排气管及波纹管无裂纹、破损，法兰接口无泄漏。

（3）检查空气管路至油气分离器管路状态。空气管路至油气分离器管路紧固状态良好、无松缓，空气管路无破损，连接软管无接磨，卡子作用良好。

（4）清洗油气分离器，更换油气分离器元件和相关联的垫片。

① 拆除喷射器装置与排气消音器相连的带法兰的管子装配。

② 从喷射器上拆开软管连接，从油气分离器盖上拆下喷射器。

③ 拧开油气分离器盖上的螺栓，拆下盖子。

④ 将油气分离器滤芯、固定螺母和保持盘一起取出，拆下滤芯。

⑤ 清洗油气分离器，更换油气分离器元件和相关联的垫片。

⑥ 重新组装滤芯、保持盘和固定螺母。螺母必须拧到滤芯的座板上。拧固定螺母时小心不要扭曲滤芯。安装油气分离器的盖和喷射器装配，安装时要用新垫片，并接上软管。

⑦ 采用新垫片，将喷射器装配与消音器之间带法兰的管子装配安装好。

（八）机能试验

（1）通过 FIRE 显示屏检查 EMDEC 信号显示，柴油机压力、温度、转数、喷油响应时间、曲轴箱压力参数符合要求。

① 确定压力、温度和转速传感器的读数正常。

② 确定喷油响应时间在规定范围内。响应时间为 1.15 ~ 1.65 ms。

③ 确认曲轴箱压力在规定范围内。

（2）当柴油机在工作温度下空转时，在各手柄位做柴油机负载试验，通过 FIRE 显示屏核实 EMDEC 信号。各手柄位做柴油机负载试验，通过 FIRE 显示屏核实下列 EMDEC 信号。

① 柴油机转数：

柴油机的最低惰转转速为 325 r/min。柴油机牵引位时转速：

1 位：柴油机转速为 400 r/min；

2 位：柴油机转速为 550 r/min；

3 位：柴油机转速为 750 r/min；

4 位：柴油机转速为 900 r/min；

5 位：柴油机转速为 1 000 r/min。

② 柴油机牵引功率理论值：

1 位：255 kW；

2 位：600 kW；

3 位：1 010 kW；

4 位：1 350 kW；

5 位：2 000 kW；

6 位：2 800 kW；

7 位：3 400 kW；

8 位：4 400 kW。

功率实际值要求：自负载试验，手柄位 6 位，功率在 2 500 ~ 2 800 kW，8 位手柄在 3 300 ~ 3 700 kW。

（3）检查柴油机气缸内部工作状态。开盖检查柴油机各缸管路无泄漏，没有油、水泄漏处所，液压间隙调整器座和喷油器座没有漏水迹象。检查压缩比垫无呲损影响，各缸工作正常无异常影响。

（4）检查从增压器到中冷器的增压空气通气道是否有空气泄漏。增压器到中冷器的增压空气通气道应无空气泄漏。增压器运转正常，无异音和漏油迹象。

（5）检查柴油机外部是否漏油或漏水。柴油机运转正常，无异音和振动，在运转状态下柴油机外部应无漏油或漏水迹象。

（6）检查整个燃油系统是否泄漏。整个燃油系统，包括摇臂轴箱下面的各燃油管路及喷油器和喷油泵应无泄漏处所。

（7）检查各油、水、气管路状态。检查各管路、接头和设备应无燃油、机油、水、空气或废气泄漏迹象。卸下气缸摇臂箱盖装配，检查气缸头机构的摇臂和横臂应工作正常，无燃油和冷却泄漏迹象。

（8）检查中冷器连接处是否有漏水迹象。中冷器连接水管及法兰应无漏水迹象。

【任务检查】

表 3-2-1　柴油机日常保养知识——任务检查单

任务编号		3-2	任务名称	柴油机日常保养知识认知	
序号	检查内容			是	否
1	能说明 16V280ZJ 型、16V265H 型柴油机每日检查项目和要求				
2	能说明 16V280ZJ 型、16V265H 型柴油机每周检查项目和要求				
3	能说明 16V280ZJ 型、16V265H 型柴油机各润滑部位和给油周期				
4	能说明 16V280ZJ 型、16V265H 型柴油机日常保养的项目内容和要求				
5	能说明 16V280ZJ 型、16V265H 型柴油机小、辅修的项目内容和要求				
6	能说明 16V280ZJ 型、16V265H 型柴油机运行中修、大修的项目内容和要求				
7	能说明 16V280ZJ 型、16V265H 型柴油机封存和启封的要求				

【任务训练】

一、填空题

1. 16V280 型柴油机标定转速为（　　　）r/min。

2. 16V280 型柴油机最低空载稳定转速为（　　　）r/min。

3.柴油机出口油温正常为 65～75 °C，最高（　　）°C。

4. 柴油机更换了曲轴、凸轮轴、两个及以上的（　　　）、连杆、气缸套时均须进行空载、负载磨合试验。

5. 机车在负载工况下，如果柴油机机油出口温度或高温水系统出口温度高于 88 °C，则主发电机功率降至挡位允许功率的（　　　）。

二、选择题

1. 给柴油机加减载时，一般柴油机从空载加载至满负荷，或从满负荷减载至空载，其时间不少于（　　）s。

A．20　　B．30　　C．40

2. 运用中如果散热器之间的温度相差过大，应分析判断，需要更换温度（　　）的散热器。

A．过高　　B．过低　　C．适中

3. 柴油机启机时油、水温度不得低于（　　）°C，加载时油、水温度不得低于（　　）°C。

A. 20　　B. 30　　C. 30　　D. 40

E. 50　　F. 60

4. 运转中柴油机最高允许油、水温度为（　　）°C。

A. 70　　B. 80　　C. 88　　D. 100

5. 正常情况停机时油、水温度应在（　　）°C。

A. 40～50　　B. 50～60　　C. 60～70　　D. 70～80

三、判断题

1. 油机空载低速运转时间不宜太长，以免在燃烧室和增压器内引起结炭、结焦。（ ）

2. 不论是人为或保护装置动作而实施的紧急停机，都应立即使启动机油泵投入工作。（ ）

3. 柴油机在运行中突然停机，多是因保护系统动作而引起的。（ ）

4. 柴油机在线路上出现突然停机时，司机首先应去动力室查找故障。（ ）

5. 维修后的内燃机车运行时，应对柴油机各参数进行监控。（ ）

四、简答题

1. 16V280ZJ 型柴油机检查需要检查哪些部件？如何检查？

2. 什么情况下柴油机需要封存？柴油机封存一般分哪几个方面？

思政小课堂——典故里面的哲理

春秋时期有一位名医，人们都叫他扁鹊。他医术高明，经常出入宫廷为君王治病。有一天，扁鹊巡诊去见蔡桓公。礼毕，他侍立于蔡桓公身旁细心观察其面容，然后说道：“我发现君王的皮肤有病。您应及时治疗，以防病情加重。”蔡桓公不以为然地说：“我一点病也没有，用不着什么治疗。”扁鹊走后，蔡桓公不高兴地说：“医生总爱在没有病的人身上显能，以便把别人健康的身体说成是被医治好的。我不信这一套。”

10 天以后，扁鹊第二次去见蔡桓公。他察看了蔡桓公的脸色之后说：“您的病到肌肉里面去了。如果不治疗，病情还会加重。”蔡桓公不信这话。扁鹊走了以后，他对“病情正在加重”的说法深感不快。

又过了 10 天，扁鹊第三次去见蔡桓公。他看了看蔡桓公，说道：“您的病已经发展到肠胃里面去了。如果不赶紧医治，病情将会恶化。”蔡桓公仍不相信。他对“病情变坏”的说法更加反感。

照旧又隔了 10 天，扁鹊第四次去见蔡桓公。两人刚一见面，扁鹊扭头就走。这一下倒把蔡桓公搞糊涂了。他心想：“怎么这次扁鹊不说我有病呢？” 蔡桓公派人去找扁鹊问原因。扁鹊说：“一开始桓公皮肤患病，用汤药清洗、火热灸敷容易治愈；稍后他的病到了肌肉里面，用针刺术可以攻克；后来桓公的病患至肠胃，服草药汤剂还有疗效。可是目前他的病已入骨髓，人间医术就无能为力了。得这种病的人能否保住性命，生杀大权在阎王爷手中。我若再说自己精通医道，手到病除，必将遭来祸害。”

5 天过后，蔡桓公浑身疼痛难忍。他看到情况不妙，主动要求找扁鹊来治病。派去找扁鹊的人回来后说：“扁鹊已逃往秦国去了。”蔡桓公这时后悔莫及。他挣扎着在痛苦中死去。

这个故事告诉人们，当某些错误刚有苗头或征兆时，就要加以预防与制止，坚决不让它继续发展，即防微杜渐而禁于未然。故事所蕴含的哲理是：量变的积累会引起质变，量变是质变的必要准备，质变是量变的必然结果。质量互变规律告诉我们，质变和量变是相互渗透、相互依存、相互贯通的，要求人们在实践中重视量的积累，对于消极因素，要防微杜渐。

对于从事机车检查工作的人员来说，必须端正工作态度，一丝不苟，严肃认真，树立严谨求实的工作作风，培养敬业、专注的职业精神。

项目 4　内燃机车柴油机常见故障分析及处理知识认知

任务 4-1　柴油机故障常识认知

【任务描述】

内燃机车运用时，柴油机不可避免地会出现一些不正常现象，影响机车正常运行。如果你是一名机车乘务员或机车检修人员，要掌握柴油机产生故障的可能原因，并熟悉柴油机故障现象及分析判断故障的常用方法，为柴油机故障处理打下基础。

【任务目标】

- 能掌握柴油机产生故障的可能原因；
- 能判断哪些不正常现象属于柴油机故障；
- 能熟知分析判断故障的常用方法。

【任务学习】

一、柴油机故障产生的原因

柴油机是由许多零部件组装而成的。在运行时，若其中一个或部分零件工作不正常造成有关零部件间工作不协调，不能完成规定的功能，甚至损坏而不能进行工作，这时称为柴油机发生了故障。

导致柴油机发生故障的因素很多，主要有：

（一）人为性故障

人为性故障是由于有关人员未按操作规程操作或维护、保养不当造成的。

1. 违章操作

（1）新组装的柴油机或刚更换过活塞、活塞环、气缸套、轴承等零件的柴油机，启动后立即在高负荷下运行。而未按规定进行必要磨合，造成零件严重磨损，甚至发生活塞卡住、气缸套拉伤、轴承烧损等严重事故。

（2）机油量不足，使润滑条件恶化，又不能把摩擦副产生的热量很快带走，造成零件严重磨损，甚至导致活塞与气缸套咬死或使轴与轴瓦干磨烧损。

（3）冷却水量不足，使受热零件温度过高而烧损。当柴油机运转过程中发现缺水时，又直接加入冷水，使受热零件骤然受冷而产生变形或裂纹。

（4）柴油机冷机启动，机油和水的温度还未达到规定温度，立即提升到高负荷运行，造成零部件严重磨损，而引起一系列故障。

（5）寒冷天气，夜间停机时未放冷却水而引起零部件冻裂。

（6）长时间超负荷、超转速运行及发生飞车事故，造成零件严重磨损和损坏。

（7）高速带负荷时突然停车，各零部件温度仍很高，而冷却水停止循环，零部件易受损坏。

（8）运行中冷却水和机油温度维持过低，或机油温度过高、油压过低，加快零件磨损。

2. 使用维护保养不良

（1）不及时添加机油和定期更换机油，造成机油量不足或机油污染变质而失去要求的润滑性能；不及时清洗机油滤清器，造成机油流通阻力增加，使流量减小，润滑条件恶化引起零部件严重磨损，如烧损增压器轴承等。

（2）不及时清洗空气滤清器，导致空气流通阻力增加，进气量减小，使柴油机工作性能不良，排气温度高或功率不足。

（3）不按时清洗燃油滤清器，使燃油系统流通阻力增加，供油量不足，造成柴油机工作不正常，同时还会使杂质随燃油进入各精密偶件，破坏其正常工作。

（4）不定期检查和调整气门间隙，因气门间隙过大造成配气机构加速磨损；间隙过小造成气门与气门座密封性差，致使排气门经常处于高温下工作，引起散热不良，易产生气门与气门导套咬死现象。

（5）柴油机在使用过程中不及时观察、检查、排除故障隐患，如气缸盖排气管紧固螺栓松动未及时拧紧，导致垫片烧损。

（二）自然性故障

自然性故障是由于环境条件恶化、材料缺陷及安装不合理等造成的。

1. 环境条件恶化

（1）柴油机在过高的气温条件下工作，气缸盖排气温度过高，使工作条件恶劣，波纹管和涡轮进气壳过热发红，影响零件的工作可靠性。

（2）柴油机在组装过程中，环境不清洁，使杂质进入机油、冷却水、燃油系统，影响工作可靠性。

（3）柴油机经常处在风沙环境中工作，会加速气缸套磨损等。

2. 柴油机零件不合格

由于零件的材质加工精度不符合设计要求，使用时没有进行严格检查而被装到柴油机上，有的是属于零件内在缺陷，检查时未能发现，在使用过程中暴露出来，造成柴油机故障。常见的问题有：

（1）零件在加工制造时，没有消除内应力，结果引起零件变形、丧失原来加工精度和配合关系造成气缸盖翘曲变形。

（2）零件加工精度不合格，如主轴孔、凸轮轴孔同轴度不合格，使工作时产生偏磨现象，甚至造成烧瓦事故。或者由于圆角小，造成应力集中，引起损坏。

（3）气缸盖、机体等铸件，有缩松、砂眼、细小裂纹等铸造缺陷，检查时未能发现，装到柴油机上运转期短也未暴露，而使用一段时期后才暴露出来，造成零部件损坏。

（4）原材料不合格，如轴瓦板材有合金层脱壳等缺陷，或是铝合金层过薄或过厚，会产生剥离、烧瓦等故障。

3. 柴油机装配和调整错误

柴油机的装配有严格要求，所有配合部位均有规定要求，否则会引起故障。常遇到的问题有：

（1）活塞环与气缸套配合间隙不符合要求，活塞环开口位置没有互相错开 120°安装，第三道气环（锥面环）、刮油环的安装方向装错等，造成活塞漏气和窜油现象。

（2）定时齿轮啮合关系错误，造成供油时间不正确，使燃烧恶化、功率不足、启动困难等。

（3）气门间隙调整不符合规定要求，造成气门关闭不严，或加速配气零件的磨损。

（4）柴油机组装时，波纹管结合组反向安装，即导流管翻边侧没有迎着气流方向，造成导流管脱落，打坏增压器等。

（5）主轴瓦、连杆瓦装配位置错误或颠倒，配合间隙及扭紧力矩不符合规定要求，造成烧瓦、严重磨损，甚至恶性事故。

（三）二次故障（又称从属故障）

二次故障（又称从属故障）是由于其他部分的故障而造成的故障，如由于连杆齿形部位断裂，使连接螺栓断裂、连杆盖脱离，导致曲轴弯曲变形或机体被击破。

二、柴油机故障现象及分析

（一）柴油机故障现象

柴油机故障是多方面因素造成的。不同故障表现出不同的现象，通常遇到的柴油机异常现象主要有如下几方面：

（1）动作异常：如柴油机启动困难或启动后转速不稳，自行停车等。

（2）声音异常：如有不正常的敲击声、放炮声、吹嘘声等。

（3）外观异常：柴油机漏油、漏水、漏气，排黑烟、白烟、蓝烟，柴油机摇摆，连接件松动等。

（4）温度异常：如机油、冷却水、废气的温度过高或过低，多缸柴油机各缸排气温度温差过大。

（5）气味异常：如发生橡胶、绝缘材料的“焦臭味”，以及柴油、机油蒸发的“油气味”。

（6）消耗异常：柴油、机油、冷却水的消耗过量；或者应当消耗的，不仅未消耗，反而增多，如油底壳的机油面自行升高。

（二）柴油机故障分析

故障现象是故障存在的表露形式、故障因素的反映，也是分析判断故障的依据和基础。例如，柴油机振动大，是故障现象，表露出来，故障才被发现并及时排除。由此可见及时发现故障现象的重要性。但是，仅仅掌握故障现象，还不能有效地诊断和排除故障。因为，一种故障，可能会表现为好几种异常现象，而一种异常现象又可能由几种故障造成。例如，中冷器漏水，既可表现为柴油机甩车时示功阀阀孔有水雾喷出，又可从稳压箱放水阀打开时有水滴出，还可表现为柴油机工作时冒白烟等。而柴油机冒白烟这种现象，可能是由于中冷器漏水，也可能是气缸套裂纹漏水，还可能因柴油中有水等多种故障所造成。我们发现柴油机工作中的异常现象后，就要认真分析故障原因。只有正确分析了原因，才能正确查找故障部位，从而排除故障，使柴油机正常运转。

分析故障的一般原则是：首先必须全面掌握情况，了解柴油机发现故障前的使用、保养、维修情况以及柴油机的负荷、工作温度、仪表指示情况；发现故障的全过程；故障的伴随现象；柴油机的新、旧程度和技术状态等。然后，结合构造，联系原理，考虑引发故障的所有因素（尤其是从属故障），再根据具体情况进行具体分析，逐步缩小分析范围，初步确定出最可能的故障因素。最后本着先易后难、先外后内、系统故障分类、推理检查的原则，着手检查，排除故障。

机车乘务员和试验人员在长期使用柴油机的实践中，积累了丰富的经验，能够及时准确地找出故障的原因。常用的方法有如下几种：

（1）观察法：依靠人的视觉，观察柴油机的外表状况，油、水等的消耗，仪表指示读数等方面是否有异常现象。

（2）触摸法：用于触摸柴油机外部与故障有关的部位，根据触摸的感觉，判断有关部件的工作状态和故障来源。

（3）听诊法：凭听觉，判断柴油机工作时发出的声响有无异常，鉴别故障产生的来源和性质。

（4）隔断法：就是在检查故障时，暂时隔断（停止）柴油机某一部分的工作，观察现象的变化，便于判断故障的来源和部位。

（5）验证法：当怀疑柴油机某一部位有故障但又不能肯定时，可改变局部范围内技术状态，观察对柴油机工作性能影响，从而对故障源做出判断。

正确分析和判别柴油机故障的原因，是一项重要而细致的工作，不应在未弄清故障原因之前随意拆卸柴油机，这样不但不能消除故障，反而可能在重装时造成新的故障。

随着科学技术进步，为查明故障原因，国内外从 20 世纪 60 年代起已采用故障预测系统来监视柴油机状态，例如通过对润滑油的分析来判断故障。20 世纪 70 年代，铁路有关科研部门和部分机务段，对内燃机车柴油机采用了光谱分析诊断技术进行故障预测，通过分析机油中的硅、铁、铜、铝、铬等元素含量的变化情况，可以早期发现柴油机内部的哪些零部件有异常磨耗，以便及时维修和更换零件，保证柴油机正常运行。另外，更重要的是通过光谱分析诊断技术，可以查明某元素增多的根源，以便在今后工作中防止和尽量减小该元素带来的危害。例如，以前内燃机车使用的是增压柴油机机油，经光谱分析检查，硅含量仅为百万分之几（硅元素掺入机油会破坏润滑，加剧柴油机运动件摩擦副的磨耗）。某机务段发现柴油机运用过程中机油中硅元素浓度逐渐增大，为了查明原因，将中修前和中修后的机油抽样进行光谱分析，发现中修后硅含量比中修前高，说明可能是柴油机在解体、修理、组装、试验各个环节中工作环境不清洁所造成的。为此，该段在清洗上采取措施，添置了柴油机内部清洗设备，并注意清洗零件不落地，清洗后零件上加罩，并加强了滤清装置的保养，使柴油机的清洁状态有了明显好转。随着我国内燃机车台数不断增多，迫切需要通过各种途径使内燃机车保持良好技术状态。因而，今后推广采用光谱分析技术，前景是广阔的，经济效果也是明显的。

【任务检查】

表 4-1-1　柴油机甩车时的故障判断及处理知识——任务检查单

任务编号	4-1	任务名称	柴油机甩车时的故障判断及处理知识认知	
序号	检查内容		是	否
1	能掌握柴油机产生故障的可能原因			
2	能判断哪些不正常现象属于柴油机故障			
3	能熟知分析判断故障的常用方法			

【任务训练】

一、填空题

1. 人为性故障是由于有关人员未按（　　　）操作或维护、保养不当造成的。

2. 柴油机冷机启动，机油和水的温度还未达到（　　　），立即提升到高负荷运行，造成零部件严重磨损，而引起一系列故障。

3.（　　　）是由于环境条件恶化、材料缺陷及安装不合理等造成的。

4. 柴油机故障是多方面因素所造成的。不同故障表现出不同的现象，通常遇到的柴油机异常现象主要有动作异常、声音异常、外观异常、（　　　）、气味异常等。

5.机车乘务员和机车检修人员可通过观察法、触摸法、（　　　）、隔断法、验证法等方法准确找出柴油机的故障点。

二、判断题

1. 新组装的柴油机或刚更换过活塞、活塞环、气缸套、轴承等零件的柴油机，需按规定磨合后才能高负荷运转。（　　）

2. 冷却水量不足，使受热零件温度过高而烧损。当柴油机运转过程中发现缺水时，又直接加入冷水，使受热零件骤然受冷而产生变形或裂纹。（　　）

3. 柴油机在使用过程中，未按规定进行维护保养，可能造成柴油机功率低。（　　）

4. 机车运行过程中，出现“焦臭味”，可能是由于线路烧损所致。（ ）

5. 活塞环与气缸套配合间隙不符合要求，活塞环开口位置没有互相错开120°安装，可能造成活塞漏气和窜油现象。（ ）

三、简答题

1. 哪些违章操作会造成柴油机故障？

2. 柴油机产生故障后，分析故障的一般原则是什么？

任务4-2 16V280ZJ型柴油机常见故障判断及处理知识认知

【任务描述】

如果你是一名机车乘务员或机车检修人员，当柴油机出现异常情况时，应该能够判断出故障原因，并能及时处理，使柴油机及时投入使用之中。分析16V280ZJ型柴油机常见故障原因、判断故障位置、掌握故障处理手段，是本任务的核心内容。

【任务目标】

- 能分析甩车时，常见故障的原因，找到故障位置，并采取措施、排除故障；
- 能分析启动时，常见故障的原因，找到故障位置，并采取措施、排除故障；
- 能分析运用时，常见故障的原因，找到故障位置，并采取措施、排除故障。

【任务学习】

子任务4-2-1 16V280ZJ型柴油机甩车时常见故障判断及处理

柴油机启动前需进行甩车，甩车的目的是把燃烧室内积存的水、机油、燃油等排出，而且甩车能发现气缸内或运动件是否有异常（如异音等），以保证柴油机正常启动运行。甩车时，应观察示功阀中是否有雾气喷出，并根据喷出物的性质、气缸个数来判断是否为正常现象。

一、甩车时示功阀喷机油

示功阀有机油油雾喷出，说明燃烧室有机油。机油进入燃烧室参加燃烧后，不仅会使机油的消耗量增大，而且还会使燃烧室零部件、增压器喷嘴环、涡轮等严重结炭，造成燃烧恶化、排温升高和机件磨损加剧等不良后果。当气缸内的机油积存到一定程度时，还会发生“油锤”事故。

若导致机油进入燃烧室的某些故障，由于甩车时曲轴旋转的圈数较少，未能发现，要在柴油机运行时才能反映出来，此类故障将另作分析。现仅介绍甩车时容易发现的几种故障现象。

（1）从气缸盖中拆装喷油器时，气缸盖上部积存的机油就会顺着喷油器安装套管流进燃烧室。对于这种情况，只要适当延长甩车时间或者增加甩车次数，即可清除燃烧室内的机油。

（2）安装喷油器时，喷油器体上的 O 形密封圈没装或损坏，而且喷油器与气缸盖安装座面之间的密封铜垫也损坏或未安装，机油就会顺着喷油器安装孔流进燃烧室。

（3）气门杆与导管之间的间隙过大，机油顺着气门杆流进燃烧室。

（4）活塞顶与活塞体之间的 O 形密封圈损坏，活塞冷却油腔里的机油会从两者结合处的缝隙里漏出，并沿着气缸壁上窜进燃烧室。

（5）活塞顶产生裂纹，活塞冷却油腔里的机油通过活塞顶面窜进燃烧室。

（6）活塞销的油堵松动或者脱落，机油从活塞销中窜到气缸壁上进入燃烧室。如果活塞销堵脱落而拉伤了气缸套，则窜出的机油更容易沿着气缸套拉伤的沟槽进入燃烧室。

以上情况，一般都发生于个别气缸中，可采用如下步骤判别：

重新启动辅助机油泵，然后再甩一次车，如果仍有机油喷出，应打开曲轴箱观察孔盖，检查对应于活塞销两端的气缸套内壁上，是否有纵向拉伤的沟槽；打开气缸盖罩，检查气门与导管的间隙。如果都正常，很可能是活塞发生了问题，应拆出检查处理。

二、甩车时示功阀喷水

甩车时有水雾从示功阀喷出，说明水进入了燃烧室，因此要认真查找进水的原因，否则在柴油机运行时有可能引起“水锤”，产生严重后果。示功阀喷水的原因有如下几方面：

（1）气缸盖底面或进、排气道有砂眼、裂纹。

（2）气缸套有砂眼或裂纹。

（3）气缸盖中央的喷油器安装套管下端与气缸盖的贴合面的密封铜垫失效，或者压紧套管的内花键螺母松动，水从气缸盖与喷油器安装套管的上述贴合面流进燃烧室。因此，在运用中一般应在更换喷油器时，也将压紧喷油器安装套管的内花键螺母紧固一次。

（4）中冷器漏水并进入稳压箱，甩车时因气缸进气把水引入燃烧室。

（5）机体 V 形夹角的空气腔和水腔之间的工艺孔盖板的密封垫损坏，水流进机体的空气腔。由于空气腔与稳压箱相通，当气缸进气时，把水引入燃烧室。

（6）前稳压箱中的水管有砂眼或裂纹，水漏进稳压箱，当气缸进气时，把水引入燃烧室。

（7）增压器排气壳内腔有砂眼或裂纹，水会从排气壳经排气管倒灌入燃烧室。

（8）如果机车停在露天，又遇到大雨，柴油机停机时，雨水会从排烟管顶上的百叶窗经烟管、增压器排气壳、排气管等进入燃烧室。

上述气缸盖或气缸套的故障会在柴油机运行时，使燃气窜入冷却水，从而出现膨胀水箱水位波动或者水位有过分升高现象（因水的热胀冷缩原理，柴油机运行一段时间后由于水温的升高，使膨胀水箱的水位稍有上升约为 10 mm，这是正常的）。在停机时，膨胀水箱水位突升甚至溢水，判断燃气是否窜入了冷却水系统。可以采用如下方法检查：在柴油机运行时，气缸把喷油泵齿条拉到停油位，观察膨胀水箱水位的变动情况。若检查到某个气缸时，见到膨胀水箱的水位已稳定或回落，则说明该缸气缸盖或气缸套出现故障，应拆下检查更换。

如果发现有几个气缸同时喷水，除考虑是否遇到过上述雨水漏入排烟道的情况外，还应考虑是否是增压器排气壳、中冷器、稳压箱和机体 V 形夹角内空气腔的工艺盖板垫片等处漏水的缘故。若漏水较严重，会在柴油机运行时出现膨胀水箱的水位过快下降的现象。除增压器排气壳外，其余部分漏水时，打开柴油机输出端机体空气腔的放水阀，就有水流出。

三、甩车时示功阀喷火

甩车时如果示功阀喷火，说明燃烧室内有柴油。一般甩车时，燃料泵是不工作的，控制拉杆也应在停油位，喷油泵是不供油的。如果有供油，主要是以下原因引起的。

1. 调速器工作，推动了供油拉杆

引起调速器工作的原因是调速器的停车阀处在工作位，当曲轴旋转时，调速器也就工作了。此时，调速器的齿轮泵打出高压油进入动力活塞下方，使动力活塞上移，从而推动了控制拉杆，最终使喷油泵处于供油位。使停车阀处在工作位的原因如下：

（1）停车阀的阀芯被卡在工作位弹不起来。

（2）电磁联锁上部的顶丝太长或顶丝被旋下，顶住了停车阀阀芯，或者电磁联锁铁心上部被异物垫住。

上述故障存在，还会出现运行中的柴油机不能停机的现象。

2. 控制拉杆调整不当，使喷油泵处在工作位

（1）左右两排拉杆在运行时，一排推、一排拉。如果左、右两排拉杆转轴的转臂调整不对称，可能使一排拉杆在停油位，而另一排拉杆仍在供油位。

（2）个别气缸的喷油泵齿条刻线调整过大，使停机后仍处在供油位。

一般是在额定工况下调整柴油机的各缸平衡。此时，若某缸喷油泵的齿条刻线偏大，超过各缸喷油泵齿条刻线允许的偏差值 0.7 刻线的要求，便有可能在停机时出现该喷油泵的刻线没回到 – 2 刻线的情况。

（3）控制拉杆上的夹头销没有插进喷油泵齿条的拨叉座内，使喷油泵处在供油位。这种情况是非常危险的，当启动柴油机运行时，极易造成柴油机飞车。假如有一个夹头销没插进拨叉内，而置于拨叉座外侧（远离喷油泵一侧），在运行时，这一个喷油泵的供油大于其他 15 个泵。但需满负荷时，由于拨叉座外侧法兰挡住了夹头销，使控制拉杆达不到最大供油刻线，造成柴油机功率不足。当卸载降速时，其他 15 个喷油泵齿条拉回到较小供油刻线，而这一个喷油泵的齿条拉不回，仍处在最大供油位。另一种情况是一个夹头销置于喷油泵齿条的拨叉座内侧（齿条上），在运行时，这一个喷油泵可能不供油，只有其他 15 个气缸工作，可能造成 15 个气缸过载或者使柴油机功率不足。当卸载降速时，这一个喷油泵齿条拨叉座的内侧法兰挡住该处的夹头销，使整个拉杆系统不能回到停油位，此时其他 15 个喷油泵仍处在较大的供油位。

3. 前次停机后，燃烧室内仍积存燃油

此种情况多为柴油机长时间空载低速运行，而喷油器的喷雾质量又极差造成的。凡是上述种种原因造成甩车时示功阀喷火，都会影响柴油机的正常运用，如敲缸、停不了机等。判断造成甩车时示功阀喷火的原因，可按如下方法：在甩车时查看控制拉杆是否移动，如果拉杆移动，则说明是调速器工作引起的；如果一排气缸喷火，另一排气缸不喷火，说明左、右排控制拉杆调整得不均匀，应重新调整；如果个别气缸喷火，则应检查喷火气缸的喷油泵齿条刻线调整得是否过大，或是夹头销没插进齿条的拨叉座内。

子任务 4-2-2　16V280ZJ 型柴油机启动时常见故障判断及处理

柴油机甩车后，可按启动步骤进行柴油机启动，在启动柴油机的过程中会出现一些相应的故障，下面进行分析讲解。

一、启动困难

（1）柴油机启动时，曲轴已旋转，而气缸内长时间不发火，造成启动失败。其原因如下：

① 燃油箱油位太低，使燃油泵吸油管的吸油口吸不到油。因此，在启动柴油机前，应首先检查燃油箱油位，保证燃油泵不吸空。

② 燃油泵出现故障。出现这种情况有两种可能：一是燃油泵电机不转，则应查找造成电机不转的原因，排除电机电器等故障；二是燃油泵本身出现故障，燃油压力建立不起来而不能正常向柴油机供油，应查找燃油泵故障并排除。

③ 燃油管路中的逆止阀位置错误。这种情况一般是在拆下逆止阀检修后，第一次启动时出现的。

④ 燃油管路中的安全阀及柴油机上燃油回油总管的调压阀等阀芯卡在全开位，或是调压弹簧折断、阀芯磨损严重泄漏等原因，造成燃油压力太低。

⑤ 燃油滤清器的滤芯过脏、阻力太大。此时，应更换滤芯。

⑥ 燃油压力建立的过程中管路内有空气，在管路内形成气塞，造成柴油机启动困难。为避免这种现象，燃油泵启动后，打开燃油精滤器上的放气阀进行放气，直到放出燃油为止。

上述各种原因的存在，会显示出燃油末端压力太低，甚至没有压力的现象，使喷油泵无法得到足够的燃油供给气缸，而造成柴油机启动困难。所以启动柴油机前，必须保证燃油末端压力达到技术条件规定的 0.15 ~ 0.35 MPa，否则应先查找并处理燃油供给系统故障后才能启动柴油机。

⑦ 调速器故障造成启动失败。如果存在调速器油位太低、内部齿轮泵拉伤、间隙太大或内部油路泄漏严重等原因，就不能建立起高压油来推动动力活塞，使得控制拉杆不能移动，喷油泵不供油。另外，若电磁联锁的滑阀阀芯太短、太细，无法关闭动力活塞的下方油腔，同样不能推动动力活塞。同时，由于电磁联锁线圈或电路的故障，使线圈不能得电，铁心不能吸合，也不能关闭动力活塞的下方油腔，同样不能使动力活塞推动控制拉杆使喷油泵供油。

⑧ 调控传动装置发生故障。由于传动轴断裂或传动齿轮断齿较多等原因，而不能带动调速器工作。

⑨ 控制拉杆卡在停机位推不动。其原因是超速停车装置的复原手柄没有被拉起，或者有的喷油泵柱塞卡死在停机位以及拉杆被异物卡住等。

如果启动柴油机时拉杆不移动，可以释放启动按钮并停掉燃油泵，用扳手扳动调速器传动轴连接臂。若能扳动，则需检查调速器或调控传动装置是否有故障。如果扳不动，则需检查控制拉杆、超速停车装置的复原手柄及喷油泵齿条等是否卡滞。

⑩ 当超速保护装置的风门处在关闭状态时，使空气无法进入气缸内。应该把风门操纵杆扳到水平位置并用连杆顶好。

⑪ 增压器空气进口处的空气滤清器过脏或被异物堵住，造成进气不畅。

⑫ 多次启动失败，使气缸内喷入过多的燃油，而启动时自然进气量又较少，因此更难发火，应该重新甩车后再启动。

⑬ 配气相位调整错误。如果齿轮传动系统发生故障，使配气相位和喷油定时都发生错误，柴油机不可能有规律地运行，同样也不能顺利启动。

⑭ 活塞、活塞环与气缸套磨损超限或发生故障。由于严重漏气，使压缩压力太低而不易发火。

⑮ 油水温度太低，没有达到 20 °C 以上。在寒冷的季节里，如果油水温度太低，活塞、气缸套等温度也低，它们之间的间隙就较大，容易漏气，使压缩压力太低而不易发火。因此启动柴油时，必须达到技术条件规定的油水温度。

⑯ 柴油机曲轴转速太低，没有达到最低着火转速。这种故障皆因启动电机的转速太低引起。应查找启动电机的有关电气系统及蓄电池等故障。

（2）启动时，柴油机发火，但是松开启动按钮后柴油机又自动停机。这种情况的发生，多数是因机油压力太低，使停机油压继电保护器触头不能闭合，造成电磁联锁断电，调速器不工作所致。其原因如下：

① 启动时，过早松开了启动按钮，使机油压力未能达到停机油压继电器的闭合压力。

② 柴油机油底壳的油位太低或者机油稀释，使主油道的进油压力达不到停机油压继电器的闭合压力。油底壳的油位应在油标尺上下刻线之间，如果低于下刻线，极容易造成机油泵的吸油口吸空。另外，如果机车在运行中，当上下坡道或有大的冲动时，由于机油的晃动，更容易发生机油泵吸空，造成柴油机自动停机。

③ 机油泵故障、机油泵安全阀的阀芯卡在开启位或调压弹簧折断等，都会使机油压力太低而不能使停机油压继电器闭合。

④ 电磁联锁突然失电或线圈烧损断线等。柴油机运行时若发生上述故障，会使柴油机自动停机。

二、启动柴油机时，产生漏气声

启动柴油机时，当曲轴已旋转而气缸内还未发火时，若听到有规律的“呲呲”声，说明有的气缸燃烧室漏气。如果一时听不准，可以关闭所有示功阀进行甩车（即停掉燃油泵），以找准漏气部位进行处理。产生漏气的原因如下：

（1）气缸盖的 4 个紧固螺柱中，个别伸长量不够，造成气缸盖受力不均发生歪斜而使燃烧室漏气。

（2）气缸盖与气缸套之间的调整垫片不平或有异物垫住，造成燃烧室漏气。凡是燃烧室漏气，都会造成压缩压力不足而影响柴油机的正常运行和功率，所以发现漏气应及时处理。

（3）气缸盖排气口与排气管之间，或排气管与波纹管之间的密封垫片损坏，造成漏气。如果排气管的密封垫片损坏，或者排气管的安装螺钉松动，当柴油机启动发火时，会发出很响的“啪啪”声，同时会有大量的烟和火从气缸盖排气口与排气管等损坏的连接处喷出，这样不仅容易振坏排气管和其他零件，同时也很不安全。

子任务 4-2-3　16V280ZJ 型柴油机运用时常见故障判断及处理

内燃机车在运用途中会出现柴油机故障，当柴油机故障发生时，往往会影响机车的正常运用。下面将对柴油机在运用中发生的常见故障的判断及处理方法进行介绍。

一、柴油机功率不足

柴油机运行时，在各个转速下都应达到该转速的相应功率，而且排气温度等参数都应在限制值范围之内，否则就认为柴油机功率不足。导致柴油机功率不足主要有如下原因：

（1）燃油压力太低，不能充满喷油泵低压油腔，使喷油泵供油不足。

（2）喷油泵或喷油器发生故障。

① 喷油泵柱塞卡死，柱塞套和出油阀体裂纹或柱塞弹簧折断，造成个别气缸不工作或功率不足。

② 喷油泵下体滚轮、衬套等损坏，造成喷油泵供油不正常。

③ 喷油器体和支座板等出现裂纹，高压油管和进油管等接头处损坏，以及高压油管本身裂损等原因所形成的燃油大量泄漏，造成个别气缸功率不足。

以上故障使得个别气缸功率下降或不工作，从而造成整机功率不足。这些故障现象都比较直观。比如，喷油泵的柱塞套和出油阀的裂纹，会使燃油从喷油泵的上部出油阀接头四周喷出；柱塞套出现裂纹时，也会从喷油泵齿条处喷出大量燃油；如果齿条处有燃油渗出，一般是柱塞套与壳体之间的密封垫不严密所致；如果柱塞卡死，则齿条推不动；喷油器体和支座板产生裂纹或进油管接头与喷油器连接处的密封垫损坏时，会有大量的燃油从喷油器回油管中流出。喷油泵下体故障或柱塞弹簧折断，虽然不能直接发现，但是可以听到异常的金属敲击声。若用手摸高压油管，其脉冲较弱或无规律。用手推喷油泵齿条时，可听到气缸内无规律的爆发声。

（3）控制拉杆装置出现故障。

① 供油止挡调定功率偏低。

② 控制拉杆的连板与转臂相碰，造成拉杆到不了最大供油位。连板的一头与转臂连接，另一头与左（或右）拉杆连接，为避免与二者的头部相碰，连板的两头分别开出不同深度的

槽。正确的装配关系是：槽深的一头与转臂相连，槽浅的一头与拉杆相连。若反过来装，工作时，转臂的头部就会与连板槽的底部相碰，使拉杆拉不到最大供油位。

③ 左右排拉杆的位置调定不当，会产生两排喷油泵供油量的明显差异，使供油量小的一排不能达到要求的功率，由此而造成柴油机的功率不足。此时供油量大的一排会出现排温过高的现象。正确的调整方法可按之前所学“控制拉杆装置的安装与调整”的要求来保证两排喷油泵供油量的均匀性。

④ 控制拉杆被喷油泵齿条或其他异物卡死在某一位置，推不到相应功率的供油刻线。在这种情况下，可先检查是否有异物卡死拉杆，这些异物甚至可能是检查和处理柴油机故障时遗留下的工具或其他杂物。之后，应检查是否有犯卡的喷油泵。对于运用中的柴油机，应把犯卡泵的齿条拨叉座里的夹头销拔出旋转 90°，卡在夹头座的凹槽里，以防影响整个拉杆系统的正常工作。否则，由于拉杆被卡死在某一供油位，会造成降速卸载时飞车的严重事故。

（4）调速器故障。

① 调速器的功率滑阀与滑阀套卡滞。此故障也容易造成柴油机功率不稳或不足。

② 功率电阻开焊、短路或者油马达不灵活，卡死在减载位。

如果柴油机功率不足，拉杆系统又没有故障，供油齿条刻线却拉不出来，一般是调速器或机车电气故障所致。

（5）增压器及空气进气系统故障。

① 增压器发生故障，如轴承损坏，压气机沾污，涡轮部分严重积炭，压气机及涡轮叶片与罩壳碰擦或被异物打坏等，都会使增压器无法正常运行，使柴油机进气压力下降而造成功率不足。

增压器如果发生故障，运行时将会有明显的振动和异音。

② 增压器与中冷器之间两根进气管路上的两个超速保护装置风门，其中有一个在关闭状态，此时操纵杆呈铅垂状（若两个风门都在关闭位，柴油机将自动停机）。由于在风门关闭状态下，风门两边的压差很大而无法扳动风门，故只有在停机后才能人工恢复。

③ 空气滤清器太脏，堵塞严重，或者进气管上的帆布套松弛，被吸瘪，造成进气真空度过大。

④ 增压器压气机出口至气缸之间的通道空气泄漏严重。特别是增压器与中冷器之间进气管的橡胶软管破损或卡箍松动时，漏气更加严重。

⑤ 中冷器空气腔因沾污堵塞，冷却效率太低，或者中冷水温度太高，造成气缸进气量不足。

⑥ 大气条件的影响。如高温低气压天气，或在高原地区运行，均会降低柴油机的功率。当出现空气量不足而导致柴油机功率不足的情况时，往往会伴有柴油机排气温度高、冒黑烟等现象。此时除检查增压器及进气管路系统外，还应注意中冷水的温度是否过高。如果水温高，还将伴有机油温度高的现象。在中冷水温过高的情况下，应检查水泵出口压力和冷却系统的冷却风扇转速等是否正常，并检查冷却单节是否有大面积的倒片或被异物堵塞等不良状态。

（6）喷油提前角调整偏小，或者传动齿轮发生故障而形成喷油提前角过小，使燃烧不良，造成柴油机功率不足。

（7）气门驱动机构发生故障，造成气门打不开、关不住。如摇臂座螺柱断裂，摇臂、横臂调整螺钉松动或折断，横臂跳转或横臂导杆折断等原因，都会影响气门开度不足甚至打不开，使气缸进排气不畅而影响柴油机功率。

（8）活塞与气缸套之间间隙过大，活塞环卡在环槽里或活塞环折断等原因，造成气缸严重漏气，使压缩压力不足而影响功率。检查气缸是否严重漏气，可采用手柄在“0”位测量各缸压缩压力的方法来判断。

（9）柴油机转速偏低，没达到相应功率的转速要求。

（10）机车电气系统故障也会造成柴油机功率不足。如励磁整流元件发生击穿短路，造成励磁机相间短路等。

二、柴油机冒黑烟

燃料在极端缺氧的情况下燃烧时，一部分碳元素会形成碳粒子，它随废气一同从烟道排出，便形成黑烟。柴油机冒黑烟是燃烧不良的一种现象，其产生的原因如下：

1. 柴油机超载

（1）柴油机整定功率过高。

（2）柴油机的主要运动件发生故障，如大面积的拉缸甚至抱缸、轴瓦烧损等，造成柴油机的功耗过大。

（3）各个气缸的喷油泵供油量不均匀，或者出现喷油泵柱塞卡死、齿条与齿圈啮合松动等故障，造成个别气缸不工作，其他气缸超载。

（4）在高海拔地区运行，又不进行功率修正，会导致超载而冒黑烟。

2. 燃油系统故障

（1）喷油器雾化不良、滴油等，使燃油不能与空气充分混合燃烧。

（2）喷油器喷射压力过低或调压弹簧折断、调节螺钉松出等。

（3）喷油提前角调整偏小或凸轮轴传动齿轮发生故障，造成喷油定时错误。

3. 进气系统故障

（1）空气滤清器沾污、堵塞严重，或进气管路的帆布套松弛吸瘪，造成进气阻力太大。

（2）进气管路上的超速保护装置有一个风门在关闭位。

（3）增压器压气机出口至气缸进口之间的管路上空气泄漏严重。

（4）增压器发生故障或严重积炭，造成压气机效率下降，甚至会出现增压器喘振。

（5）中冷器沾污，造成冷却效率下降或中冷水温度过高，使进气温度升高，空气密度降低。

4. 压缩压力偏低

（1）柴油机组装时压缩比调整得过小。

（2）活塞、活塞环及气缸套磨损超限，或者活塞环折断、卡死在环槽中及各活塞环开口位置未错开，由此导致燃烧室漏气。

（3）气缸盖与气缸套结合面之间漏气。

（4）气门驱动机构的故障会使气门开关不当而影响进气，或者因气门关不严而造成漏气，如气门弹簧折断、气门导管卡滞、气门阀面剥离、损伤等均会造成燃烧室漏气。

柴油机冒黑烟，往往伴随着柴油机排气温度升高，有时又会与柴油机功率不足同时发生。所以，当发现柴油机冒黑烟时，应结合其他故障现象一起分析判断并处理。

三、柴油机冒蓝烟

由于机油窜入燃烧室，一部分没燃烧的机油微粒形成蒸气，随废气排入大气，便形成蓝烟。机油窜入燃烧室的原因，除了在“甩车时示功阀喷机油”已介绍的外，还有如下一些甩车时不易发现的原因。

（1）气环或油环的工作位装反。活塞上的第三道气环横截面呈锥形，油环的横截面上有刮油刃口。如果把第三道气环或油环的上下面装反，气缸壁上的机油会被刮入燃烧室。

（2）活塞环磨损过限、弹力消失或折断，导致气缸壁上的机油刮不净而进入燃烧室。

上述活塞环的故障还会使燃油流进曲轴箱而稀释机油，使燃气窜入曲轴箱而增大曲轴箱压力。因此在判断故障时可以根据几种现象一起分析。

（3）由于增压器的压气机端油封漏油，使机油顺着压气机出气壳、中冷器和稳压箱进入燃烧室。该故障是由增压器自身原因或增压器进油管路上的调压阀的压力调整值超过规定值引起的。当压气机端油封漏油时，有时可见到机油从进气管与橡胶管连接处渗出。

四、柴油机冒白烟

排气冒白烟说明有水进入了燃烧室，水在高温下变成白色蒸汽，随废气排出便形成白烟。其原因在“甩车时示功阀喷水”部分已有介绍，此外如下原因也会造成排气冒白烟。

（1）燃油中有水。如燃油箱中有水沉入底部，吸油时把水一起吸入燃油管中，使喷入气缸的燃油中含有水分。在这种情况下，柴油机的功率可能不稳或功率不足。可打开燃油箱下部的阀门或盖板检查燃油中的含水情况。

（2）如果柴油机的油水温度过低，而喷入气缸的燃油又较多，使燃油不能完全燃烧，造成排气冒白烟。

五、排气温度过高造成排气管发红

柴油机装车运行时，由于没有仪器来显示气缸的排气温度，所以一般采用观察排气管的颜色是否发红来判断。所谓发红，是指晴天机车处于室外，此时可见度良好，能见到排气管裸露处呈暗红色，或者可见度较差的情况下能看到排气管裸露处呈发亮的红色。造成柴油机排气温度高、排气管发红的原因有如下几个方面：

（1）喷油器的喷射压力太低或喷油器雾化不良，使燃油不能充分燃烧，后燃严重。

（2）喷油提前角偏小，后燃严重。

（3）增压器故障，造成进气压力太低，使气缸内空气量太少，燃油不能迅速燃烧，后燃严重。

（4）增压器压气机出口至燃烧室之间漏气严重，造成进入气缸的空气量太少，使燃烧不充分。

（5）中冷器空气腔沾污，使冷却能力下降，或者中冷水温度太高，造成气缸进气温度过高，空气密度降低，燃油在气缸内不能充分燃烧，排温增高。

（6）进气管路中的超速保护装置有一个风门呈关闭位，最明显的现象是功率不足和冒黑烟，导致排温升高。

（7）空气滤清器沾污严重或进气口堵塞，使进气阻力增大，燃烧不充分，排温升高。

（8）排烟道出口百叶窗不灵活，打开不畅或打不开，使排气背压太大，造成气缸扫气不畅，燃烧不良，排温升高。

（9）柴油机燃烧室漏气使压缩压力太低，或者气门驱动机构发生故障，造成进排气不畅，均会导致燃烧不良，排温升高。

（10）组装时压力值调整不当，使气缸压缩比过小，造成压缩压力太低。

（11）柴油机超负荷运行。

（12）个别气缸的喷油泵供油量调整不当，使供油量过大，燃烧不充分。在这种情况下有明显的敲缸声。柴油机的排气温度太高，会使零部件的热负荷增大，将影响燃烧室零部件和增压器的使用寿命及可靠性。因此，当发现有排气管发红现象时，应认真查找原因和处理。

六、柴油机发出异常敲击声

1. 敲　缸

柴油机正常运行时，各气缸的爆发声清脆柔和，而且均匀。如果柴油机发出较大的类似金属敲击声，一般称之为敲缸。其原因有如下几个方面：

（1）喷油定时不对。如果喷油提前角调整过大，会使柴油机工作粗暴，声音不柔和。但是，如果喷油提前角调整过小，后燃现象严重，甚至气缸里烧不尽的燃油进入排气管里燃烧。

（2）各缸喷油泵的喷油量相差太大。柴油机的各缸平衡一般是在最大运用负荷时调整的，在低负荷下若各缸喷油泵的供油量相差较多，喷油泵齿条刻线大的就产生明显的敲缸声，而齿条刻线小的，可能一次循环供油量过小，泵油压力不能达到喷油器的开启压力，经几个循环后油量增多，当达到喷油器的开启压力时，便形成一次喷油，并产生一次敲缸声。

（3）喷油器雾化质量太差、滴油，以及喷射压力太低，易使气缸内喷入燃油量过多而敲缸。

（4）由于排气横臂跳转、折断或导向杆折断等原因，使排气门不能开启，导致气缸里未完全燃烧的燃油和废气一同在进气门开启时倒流进稳压箱，并与新鲜空气混合后燃烧，便形成稳压箱内的爆发声。

（5）当油水温度太低，或者在高温低气压的天气时，由于燃料在气缸内不能迅速燃烧，也会发出敲缸声。

以上都是由燃烧不正常产生的敲缸。可用逐个将喷油泵齿条推至 - 2 刻线以下的方法来判断是哪一个气缸出现敲缸。

（6）活塞与缸套的配合间隙过大，活塞在缸套中摇摆撞击。

（7）进、排气门间隙过大，低速运行时有明显的金属敲击声。

2. 柴油机其他部位的异常敲击声

（1）传动齿轮系统发生故障，如齿轮的齿面粗糙和断齿，滚动轴承损坏，安装惰轮轴的钢套与机体之间松动等，均会从齿轮箱发出异常的金属敲击声。

（2）弹性联轴节的簧片折断，柴油机在低速空转或变速时，输出端能听到明显的金属敲击声。

（3）若有损坏的零件碎片飞进增压器涡轮进气壳，或者波纹管方向装反造成衬套脱落而进入增压器涡轮进气壳，都会打坏增压器，发出很大的金属撞击声。

凡是听到柴油机发出异常的金属撞击声，应同时观察柴油机的功率、油压、水压等是否有变化。如果发生异常变化，应及时降速减载，不可勉强维持运行，以免造成柴油机的重大事故。

七、柴油机游车

柴油机不能稳定在给定的转速下工作，如果是在带负载的情况下，会造成功率不稳。产生游车的原因如下：

（1）调速器中的匀速盘由驱动盘、从动盘、扭簧、扭簧座和轴承组成。如果扭簧和轴承安装调整不当，会使柴油机转速波动，引起游车。

（2）调速器的缓冲弹簧刚度偏大或偏小，补偿针阀的开度不当，储气筒漏气及液面过高或过低，补偿活塞处泄漏过大等原因，使滑阀响应跟踪迟缓而造成游车。

（3）调速器的油太脏或油位太低，容易造成卡滞或油压波动而导致游车。

（4）调速器的加工组装质量不良，造成机械卡滞而游车。

（5）控制拉杆系统的摇臂、转臂、连板、销轴等间隙过大，或滚轮、喷油泵齿条阻滞，使转速响应缓慢，从而导致游车。

（6）调控传动组成的齿轮齿隙过大或啮合不良等，使调速器转速波动而导致游车。

柴油机运行时发生游车，若为调速器的原因，可先采用调整补偿针阀的开度或向储气筒补油（液面应在距储气筒顶面 30 mm 左右）的办法来处理。如若不是这两方面的原因，则再找别的原因。调速器经过检修后应重新上试验台进行调整。

八、柴油机转速失控

转速失控的原因如下：

（1）步进电机的驱动电源及司机控制器的电气线路故障。

（2）步进电机的 4 根接线中个别线头松脱断路。

（3）步进电机轴承阻滞，步进电机主轴上的锥齿轮与螺杆上的从动锥齿轮啮合间隙过大或过小，或者齿轮磨损、有毛刺和垂直度不合格等，引起齿轮卡滞。

（4）从动锥齿轮上的最高或最低转速调整螺钉与最高或最低转速限止螺钉卡滞。在柴油机转速无法升降的情况下卸载，必须先把司机控制器主手柄回到1位，再把功率慢慢降下来，然后才可以把控制器主手柄回到零位，切不可在高负荷时把控制器主手柄直接回到零位，以防因高转速时突然卸载造成柴油机飞车。

如果故障是电气故障造成的，为了能升降速，可以关掉驱动电源开关，使步进电机断电，然后用手拧步进电机上的调速旋钮。顺时针旋，柴油机转速下降；逆时针旋，柴油机转速上升。手动时，要注意观察柴油机的转速表，防止调反。如果步进电机上旋钮丢失，也可以打开调速器罩盖，直接扭动从动锥齿轮。

九、柴油机自动停机

柴油机在运行中突然停机，多是因保护系统动作引起的。造成保护系统动作的原因，有些是柴油机本身发生故障，有些则是保护系统误动作。不论什么原因造成停机，都应该认真检查柴油机状态和监视仪表示值。若未发现异状，才可重新启动，并注意观察柴油机运行情况。

柴油机自动停机的原因具体有以下几个方面：

（1）机油压力低于停机油压继电器的释放值（70±10）kPa，使停机油压继电器动作。这主要由机油油位太低、机油稀释、机油泵及安全阀或传动齿轮等故障引起。

（2）差示压力计动作。

当曲轴箱里正压力值超过0.6 kPa时，差示压力计通大气端液面上升导通电路，使电磁联锁线圈断电而造成停机。引起曲轴箱压力升高的原因有如下几个主要方面：

① 拉缸。活塞、活塞环、气缸套等磨损过限，活塞环弹力消失、折断或开口没错开，使燃气窜入曲轴箱。

② 曲轴箱的呼吸口堵塞。

③ 柴油机抱缸或轴承烧损。当发生这类故障时，若高热的燃气点燃曲轴箱内油雾，会产生很大的压力，不仅使差示压力计动作，而且曲轴箱的防爆阀也会动作。在这种情况下，不要急于打开曲轴箱检查孔盖，以防止曲轴箱里的燃气接触新鲜空气而发生火灾。

④ 差示压力计通大气一端接通动力室，柴油机运行时，若冷却风扇高速运转，而动力室的百叶窗又关闭着，此时如果动力室与冷却室之间的隔门被打开，就会造成动力室的很大负压，极易使差示压力计动作。

为了防止差示压力计误动作，应把差示压力计通大气一端的接管接在车体外边，一般接在机车下部。

（3）超速停车（保护）装置动作。

① 超速停车装置动作。

② 超速保护装置的风门关闭。

这两种保护装置动作，一般是由于柴油机瞬间转速超过1 120～1 140 r/min所致。应查找引起超速的原因并处理。另外，如果风门操纵杆没有很好地被连杆上的小轴承顶好，就有被振动脱开的可能而关闭风门，造成停机。

（4）调控传动总成出现故障或调速器不工作。

① 调控传动轴断裂或传动齿轮打坏。

② 调速器的电磁联锁突然失电，电磁联锁线圈断线或烧损等。

③ 调速器泄漏严重。当调速器里的油漏光时，造成油压消失，调速器不工作。

（5）燃油无压力，喷油泵无供油。

① 燃油箱中燃油用尽、油位太低或吸油口被异物堵塞，油吸不进。

② 运行中燃油泵发生故障，又没及时，更换到另一台燃油泵。

在柴油机运行时，若发现燃油压力表显示压力下降过快或波动较大时，应及时查找原因并采取相应措施，以防止柴油机自动停机。

十、柴油机停不了机

运行中的柴油机不能停机，多因调速器没停止工作造成，或者因喷油泵仍处在供油位所致。

（1）调速器的停车阀卡在工作位，动力活塞下方的压力油排不出。遇到这种情况，可以人为击打紧急停车按钮，迫使控制拉杆将喷油泵齿条拉至停油位，同时使超速停车装置的停车杆与行程开关的触头脱开，由机车控制回路使超速保护装置的电磁铁得电吸合，迫使风门关闭。

（2）调速器的电磁联锁未能断电。应排除故障使其断电，让阀芯跳起。

（3）机车控制回路的启动接触器 QC 未断开。

（4）喷油泵齿条没有拉回到 –2 刻线。应重新调整弹性拉杆，使每个喷油泵齿条在停机时都回到 –2 刻线。

十一、柴油机飞车

柴油机飞车一般在突降手柄位或突然卸载时发生，此时柴油机转速突升而又失控。转速失控的原因大致如下：

（1）控制拉杆被异物卡滞在喷油泵较大的供油位。

（2）控制拉杆上的夹头销没有插在喷油泵齿条的拨叉座内，或者在处理故障时没有把夹头销拉出旋转 90°卡进弹性夹头后端的凹槽里。

（3）如果喷油泵卡泵数量较多，就可能在降速卸载时使拉杆不能及时拉回。

（4）控制拉杆系统的滚轮、销轴不灵活，使拉杆阻滞。

（5）调速器的转速调节系统中的滑阀、柱塞卡滞，使动力活塞下方的压力油不能迅速排出，造成控制拉杆不能及时拉回。

（6）调速器最高转速限止螺钉与从动锥齿轮的螺钉卡住，使转速降不下来，突然卸载时造成飞车。

为避免柴油机的超速飞车，在操作时应尽量做到柴油机转速的平稳过渡。柴油机一旦飞车，超速停车装置和超速保护装置就会动作，迫使柴油机停机。可以用手击打紧急停车按钮，实现停机。

发生飞车后，必须全面检查柴油机，打开曲轴箱观察孔盖，检查轴瓦、缸套、连杆螺钉刻线等情况，打开凸轮轴观察孔盖检查凸轮轴、轴承，打开气缸盖罩检查气门、挺杆等。同时应检查机车辅助装置的通风机转子、尼龙传动轴等。确认没问题后，拉起超速停车装置的复原手柄，打开进气管路上超速保护装置的风门，并用连杆顶好操纵杆，再用扳手扳动控制位杆，看其是否灵活，如有阻滞现象，应找出原因并消除。待一切正常后，才可以启动柴油机。

十二、增压器故障

1. 增压器喘振

增压器喘振多是由于增压器与柴油机匹配不当，造成柴油机进气阻塞而发生的。

（1）大气温度的影响。若在高温情况下调整的柴油机牵引特性曲线比较靠近喘振线，则在高寒地区运用时就容易发生喘振。经过台架匹配试验的柴油机一般不会发生上述情况。

（2）柴油机突卸负荷或突降手柄位。此时由于柴油机需要的空气量大大减少，但增压器转速却不能很快跟随下降，因此易造成喘振。

（3）如果增压器的压气机沾污，就会增加流道阻力，使部分空气进不去而回旋于压气机叶片之间，便会造成喘振。

（4）进气阻力过大。如空气滤清器、中冷器沾污，或者进气管道上的帆布套过分吸瘪，甚至超速保护装置的风门突然关闭，都会引起喘振。

（5）柴油机气门驱动机构发生故障，使气缸进气不畅，也易引起喘振。

（6）装在同一台柴油机上的两台增压器性能参数相差较大，也会引起喘振。

（7）中冷器水温过高或中冷器冷却效率太低，使燃烧不良，排温升高，造成增压器转速过高，也会引起喘振。

凡发生增压器喘振，应慢慢减少柴油机负荷至增压器不再喘振为止。

2. 增压器漏油

（1）如果压气机端的轴承密封盖、主轴上的活塞环组装不好或损坏，会使油封漏油。

（2）涡轮端的轴承密封盖、装在主轴上的活塞环组装不好或损坏，易使油封漏油。

（3）增压器的进油压力过高（正常压力为 0.25 ~ 0.40 MPa），会损坏油封而漏油。

3. 增压器转子固死

（1）增压器缺油或进油压力过低，引起轴承烧损或者转子轴弯曲导致导风轮及涡轮叶片与罩壳的碰擦甚至打坏，而使动平衡破坏，造成转子无法转动。

（2）若有异物从增压器的压气机进气口或涡轮进气口进入增压器，会打坏增压器转子而使转子无法转动。

（3）由于增压器的特别严重漏油而导致严重结炭，会造成增压器转子固死。

十三、机油压力低

柴油机运行中的机油压力应符合有关技术要求。如果机油压力过低，柴油机将自动卸载或停机。造成机油压力低的原因有如下几个方面：

（1）机油泵故障或传动齿轮故障，或者机油泵安全阀泄漏，造成机油压力下降或波动。

（2）由于油底壳的油位太低（低于油尺下刻线），在机车运行时，因坡道或机车运行中的冲动和晃动，会造成机油泵在吸口处吸空。

（3）机油滤清器过脏、堵塞严重，使主油道进油压力过低。

（4）轴瓦磨损严重，或轴瓦发生大面积的剥离损坏，造成间隙过大，机油压力降低。

（5）机油稀释，其密度和黏度降低而导致机油压力降低。造成机油稀释的原因如下：

① 喷油器雾化质量差，导致喷入气缸内的燃油不能完全燃烧，烧不尽的燃油流入曲轴箱。

② 喷油器与气缸盖内喷油器套管之间的密封铜垫损坏或未装，使喷油器的回油流入气缸，因烧不尽而流入曲轴箱。

③ 各缸喷油泵的喷油量相差悬殊，当柴油机空载运行时，油量过大或过小都会导致燃烧不完全，剩余的燃油会流入曲轴箱。

④ 柴油机长期在低速空载下运行会导致燃烧不完全，过多的燃油因烧不尽而流入曲轴箱。

⑤ 活塞与缸套的间隙过大或活塞环发生故障及气缸套拉伤等都容易使气缸内没烧尽的燃油流入曲轴箱。

十四、机油乳化

如果柴油机运行时有大量的水蒸气从呼吸口冒出，说明机油中含有较多水分，如不及时查找原因并处理，会使机油变成乳黄色，这说明机油已乳化，不能使用。水进入机油中的主要途径如下：

（1）机油热交换器的铜管裂纹，油水互窜。

（2）气缸套与机体下定位面的三道橡胶密封圈损坏，使机体水腔的水漏入油底壳。

（3）冷却水泵的水封和油封损坏，使水泵的水流入油底壳。

（4）燃烧室有水。

若发现机油内有水，应打开曲轴箱观察孔盖，检查气缸套下沿外侧是否有水迹；打开齿轮箱盖板，检查水泵靠齿轮端是否有水迹；对机油热交换器进行泵水检查，若是燃烧室有水，则根据甩车时的现象进行判断处理。

十五、柴油机呼吸口（油气分离器）冒烟、机油和水蒸气

柴油机运行时因温度较高，曲轴箱里会产生一些油气，另外因燃料在气缸内做功爆发及活塞的往复运动，使曲轴箱内的压力稍大于大气压力，因此就有少量的油气从呼吸口排出，这种现象是正常的。如果有大量的油烟、机油油雾或水蒸气从呼吸口排出，则说明柴油机出现故障。

故障原因有如下几个方面：

（1）活塞环故障或活塞与缸套间隙过大，或严重拉缸等，都会导致大量燃气窜入曲轴箱而从呼吸口冒出。

（2）柴油机轴承烧损或抱缸，会有大量油烟从呼吸口冒出，同时差示压力计和曲轴箱防爆阀都会动作。

（3）油底壳油位太高（超过油底壳的滤网），会有大量机油进入油气分离器，因不能迅速流回油底壳而从呼吸口喷出。

（4）当曲轴箱正压力太高时，冒出的油气会把油气分离器中没流回油底壳的机油带出呼吸口。

（5）曲轴箱中有较多的水时，水蒸气就会从呼吸口中冒出。

十六、喷油泵故障判断

（1）如果喷油泵出油阀接头体的周围有燃油渗出，表明出油阀与柱塞套之间密封不良，高压油窜出，冲坏出油阀接头体上的O形橡胶圈。如果燃油呈喷射状向外喷出，则表明柱塞套裂纹、出油阀体裂纹或出油阀压板松动。

（2）喷油泵齿条窜出燃油，表明柱塞套裂纹或柱塞套下部密封铜垫失效。

（3）喷油泵齿条窜出机油，表明喷油泵下体内的O形密封圈磨损。

（4）如果个别气缸排温很高，而爆发压力下降，说明该缸的喷油定时不对，多为喷油泵下体推杆滚轮发生故障（如滚轮衬套碎裂等）。

（5）个别气缸的高压油管脉冲减弱或无规律，大多是因柱塞弹簧或出油阀弹簧折断。若是柱塞卡死所致，则齿条也会推不动。

十七、喷油器故障判断

（1）若喷油器回油管的回油成线状流出，表明喷油器体或支座板裂纹，或者是由于安装进油管时忘记放密封垫圈或密封垫圈压坏等。

（2）若喷油器回油管中有燃气窜出，表明喷油器的压紧螺帽与气缸盖的套管之间的密封垫圈未装或密封垫圈损坏。

（3）如果喷油器回油管中有机油窜出，表明喷油器体上的O形密封圈未装或损坏。

（4）若高压油管的脉冲很弱而喷油泵工作正常，可能是由于喷油器的故障使喷油压力过低的缘故。在这种情况下往往伴有敲缸声。

十八、气门驱动机构故障判断

（1）柴油机运行时，若气缸盖罩严重晃动，并有大量机油泄漏，但紧固罩盖的手轮并没有松动，一般是由于摇臂座的安装螺柱折断。

（2）如果气门间隙远大于规定值，应顺序检查摇臂和横臂的调整螺钉是否松动，拆下摇臂座检查挺杆是否弯曲变形，气门杆与导管是否卡滞，阀座是否松动，是否是气门锁夹折断或锁夹落进弹簧上座孔内过多（此时气门未被夹牢，容易掉入气缸内）。不论发生哪种情况，在未查清原因之前，不可随意把气门间隙调小，否则当发生气门脱落的故障时，就会造成气门与活塞顶相撞的重大事故。

十九、配气惰轮轴承烧损的判断处理

当柴油机呼吸口有大量的油烟排出，甚至曲轴箱的防爆盖也动作时，除了前面所述的一些原因外，还可能是由于配气惰轮轴承烧损引起的。当该轴承烧损时，产生的高温使机油挥发，使齿轮箱和曲轴箱压力增高而发生上述情况。若打开齿轮箱盖板发现配气惰轮轴轴承变成蓝色，便说明惰轮轴承烧损。造成惰轮轴承烧损的原因大致有如下几种原因：

（1）柴油机主油道机油压力太低或进入惰轮轴的油路不畅通，造成轴承因缺油而润滑不良。

（2）轴承被拉伤或惰轮轴与轴承（铜套）之间的配合间隙过小而造成润滑不良。

一旦惰轮轴承烧损，往往会与惰轮轴咬合在一起，由于齿轮孔的内外侧轴承均有止推面，齿轮轴就很难连轴承一起从齿轮孔中拉出。可采用如下处理方法：

用一个 M24 的长螺柱旋入惰轮轴端面上的 M24 螺孔中，螺柱的另一端套上一块带孔的厚钢板。钢板与机体之间垫上一个孔径比惰轮轴安装法兰稍大的钢环（环的内径不可过大，以防压坏机体前端板），然后在螺柱上拧上一个螺母，并用扳手把螺母拧紧，使螺柱有一个向外的拉力。同时，打开机体前端板上的一个工艺窥测孔的堵，将一根铜棒伸到大齿轮上，用大锤击打铜棒，一边打一边拧紧螺母，直到把小齿轮内侧的轴承止推面击打出裂纹并脱落，惰轮轴才能与烧熔在一起的轴承被同时拉出。拉惰轮轴时要防止脱落的止推面掉入齿轮箱下部的盲槽中，以免不能取出。

二十、冷却水温度高

柴油机运行时水温一般控制在 70 ~ 80 °C，最高不得超过 88 °C。如果水温大于 88 °C，水温继电器将动作，造成柴油机卸载。影响水温升高的原因，除了柴油机本身的原因外，主要是机车冷却系统的原因。

（1）由于机车水系统中有空气未排出而形成气塞，使散热器的水腔不畅通，导致冷却效果降低，或因冷却水少而形成水蒸气，使温度升高。

机车上水时，应打开冷却水系统的所有放气阀及柴油机左右两侧的放气阀，直到放出的水无断续现象、水流稳定为止。当膨胀水箱的水位低于 2/3 水表位时，应给予补水。

（2）冷却单节沾污严重或倒片过多，造成冷却能力不够，使水温升高。

（3）冷却风扇转速太低甚至因故不转。其原因可能是：温控阀动作不灵、关不严，安全阀泄漏，静液压油箱内缺油和静液压马达的故障等，造成静液压马达不转。

（4）机车冷却管路系统中的阀门开闭不对，使冷却水循环不畅。

（5）水温继电器误动作。主要是水温继电器的故障或电气线路故障等引起的。

（6）柴油机冷却水泵发生故障，造成冷却水压力低、流量少。

（7）燃烧室部件发生故障，如气缸盖、气缸套有砂眼等，使燃气窜入了水腔。

造成柴油机卸载，主要应查找机车冷却系统故障。若水温高的同时膨胀水箱水位又波动，则应查找柴油机各缸的情况。若冷却水压力低，应先进行放气直至水流稳定为止。如果水压仍很低时，则应检查冷却水泵是否异常。

【任务检查】

表 4-2-1　柴油机甩车时的故障判断及处理知识——任务检查单

任务编号	4-2	任务名称	柴油机甩车时的故障判断及处理知识认知	
序号	检查内容		是	否
1	能分析甩车时，常见故障的原因，找到故障位置，并采取措施、排除故障			
2	能分析启动时，常见故障的原因，找到故障位置，并采取措施、排除故障			
3	能分析运用时，常见故障的原因，找到故障位置，并采取措施、排除故障			

【任务训练】

一、填空题

1. 若机车停用时间较长，在启动柴油机前，应打开（　　）进行甩车，以排除气缸内积存的油和水，防止“水锤”事故的发生。

2. 活塞、活塞环磨损超限严重，由于严重漏气，会引起（　　）压力过低，使柴油机不易发火。

3. 机油温度在（　　）以下不启动柴油机；（　　）以下不带负荷运转。

4. 柴油机甩车时，示功阀有（　　　　）喷出，说明燃烧室有机油。

5. 甩车时，示功阀有（　　　）喷出，说明水进入了燃烧室。

6. 燃油滤清器的（　　　）、阻力过大也会造成柴油机启动时不易发火。

7. 活塞环故障或（　　　）间隙过大，有严重拉缸等，都会导致大量燃气窜入曲轴箱而从油气分离器呼吸口冒出。

8. 柴油机停机前油温应降到（　　　）。

9. 当柴油机冷却水温度达到（　　　），水温继电器动作，柴油机自动停机。

10. 在柴油机标定工况下，柴油机进口油温约为（　　　），出口油温约为（　　　），出口最高温度不得超过（　　）。

二、选择题

1. 16V280ZJ 型柴油机几何压缩比为（　　）。

A. 12　　B. 12.3　　C. 12.5　　D. 12.7

2. 16V280ZJ 型柴油机的启机油水温度不低于（　　）°C，加载油水温度不低于（　　）°C。

A. 20　　B. 25　　C. 40　　D. 45

3. 下列哪项原因可能造成甩车时示功阀喷水？（　　）

A. 中冷器漏水　　B. 膨胀水箱内水压过高

C. 柴油机出水支管漏水

4. 下列哪项原因可能造成甩车时示功阀喷机油？（　　）

A. 各缸间的机油管泄漏　　B. 增压器压气机漏油

C. 油底壳机油过多

5. 下列哪项原因可能造成甩车时示功阀喷火？(　　)

A. 喷油器二次喷射　　B. 燃油泵压力过高

C. 调压阀调整压力过高

6. 柴油机运转中发生敲缸的主要原因是（　　）。

A. 机油温度过高　　B. 联合调节器油马达不灵活

C. 喷油器雾化质量太差，滴油

7. 柴油机运转中因燃油系统故障造成柴油机功率不足的原因有（　　）或喷油器发生故障。

A. 水泵　　B. 机油泵　　C. 喷油泵

8. 如果柴油机功率不足，拉杆系统又没有故障，供油齿条刻线却拉不出来，一般是（　　）或机车电气故障所致。

A. 喷油器　　B. 调速器　　C. 控制器

9. 运转中水温继电器动作保护使柴油机自动卸载温度为（　　）°C。

A. 70　　B. 80　　C. 88　　D. 100

10. 机车运行过程中，突然出现机油压力低停机状况，可能是由于（　　）。

A. 机油乳化　　B. 机油稀释　　C. 机油管路泄漏

三、判断题

1. 气门驱动机构发生故障，造成气缸打不开，关不严，使气缸进排气不畅而影响柴油机功率。(　　)

2. 若机车停放时间较长未用，在启机后应打开示功阀进行甩车。(　　)

3. 中冷器出现漏水现象后，可能造成甩车时示功阀喷水。(　　)

4. 喷油器器体开裂，可能造成过多燃油进入燃烧室。(　　)

5. 机车停留在露天时间过长时，可能造成甩车时示功阀喷水。(　　)

6. 由于排气横臂跳转，使排气门处于常开状态，柴油机功率明显下降。(　　)

7. 当柴油机活塞销的油堵松动，机油从活塞销窜到气缸壁上，但由于活塞环的作用，机油不能进入燃烧室。(　　)

8. 当柴油机超速时，超速停车装置通过控制拉杆装置将喷油泵齿条拉至供油位，迫使柴油机停机。(　　)

9. 柴油机运行中，冷却水温升高速度过快，可能是由于百叶窗未开启造成的。(　　)

10. 若运行途中，遇到柴油机突然停机状况，应先闭合辅助机油泵开关。(　　)

四、简答题

1. 简述16V280ZJ型柴油机甩车时示功阀喷水的原因。
2. 简述16V280ZJ型柴油机甩车时示功阀喷火的原因。
3. 简述16V280ZJ型柴油机甩车时示功阀喷机油的原因。
4. 试叙述造成柴油机启动困难的原因，并做出分析。
5. 简述哪些故障可能造成柴油机产生异音。
6. 试分析柴油机冷却水温超高的原因，并写出处理办法。
7. 机车运行中，造成柴油机冒黑烟的原因有哪些?
8. 机车运行中，造成柴油机冒蓝烟的原因有哪些?
9. 机车运行中，突然发生燃油压力不足现象，请分析原因。
10. 请分析机车运行过程中出现曲轴箱压力超高的原因。

任务4-3　16V265H型柴油机常见故障判断及处理知识认知

【任务描述】

如果你是一名机车乘务员或机车检修人员，当柴油机出现异常情况时，应该能够判断出故障原因，并能及时处理，使柴油机及时投入使用之中。分析16V265H型柴油机常见故障原因、判断故障位置、掌握故障处理手段，是本任务的核心内容。

【任务目标】

- 能分析柴油机停机的原因，找到故障位置，并采取措施排除故障。
- 能分析柴油机降功或功率低的原因，找到故障位置，并采取措施排除故障。
- 能分析其他常见故障的原因，找到故障位置，并采取措施排除故障。

【任务学习】

子任务4-3-1　16V265H型柴油机运行中停机原因及处理方法

一、曲轴箱压力高停机

1. 故障现象

机车运行中柴油机自然停机，FIRE显示屏提示：柴油机停机——柴油机曲轴箱压力。

2. 故障原因

（1）柴油机部分动力组故障，造成燃烧室漏气，泄漏的燃气进入曲轴箱，造成曲轴箱压力超高。

（2）曲轴箱引射装置故障，曲轴箱内的油气混合物不能排出，运行时间较长后，从而引起压力超高。

（3）机油稀释，油温升高后，油内所含的水分变成气体，留存在曲轴箱内，使曲轴箱压力升高。

（4）曲轴箱压力传感器误报或线路故障，由于传感器故障或线路阻值发生改变，所采集的信号不准确，造成误报。

3. 检查判断及处理

首先操纵司机应在副屏中调出“事件及信息”，用上下键将光标移动到当前故障上，然后打开“更多详细记录”，查看右侧曲轴箱压力“APCcRb”或左侧曲轴箱压力“APCcLb”的数值。非操纵司机或防护员应同时检查柴油机外观、柴油机曲轴箱压力传感器、油气分离器（见图 4-3-1）和柴油机摇臂箱盖等外观有无明显故障处所。

图 4-3-1　油气分离器

如果柴油机外观检查无异常，并且操纵司机查看的曲轴箱压力为“负值”，可判断为曲轴箱引射装置故障。司机可按如下步骤进行启机：操作 FIRE 显示屏调出“维护模式”信息，输入维护密码后，按“其他选择”中的“启动复位”选项进行复位，断开发动机控制断路器再闭合，待 FIRE 中柴油机保护停机故障消除后启动柴油机。启机后操纵司机应调出“机车数据”中“电喷控制器”，进入“传感器数据”中随时观察曲轴箱压力的变化，并且副班司机或防护员应在柴油机启动后检查倾听柴油机是否有异音异状，无异常后可加载继续运行。

如果操纵司机查看的曲轴箱压力为“正值”，副班司机或防护员应进一步检查机油油位（停机 10 min 后检查比较准确），如果机油油位在上下刻线间，可以按相关启机方法进行启机，副班司机或防护员应在柴油机启动后检查倾听柴油机是否有异音异状，操纵司机同样调出“传感器数据”观察曲轴压力变化，并且应空载 1 000 转进行试验。如此时曲轴箱压力为“负值”，可初步判断为曲轴箱压力传感器（见图 4-3-2）误报，可以加载维持运行并随时观察曲轴箱压力的变化。

如果副班司机或防护员检查到柴油机有异常、机油油位高出上刻线 30 mm 以上、柴油机启动时有异音异状或启机后曲轴箱压力仍为正值并随转速升高而升高，可判断为柴油机动力组故障或机油稀释，这几种情况都禁止启机或立即停机，应请求救援，在冬季时还应进行放水。

图 4-3-2　曲轴箱压力传感器

二、机油压力低停机

1. 故障现象

机车运行中柴油机自然停机，FIRE 显示屏提示：柴油机停机——柴油机机油压力。

2. 故障原因

（1）机油温度高，使机油黏度改变，致使机油压力降低。

（2）机油稀释，其密度和黏度降低而导致机油压力降低。

（3）机油压力传感器误报，造成系统误判断，从而引起停机。

（4）机油回油阀开启，使进入滤清器的机油直接返回油底壳，油压发生改变。

（5）机油油位低，在机车运行时，因坡道或机车运行中的冲动和晃动，会造成机油泵在吸口处吸空。

（6）主机油泵故障或曲轴故障，造成机油压力下降或波动。

（7）机油滤清器过脏、堵塞严重，使主油道进油压力过低。

3. 检查判断及处理

首先操纵司机应在副屏中调出“事件及信息”，用上下键将光标移动到当前故障上，然后打开“更多详细记录”，查看机油进口压力“OPEgI”、右侧增压器机油压力“OPTuR”和左侧增压器机油压力“OPTuL”的数值。

当“OPEgI”压力低于 138 kPa，“OPTuR”和“OPTuL”压力都低于 60 kPa 时，副班司机或防护员应检查柴油机机油油位和机油回油阀状态。如果这三个压力都低于 30 kPa，可判断为主机油泵故障或曲轴故障，禁止启机，立即请求救援。如果这三个压力仅有一个低于限定值，可判断为增压器机油压力传感器（见图 4-3-3）误报，可启机维持运行，并随时观察压力的变化。

如果此时检查机油油位低于下刻度线（见图 4-3-4），可判断为机油不足造成的机油压力低停机，此时不得启动柴油机，并进一步检查是否有漏油处所。

如果检查油位高于上刻度线 30 mm 以上，可判断为机油稀释，不得启动柴油机。

如果油位正常，此时应重点检查机油回油阀（见图 4-3-5）状态，如果处于开启位，关闭后即可启机运行。

图 4-3-3　增压器机油压力传感器

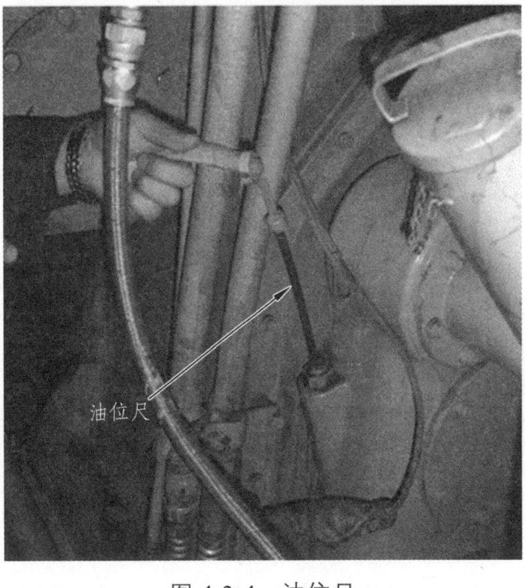

图 4-3-4　油位尺

图 4-3-5　机油回油阀

三、水压低停机

1. 故障现象

机车运行中柴油机自然停机，FIRE 显示提示：柴油机停机——柴油机冷却水压力。

2. 故障原因

（1）动力组故障造成冷却水进入燃烧室内，随废气排除，使冷却水逐渐减少，从而造成水压低停机。

（2）水泵故障造成泵水量不足，使冷却水压力降低。

（3）水箱内水位较低，冷却水量不足，造成水压低停机。

（4）上水阀不严或减压阀漏水。

3. 检查判断及处理

首先操纵司机应在副屏中调出“事件及信息”，用上下键将光标移动到当前故障上，然后打开“更多详细记录”，查看水泵进口压力“WPEgIR”和水泵出口压力“WPEgOt”的数值以及对应的柴油机转速“EEngRPM”数值。表 4-3-1 为柴油机各转速下水压低停机的保护值。这些数值只作为停机数据查看参考，柴油机正常运转时会大于此表中数值。

表 4-3-1　柴油机各转速下水压低停机的保护值

柴油机转速/（r/min）	柴油机停机水压保护值/kPa
325	20
400	50
550	85
700	126
900	185
1 000	215

当这两个压力都低于此表中对应的数值时，副班司机应检查柴油机各缸状态和冷却水泵状态，一般情况下为动力组故障或冷却水泵故障（可用手摸水泵进出水管温差来判断），同时检查水箱水位变化情况，水箱水位无明显下降一般为水泵故障，水箱水位持续下降为动力组故障。此种情况不得启机，请求救援，在冬季时应放水。

这两个数值只有一个压力值略低于此表中对应数值时，副班司机仍然按上一项进行检查，尤其对各缸状态进行检查，外观应无明显破损漏水处所，水箱水位没有持续下降现象并且不低于正常水位，可以进行一次启机，并在启机时观察倾听柴油机运转状态，无异常后在副屏中调出“传感器数据”，此时这两个压力值都应大于保护值。此种情况一般为传感器误报或安全阀不严造成瞬间水压低停机，可以加载运行并随时观察水压变化，并检查水箱水位变化。

四、紧急燃油切断停机

1. 故障现象

运行中柴油机自然停机，主屏提示信息中会显示：柴油机停机——紧急燃油切断动作。

2. 故障原因

（1）紧急燃油切断按钮误动作。

（2）紧急燃油切断按钮接线脱落。

（3）DIO 模块故障。

3. 检查判断及处理

此种故障可将隔离开关置于“隔离”位，换向手柄置于“中位”位，主手柄置于“惰转位”，主发励磁开关置于“断开”位，然后进行启机操作，如启机后正常为误动作，可继续运行。

如果启机后一会儿又产生同样现象停机，一般为紧急燃油切断按钮接线脱落，处于虚接状态，此时可再进行一次启机维持进站停车处理，首先检查一、二室的按钮接线状态，无异常后依次检查主发、车体两侧的按钮。如仍未发现明显故障，可断开计算机断路器，将 DIO2 与 DIO4 模块对调后，重新闭合计算机控制。

子任务 4-3-2　16V265H 型柴油机运行中降功或功率低原因及处理方法

一、水温高限位降功

1. 故障现象

机车限手柄位运行，FIRE 显示屏提示关于减载油水温度高限制手柄的故障信息。

2. 故障原因

（1）冷却风扇电机或保险烧损，冷却风扇无法转动，机车散热器内的冷却水温度不能冷却，造成机车水温超高。

（2）冷却风扇接触器犯卡，冷却风扇转速低或无转速，冷却水不能得到冷却，致使机车冷却水温度超高。

（3）传感器误报故障，造成系统直接发出降功指令，机车功率下降。

（4）冷却间百叶窗未开放，冷却间内的空气不能与外部空气流通，冷却间内温度升高，机车散热器冷却效率降低，柴油机水温升高。

3. 检查判断及处理

根据 FIRE 显示屏的提示进行处理，如果只有温度高减载提示，一般为风扇电机或保险烧损，暂时无法进行处理，可以降手柄维持运行进站，到达车站后请求救援。

如果 FIRE 显示屏同时提示接触器犯卡，乘务员可以断开计算机控制断路器，然后对提示的接触器进行手动吸合几次（见图 4-3-6），再闭合计算机控制断路器，观察冷却风扇运转情况。如果风扇运转正常，并且温度有下降趋势，可以加载继续运行。

如果故障时提示某个温度传感器（见图 4-3-6）超范围，应重点检查传感器安装及紧固状态，必要时拧下插头重新安装。

百叶窗在关闭位，检查百叶窗电磁阀是否被顶死或百叶窗冬季冻结在关闭位。

图 4-3-6　手动开关和传感器

二、水温低限位降功

1. 故障现象

机车减载限手柄位置 2 位，FIRE 显示屏提示：减载——柴油机水温低限制 2 位手柄。

2. 故障原因

冷却水温度低于 50 °C，此故障常发生在库出机车或长时间停留机车上。

3. 检查判断及处理

对库出机车和长时间待避机车检查冷却水温度，当温度低时，应适当空载提手柄进行升温，应急时也可以进行自负载升温。

三、燃油压力低降功

1. 故障现象

机车功率不足，FIRE 显示屏无故障提示。

2. 故障原因

（1）机械燃油泵故障，燃油系统不能正常建立压力。

（2）燃油回油阀开启，进入燃油系统的燃油经回油阀又回到燃油箱，造成燃油压力降低。

（3）燃油量不足，泵入燃油系统的燃油量不足，油压建立不正常。

3. 检查判断及处理

应检查 FIRE 显示屏燃油量标识是否显示黄色，如果显示黄色，为燃油量不足，应进站停车等待补充燃油。

检查燃油箱油位（应在 1 000 L 以上）、管路有无泄漏，滤清器压差表显示压差不超 30 psi（柴油机正常运转时），燃油回油阀（见图 4-3-7）在关闭位。

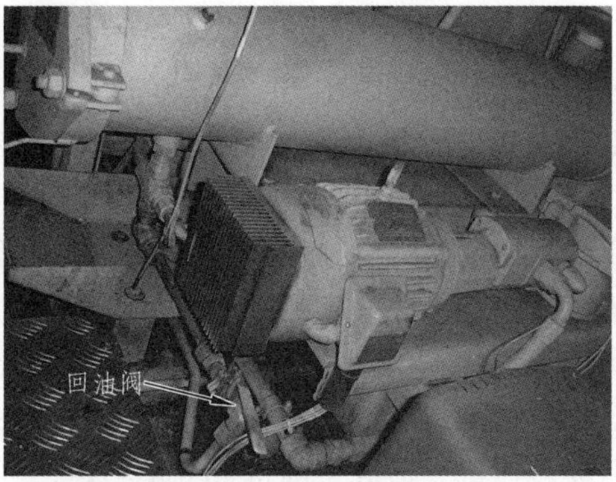

图 4-3-7　回油阀

从 FIRE 显示调出“机车数据”中“电喷控制器”，进入“传感器数据”中观察燃油压力“FPEgI”的数值，正常时应大于 250 kPa，如果低于此数值，应检查燃油回油阀及机械燃油泵状态，如果回油阀开启，关闭后即可加载运行。如果机械燃油泵故障或联轴节破损，应维持进站后请求救援。

子任务 4-3-3　16V265H 型柴油机检修时其他常见故障原因及处理方法

一、试验时，柴油机功率低

对检修后的机车试验时，提升手柄后发现机车功率偏低。造成柴油机功率低的原因可能为个别缸不爆发、燃油压力低、空气滤清器脏、柴油机进气量不足、大气压力传感器不良、其他故障减载等。可以通过下列方法对故障原因进行判定：

（1）个别缸不爆发，机车自负载时用测温设备检测各缸排气支管温度，正常时各缸排温应基本一致（200 °C），发现单缸排温明显低于其他缸（一般低于 100 °C），首先打开摇臂箱盖手触高压油管检查是否有脉冲，有脉冲则排除电喷泵故障，重点检查喷油器和气缸套状态；无脉冲，则检查电喷泵接线情况，无异常时打开位于电器间内电喷装置插头插针是否退针或接触不良，1、2、7、8 缸检查发送器 BA 插头，3 ~ 6 缸检查发送器 BB 插头，9、10、15、16 缸检查接收器 BA 插头，11 ~ 14 缸检查接收器 BB 插头。如插头内插针及接线作用良好，拆下电喷泵检查下部柱塞及随动机构，无异常时更换电喷泵。更换电喷泵后仍然不爆发，通知有关技术人员进行处理。

（2）燃油压力低，正常燃油压力要求自负载 8 位手柄时不低于 450 kPa。和谐型机车柴油机转速在 550 r/min 以下时电子燃油泵和机械燃油泵同时工作，超过 550 r/min 时电子燃油泵停止工作。燃油压力各转速均低，检查燃油来油管路各接头是否松动漏气，燃油滤清器回油阀是否开放或回油，燃油粗滤器是否漏气或过脏阻塞，燃油滤清器滤芯是否阻塞或变形，燃油系统安全阀是否回油，燃油箱内是否异物阻塞来油管路。电子燃油泵压力低，检查电子燃油泵是否故障，电子燃油泵逆止阀是否犯卡或机械燃油泵逆止阀是否回油。机械燃油泵压力低，检查机械燃油泵来油管是否剥离，机械燃油泵联轴节是否不良，机械燃油泵是否故障，机械燃油泵逆止阀是否犯卡或电子燃油泵逆止阀是否回油。

（3）柴油机进气量不足，空气滤清器过脏，中冷器与增压器连接的空气管路裂损或软连接不良，中冷器脏堵。

（4）大气压力传感器或线路不良，故障时手柄在 1、8 位时功率正常，2 ~ 7 位时功率低。检查大气压力传感器接线情况，检查 EM2000 后部 7 A 插头 C、H 接线情况，无异常时用万用表测量传感器插头 R2 和 R3 间的 5 V 电压，有电压时更换传感器，无电检查 ASC301/A 模块插头 n、m 点接线，正常更换 ASC301/A 模块。如全部正常，更换 ADA 模块。

（5）增压器故障，增压器转速低会造成柴油机进气量不足，可在自负载时调出电喷控制传感器数据，查询左、右增压器转速数据，正常时两增压器转速应基本一致，转速过低应对应各缸爆发情况，无异常时检查增压器是否有喷油迹象，叶片有无扫膛、破损现象。

（6）因其他故障减载，如水温高、风机故障减载，此时需查询故障信息确认减载原因并进行针对性查找。

二、启动后，燃油压力低

柴油机启动后，机车显示器提示电喷传感器数据显示燃油压力低于标准值。造成燃油压力低的原因可能为燃油来油管路松动漏气，燃油滤清器回油阀开放或回油，燃油粗滤器密封不严或滤芯过脏、装反，燃油滤清器滤芯过脏或变形，安全阀回油，燃油箱内有异物堵塞燃油管，机械燃油泵故障，电子燃油泵故障，逆止阀回油，燃油压力传感器故障或插头线路虚接等。可以通过下列方法对故障原因进行判定：

（1）正常燃油压力要求自负载 8 位手柄时不低于 450 kPa。和谐型机车柴油机转速在 550 r/min 以下时电子燃油泵和机械燃油泵同时工作，超过 550 r/min 时电子燃油泵停止工作。燃油压力各转速均低，检查燃油来油管路各接头是否松动漏气，燃油滤清器回油阀是否开放或回油，燃油粗滤器是否漏气或过脏阻塞，燃油滤清器滤芯是否阻塞或变形，燃油系统安全阀是否回油，燃油箱内是否异物阻塞来油管路。

（2）电子燃油泵压力低，检查电子燃油泵是否故障，电子燃油泵逆止阀是否犯卡或机械燃油泵逆止阀是否回油。

（3）机械燃油泵压力低，检查机械燃油泵来油管是否剥离，机械燃油泵联轴节是否不良，机械燃油泵是否故障，机械燃油泵逆止阀是否犯卡或电子燃油泵逆止阀是否回油。

三、试验时，曲轴箱压力超高

对柴油机进行试验时，柴油机突然停机，机车显示器提示：柴油机停机——曲轴箱压力。造成该故障的原因可能有曲轴箱压力传感器故障、引射装置故障、机油油位高、动力组故障或缸套拉伤等。可以通过下列方法对故障原因进行判定：

（1）在显示屏中调出“事件及信息”，查找到相关的故障信息，然后打开“更多详细记录”，查看故障时右侧曲轴箱压力“APCcRb”或左侧曲轴箱压力“APCcLb”的数值。

（2）如果查看的曲轴箱压力值在故障前 5 s 明显波动，且数值偏差较大，可以判断为传感器故障或插头线路故障，重点检查线路，无异常时更换故障传感器。

（3）如果查看的曲轴箱压力为“负值”，并且在柴油机 1 000 r/min 时负值超过 – 9，可判断为曲轴箱引射装置故障，解体曲轴箱压力引射装置，检查喷头是否脱落或孔径是否磨损变大，如喷头脱落或孔径不符合要求，需重新更换新品。

（4）机油油位高，如曲轴箱压力值为正值，首先对柴油机机油油位进行检查，如柴油机机油油位高出上刻度线 30 mm 以上，并伴有柴油味，可以判断为机油稀释后油位过高造成曲轴箱压力过高停机，可以在显示屏内执行燃油系统检查试验，查找各缸燃油管路泄漏情况。如机油油位过高且无明显燃油味，应化验机油并进行下一步检查。

（5）动力组故障或其他故障。以上各部检查无异常，要对柴油机外观进行检查，重点检查各缸动力组外露部分；对油气分离器及引射装置外观进行检查；如无异常，打开各缸摇臂箱盖对内部各部件进行外观检查。如各可见部件无异常情况，应打开曲轴箱检查孔盖检查各气缸套拉伤情况，判断出曲轴箱压力高的最终原因。

四、启动时，机油压力低

柴油机启动时，不能正常启动，提示机油压力低。造成该故障原因可能有机油油位过低（包括漏油严重）、机油稀释、油温高、机油压力传感器故障、机油粗滤器滤芯堵塞、机油精滤器滤芯堵塞、机油安全阀（965.3 kPa）故障、机油回油阀不严、逆止阀 C 不严（从 413.7 kPa 安全阀回油）、管路堵塞、主机油泵故障等。可以通过下列方法对故障原因进行判定：

（1）首先检查机油油位和有无外部严重泄漏。

（2）如油位过高，还应注意有无燃油味，通知整备化验机油。

（3）在 FIRE 故障记录中查看故障信息，看故障时油温是否过高。

（4）对比查看机油进口压力“OPEgI”、右侧增压器机油压力“OPTuR”和左侧增压器机油压力“OPTuL”的数值，如果只有一个偏低，一般为机油压力传感器故障，可先检查传感器插头接线以及电喷控制器插头后更换传感器。

（5）若更换新传感器后还低，检查管路有无堵塞。

（6）如果所有传感器都低，应对机油粗滤器滤芯、精滤器滤芯、机油安全阀、机油回油阀、逆止阀C阀等处所逐一排查。

（7）上述都正常时更换主机油泵。

五、试验时，水压低停机

机车检修后进行试验时，柴油机突然停机并提示冷却水压力过低。造成该故障的原因可能有冷却水位过低（包括漏水严重）、水泵故障、水管路堵塞、水压传感器故障、水管路密封不严等。可以通过下列方法对故障原因进行判定：

（1）冷却水位过低。机车经放水，加水启机后未补水，或机车严重漏水，造成冷却水位过低。

（2）水泵故障。高温水泵故障时，机车水箱水位只下降一点，启机后短时间内会报水压低停机；中冷水泵故障时，机车水箱水位下降一半。

（3）水管路堵塞。

（4）水压传感器故障。先检查水压传感器插头接线状态，都正常时更换水压传感器。

（5）水管路密封不严。可能是水箱盖不严，水泵吸水管等处所泄漏。

【任务检查】

表 4-3-2　柴油机启动时的故障判断及处理知识——任务检查单

任务编号	4-3	任务名称	柴油机启动时的故障判断及处理知识认知	
序号	检查内容		是	否
1	能分析柴油机停机的原因，找到故障位置，并采取措施排除故障			
2	能分析柴油机降功或功率低的原因，找到故障位置，并采取措施排除故障			
3	能分析其他常见故障的原因，找到故障位置，并采取措施排除故障			

【任务训练】

一、填空题

1. HXN3 型内燃机车柴油机 V 形夹角为（　　　　）。

2. HXN3 型内燃机车柴油机气缸压缩比为（　　　　）。

3. HXN3 型机车柴油机运行时，涡轮增压器通过清洁空气室的（　　　　）空气滤清器以及柴油机二级玻璃丝空气滤清器吸入室外空气。

4. HXN3 型机车燃油基本组成有电喷泵/器、机械式泵、（　　　　）、供油和回油管路。

5. 冷却系统冷却水装载量为（　　　）L。

二、选择题

1. HXN3 型内燃机车将隔离开关设置在启动/停止/隔离位，允许柴油机（　　）和停止。

A. 加载　　B. 调速　　C. 启动　　D. 甩车

2. HXN3 型内燃机车空气进口温度测量点位于（　　）。

A. 左侧中冷器前端　　B. 右侧增压器进口

C. 右侧中冷器前端　　D. 燃油分配器

3. HXN3 型内燃机车柴油机停机后，微机会继续控制机油泵电机运行（　　）min。

A. 5　　B. 10　　C. 20　　D. 30

4. HXN3 型内燃机车在运行当中机油精滤器的回油阀正常状态为（　　）。

A. 开放　　B. 关闭　　C. 半开　　D. 半闭

5. 16V265H 型柴油机装备有 2 个燃油输送泵，一个是电驱动，而另一个是（　　）驱动。

A. 油底壳　　B. 气阀装配　　C. 机械

三、判断题

1. HXN3 型内燃机车曲轴箱压力太高会造成柴油机停机。（　　）

2. HXN3 型内燃机车除尘风机的作用就是除去二级空滤（由玻璃丝组成的袋式滤清器）表面的灰尘。（　　）

3. HXN3 型内燃机车按压紧急燃油切除和柴油机停机按钮，会使柴油机停机。（　　）

4. 机油油位尺，从泵支承箱的一侧伸出，并插入油底壳。当柴油机以怠速工作，并且机油为热油的时候，油位应保持在油位尺的最高位和最低位标志之间。（　　）

5. 膨胀水箱上的 138 kPa 压力阀盖限制了系统运行压力。系统冷却之后，液体收缩，使得系统压力下降并且会产生一些空隙。水箱中溢流出来的冷却水会将系统重新填满。（　　）

四、简答题

1. 请分析 16V265H 型柴油机曲轴箱压力超高的原因。

2. HXN3 型内燃机车运行中，造成柴油机突然停机的原因有哪些?

3. 试验过程中，16V265H 型柴油机功率过低的原因有哪些?

4. HXN3 型内燃机车柴油机启动时，造成柴油机启动困难的原因有哪些?

5. HXN3 型内燃机车运行过程中，出现机油压力低的原因有哪些?

思政小课堂——劳模故事

刘志刚，中国铁路沈阳局集团有限公司苏家屯机务段中修基地柴油机组装部调度，高级技师。刘志刚同志 1983 年参加工作以来一直从事机车检修工作，多年来勤勤恳恳、兢兢业业，工作业绩突出，连续多年被授予苏家屯机务段“先进生产者”“创新能手”“感动苏机十大人物”“技能大师”等称号。

他是新工艺的探路者。2015 年，为尽快实现和谐型内燃机车自主修，针对和谐型内燃机车工装机具短缺、原东风系列机车检修资料和工装工具与和谐型内燃机车不匹配的问题，刘志刚同志主动请缨到大连厂学习和谐型机车柴油机检修技术，回段研制了 HXN3 型机车柴油机组盘车机、柴油机主轴承螺栓及动力组螺栓拉伸测量工具、柴油机配气相位测量工具、柴油机曲轴转角角度测量工具、电喷油泵进回油管组装工具等26种和谐型机车柴油机检修专用工装设备，解决了单位的燃眉之急。

他是基地公认的大工匠。段里1986年开始内燃机车检修，他毅然选择了最脏、最苦、最累的柴油机组装工作，并努力自学了DF_{4B}型机车16V240ZJ型柴油发电机组和辅助传动装置维修等专业知识，在很短的时间里，工作就入了门，并成为检修车间技术骨干。多年的钻研和积累，使他面对机车柴油机的诸多疑难杂症，总是能一击中的，找到有效的解决办法。

他是技术的传承者，正引领着青年一代走技能成才、技能报国之路。由于技术精湛，刘志刚总是被职工们戏称为“刘医生”，“刘医生”不仅仅是将疑难杂症治好，做到药到病除，他还将“药方”送给你，一边带着职工干，一边耐心讲解技术要点，让更多的职工学会弄通。2020年4月，中修基地新建4个大师工作室，刘志刚作为技能大师工作室的负责人，带领24名车间技术骨干组成4个攻关小组。他坚持每周两次为大家传经授课，让更多的职工成为检修技术能手。目前，刘志刚所带的工作室先后完成16V265H型柴油机泵支承箱、凸轮轴箱、水泵轴、气缸盖修复，凸轮轴焊接修复，HXN3型机车整体水系统打压设备，HXN3机车燃油系统打压设备，机体裂纹等检修攻关项目123个，消除质量隐患30余起，节约成本800多万元。

习近平总书记指出：“在长期实践中，我们培育形成了爱岗敬业、争创一流、艰苦奋斗、勇于创新、淡泊名利、甘于奉献的劳模精神，崇尚劳动、热爱劳动、辛勤劳动、诚实劳动的劳动精神，执着专注、精益求精、一丝不苟、追求卓越的工匠精神。劳模精神、劳动精神、工匠精神是以爱国主义为核心的民族精神和以改革创新为核心的时代精神的生动体现，是鼓舞全党全国各族人民风雨无阻、勇敢前进的强大精神动力。”

劳动创造幸福，实干成就伟业。千千万万个刘志刚在平凡的岗位上创造了不平凡的业绩，以实际行动诠释了中国人民具有的伟大创造精神、伟大奋斗精神、伟大团结精神、伟大梦想精神。

参考答案

项目 1　内燃机车柴油机基本知识认知

任务 1-1　柴油机基本常识认知

1. 解释柴油机的基本术语。

答案要点：详见子任务 1-1-1 柴油机工作原理认知部分“二、柴油机的基本术语”。

2. 说明四冲程柴油机的工作原理。

答案要点：详见子任务 1-1-1 柴油机工作原理认知部分“三、柴油机的工作原理”。

3. 画出 16V280ZJ 型柴油机的配气相位图。

答案要点：参见图 1-1-3 16V280 型柴油机配气相位图。

4. 说明柴油机是如何分类的。

答案要点：（1）按工作循环可分为四冲程和二冲程柴油机；（2）按冷却方式可分为水冷和风冷柴油机；（3）按进气方式可分为增压和非增压柴油机；（4）按燃烧室可分为直接喷射式、涡流室式和预燃室式柴油机；（5）按气缸布置形式可分为立式、U 形、V 形等柴油机；（6）按曲轴转速可分为低转速、中转速、高转速柴油机。

5. 说明 16V280ZJ 型柴油机符号的表示含义。

答案要点：16V280ZJA——16 缸、V 形、四冲程、缸径 280 mm、增压及机车用柴油机。

6. 说明柴油机气缸是如何编号的。

答案要点：参见图 1-1-5 国产柴油机型号编排规则。

任务 1-2　内燃机车柴油机基本结构认知

1. 简述 16V280ZJ 型柴油机的基本组成结构。

答案要点：16V280ZJ 型柴油机主要由固定件、运动件、配气机构、进排气系统、燃油系统、调控系统、冷却水系统以及机油系统组成。

2. 说明 16V280ZJ 型柴油机的总体布置情况。

答案要点：详见子任务 1-2-1 16V280ZJ 型柴油机“二、16V280ZJ 型柴油机的总体布置情况”。

3. 说明 16V280ZJ 型柴油机的主要技术参数。

答案要点：详见“表 1-2-1 16V280 型柴油机主要技术参数”。

4. 说明 16V280ZJ 型柴油机自由端、输出端的布置情况。

答案要点：16V280ZJ 型柴油机自由端通过连接箱与主发电机相连，输出端通过齿轮传动装置分别驱动高温冷却水泵、低温冷却水泵、主机油泵等部件工作。

5. 说明 16V265H 型柴油机的总体布置情况。

答案要点：详见子任务 1-2-2 16V265H 型柴油机“二、16V265H 型柴油机的总体布置情况”。

6. 说明 16V265H 型柴油机的主要技术参数。

答案要点：详见“表 1-2-2 16V280 型柴油机主要技术参数”。

项目 2　内燃机车柴油机结构认知

任务 2-1　固定件认知

一、填空题

1. 差示压力计　2. 活塞顶部　3. 稳压箱、冷却水腔、主机油道　4. 主轴承盖、机体

5. 滑动轴承、支撑、止推

二、选择题

1. C　2. D　3. B　4. B　5. C

三、判断题

1. √　2. √　3. √　4. ×　5. √

四、简答题

1. 简述 16V280ZJ 型柴油机机体的作用和工作特点。

答案要点：机体总成中的主要部件是机体，它是柴油机的骨架，是其他零部件的安装基础。柴油机在工作时，机体部件承受气体燃烧时的爆发压力、活塞运动时的侧向力、曲柄连杆机构运转时的倾覆力矩和曲轴轴系的不平衡力矩等。

2. 简述 16V280 型柴油机机体的结构。

答案要点：16V280ZJ 型柴油机机体长 3 960 mm、宽 1 478 mm、高 1 317 mm。机体由球墨铸铁整体铸造，左右各 8 个气缸呈 V 形 50° 夹角布置，每列相邻两缸的缸心距为 455 mm，左右列对应气缸的错缸距为 86 mm。V 形夹角中部自下而上布置主油道、水腔和空气腔。每个主轴承孔均有钻孔与主油道相通，机油从此孔和主轴承孔的油槽经主轴瓦油孔进入主轴承的摩擦面，再流入柴油机的其他零部件中。近似于六边形的机体横截面有足够大的横向刚度。方形气缸水腔与顶板、侧板铸成一体，并与槽形结构的机体下底板一起，使机体具有良好的纵向刚度。

3. 16V280ZJ 型柴油机机体检修主要技术要求有哪些？

答案要点：详见子任务 2-1-1-1 机体“三、检修主要技术要求”。

4. 16V280ZJ 型柴油机主轴瓦和连杆瓦的作用和工作特点是什么？

答案要点：主轴瓦和连杆瓦与曲轴主轴颈和连杆颈的间隙中充满一定压力的机油，轴瓦受到周期变化的力的作用，而且连杆瓦的角速度还随时间变化，故主轴承和连杆轴承均属非稳定轴承。在运用中，必须保证轴瓦与轴颈处于液体摩擦状态，即两者间有一层足够厚的油膜，以减少摩擦面的磨损，避免产生轴瓦合金层剥离和烧瓦等故障。

5. 16V280ZJ 型柴油机主轴瓦的装配要求有哪些？

答案要点：详见子任务 2-1-1-2 主轴瓦及连杆瓦“三、主轴瓦及连杆瓦的结构及装配要求”。

6. 16V280ZJ 型柴油机主轴瓦和连杆瓦的检修主要技术要求有哪些？

答案要点：详见子任务 2-1-1-2 主轴瓦及连杆瓦“四、检修主要技术要求”。

7. 简述 16V280ZJ 型柴油机气缸的作用和结构。

答案要点：详见子任务 2-1-1-3 气缸。

8. 说明 16V280ZJ 型柴油机气缸检修主要技术要求。

答案要点：详见子任务 2-1-1-3 气缸“四、检修主要技术要求”。

9. 说明 16V280ZJ 型柴油机气缸盖的作用和结构。

答案要点：气缸盖安装在气缸套上方，起着密封气缸的作用，并与活塞顶面和气缸套形成燃烧室。气缸盖内部装有喷油器和 4 个气门，并布置有串联式的进、排气道以及水腔，顶面装有气门驱动机构，侧面装有示功阀。

10. 说明机座、油底壳、连接箱、机体支承的作用。

答案要点：（1）机座为一刚性或半刚性的构件，用以支承机体，承受及传递柴油机的垂直载荷、弯曲力矩及由输出扭矩产生的倾覆力矩等载荷。

（2）油底壳用于接受柴油机各润滑部位的回油并储存机油。

（3）连接箱连接柴油机和同步主发电机，成为柴油机-发电机组。

（4）机体支承用于承受柴油机-发电机组的质量和减少柴油机振动对车架的影响。

11. 说明 16V280ZJ 型柴油机差示压力计的工作机理。

答案要点：差示压力计是用有机玻璃制成的压力计体，体内具有 U 形通道，通道内注入带颜色的导电液。通道一端通过管子与在自由端和第 9 缸之间气缸顶面上的一个清砂孔接头相连接，与曲轴箱相通；另一端插入 2 根金属针并有通大气的接头与大气相通。金属针端位于玻璃管内一定高度位置，其上端与机车有关控制电路连接。当曲轴箱内压力大于 0.6 kPa 时，差示压力计一侧通道的液面降低，另一侧液面上升，液面与金属针接触，导电液接通电路，差示压力计作用，通过电路中的中间继电器切断联合调节器的电磁联锁（DLS）电源，使 C 型联合调节器通过控制拉杆将喷油泵齿条拉至停油位，迫使柴油机迅速停机。

12. 简述 16V265H 型柴油机机体结构的特点。

答案要点：详见子任务 2-1-2 16V265H 型柴油机固定件“一、机体”。

13. 试叙述 16V265H 型柴油机前端盖组件中中冷器安装箱的特点。

答案要点：略。

14. 试叙述 16V265H 型柴油机冷却水对气缸套冷却的过程。

答案要点：略。

任务 2-2　运动件认知

一、填空题

1. 镜面对称　2. 0.03　3. 联合调节器　4. 喷射冷却、内部油路冷却、振荡冷却

5. 钢顶铝裙活塞

二、选择题

1. A　　2. A　　3. C　　4. C　　5. B　　6. C

三、判断题

1. ×　　2. √　　3. ×　　4. ×　　5. ×

四、简答题

1. 说明 16V280 型柴油机活塞组的构成。

答案要点：活塞组由活塞、活塞销和活塞环等组成。

2. 说明 16V280 型柴油机活塞、活塞环、活塞销的作用。

答案要点：(1) 活塞的作用：隔开燃烧室与曲轴箱，将热能转化成机械能并传递给曲轴。

(2) 活塞环的作用：油环起到刮油、泵油、布油的作用；气环用来密封上方的燃气。

(3) 活塞销的作用：用来连接活塞与连杆，内部有机油通道，保证活塞的供油。

3. 16V280 型柴油机采用钢顶铝裙活塞有什么好处？

答案要点：略。

4. 说明 16V280 型柴油机曲轴组的作用和组成。

答案要点：曲轴组是柴油机的主要部件之一，活塞的往复运动经连杆转换为曲轴的旋转运动，输出柴油机的全部功率并驱动柴油机辅助系统。

曲轴组由曲轴、平衡块、平衡块螺钉、定位销和油封等组成。

5. 试述 16V280ZJ 型柴油机曲轴的曲柄排列及发火顺序。

答案要点：参见图 2-2-4 曲柄端图和图 2-2-5 柴油机的发火顺序。

6. 试述卷簧减振器是怎样消减轴系扭振幅的。

答案要点：卷簧减振器属于阻尼弹性减振器，通过调整减振器的转动惯量和刚度来改变轴系的自振频率，以求减弱简谐力矩对轴系的作用，与减振器的阻尼一道起着降低扭振振幅和应力的作用。

7. 联轴节的作用是什么？柴油发电机组对联轴节有何要求？

答案要点：联轴节用于连接柴油机曲轴和同步主发电机转子轴，因此它必须满足如下要

求：能传递柴油机的最大输出扭矩，并能在最高转速下可靠工作；能补偿两轴的不同轴度；用于机车柴油机-发电机组的联轴节，其尺寸有严格的限制，故其直径和轴向尺寸应在规定范围之内；对于弹性联轴节，还应具有减小轴系扭转振动的特性等。

8. 简述 16V280 型柴油机连杆的作用和组成。

答案要点：连杆将活塞和曲轴连接起来，将作用在活塞上的燃烧气体压力传给曲轴，输出扭矩。连杆受到气体压力和活塞、连杆往复惯性力的共同作用。连杆可分成连杆大头、杆身和连杆小头三部分。

9. 说明 16V280 型柴油机曲轴组、连杆组和活塞组的机油油路。

答案要点：机体主油道中的机油，经过主轴瓦上瓦、主轴颈进油孔进入曲轴，经过斜油孔、连杆颈出油孔、连杆下瓦进入连杆盖中；通过连杆的内部油道，经过连杆小头衬瓦向活塞销供油；机油通过活塞销中间油孔、内部油道到达两侧出油孔向活塞供油；通过活塞体油槽、活塞内部油路，进入活塞环形冷却油腔，再经过 6 个油孔进入活塞顶中央冷却油腔，并由油腔下部中央的出油孔流回油底壳。

10. 说明 16V280 型柴油机齿轮传动装置的布置和功用。

答案要点：齿轮传动装置的齿轮布置见图 2-2-9。曲轴的旋转通过装在曲轴上的曲轴齿轮经左、右侧的配气大、小惰轮分别传动两个凸轮轴齿轮，经配气大惰轮传动水泵齿轮，经机油泵惰轮带动机油泵传动齿轮。

11. 说明 16V280 型柴油机盘车机构的布置、功用及使用方法。

答案要点：盘车机构安装在连接箱左侧观察孔处，其作用是手动地使曲轴缓慢转动。

当柴油机需盘车时，应先将限位机构顶部的手把提起，将轴往外拉出 10 mm 左右后，再往外拉时，限位机构的销子就落入轴的一个槽中（远离齿轮端的槽），此槽可避免盘车时齿轮轴的窜动，此时齿轮处于与大圆薄板联轴节上的大齿圈啮合，即可盘车。

12. 简述 16V265H 型柴油机曲轴组的结构组成。

答案要点：曲轴组由曲轴、钟形齿轮、减振器、齿轮隔垫和泵传动齿轮组成。

13. 简述 16V265H 型柴油机主轴颈和连杆颈的润滑油冷却过程。

答案要点：略。

14. 试分析 16V265H 型柴油机减振器的主要作用。

答案要点：减振器用来吸收曲轴的扭转脉冲。减振器是通过挤压由内外圈分离的油腔中的机油来工作的，油腔中的机油来自曲轴上的油孔，扭力将油腔中的机油从通孔中挤出，从而使曲轴的动力得到衰减。

15. 叙述 16V265H 型柴油机活塞组的构造。

答案要点：活塞组活塞环、活塞顶、活塞顶密封圈、活塞顶的固定螺栓及隔套、活塞裙、活塞销衬套等组成。

16. 叙述 16V265H 型柴油机活塞头冷却的特点。

答案要点：略。

17. 叙述 16V265H 柴油机齿轮传动装置中齿轮驱动的过程。

答案要点：略。

任务 2-3　配气机构认知

一、填空题

1. 定时　2. 气缸盖　3. 配气相位、配气正时　4. 气门驱动机构、气门机构

5. 双圈、相反　6. 进气

二、选择题

1. B　2. B　3. AC　4. B　5. D　6. C

三、判断题

1. ×　2. ×　3. ×　4. √　5. ×

四、简答题

1. 说明 16V280ZJ 型柴油机配气机构的作用和工作要求。

答案要点：配气机构是柴油机换气过程的控制机构，按规定的配气相位定时地开启和关闭进、排气门，并在规定的时间内，把新鲜空气吸入气缸和把燃烧后的废气排出气缸。

配气机构的工作要求是：进、排气门的启闭严格按照配气正时和发火顺序，保证换气过程准时进行；气门开度大小和气门启闭过程符合换气过程的要求；气门关闭有良好的密封性；机件的惯性冲击小，振动和噪声小；结构简单，工作可靠，便于调整和维修。

2. 说明 16V280ZJ 型柴油机配气机构的动作过程。

答案要点：曲轴旋转，通过曲轴正时齿轮和齿轮传动装置带动凸轮轴转动。挺柱滚轮贴紧于凸轮型面，当挺柱由凸轮型面推动上升时，气门推杆、摇臂及推杆接触的一端上移，摇臂绕摇臂轴摆动，摇臂的另一端压气门横臂向下，气门横臂压在两个同名气门上，使气门弹簧压缩，气门下降而离开气门座孔，气门因此逐渐开启。当凸轮型面的顶端转过之后，气门挺柱和气门推杆逐渐下移，摇臂回摆，摇臂对横臂和气门弹簧的压力减小，在气门弹簧复原力的作用下，气门随之上升，气门逐渐关闭。

3. 16V280ZJ 型柴油机的气门机构由哪些主要零件组成？它们各有什么作用？

答案要点：气门机构由气门、气门座、气门导管、气门弹簧、气门锁夹和气门弹簧上、下座等组成。

气门的作用是控制进、排气道的开启和关闭；气门座与气门配合，密封下方的燃气；气门导管起着导向作用，同时还传导从气门阀盘带到气门杆的热量；气门弹簧保证气门阀盘与气门座的密封，同时保证正常的配气规律和配气机构工作的可靠性。

4. 16V280ZJ 型柴油机的气门驱动机构由哪些主要零部件组成？它们各有什么作用？

答案要点：气门驱动机构由凸轮轴、挺柱组件、推杆组件、摇臂、摇臂轴、摇臂轴座、气门横臂、横臂导杆、横臂弹簧等组成。

凸轮轴通过正时齿轮的带动准确控制每个气缸进气、排气和供油的时机；挺柱组件是凸

轮的从动件，它把凸轮的推动力传递给推杆和摇臂，使气门按一定的规律运动；摇臂处于推杆与气门横臂之间，是推杆与气门之间的传动件元件；气门横臂用来传递摇臂的向下位移，驱动同名气门开启。

5. 说明 16V280ZJ 型柴油机配气机构的检修主要技术要求。

答案要点：详见子任务 2-3-1-2 气门机构“五、检修主要技术要求及损伤的分析与处理”。

6. 16V25H 型柴油机配气机构由哪些部件构成?

答案要点：16V265H 型柴油机配气机构主要由气门驱动机构、气门组件、气缸盖以及附件等组成。

7. 简述 16V265H 型柴油机气门机构的工作原理。

答案要点：单根凸轮轴布置在柴油机的中部，通过随动装置驱动左右两排气缸的进、排气门和单体式电控喷油泵工作。进、排气门摇臂安装在摇臂轴的两端，摇臂轴安装在摇臂轴座上，并固定在气缸盖上。气门横臂下部利用下端的弹簧座球面与气缸盖定位，上部利用球面关节与摇臂的一端形成定位，通过摇臂使气门横臂做上下运动，从而控制气门的启闭。

8. 简述 16V265H 型柴油机凸轮轴的特点。

答案要点：略。

9. 16V265H 型柴油机进气阀和排气阀有哪些特点?

答案要点：略。

10. 气门间隙调整不当，可能会发生哪些故障?

答案要点：柴油机气门间隙过大，会造成金属敲击异响，并且可能会在摇臂、气门杆等处留下痕迹，造成无法消除的异响；气门间隙大还会造成进、排气量减少，影响柴油机的动力和其他性能；柴油机的气门间隙过小，会造成气门关闭不严，造成气缸漏气、压缩不足，出现怠速不稳、动力下降、加速无力、回火或排气管放炮、易熄火、油耗增加等故障，还可能磨坏气门摇臂和凸轮轴等部件。

任务 2-4 进排气系统认知

一、填空题

1. 进气量改变　2. 浅灰色或无色　3. 水、机油　4. 废气涡轮、压气机　5. 增压器

二、选择题

1. C　2. A　3. C　4. C　5. D

三、判断题

1. ×　2. √　3. ×　4. √　5. √

四、简答题

1. 说明 16V280ZJ 型柴油机进、排气系统的作用。

答案要点：进气系统的作用：将空气或混合气导入柴油机气缸；

排气系统的作用：将气缸内燃烧产生的废气排出，为柴油机循环工作提供条件。

2. 简述 16V280ZJ 型柴油机进、排气系统的组成结构。

答案要点：进气系统由空气滤清器、中冷器、进气歧管、稳压箱组成；

排气系统由排气歧管、排气总管、增压器等组成。

3. 说明 16V280ZJ 型柴油机涡轮增压器的结构与工作原理。

答案要点：涡轮增压器由压气机、涡轮以及中间支承体、燃气进排气壳、压气机进出气壳等构成。涡轮靠废气推动旋转，经转子轴驱动压气机工作。压气机用于压缩空气，提高空气密度。中间体则起支承、密封、冷却、润滑等作用。

4. 说明 16V280ZJ 型柴油机空气滤清器的结构与工作原理。

答案要点：空气滤清器由一级滤清装置和二级滤清装置组成。两套空气滤清装置分别安装在机车动力室的车体左、右侧壁上，担负着前、后两台增压器的进气滤清任务。柴油机工作时，外界空气先经离心回旋式过滤装置进行一级滤清，然后进入钢板网滤清装置进行二级滤清。

5. 说明 16V280ZJ 型柴油机中冷器的结构与工作原理。

答案要点：中冷器主要由冷却芯子、侧板和进出水盖板三部分组成。冷却芯子采用 S99 多管-片式冷却元件，在圆管（或扁管）外套有扰动破口的散热片，用于冷却增压空气。冷却水在管内流动，空气在管外流过翅片管束，增压空气的热量通过管内冷却水带走，达到冷却增压空气的目的。

6. 柴油机增压系统运用时常见的问题有哪些？原因是什么？

答案要点：（1）离心式压气机的喘振。原因是：大气温度的影响；柴油机突卸负荷或突降手柄位；增压器的压气机沾污；进气阻力过大；柴油机气门驱动机构发生故障；两台增压器性能参数相差较大；中冷水温过高或中冷器冷却效率太低。

（2）增压压力不足。原因是：空气滤清器、压气机叶片和扩压器叶片等空气流道沾污或堵塞；压气机叶轮与叶轮罩或与气封间隙过大；压气机叶轮与上述壳体有碰擦现象，使机械阻力增加。

（3）增压器漏油。原因是：压气机端的轴承密封盖或主轴上的活塞环组装不良或损坏；涡轮端的轴承密封盖或装在主轴上的活塞环组装不良或损坏；增压器的进油压力过高。

7. 16V265H 型柴油机增压器在结构上有哪些特点？

答案要点：16V265H 型柴油机为 HA 型增压器。两台增压器分别安装在机体后端的增压器左、右支座上。增压器主要由涡轮、压气机两部分构成，涡轮转子和压气机叶轮通过转子轴连接。

8. 试比较 16V280ZJ 型柴油机与 16V265H 型柴油机的中冷的布置方式的特点。

答案要点：略。

9. 16V265H 型柴油机进气总管分为 4 节的好处有哪些？

答案要点：能够有效地保证柴油机各缸进气的一致性，同时利于部件的检修更换。

10. 16V265H 型柴油机的排气管有哪些独特的设计?

答案要点：每两个排气总管单节之间都安装了一个波纹管，其主要作用是缓解排气脉冲造成的冲击振动，避免零部件因温度变化造成的热胀冷缩。波纹管与单节的连接依靠 V 形不锈钢弹性管卡锁住，法兰之间的密封垫片由页状蛭石制成。

任务 2-5　燃油系统认知

一、填空题

1. 0.7　2. 清洗粗滤器　3. 开启压力　4. 粗滤器、精滤器、燃油泵、进回油管路、调压阀　5. 喷油泵、喷油器、高压油管

二、选择题

1. C　2. B　3. B　4. B　5. D　6. C

三、判断题

1. ×　2. √　3. √　4. √　5. ×

四、简答题

1. 说明 16V280ZJ 型柴油机燃油系统的作用。

答案要点：燃油系统为柴油机的燃料供应部门，它同调节器及控制装置等共同配合，根据柴油机的运转工况，在最佳时机和预定时间向各缸喷射一定数量的雾化的燃油。

2. 说明 16V280ZJ 型柴油机燃油系统的基本组成。

答案要点：机车上的燃油系统与柴油机的燃油系统共同组成完整的燃油系统。柴油机燃油系统由进油管路、回油管路、调压阀、燃油粗滤器、燃油精滤器、喷油泵、喷油器和高压油管等组成。

3. 简述 16V280ZJ 型柴油机燃油输送泵的结构和工作原理。

答案要点：略。

4. 简述 16V280ZJ 型柴油机燃油滤清器的结构和工作原理。

答案要点：略。

5. 简述 16V280ZJ 型柴油机喷油泵的基本组成。

答案要点：16V280ZJ 型柴油机采用单体式喷油泵，由喷油泵上体和喷油泵下体组成。喷油泵上体主要由泵体、柱塞偶件、出油阀偶件、柱塞弹簧、出油阀弹簧、调节齿杆组装等零部件组成。喷油泵下体主要由下体、滚轮、滚轮体、滚轮销、滚轮衬套组成。

6. 简述 16V280ZJ 型柴油机喷油器的结构和工作原理。

答案要点：喷油器主要由喷油器体、进油管接头、调压螺钉、弹簧上座、调压弹簧、弹簧下座、支座板、喷嘴偶件、压紧螺帽组成。

高压燃油从高压油管经进油接头进入喷油器体，燃油由直油孔流到支座板的顶面凹槽，然后经斜油孔流到喷油器针阀体的顶面凹槽，经 3 个斜油孔流入针阀锥面上方的高压油腔。当油压达 25.5 ~ 26 MPa 时，燃油顶开针阀，经压力室再由 8 个 ϕ0.5 mm 的喷孔向气缸喷出。

当压力降到 15 MPa 时，调压弹簧迫使针阀落座，喷油停止。

7. 说明 16V280ZJ 型柴油机高压油管的功用与结构。

答案要点：喷油泵的高压燃油经高压油管送往喷油器。在燃油系统的高压容积中，高压油管所具有的弹性较为显著。油管的胀缩会影响燃油压力的传递，导致供油始点与喷油始点间及供油规律与喷油规律间的差异。这种影响，随着柴油机的转速、高压油管的长度、高压容积等的增加而加大。为此，采用了每缸一个单体喷油泵，让喷油泵与喷油器很接近，以便尽量缩短高压油管的长度，并要求各缸高压油管长度相等。因此，在运用中，不可随便更改高压油管的规格及长度。

高压油管处于周期脉动变化的油压作用下，最高油压达 100 MPa，故要求它有高的疲劳强度和低的表面粗糙度，并避免引起应力集中的表面缺陷。为此，高压油管采用合金钢的无缝钢管并经热处理，管子两端的锥形部位采用热镦成形，管套接合圆角经过机械加工。

8. 柴油机常见非正常排气烟色有哪些？原因是什么？

答案要点：详见子任务 2-5-1-4 不完全燃烧及排气净化措施“一、排气烟色、成分及对环境的危害”。

9. 减少柴油机废气对环境污染的措施有哪些？

答案要点：详见子任务 2-5-1-4 不完全燃烧及排气净化措施“三、减少环境污染的一些措施”。

10. 简述 16V265H 型柴油机燃油系统的构成。

答案要点：16V265H 型柴油机燃油系统由单体喷嘴的电喷泵、机械式传动燃油输送泵、燃油分配器、供油和回油管路及柴油机上配装的燃油管路。

11. 简述 16V265H 型柴油机燃油加热系统的组成部件及工作原理。

答案要点：详见子任务 2-5-2 16V265H 型柴油机燃油系统“一、燃油系统的组成及工作原理”。

12. 简述机车燃油系统工作循环回路的特点。

答案要点：略。

13. 简述 16V265H 型柴油机燃油供给的过程。

答案要点：燃油从主燃油泵外部被抽到主燃油泵进口并充满齿隙空间，燃油在齿轮泵内被充满收紧，接着由齿轮泵牙推带到泵出口处，最后在齿轮啮合过程中通过齿轮牙的作用力将燃油推出泵口之外。

任务 2-6 调控系统认知

一、填空题

1. 功率恒定　2. 紧急停车机构　3. 自动　4. 紧急停车机构

5. 供油量、功率、转速

二、选择题

1. A　2. A　3. C　4. C　5. B　6. C

三、判断题

1. ×　2. √　3. √　4. √　5. √

四、简答题

1. 说明柴油机调控系统的任务和工作要求。

答案要点：保证柴油机在各个转速下的稳定运转和在给定转速下的功率恒定，实现工况的快速、平稳过渡，并具有超速保护功能。

2. 简述 16V280ZJ 型柴油机调控系统的基本组成。

答案要点：调控系统由调速器、调控传动装置、超速停车装置和控制拉杆等组成。

3. 说明 C 型联合调节器的基本结构。

答案要点：调速器主要由转速调节系统、转速给定系统、功率调节系统、供油系统和停车装置等部分组成。

4. 说明 C 型联合调节器调节柴油机转速、功率的原理。

答案要点：略。

5. 简述 16V280ZJ 型柴油机控制机构的作用和组成。

答案要点：控制拉杆装置由弹性拉杆、紧急停车机构、最大供油止挡、左右转臂、横拉杆、左右纵拉杆、夹头和定位托架等组成。其作用是将调速器产生的位移传递到喷油泵的供油齿条上，从而控制喷油泵的供油量。

6. 简述 16V280ZJ 型柴油机调控传动装置的组成及作用。

答案要点：调控传动总成的转动部分用于传动调速器、超速停车装置、转速表和测速发电机。调控传动总成设有超速停车装置和转速表，调控传动总成安装于柴油机前端右侧。

7. 说明 C 型联合调节器的运用常识。

答案要点：略。

8. C 型联合调节器对柴油机有哪些保护措施？

答案要点：略。

9. 说明 16V280ZJ 型柴油机在超速和紧急情况下的停机保护措施。

答案要点：略。

10. 简述 16V265H 型柴油机转速检测的工作原理。

答案要点：略。

11. 简述 16V265H 型柴油机控制单元（ECU）对燃油系统的控制过程。

答案要点：控制模块都安装在电器柜内，并按如下原则配置：发送器（控制柴油机右侧的 1~8 缸）和接收器（控制柴油机左侧的 9~16 缸），以及发送器和接收器的两个 ECM 决定着基本燃油喷射脉冲宽度。尽管装到柴油机上的性能和保护传感器的数据均由发送器 ECM

处理，但两个 ECM 均有电缆与传感器相连。这是因为柴油机所要求的传感器总数超出了一个 ECM 模块的容量。

12. 16V265H 型柴油机的保护传感器有哪些？在什么位置？

答案要点：详见子任务 2-6-2 16V265H 型柴油机调控系统“二、EMDEC 系统工作原理”。

13. 16V265H 型柴油机的系统传感器有哪些？在什么位置？

答案要点：详见子任务 2-6-2 16V265H 型柴油机调控系统“二、EMDEC 系统工作原理”。

12. 16V265H 型柴油机的性能传感器有哪些？在什么位置？

答案要点：详见子任务 2-6-2 16V265H 型柴油机调控系统“二、EMDEC 系统工作原理”。

任务 2-7 机油系统认知

一、填空题

1. 少量 2. 杂质 3. 压力、飞溅、手工添加润滑脂 4. 主机油道、主机油泵 5. 88 °C

二、选择题

1.C 2. D 3. D 4. A 5. C 6. D

三、判断题

1. × 2. × 3. × 4. × 5. ×

四、简答题

1. 说明柴油机机油系统的任务和组成。

答案要点：详见子任务 2-7-1-1 概述“一、机油系统的任务及组成”。

2. 简述 16V280ZJ 型柴油机机油系统的基本组成。

答案要点：机油系统由油底壳、机油泵、机油离心式滤清器、增压器滤清器、安全阀、调压阀和机油管路等组成。

3. 说明 16V280ZJ 型柴油机主机油泵的结构和工作原理。

答案要点：详见子任务 2-7-1-2 机油系统的主要部件“一、主机油泵”。

4. 说明 16V280ZJ 型柴油机机油粗滤器的结构和工作原理。

答案要点：详见子任务 2-7-1-2 机油系统的主要部件“二、机油粗滤器”。

5. 说明 16V280ZJ 型柴油机机油精滤器的结构和工作原理。

答案要点：详见子任务 2-7-1-2 机油系统的主要部件“三、机油精滤器”。

6. 说明 16V280ZJ 型柴油机机油热交换器的结构和工作原理。

答案要点：机油热交换器为管壳式结构，由筒体、端盖、管板、铜管、隔板、密封件等组成。冷却水在管内流动，机油在管外沿隔板迂回流动，通过铜管壁进行热交换，达到冷却机油的目的。在冬季启动柴油机前，可作为加热机油用。

7. 分析 16V280ZJ 型柴油机机体内部油路的分布情况。

答案要点：详见子任务 2-7-1-1 概述“二、机油油路”。

8. 16V280ZJ 型柴油机机油压力不正常的原因是什么？保护措施有哪些？

答案要点：连杆瓦和主轴瓦间隙或各挡间隙差过大；主机油泵径向或轴向间隙过大；油管破裂或通路有漏油现象；油温过高；机油稀释；主机油泵调压阀弹簧的预紧力过小或弹簧折断；主机油泵主轴折断或连接齿套剃齿；机油滤清器脏或吸油口滤网堵塞；油位过低或油内有水，使泡沫过多等。

9. 16V265H 型柴油机润滑油系统主要由哪些部件组成？

答案要点：机油系统主要由主机油泵、机油冷却器、机油滤清器、预润滑油泵以及相应的管路、阀类等组成。

10. 简述 16V265H 型柴油机内部润滑系统循环。

答案要点：详见子任务 2-7-2 16V265H 型柴油机机油系统“三、机油润滑系统原理”。

11. 简述 16V265H 型柴油机启动时润滑油的工作循环回路。

答案要点：详见子任务 2-7-2 16V265H 型柴油机机油系统“三、机油润滑系统原理”。

12. 简述 16V265H 型柴油机工作时润滑油的工作循环回路。

答案要点：详见子任务 2-7-2 16V265H 型柴油机机油系统“三、机油润滑系统原理”。

13. 简述 16V265H 型柴油机润滑油压力低时柴油机的保护措施。

答案要点：略。

14. 16V265H 型柴油机季修更换滤清器滤芯时应注意哪些方面？

答案要点：在更换机油滤清器后，要求对柴油机进行预润滑。必须执行两次预润滑程序，第一次用来将机油充满滤清器、冷却器和机油管路，然后再执行一次，真正地对柴油机进行预润滑。

任务 2-8　冷却水及预热系统认知

一、填空题

1. 导管　2. 去离子　3. 侵蚀　4. 冷却水　5. 气缸盖、气缸套、中冷器、热交换器

6. 1 155

二、选择题

1. A　2. B　3. B　4. A　5. B

三、判断题

1. √　2. √　3. √　4. √　5. √　6. √

四、简答题

1. 说明 16V280 型柴油机冷却水及预热系统的任务和工作要求。

答案要点：冷却系统的功能一方面是对柴油机进行强制冷却，将各受热零件的温度控制在允许的范围内；另一方面又要保持适当的冷却水温度。在外界温度较低的情况下，启动柴油机时，冷却系统具有一定温度的循环水，对柴油机起预热作用。

2. 简述 16V280ZJ 型柴油机冷却水及预热系统的基本组成。

答案要点：高低温水泵、中冷器、热交换器、燃油预热器。

3. 说明 16V280ZJ 型柴油机冷却水泵的工作原理。

答案要点：详见子任务 2-8-1-2 冷却水系统主要部件“一、冷却水泵”。

4. 分别写出 16V280ZJ 型柴油机高、低温冷却水系统的流程图。

答案要点：详见子任务 2-8-1-1 概述“三、高温水系统”和“四、低温水系统”。

5. 简述 16V265H 型柴油机冷却水系统的主要构成部件。

答案要点：16V265H 型柴油机的冷却水系统主要由高温水泵、中冷水泵、散热单节、中冷器、热交换器等主要部件组成。

6. 简述 16V265H 型柴油机冷却水循环的工作原理。

答案要点：略。

7. 简述 16V265H 型柴油机冷却水循环通路。

答案要点：略。

8. 简述 16V265H 型柴油机高温冷却水循环通路。

答案要点：详见子任务 2-8-2　16V265H 型柴油机冷却水及预热系统“四、高低温冷却水系统”。

9. 简述 16V265H 型柴油机低温冷却水循环通路。

答案要点：详见子任务 2-8-2　16V265H 型柴油机冷却水及预热系统“四、高低温冷却水系统”。

项目 3　内燃机车柴油机运用保养知识认知

任务 3-1　柴油机日常运用知识认知

一、填空题

1. 燃油精滤器　2. 紧固件　3. 万向轴　4. 背压　5. 上升

二、选择题

1. A　2. A　3. C　4. C　5. B

三、判断题

1. √　2. √　3. ×　4. √　5. ×

四、简答题

1. 说明 16V280ZJ 型柴油机运用中的有关参数。

答案要点：详见子任务 3-1-1 16V280ZJ 型柴油机的日常运用知识认知“一、柴油机运用中的有关数据”。

2. 说明 16V280ZJ 型柴油机启动前的准备工作。

答案要点：详见“表 3-1-1 柴油机启动前的检查、准备工作项目”。

3. 简述 16V280ZJ 型柴油机的启动步骤。

答案要点：柴油机油、水温度达到 20 °C 以上，柴油机盘车机构行程开关、电磁联锁、各保护装置应处在正常状态。闭合燃油泵开关，按压启动按钮，完成柴油机启动。柴油机启动时，应倾听柴油机的工作音响，注意观察，发现有异音或异常现象，应立即停机，查找原因。柴油机启动后，应检查各重要部件是否正常。待空转运行 3 ~ 5 min 后，观察各仪表数值是否符合要求。

4. 简述 16V280ZJ 型柴油机的加、减载操作步骤。

答案要点：柴油机油、水温度高于 40 °C 时，柴油机可进行加载操作。在操作上，转速和负荷的提高或降低应逐渐而均匀。一般，柴油机从空载加载至满负荷，或从满负荷减载至空负荷，其时间不少于 30 s。在非特殊情况下，不允许突加或突减柴油机的负荷和转速。

5. 简述 16V280ZJ 型柴油机停机操作步骤。

答案要点：缓慢地降低柴油机的负载，待机油、冷却水温度降至 50 ~ 60 °C，让柴油机空转 1 ~ 2 min 后，才可停机。在寒冷季节停机时，应注意保温，油水温度不宜低于 20 °C。

6. 说明 16V280ZJ 型柴油机非正常停机后的操作步骤。

答案要点：在柴油机非正常停机后，应立即开启启动机油泵，向柴油机机油系统供机油 1 ~ 2 min。如在无法供油的情况下，也应立刻盘车 2 ~ 3 圈。

任务 3-2　柴油机日常检查保养知识认知

一、填空题

1. 1 000　2. 400　3. 88　4. 活塞　5. 70%。

二、选择题

1. B　2. A　3. A、D　4. C　5. B

三、判断题

1. √　2. √　3. √　4. ×　5. √

四、简答题

1. 16V280ZJ 型柴油机检查需要检查哪些部件？如何检查？

答案要点：详见子任务 3-2-1 16V280ZJ 型柴油机的日常检查保养“一、16V280ZJ 型柴油机日常检查保养”。

2.什么情况下柴油机需要封存？柴油机封存和启封的要求有哪些？

答案要点：柴油机若在一段时间内暂不启用，必须妥善保存与封存，柴油机应保管在良好的环境内，以防止机件锈蚀、老化、变形。

柴油机封存详见子任务 3-2-1 16V280ZJ 型柴油机的日常检查保养“二、柴油机封存和启封”。

项目 4　内燃机车柴油机常见故障分析及处理知识认知

任务 4-1　柴油机故障常识认知

一、填空题

1. 操作规程　2. 规定温度　3. 自然性故障　4. 温度异常　5. 听诊法

二、判断题

1. √　2. √　3. √　4. √　5. √

三、简答题

1. 哪些违章操作会造成柴油机故障?

答案要点：详见任务 4-1 柴油机故障常识认知“一、柴油机故障产生的原因”中的“(一)人为性故障”。

2. 柴油机产生故障后，分析故障的一般原则是什么?

答案要点：首先必须全面掌握情况，了解柴油机发现故障前的使用、保养、维修情况以及柴油机的负荷、工作温度、仪表指示情况；发现故障的全过程；故障的伴随现象；柴油机的新、旧程度和技术状态等。然后，结合构造，联系原理，考虑引发故障的所有因素(尤其是从属故障)，再根据具体情况进行具体分析，逐步缩小分析范围，初步确定出最可能的故障因素。最后本着先易后难、先外后内、系统故障分类、推理检查的原则，着手检查，排除故障。

任务 4-2　16V280ZJ 型柴油机常见故障判断及处理知识认知

一、填空题

1. 示功阀　2. 压缩　3. 20 °C，40 °C　4. 机油　5. 水　6. 滤芯过脏

7. 活塞环与气缸套　8. 50 ~ 60 °C　9. 88 °C　10. 60 ~ 70 °C，70 ~ 80 °C，88 °C

二、选择题

1. C　2. A、C　3. A　4. B　5. A　6. C　7. C　8. B　9. C　10. C

三、判断题

1. √　2. √　3. √　4. √　5. √　6. ×　7. ×　8. √　9. √　10. √

四、简答题

1. 简述 16V280ZJ 型柴油机甩车时示功阀喷水的原因。

答案要点：详见子任务 4-2-1 16V280ZJ 型柴油机甩车时常见故障判断及处理“二、甩车时示功阀喷水”。

2. 简述 16V280ZJ 型柴油机甩车时示功阀喷火的原因。

答案要点：详见子任务 4-2-1 16V280ZJ 型柴油机甩车时常见故障判断及处理“三、甩车时示功阀喷火”。

3. 简述 16V280ZJ 型柴油机甩车时示功阀喷机油的原因。

答案要点：详见子任务 4-2-1 16V280ZJ 型柴油机甩车时常见故障判断及处理“一、甩车时示功阀喷机油”。

4. 试叙述造成柴油机启动困难的原因，并做出分析。

答案要点：详见子任务 4-2-2 16V280ZJ 型柴油机启动时常见故障判断及处理“一、启动困难”。

5. 简述哪些故障可能造成柴油机产生异音。

答案要点：略。

6. 试分析柴油机冷却水温超高的原因，并写出处理办法。

答案要点：详见子任务 4-2-3 16V280ZJ 型柴油机运用时常见故障判断及处理“二十、冷却水温度高”。

7. 机车运行中，造成柴油机冒黑烟的原因有哪些？

答案要点：详见子任务 4-2-3 16V280ZJ 型柴油机运用时常见故障判断及处理“二、柴油机冒黑烟”。

8. 机车运行中，造成柴油机冒蓝烟的原因有哪些？

答案要点：详见子任务 4-2-3 16V280ZJ 型柴油机运用时常见故障判断及处理“三、柴油机冒蓝烟”。

9. 机车运行中，突然发生燃油压力不足现象，请分析原因。

答案要点：燃油泵故障；管路堵塞或泄漏；调压阀及安全阀故障；燃油滤清器中滤芯变形等，造成突发的燃油压力不足。

10. 请分析机车运行过程中出现曲轴箱压力超高的原因。

答案要点：（1）拉缸，活塞、活塞环、气缸套等磨损过限，活塞环弹力消失、折断或开口没错开，使燃气窜入曲轴箱；（2）曲轴箱的呼吸口堵塞；（3）柴油机抱缸或轴承烧损。

任务 4-3　16V265H 型柴油机常见故障判断及处理知识认知

一、填空题

1. 45°　2. 15.4　3. 惯性　4. 燃油滤清器　5. 1 155

二、选择题

1. C　2. B　3. D　4. B　5. C

三、判断题

1. √　2. ×　3. √　4. √　5. √

四、简答题

1. 请分析 16V265H 型柴油机曲轴箱压力超高的原因。

答案要点：详见子任务 4-3-3 16V265H 型柴油机检修时其他常见故障原因及处理方法“三、试验时，曲轴箱压力超高”。

2. HXN3 型内燃机车运行中，造成柴油机突然停机的原因有哪些？

答案要点：（1）柴油机滑油压力低；（2）无负载-柴油机保护性停机；（3）机油温高；（4）曲轴箱压力高；（5）冷却水压力低；（6）柴油机增压器超速；（7）燃油泵故障。

3. 试验过程中，16V265H 型柴油机功率过低的原因有哪些？

答案要点：详见子任务 4-3-3 16V265H 型柴油机检修时其他常见故障原因及处理方法“一、试验时，柴油机功率低”。

4. HXN3 型内燃机车柴油机启动时，造成柴油机启动困难的原因有哪些？

答案要点：（1）燃油系统未充满油；（2）燃油管路有气；（3）电喷系统故障；（4）第三总风缸无压力空气或压力空气低。

5. HXN3 型内燃机车运行过程中，出现机油压力低的原因有哪些？

答案要点：详见子任务 4-3-3 16V265H 型柴油机检修时其他常见故障原因及处理方法“四、启动时，机油压力低”。

参考文献

[1] 戚墅堰机车车辆厂. DF_8、DF_{11}型内燃机车 16V280 柴油机[M]. 北京：中国铁道出版社，1996.

[2] 李晓村. 内燃机车柴油机[M]. 北京：中国铁道出版社，2008.

[3] 幺贺新. HXN3 型内燃机车检修与工艺[M]. 北京：中国铁道出版社，2011.

[4] 中国铁路总公司. HXN3 型内燃机车检修技术规程（C5 修）V.1.0[M]. 北京：中国铁道出版社，2017.